Pascal Dibie:
Wie man sich bettet
Von Bärenfellen, Prunkgemächern,
Lasterhöhlen und Lotterbetten

Aus dem Französischen von
Brunhild Seeler

Klett-Cotta
im
Deutschen
Taschenbuch
Verlag

Im Text ungekürzte Ausgabe
Dezember 1993
Deutscher Taschenbuch Verlag GmbH & Co. KG,
München
© 1987 Éditions Grasset & Fasquelle, Paris
Titel der französischen Originalausgabe:
Ethnologie de la chambre à coucher
© der deutschsprachigen Ausgabe:
1989 J. G. Cotta'sche Buchhandlung
Nachfolger GmbH, gegr. 1659, Stuttgart
ISBN 3-608-95775-8
Umschlaggestaltung: Klaus Meyer
Umschlagfoto: Wilfried Petzi
Umschlagfoto Rückseite: G. Bassouls/SYGMA
Satz: HEVO GmbH, Dortmund
Druck und Bindung: C. H. Beck'sche Buchdruckerei,
Nördlingen
Printed in Germany · ISBN 3-423-30388-3

Das Buch

Wie man sich bettet, so liegt man ... nicht nur. So liebt, gebiert, stirbt, repräsentiert man — und so verbirgt man sich auch. Das Bett nimmt in allen Epochen und Kulturen einen zentralen Platz ein. Im ersten, »vertikalen« Teil seiner mit Witz geschriebenen und anschaulichen Kulturgeschichte des Schlafzimmers führt uns der französische Ethnologe Pascal Dibie durch die historische Entwicklung der Schlafstätten, von der steinzeitlichen Schlafhöhle bis zum New-Age-Futon. Im zweiten, »horizontalen« Teil zeigt er in einem interkulturellen Vergleich rund um den Erdball, wie unterschiedlich sich die Menschen auch noch im 20. Jahrhundert betten. Nie geht es dabei um das Bett oder den Schlafraum allein: Werte, Sitten, Gebräuche und Riten, Familie, Sexualität, die Einstellungen zu Liebe, Geburt und Tod, der Gegensatz zwischen Schamgefühl und Repräsentationsbedürfnis — all dies findet seinen Niederschlag im und ums Bett. Das Bett und was die Menschen darin tun ist ein getreuer Spiegel der Gesellschaft.

Der Autor

Pascal Dibie, am 16. März 1949 geboren, lehrt Ethnologie an der Universität Paris. Er ist auch Autor eines Romans und vier weiterer Sachbücher, unter anderem über die Wiederentdeckung des Dorfes sowie über die Tafelfreuden.

Inhalt

Teil I: Vertikal

Die Höhlen sind nur Halbhöhlen 13   Häuser aus Mammut-
knochen 14   Die Jäger von Pincevent 15   Heizung und Beleuchtung der Magdalenier 16   Die Sexualität unserer Vorfahren 18   Das Erwachen der Zärtlichkeit 19   Das Totenbett 20
Eine neue Art von Mobiliar 22   Eine spontane Ansiedlung in
Mesopotamien 23   Ein schmuckloses Mobiliar 24   Das typische ägyptische Haus 26   Das Bett der Hetepheres 27   Die
ersten Moskitonetze 28   Badezimmer 29   Königliche Gefühle 30   »Möge Horus bei uns verweilen!« 31   Das Haus
der Ewigkeit 33   Salomons Schlafgemach 34   Das Mobiliar
im Neuen Testament 36   Der Ewig-Wachende 37

Die Intimität des Aristophanes 39   Vor der Hochzeit 42
Wie sich die Männer »arrangieren« 43   Der Disput um die Erziehung 44   Hypnos: der Gott des Schlafs 46   Die Betten
des Odysseus 47   Das letzte Ruhebett 49   Urbs 50   Die
Bettkultur 51   Zimmer im Dämmerlicht 53   Das »Elukubrieren« 54   Getrennte Schlafzimmer 54   Die Hausgötter 55
Das Ehebett 57   Promiskuität 60   Eine niedrige Geburtenrate 61   Gegen die Verweichlichung 62   Männlich sein 64
Sieg des energischen Weichlings 65   Das Nichts 66

Kämmerer und Kammerherr 67   Ein Hoch den letzten Merowingern 69   Gemeinschaftsbetten 71   Zaubermittel 72
Die neue Ordnung im Schlafgemach 74   Die Gleichheit der

Welches Gebiet man auch immer erforscht, man wird, solange man korrekt vorgeht, die Gesellschaft uneingeschränkt auf seiner Seite haben.

André-Georges Haudricourt

Teil I: Vertikal

1. Die erste Lagerstatt

Nein, das erste Schlafzimmer war keine Höhle und auch keine »neben einem Berghang in den harten Boden grabene Grube mit einem Dach aus Flechtwerk«, wie »Kaaroh-line, die Schwiegermutter des Vaters der Mutter von Barbu, dem unsterblichen Jäger von Hothobus« es beschrieb und ich es bis zum Alter von neun Jahren auch geglaubt habe. Immerhin kam diese Kinderbuchdarstellung der Wirklichkeit schon näher als die, welche ich als Heranwachsender dann in den vorgeschichtlichen Romanen J. H. Rosny Aînés entdeckte: Da kauerten, zusammengedrängt im Dunkel einer Höhle oder unter einem Felsüberhang, die »Oulhamr«, »die Körper narbenübersät von den nächtlichen Kämpfen, die Waffen stets gezückt, falls Bär oder Wolf wieder auftauchen sollten«, und erwarteten furchtsam den Sonnenuntergang.

Die Höhlen sind nur Halbhöhlen

Wie schliefen aber nun wirklich vor anderthalb Eiszeiten zum Beispiel die Neandertalerin Augustine aus Arcy-sur-Cure und ihr Mann, der Jäger, und ihre Kinder? Der Prähistoriker André Leroi-Gourhan wendet sich gegen die üblichen Klischeevorstellungen hinsichtlich der vorgeschichtlichen Menschen, insbesondere gegen jene, die sich auf ihr Alltagsleben beziehen: Die besterhaltenen Wohnplätze wurden zwar in Höhlen gefunden, doch tatsächlich hauste man damals weit mehr auf Freiluftlagerplätzen. Seit einigen Jahren weiß man, daß Felsüberhänge oder -vorsprünge als eine Art Überdach für Freiluftwohnstätten fungierten, sofern die Stelle günstig gelegen war und Schutz vor Witterung und wilden Tieren bot. Gerade Funde dieser besser geschützten und daher auch besser als Freilandwohnplätze erhaltenen Stätten haben den Prähistorikern wertvolle Erkenntnisse über die Art von Behausungen vermittelt.

Von den Archanthropinen (Homo erectus, einer Gruppe von Frühmenschen) liegen nur wenige Funde vor (Pithecanthropus von Java, Sinanthropus aus der Gegend von Peking, Atlanthropus von Algerien, um nur diese ganz besonders, nämlich fünfhunderttausend und mehr Jahre alten Mitglieder der Menschheitsfamilie zu nennen. Jene Vorfahren nutzten, wie man weiß, bereits das Feuer und fertigten Werkzeuge an; nicht bekannt hingegen ist, wie oder wo sie schliefen. Ein in Shanidar, Irak, gefundener, auf einem Blumenbett ruhender Neandertaler ist der erste, der uns ein bewegendes Zeugnis über sein Totenbett liefert und zeigt, welche Sorge jene Menschen der Ruhe angedeihen ließen — selbst wenn es die ewige Ruhe war.

Häuser aus Mammutknochen

Die unter der Leitung von Henry de Lumley ausgegrabene Wohnstätte des sogenannten »Lazaret-Menschen« erscheint als eine »bereits stark differenzierte, große Konstruktion«; sie ist etwa einhundertdreißigtausend Jahre alt, stammt also aus der Unteren Altsteinzeit. Die elf Meter lange und dreieinhalb Meter breite Behausung wurde von einem Holzgerüst aus senkrechten Pfosten und waagerechten, gegen die Höhlenwände verkeilten Latten gebildet; diese waren vermutlich mit bis zum Boden reichenden, von dicken Steinen beschwerten Tierhäuten bedeckt. Innen waren verschiedene Aktivitätsbereiche klar voneinander abgegrenzt. Einer enthielt Überreste, die als Material für Schlafstätten identifiziert wurden: getrocknetes Seegras und mit Tierhäuten bedeckte Streu, auf welchen die Lazaret-Menschen ruhten und schliefen.

In Arcy-sur-Cure, im Departement Yonne, hat eine

»Chatelperronniens« genannte Gruppe von Vorfahren im Schutz des Felsdaches der Grotte du Renne mindestens fünftausend Jahre lang ihre Hütten gebaut und bei Bedarf stets wieder neu errichtet. Diese mit grob hergerichteten Steinplatten ausgelegten Wohnstätten hatten eine Bodenfläche von circa drei Metern Durchmesser. Für das mit Häuten, Rindenstücken oder Erdschollen bedeckte Gerüst fanden auch in Pfostenlöcher eingerammte Mammutstoßzähne Verwendung.

Diese Behausungen unterschieden sich aber stark von solchen in Rußland und der Ukraine, für deren Bau die Skelette von fast einhundertfünfzig Mammuten erforderlich waren: Kreisförmig aufeinandergeschichtet, ergaben die Unterkiefer das Fundament für die aufrecht gesetzten Schädel, aus denen man die Stoßzähne entfernt hatte, die ihrerseits als Dachträger fungierten, für welche auch Schulterblätter und Beckenknochen Verwendung fanden. Alles in allem ist man noch weit davon entfernt, sämtliche Bauweisen zu kennen, welche in den über dreißigtausend Jahren, die das Obere Paläolithikum dauerte, einander ablösten.

Die Jäger von Pincevent

Was die zu Ende gehende Untere Altsteinzeit anbelangt, so kennen wir als Beispiel eines Freilandlagerplatzes im Abendland nur den von Pincevent, im Departement Seine et Marne, bei dem die Methoden der »erschöpfenden Lagebeschreibung« zur Anwendung gekommen sind: Hier hat man bereits mehr als ein halbes Dutzend gut erhaltener Wohnstätten untersucht; aufgrund der günstigen ökologischen Gegebenheiten war der Ort zu einem Lagerplatz geworden, der über Jahrhunderte hinweg von aus mehreren Dutzend Familien bestehenden Rentierjägergruppen immer gleich für einen längeren Zeitraum aufgesucht wurde.

Diese Wohnstätten, deren überdachte Fläche sieben bis neun Quadratmeter betrug, scheinen jeweils von kleineren Familieneinheiten belegt worden zu sein: von einem Elternpaar und seiner unmittelbaren Nachkommenschaft, also von zwei bis fünf oder sechs Personen pro Zelt. Diese konischen, leicht ovalen Zelte verfügten im Eingangsbereich über eine Feuerstelle und an der Rückseite, hinter dem mit Werkzeugen übersäten Aktivitätsbereich, über eine halbkreisförmige Ruhezone, in der man zwar nicht mehr die Schlaffelle, immerhin aber noch deren Abdrücke entdeckte. Die Feuerstein-Werkzeuge der Altsteinzeit deuten darauf hin, daß der Mensch bereits die Felle der von ihm erlegten Tiere zu bearbeiten verstand.

Im Museum für Vorgeschichte in Le Grand Pressigny sind »Zweiseiter« ausgestellt, lange, schmale, an beiden Rändern scharfe Steinmesser; sie haben eine merkwürdige Ähnlichkeit mit Werkzeugen, wie sie in der wollverarbeitenden Industrie noch heute verwendet werden, um die Wolle von der Haut geschlachteter Schafe zu lösen. Und die natürliche Neigung der Wollfasern, sich ineinander zu verschlingen, hat bestimmt sehr früh schon — und zwar ganz von selbst — zum ersten nicht-gewebten Stoff, dem Filz, geführt, der bekanntlich schon in der Jungsteinzeit unter den Wanderhirten Mesopotamiens und Zentralasiens sehr verbreitet war.

Heizung und Beleuchtung der Magdalenier

Die »Magdalenier« genannten Menschen aus Pincevent, deren materielles und zum Teil auch soziales Leben vor etwa elftausend Jahren man sich recht gut vorstellen kann, waren nach Meinung von André Leroi-Gourhan durch einen jahreszeitlichen Lagerwechsel auffallend gut an ihr Gebiet angepaßt. Den günstigsten Teil des Jahres, Sommer und Herbst, verbrachten sie am linken Seine-

Ufer. Aber wo sie sich im Winter und im Frühjahr aufhielten, wissen wir nicht. Vielleicht weit weg, in einer eigens hergerichteten Höhle, in der sie zur Feuchtigkeitsdämmung eine Steinschicht ausgelegt, ja mitunter sogar eine Art Pflasterung zustande gebracht hatten. Das Leben spielte sich vor allem im Eingangsbereich der Höhle ab; ihr bewohnter Teil machte selten mehr als etwa dreißig Quadratmeter Fläche aus. In diesem Bereich befanden sich auch die mit zerschlagenen Rentierknochen beschickten Feuerstellen, welche häufig kaum größer waren als eine Serviette. Diese Herde dienten nicht etwa nur zum Kochen und als Beleuchtung, vielmehr fungierten sie, wie Archäologen herausfanden, durch eine wahrhaft geniale Vorrichtung auch als regelrechte Heizungen; man bedeckte nämlich die Glut mit einem Haufen von Kieseln oder auch Steinen, die die Hitze speicherten und dann nach und nach wieder abgaben: Ein System, das an die Kachelöfen der kalten Regionen Europas und die finnischen Saunen erinnert. Als Beleuchtung seien außer der Herdflamme hier noch die bekannten Fettlämpchen erwähnt, wie sie auch bei einigen Eskimovölkern in Gebrauch sind: mehr oder weniger ausgehöhlte Steine, in denen ein von Fett umschlossener Docht abbrennt. Auch Wacholderfackeln wurden in den Höhlen verwendet, wie Brandflecke an Stellen bezeugen, wo man sie zum Anzünden oder Auslöschen gegen die Wand gerieben hat. Mit dieser Art von Leuchten wagte man sich bei Erkundungen bis in die Tiefen der Höhlen vor und bis in die Winkel, in denen die Künstler der Vorgeschichte jene wunderbaren Felsmalereien schufen, die uns heute bei unserem Bemühen, den Alltag jener Menschen kennenzulernen, als Dokumente dienen.

Die Sexualität unserer Vorfahren

Wir wollen bei unserem Versuch, die Mentalität jener Jäger aufgrund ihrer Obsessionen oder ihrer Religion — wenn sie denn eine hatten — zu verstehen, die Tierbilder einmal außer acht lassen. Was ihren Schlafbereich anbelangt, so läßt sich — in Ermangelung von klar abgegrenzten Liege- oder Bettstellen — durch Hinterfragung dessen, was wir für bildliche Darstellungen der Sexualität halten, allerdings festhalten, daß die Menschen des Rentierzeitalters keineswegs rohe, tumbe Geschöpfe, also keine »Wilden« waren, nicht das Gegenteil von uns, die wir uns ein bißchen sehr schnell »Homo sapiens sapiens« genannt haben, vollkommen weiser (?) Mensch. Was jenen »Homo habilis«, »erectus«, »sapiens«, »neandertalensis« bewegte, ging weit über das strikt materielle Bedürfnisminimum hinaus. Die Felsbilder reflektieren die Vorstellungen, die sich dieser Mensch von den Beziehungen zwischen den Akteuren seines Universums machte. Seine Kunst scheint Zeugnis abzulegen von einem besonderen Bereich, innerhalb dessen sakrale Handlungen erfolgten; allerdings ist es schwierig, den Sinngehalt der Figurationen zu deuten. Der Schmuck der Felswände erinnert nicht nur an Tiere, sondern auch an Männer und Frauen, mal in realistischer Form, mal als unterschiedlich gestaltete zeichenhafte Symbole, deren Ursprung in sexuellen Darstellungen von Frau und Mann zu suchen ist. Die überragende Mehrheit der weiblichen Figuren reicht von der sehr vereinfachenden Wiedergabe dreieckiger, schildförmiger, ovaler und ringförmiger Vulven bis hin zu anschaulicheren Ausführungen wie etwa den polymorphen Statuetten von Montpazier oder der Venus von Willendorf und der Venus von Laussel — steatopygene Frauen (das heißt mit starkem Fettansatz am Gesäß), bei denen die Breite des Beckens etwa der halben Länge ihres massiven Körpers entspricht; sie wurden nicht aufgrund ihrer Schönheit zur Venus, sondern wegen ihrer Fraulichkeit, ihrer üppigen Nacktheit. Die männlichen Zeichen — Phallus, Pfeil-, Stäbchensymbole, Doppellinien, Punktreihen — werden häufig mit der Darstellung von Tieren assoziiert, aber in der gesamten westlichen Felsmalerei sind ganzfigürliche Darstellungen von Körper und Geschlechtsteil relativ selten. Zu den bekanntesten gehören der »Zauberer« von Saint-Cirq, ein Geschöpf mit eher tierischen Zügen, sodann ein in Le Mas-d'Azil gefundenes, auf eine Knochenscheibe gemaltes Bildnis, ferner eine auf ein Kalksteinplättchen gravierte Silhouette mit stark gewölbtem Rücken, die ebenfalls eindeutig sexuellen Charakters ist. Insgesamt umfaßt in der Felsmalerei wie in der plastischen Kunst die Anzahl der Figuren mit eindeutig sexuellem Symbolgehalt nicht mehr als fünfzehn Darstellungen, das sind 0,8 Prozent aller bekannten Figuren; in der Altsteinzeit-Kunst Westeuropas sind, mit anderen Worten, sexuelle Darstellungen nur schwach vertreten.

Das Erwachen der Zärtlichkeit

Was uns aus dem Blickwinkel des Schlafzimmers hier unmittelbar interessiert, das sind die ersten Zärtlichkeitsbekundungen, jenes »tête-à-tête«, wie Louis-René Nougier es in seinen Träumereien nennt, denen er sich beim Betrachten des »von Angesicht zu Angesicht Adams und Evas« in der Rouffignac-Höhle überläßt. Als besonders erstaunlich erscheint in dem Zusammenhang, daß Darstellungen von Zärtlichkeit unter Tieren praktisch zur gleichen Zeit auftauchen wie die ersten menschlichen Paarungsszenen. Der sich leckende Wisent in der Grotte de la Madeleine, die einander ansehenden Rentiere in Font-de-Gaume, wo das stehende männliche Tier ruhig sein liegendes Weibchen bewacht, die turtelnden Vögel aus Le Mas-d'Azil, sie alle sind dafür ein Beweis. Die Begattungsszenen von Enlène, von Peri-Nas in Karelien und auch vom skandinavischen Bardal sind in ihrer Darstellungsweise sehr ähnlich: der Mann hinter der sich vornüber beugenden Frau. Die etwas älteren Felsmalereien von Tassili-N-Adjer (Mitte des vierten Jahrtausends) sind aber wohl die bemerkenswertesten Beispiele für Paarungsszenen mit eindeutigen Zärtlichkeitsbekundungen. Die seit dem elften Jahrtausend in der »Paarungsszene von Enlène« belegte natürliche oder auch »Hundestellung« weicht in der Mitte des vierten Jahrtausends intimeren Darstellungen: von zärtlichen Berührungen — sie kommen in der gleichen Zeit auf wie die Darstellung des Deckaktvorspiels in der Tierwelt — über die Stellung, in der die Partner liegend einander zugewandt sind, bis hin zur elaborierten Erotik des Mannes vom Tassili, der sich mit seiner Partnerin verlustiert, während diese, auf seinem Schoß sitzend, seine Taille umschlingt ... Aus dieser Zeit stammt auch die Darstellung eines sich im Verborgenen liebenden Paares — was durch eine breite Bogenlinie über dem Paar angedeutet ist —, welches sich in der Hütte der Familie schamhaft allen neugierigen Blicken entzieht. Seine Stellung — die Frau auf dem Rücken liegend, der Mann über ihr — sollte fortan, zumindest bis zum 18. Jahrhundert, als die einzig »natürliche« angesehen werden.

Das Totenbett

Welche Art von Dingen mögen Augustine aus Arcy-sur-Cure und ihren Gatten in Gedanken bewegt haben, wenn der Sturm der Leidenschaft erst einmal abgeklungen war? Daß bei diesen Menschen schon so etwas wie ein religiöses Empfinden oder zumindest eine positive Einstellung zum sogenannten »Übernatürlichen« vorhanden war, steht nach den Prähistorikern für die letzten fünfzigtausend Jahre der Menschheitsgeschichte außer Zweifel. Was nicht heißen soll, daß man die Existenz einer solchen religiösen Gefühlswelt für die Zeit davor ausschließen könnte, also weder für das Altpaläolithikum (vor einer Million bis zweihunderttausend Jahren) noch für das Mittelpaläolithikum (vor etwa zweihunderttausend bis fünfzigtausend Jahren), als der Homo sapiens auf der Bildfläche erscheint, für den der Neandertaler eine Art Symbol geworden ist. Mehr noch als bei ästhetischen Darstellungen wird dies bei der Totenbestattung deutlich. Daß der Leichnam eines Gruppenangehörigen einer besonderen Behandlung unterzogen wurde, ist nach Meinung von André Leroi-Gourhan zwar noch kein Beweis für das Vorhandensein religiöser Empfindungen, aber zumindest doch für eine Gefühlsbewegung der Hinterbliebenen. Abgesehen von der Stellung der Leiche, die aus Gründen der Platzersparnis beim Ausheben des Grabes oft vorgegeben war, überrascht die Prähistoriker schon seit langem die häufige Ockerfärbung der Gräber im Jungpaläolithikum. Der Farbstoff findet sich bald wie ein Bett, auf dem das Skelett ruht, bald erscheint er auch als Fleck im Schädelbereich oder kommt wiederum diffus in dem die sterblichen Reste umgebenden Sediment vor. Der Symbolwert des Ockers steht hier außer Zweifel, und sein Erscheinen läßt auf eine Vorstellungswelt schließen, die durchaus auch religiöses Gedankengut umfaßt haben kann. Die spätestens mit dem Neandertaler aufkommenden Bestattungsbräuche zeugen von rudimentären religiösen Verhaltensweisen und belegen die allmähliche Herausbildung metaphysischer Ängste: eine Erscheinung, die mit den unserer eigenen Evolution vorangegangenen menschlichen Entwicklungsstadien nicht unvereinbar erscheint. Die Ortswahl für solche Bestattungen, die eigens dafür hergerichteten Hütten, in denen später die entsprechenden Fundbeobachtungen gemacht werden sollten, war zweifellos von sehr tiefen Gefühlsbindungen der Lebenden an ihre Toten bestimmt, was im Symbolwert solcher Handlungen unmittelbar zum Ausdruck kommt.

Eine neue Art von Mobiliar

Paradoxerweise bedingen die verbesserten klimatischen Verhältnisse — etwa zwischen den Jahren 9000 und 8000 vor unserer Zeitrechnung — den ziemlich abrupten Untergang der Felsmalerei wie der plastischen Kunst der Altsteinzeit. Nach einem letzten Kälteansturm endet gegen 8300 die Würmeiszeit. Aufgrund des sich gen Norden ausbreitenden feuchtmilden Klimas weichen die Gletscher zurück, ihnen folgen Tundra und Steppe, während von Süden her die Entwicklung der Waldzonen einsetzt, welche die vom Eis befreiten Ebenen und Täler überziehen. Diese tiefgreifenden Veränderungen der natürlichen Umwelt sollten indirekte, aber kapitale Auswirkungen auf das Schlafzimmer — und seinen Komfort! — haben. Die Fauna — Rentier, Mammut, Wollnashorn — folgt der sie ernährenden, zurückweichenden Steppe; die großen Herden der Grasfresser — Auerochsen und Wisente — tun es den Steppentieren gleich oder flüchten in höhere Lagen und werden in den verlassenen Gebieten bald von den Bewohnern des Waldes, von Hirsch und Wildschwein, ersetzt. Diese klimatische Revolution hat grundlegende Auswirkungen, befördert sie doch den Menschen vom »Rentierzeitalter« ins »Hirschzeitalter«: Das Erlegen von Kaninchen und Nagetieren, das Sammeln von Schnecken oder Muscheln hat nichts mehr mit der Jagd auf das Wollnashorn gemein, deren Mystik einst die große Felsmalerei inspirierte.

Es war, sagt Jean Abélanet, daher unvermeidlich, daß derartig tiefgreifende Umwälzungen die bisherigen Denkmodelle der Vorzeitmenschen, ihre religiösen wie künstlerischen Vorstellungen, zu Fall brachten. Angesichts der nunmehr kleineren Tiere, mit denen man umzugehen hatte, wurden das Werkzeug und das Mobiliar kleiner; in den Holzhütten dienten Reh- und Kaninchenhäute als Bettzeug und, aneinandergenäht, als Kleidung und Decken: Die »Kunst des Komforts« drang nun mit aller Macht in die Entwicklung der überaus langen Reihe von menschlichen Wesen ein, die neun Zehntel des uns bekannten Menschheitszeitalters ausgefüllt haben.

Eine spontane Ansiedlung in Mesopotamien

Eine Zivilisation wie die Mesopotamiens, deren Annalen weiter zurückreichen als die jeder anderen Kultur, müßte sich aufgrund der zahlreichen zur Verfügung stehenden Keilschrifttexte eigentlich vortrefflich zur Untersuchung wenn nicht der Wohnverhältnisse, so doch des Phänomens der Urbanisierung eignen. Und doch gibt es keine Erklärung dafür, warum der Ursprung des Städtebaus gerade im unteren Mesopotamien lag, auch wenn Experten behaupten — ohne es indes belegen zu können —, daß dort und nur dort im gesamten Nahen Osten der Antike eine spontane Urbanisierung erfolgt sei.

Zur Grundeinstellung der mesopotamischen Zivilisation — deren Lage »zwischen zwei Strömen« eines ihrer wichtigsten Merkmale zu sein scheint — gehört die bedingungslose Annahme der Stadt als einziger kommunaler Institution, ohne daß es Spuren oder auch nur Relikte einer Stammesordnung gäbe, wie sie die muselmanischen Städte so eindeutig geprägt hat. In den Keilschriftdokumenten jedenfalls findet sich keinerlei Hinweis auf einen Antagonismus zwischen Stadt- und Landbevölkerung, eine in städtischen Zivilisationen häufige Erscheinung. Nur den einfallenden Nomaden und den als »rückständig« angesehenen Bewohnern des Zagros-Gebirges begegnet man in Mesopotamien manchmal mit Verachtung. Und zwar deswegen, weil ihnen das fehlt, was die Babylonier als Haupteigenschaften eines Kulturvolkes ansehen: die individuellen Verhaltensweisen, die Sorge für die Toten und die Bereitschaft, sich einer organisierten Regierungsform unterzuordnen.

Auch wenn die sozialen und politischen Institutionen

nicht Gegenstand unserer Untersuchung sind, so sei hier doch darauf hingewiesen, daß das uru, die mesopotamische Stadt, gleich der griechischen polis einen einzigartigen Fall in der Vielfalt der durch urbanes Siedeln geschaffenen Städtetypen darstellt.

Die sumerische Stadt umfaßte drei Teile: zunächst die eigentliche Binnenstadt, auf akkadisch häufig »libbi ali« oder »gabalti ali« genannt; von Stadtmauern umgeben, beherbergte sie den oder die Tempel, den Palast, die Residenzen der königlichen Offiziere und die Häuser der Stadtbewohner. Sodann gab es die »Stadttore«, wo man Versammlungen abhielt und der Bürgermeister seine Funktion ausübte (jedem Stadttor entsprach ein Stadtviertel), und schließlich die Neustadt — auf Sumerisch »uru-bar-ra« —, die »Vorstadt«, in der sich massive Gebäudeansammlungen, Tierzwinger und Gärten befanden, die die Stadt mit Lebensmitteln versorgten. Man weiß nicht, welche Ausdehnung diese Vorstädte hatten, und auch nicht genau, wie sie befestigt waren — durch einen äußeren Festungsring oder vorgeschobene Posten? Jedenfalls umfaßte Lagasch, Hauptstadt eines dreitausend Quadratkilometer großen Staates, im dritten Jahrtausend v. Chr. in einer Art Ballungszentrum siebzehn Städte und acht Hauptorte mit einer auf einhunderttausend Einwohner geschätzten Gesamtbevölkerung. Zum Vergleich sei Ur genannt, das als Metropole eines großen Reiches zu Beginn des zweiten Jahrtausends die doppelte, ja die dreifache Einwohnerzahl erreichte, nämlich zwei- bis dreihunderttausend.

Ein schmuckloses Mobiliar

Diese Städte erfreuten sich letztlich nur eines bescheidenen Wohlstandes — und dies auch nur für die kurze Zeit, während der sich in ihnen der Palast eines siegreichen Königs befand. Immer dann hob sich der Lebensstandard der gesamten Gemeinschaft spürbar: durch Kriegsbeute, Tributleistungen der unterworfenen Städte und durch die Geschenke eingeschüchterter Nachbarn.

Aus einer solchen Zeit stammen die in Eschnunnak am äußersten Ende des königlichen Palastes gefundenen Aborte. In Tello, dem altbabylonischen Lagasch, wurden sogar Häuser freigelegt, die über Toiletten und Bäder aus Backstein verfügten. Was das Mobiliar des Schlafzimmers anbelangt, so war es bei den einfachen Familien nicht eben umfangreich: Truhen, Körbe aus Rohrgeflecht und als Bett ein ziemlich niedriges Gestell, auf dem Spreu und Stroh als Matratze dienten. Vom königlichen Mobiliar ist sehr wenig erhalten: In Babylonien waren die Sitzgelegenheiten in Form von Schemeln gearbeitet und mit Kissen bedeckt, in Assyrien hatten die Stühle hohe Lehnen. Das berühmteste Bett des Altertums aber ist das des assyrischen Königs Assurbanipal, welches auf einem aus Ninive stammenden, im Britischen Museum aufbewahrten Basrelief dargestellt ist. Es zeigt den König auf einem den ägyptischen und römischen Ruhebetten ähnelnden Lager; in Gesellschaft der ihm in einem Sessel gegenübersitzenden Königin nimmt er ein Getränk zu sich.

Charakteristisch für die Städte Mesopotamiens samt ihrem Überfluß ist die Tatsache, daß sie sehr schnell wieder verfielen und in Unscheinbarkeit und Armseligkeit zurücksanken: Die heiligen Schätze wurden vergeudet, die Mauern der Häuser stürzten ein, die Menschen wohnten in Ruinen und wurden einfallenden Feinden zur leichten Beute. Aber selbst wenn die Lage trostlos und die Stadt zerstört war, klammerte der Rest ihrer Bewohner sich an die Ruinen, bemüht, wenigstens den Namen der Stadt zu erhalten, wie im Falle Babylons, das auch tausend Jahre nach seiner Zerstörung noch immer nicht völlig verlassen worden war.

Das typische ägyptische Haus

Erst vom Mittleren Reich an ist uns die Anordnung ägyptischer Privathäuser genau bekannt. Von Städten früherer Epochen ist wenig Erkennbares geblieben, weil im Laufe von Jahrhunderten und selbst Jahrtausenden über alle Generationen hinweg die Ägypter immer wieder die gleichen Orte besiedelten. Dieses Problem ist noch immer aktuell, da unsere heutigen Dörfer und Städte zum größten Teil ebenfalls an Stätten errichtet wurden, die schon seit dem Altertum bewohnt waren; das erschwert Ausgrabungen oder macht sie gar unmöglich. Gleichwohl besitzen wir eine ungefähre Vorstellung vom Aussehen dieser ältesten Privathäuser: aus Palmbast und Binsen geflochtene Hütten, die seit vorgeschichtlicher Zeit durch rechteckige Häuser aus Nilschlammziegeln ersetzt wurden, deren Bindemittel ebenfalls Nilschlamm war; die Giebel waren aus Palmstämmen gezimmert.

Einen Gegensatz zu diesen leichten, schnell zu errichtenden und dem Klima Ägyptens ideal angepaßten Konstruktionen bildeten die sehr seltenen Steinhäuser, die generell Tempeln oder Palästen nachempfunden waren und von reichen Leuten bewohnt wurden.

Was das Mittlere Reich (circa 2052-1570) anbetrifft, so vermögen wir uns dank einiger in Gräbern gefundener Tonnachbildungen von kleinen Häusern eine ziemlich genaue Vorstellung von einem ägyptischen Haus zu machen, wie es für Stadtgebiete typisch gewesen sein dürfte. Das Erdgeschoß dieser Häuser besteht zumeist aus einem Säulensaal, an den sich einige kleine Räume anschließen. Eine enge, steile Treppe ohne Geländer führt in die obere Etage, die hinter einer durch eine Säulenreihe unterteilten Vorhalle in weitere Kammern oder in einen einzigen Raum mündet, den ein Bett oder eine Matte und eine Art Nachttisch als Schlafzimmer ausweisen. Von den Einrichtungsgegenständen der Privathäuser in Amarna oder Kahun ist praktisch nichts mehr erhalten, doch geben die

Grabstätten des Neuen Reiches (1570-715) Aufschluß über das Mobiliar.

Das Bett der Hetepheres

Das Bett ist zweifellos eines der wichtigsten Möbelstücke des Hauses. Im Inventar eines Privathaushalts der Sechsten Dynastie wird als einziges Möbel ein »Bett aus bestem Kiefernholz« aufgeführt. Zwar ist von den kostbaren Betten aus Elfenbein, die in den Königsgräbern der Ersten Dynastie gefunden wurden, nur wenig erhalten, doch vermitteln die elegant geformten Betten mit Gold- oder Silberplattierung eine Vorstellung davon, wie das königliche Lager in jener Zeit ausgesehen haben muß. Im Grab der Königin Hetepheres (Vierte Dynastie), der Mutter Cheops', fand man unter anderem einen Baldachin aus vergoldetem Holz, der ein äußerst einfaches Bett mit schräger Kopfwand überspannt haben muß, sowie einen Lehnstuhl und einen Hocker. Diese Garnitur ist heute im reich bestückten Museum von Kairo zu bewundern. Das Bett bestand aus festen, über Kreuz auf einen Holzrahmen gespannten Gurten, die Füße waren meistens als Tier- oder Löwenfüße ausgebildet oder häufig auch nach den Schutzgottheiten der Schlafenden gestaltet: dem krummbeinigen, bärtigen Bes und der als Nilpferd dargestellten Thoeris. Da diese Betten oft mit mehr als üppigen Füllungen versehen waren, gerieten sie dermaßen hoch, daß man sich einer mehrstufigen Trittleiter bedienen mußte, um sie zu erklimmen. Vielleicht war dies auch der Grund, weshalb man neben diesen Schlafstätten kleine Schemel fand.

Auf derart weich gepolsterten Ruhelagern — ein Privileg, das selbstverständlich nur Königinnen und Königen zustand — benötigte man eine halbkreisförmige, hölzerne Nackenstütze, die der Schläfer oder die Schläferin sich unter das Genick schoben, um ihre häufig sehr komplizierten Haartrachten nicht in Unordnung zu bringen. Diese Nackenstütze ist, wie aus den Sammlungen antiker Möbel fast aller Museen hervorgeht, die übliche Grabbeigabe. Auf ihrem Sockel ist oft eine der bereits auf den Bettfüßen dargestellten Gottheiten der Nacht eingraviert: Sekab, Bewohner des Brunnens der Verdammten, die zu martern ihm obliegt, oder Seth, der Gott der Finsternis. Diese Stütze, Vorläuferin des Kopfkissens, deren Härte häufig durch ein in den halbkreisförmigen Ausschnitt eingelegtes Kissen gemildert wurde, zwang ihren Benutzer, auf dem Rücken zu schlafen. Für die Reichen waren die Nackenstützen aus Alabaster geschnitzt und mit Elfenbeinintarsien versehen. Für die Mittelschicht bestanden sie aus dem seinerzeit in Ägypten sehr gebräuchlichen Sykomore-Holz und blieben unverziert. Im Schlafraum standen ferner mit Einlegearbeiten versehene Holztruhen für Kleider und Wäsche, während Toilettenutensilien wie Spiegel, Kämme, Haarnadeln, Salben und Parfüms gewöhnlich in mehr oder weniger kostbaren Kästchen aufbewahrt wurden, die ihren Platz, zusammen mit dem obligaten Schemel, unter dem Bett hatten.

Die ersten Moskitonetze

In der ägyptischen Oberschicht hatten die Eheleute getrennte Schlafzimmer. In Amarna vermittelt das an die eingangs geschilderten Tonmodelle erinnernde Haus des »Verwalters der Rinderherden im Atontempel« eine Vorstellung von der Anordnung der Räumlichkeiten. Bei diesem Herrenhaus handelt es sich um einen aus Ziegelsteinen errichteten, quadratischen Komplex von etwa siebzig Metern Länge. Nach dem Passieren einer monumentalen Pforte gelangt man in einen weitläufigen Hof und, hinter einer zweiten Pforte, zu einer breiten, an die Nordseite des Hauses anschließenden Freitreppe. Auf ein Vorzimmer folgt der Empfangsraum, dessen Decke von vier rot bemalten, auf steinernen Sockeln stehenden Holzsäulen getragen wird. Dahinter befindet sich der Speisesaal, und von dort aus führt eine neben zwei kleineren Räumen gelegene Treppe in die obere Etage. Südlich davon schließen sich die privaten Räumlichkeiten an; dazu gehört das im Westteil gelegene Schlafzimmer des Hausherrn, erkennbar an der Bettnische, in der das häufig durch einen Vorhang abgeteilte Bett stand. Zweck dieses Vorhangs war weniger die Abschirmung des Schlafenden als vielmehr, diesem als Moskitonetz zu dienen. Schon Herodot beschrieb das Bemühen, sich der Mücken zu erwehren, als eines der wichtigsten gemeinsamen Anliegen aller Ägypter: »Wer in der Nähe der Niederungen wohnt, verbringt die Nacht in Wohntürmen, die hoch genug sind, daß die Mücken nicht hinaufgelangen können oder vom Wind vertrieben werden. Direkt im Sumpfland aber, wo es keine Wohntürme gibt, hat jeder Bewohner sein Netz. Tagsüber fängt er damit Fische, und des Nachts spannt er es über seine Lagerstatt und schläft dann dergestalt geschützt darunter. Wenn er sich nämlich in seine Kleidung oder in ein Nesseltuch hüllte, so würden die Mücken mit Sicherheit hindurchstechen, durch das Netz jedoch gelangen sie nicht.«

Badezimmer

Der im Osten an zwei kleine Zimmer anschließende quadratische Raum war vermutlich der harîm, also der Wohnteil der Frauen und Kinder. Zwischen beiden Bereichen liegen jeweils zwei Badestuben und Aborte. Dieses Detail ist ein wichtiges Indiz für die zwischen der Zwölften und Achtzehnten Dynastie (1991-1786 und 1570-715) eingetretenen Veränderungen. Im älteren Kahun im Fajjum läßt sich die Existenz von Bädern nicht nachweisen, auch nicht in den Häusern der Aristokratie, während in Amarna selbst ein einfacher Aufseher oder Vorsteher sich diesen Luxus nicht versagt zu haben scheint. An dieser Stelle darf jedoch nicht unerwähnt bleiben, daß der Gebrauch, den wir von unseren Badewannen machen, den Ägyptern unbekannt war; sie hätten ihn auch als unhygienisch empfunden, fanden sie doch — wie die Fellachen noch heute —, daß ein Bad in stehendem Wasser den elementarsten Sauberkeitsregeln widerspricht. Man badete durch Übergießen, was die Diener besorgten, worauf Einreibungen oder Massagen folgten. Während er seine Toilette besorgte, war der Hausherr wenig bekleidet, barhäuptig und nur mit einem kurzen Schurz versehen, der ihm manchmal auch als Kleidung genügte, wenn er aus dem Haus ging.

Königliche Gefühle

Auf Tonscherben, beispielsweise auf einem Stück aus Deir el-Medineh, sind häufig Szenen aus den Frauengemächern dargestellt. Da liegt eine mit einem durchsichtigen Gewand bekleidete Frau auf einem Bett; eine andere ist, mit Hilfe ihrer Dienerin, dabei, Toilette zu machen, und eine dritte stillt gerade ihr Baby. Männer und Frauen werden nur selten gemeinsam dargestellt, auf Familienporträts etwa, harmonischen Bildnissen, die ägyptische Künstler uns aus der Zeit Echnatons hinterlassen haben. Auf ihnen kann man die Gefühlsregungen des königlichen Paares sehen, das auch auf Grabmalereien, hier allerdings viel keuscher, gemeinsam wiedergegeben wird. Wenn sich in der ägyptischen Liebespoesie Mann und Frau nachts vereinigen, um zu »empfangen«, so ist häufig vom »Beriechen« von »Bruder« und »Schwester« — will sagen Liebhaber und Geliebte — die Rede, denn in Ägypten küßte man sich, wie in vielen traditionellen Zivilisationen noch heute, mit der Nase; der von den Griechen übernommene Lippenkuß kam erst in der Spätzeit auf

(712-332 v. Chr.). Von der Heirat selbst ist in Dokumenten selten die Rede, wobei die Übersiedlung des jungen Mädchens samt ihrer Mitgift in das Haus des Bräutigams wohl den Hauptteil der Zeremonie ausmachte, eine Prozession, die gewiß nicht des Malerischen entbehrte.

»Möge Horus bei uns verweilen!«

In der Nacht kamen die Träume mit ihren Omen, die die Ägypter bekanntlich schon immer sehr beschäftigt haben, ob sie nun Pharaonen oder einfache Fellachen waren. – Der Unterschied zwischen beiden ist allerdings gewaltig und wirft eine über das Physiologische hinausgehende Frage auf: Sind die Menschen im Schlaf wirklich alle gleich? – In einem Fall, es geht um Könige und Mächtige, legten Traumdeuter einmal einen Traum folgendermaßen aus: Ein König erblickt eines Nachts zwei Schlangen, eine zu seiner Rechten, eine zu seiner Linken. Als er erwacht, sind die Schlangen natürlich verschwunden, da es sich ja nur um einen Traum handelte. Aber der Traum eines Königs ist schicksalsträchtig, und so sagen die Traumdeuter dem Träumer eine glänzende Zukunft voraus: Ihm, der schon Oberägypten besetzt hält und bald auch noch den Norden Ägyptens erobern wird, werden über seinem Haupt der Geier, Symbol des Südens, und die Kobra, Symbol des Nordens, erscheinen.

Gebildete Privatleute, die keinen festangestellten Traumdeuter hatten, konnten in der Epoche der Ramessiden ein entsprechendes Werk zu Rate ziehen, etwa das Papyrus ›Chester Beatty III‹. Dieses heute im Metropolitan Museum ausgestellte, aus zwei Teilen bestehende Dokument enthält Träume und deren Auslegung. Darin finden wir das, was wir in der Psychoanalyse heute die verschiedenen Schulen nennen würden: die der ägyptischen Elite, der »Horus-Verehrer«, die sich zur Zeit der Ramessiden der »neuen Schule der Seth-Anhänger« widersetzt, welche als Abkömmlinge der königlichen Familie in direkter Linie vom Gott Seth abstammen; die dritte Schule ist die der »Getreuen des Amun«, deren Priesterkaste gegen die monotheistischen Tendenzen des Neuen Reiches opponiert; sie sollte aus diesen Richtungskämpfen schließlich als Siegerin hervorgehen.

Stets schmückt in Form einer geflügelten Sonnenscheibe das Bild des Horus die ägyptischen Heiligtümer, um unreine Feinde von ihnen fernzuhalten. Überlassen wir die — unvollständigen — Traumdeutungen im zweiten Teil des ›Chester Beatty‹ den Anhängern des Seth, denen nach dem Tod »dereinst keine Existenz im Westland beschieden sein wird, sondern die als Beute für die Raubvögel in der Wüste bleiben werden«, und versuchen wir herauszufinden, was die Ägypter träumten und wie die Schule der »Horus-Verehrer« diese Träume interpretierte. Die Liste ist lang und ihre Deutung lakonisch; Analogieschlüsse wogen schwerer als andere: »... es ist nicht gut zu träumen, daß man warmes Bier trinkt, weil das den Verlust von Hab und Gut bedeutet; wenn man sich an einem Dorn sticht, so ist dies ein Zeichen für Verleumdung. Hat man ausgerissene Nägel, wird man um seiner Arbeit Lohn betrogen, und wenn die Zähne ausfallen, stirbt ein naher Verwandter. Auf einen Mast steigen heißt, daß Gott sich erhob; in den Nil tauchen bedeutet, sich von seinen Sünden reinzuwaschen«, und so fort.

Weder Freud noch Lacan haben also auf dem Gebiet der Traumdeutung Neues gebracht. Die Ägypter kannten bereits Assoziationen und Wortspiele, und bei dem, der träumte, er esse Eselfleisch, konnte der Interpret seiner Phantasie freien Lauf lassen, waren »Esel« und »groß« doch Homonyme. Wenn der Träumer jedoch ein bestimmtes Kraut bekam, so war das ein schlechtes Omen, da der Name des Krauts und »schlecht« im Ägyptischen ähnlich klangen. Und was obszöne Träume anbelangt, so sahen die Priester darin kein gutes Omen ...

Das Haus der Ewigkeit

Wir können das Schlafzimmer mit seinen Traumbildern nicht verlassen, ohne noch kurz auf das einzugehen, was viele reiche Ägypter mit Stolz erfüllte, wiewohl häufig ohne sonderliche Begeisterung beschäftigte: das Haus der Ewigkeit. Die Könige haben sich immer schon sehr zeitig darum gekümmert, denn dessen Errichtung war, selbst wenn es sich nur um ein Bauwerk mittlerer Größe handelte, schließlich keine Kleinigkeit. Ob gläubiger Privatmann oder Pharao, alle wollten ihr Ka bewahren, jene immaterielle, eigenständige Wesenheit, die man am ehesten vielleicht mit dem vergleichen kann, was wir »Seele« nennen. Es gilt, den Körper zu erhalten, damit das Ka wieder von ihm Besitz ergreifen kann, soft es ihm beliebt. Zu diesem Zweck muß an einem sicheren Ort eine Statue, ein Bild oder eine sonstige Darstellung des Verstorbenen aufbewahrt werden, die dessen individuelle Züge trägt, welche der Leichnam nicht mehr aufweist. Aus diesem Grund werden dem Toten auch Mobiliar und Nahrung mitgegeben; er muß im Grab das Leben weiterleben können, das er auf Erden geführt hat.

Kostbarkeit und Vielfalt des Mobiliars hingen natürlich von den Möglichkeiten jedes einzelnen ab. Die Grabausstattung des Tutenchamun ist zweifellos die prächtigste, die bisher gefunden wurde: Prunkbetten, mit den Hausgöttern verziert und mit Einlegearbeiten aus Elfenbein, Ebenholz und Gold; andere wiederum vergoldet mit in Form von Löwen, Nilpferden oder Krokodilen ziselierten Seitenteilen; Faltbetten, zusammenlegbare Ruhebetten aus leichtem Holz mit Scharnieren aus Bronze, Fayence-Nackenstützen mit Intarsien aus Lapislazuli, Elfenbein oder blauem Glas; Truhen, Stühle, Schemel, Kästchen, Gehstöcke, Zierat, Waffen, Spiele, Geschirr, liturgische Geräte und so weiter.

Bevor wir die Ägypter verlassen, müssen wir von ihren
Nachbarn sprechen, die durch Joseph auch ihre »Vettern« waren und schließlich ihre Opfer wurden: den Hebräern. Während ihres langen Aufenthalts in Ägypten
haben sie viele Techniken übernommen, darunter die des
Bettenbaus. Das Alte Testament gibt, wenn es die Lieblingsbeschäftigungen unserer nahen Vorfahren — Trägheit, Ehebruch, Inzest und Mord — einmal beiseite läßt,
darüber einige kleine Details preis, wie beispielsweise die
kurze Begegnung zwischen Judith und Holofernes, dessen Leib, wie es heißt, auf einem Bett und dessen Kopf auf
einem Kissen ruht — bis zum Besuch Judiths …

Das erste Buch der Könige gleicht bei seiner Beschreibung des von Salomon errichteten Tempels in den Kapiteln sechs und sieben einem regelrechten Architekturkurs. Der Grundriß erinnert an die bereits erwähnten
Tonmodelle, denen luxuriöse Details hinzugefügt wurden. Der Bau war innen ganz in Zedernholz ausgeführt,
so daß man keinen Stein sah; und Salomons Lager, dessen
er so sehr bedurfte, liebte er doch siebenhundert Prinzessinnen und dreihundert Nebenfrauen, war, wie es im Hohelied (3, 9-10) heißt, aus Holz vom Libanon. Seine
Pfosten waren aus Silber, die Lehne aus Gold, der Sitz in
Purpur, das Innere gewebt aus dem Stoff der Liebe der
Töchter Jerusalems. Eine Tochter Jerusalems, die Kirche,
sucht im Verlangen nach der mystischen Vereinigung mit
Christus in den Nächten »den, den meine Seele liebt«,
und träumt: »Seine Linke liegt unter meinem Haupte,
und seine Rechte herzt mich.«

Dieser Beschreibung steht das Buch Ester mit seinen
Ausführungen über die königlichen Gemächer in nichts
nach. So hingen im königlichen Palast von Susa anläßlich
eines Festmahls, das einhundertachtzig Tage dauerte,
»weiße, rote und blaue Tücher, mit leinenen und scharlachroten Schnüren eingefaßt, in silbernen Ringen an

Marmorsäulen. Da waren Polster, golden und silbern, auf grünem, weißem, gelbem und schwarzem Marmor« (Ester 1,6). Das Fest nahm bekanntlich ein böses Ende, weil der König Ahasverus (Artaxerxes, Xerxes I.) ob der Weigerung der Königin Waschti, vor ihn zu kommen, sehr zornig wurde. Dieses erste feministische Aufbegehren in der Geschichte verwirrte die Männer derart, daß der Weise Memuchan kundtat: »Diese Tat der Königin (wird) allen Frauen bekanntwerden, so daß sie ihre Männer verachten ...« (Ester 1,17). Daraufhin »wurden Schreiben ausgesandt in alle Länder des Königs, ... daß ein jeder Mann der Herr in seinem Hause sei« (Ester 1, 22). Womit offiziell der Harem begründet war.

Der die Eifersucht betreffende Passus im vierten Buch Mose (4. Mose 5), ein wahres Gottesurteil, wendet sich gegen die jüdische Frau. Das Trinken eines »Eifersuchtsopfers«, das aus einem »Zehntel Scheffel Gerstenmehl« und etwas »Staub vom Boden der Stiftshütte« in heiligem Wasser bestehen mußte – ein Rezept, welches der hehre Gesetzgeber vom Allmächtigen empfangen hatte –, soll der Sünderin »die Hüfte schwinden« und den »Bauch anschwellen« lassen, falls der Verdacht des eifersüchtigen Mannes sich bestätigt.

Um auf das biblische Mobiliar zurückzukommen, so ist das einzige uns ausführlich beschriebene Bett das des Königs Og von Baschan, der allein »noch übrig (war) von den Riesen«, die von den Juden geschlagen worden waren. Im Deuteronomium (5. Mose 3, 11) werden uns sogar die Abmessungen dieses »Bettes aus Eisen« gegeben: Es war »neun gewöhnliche Ellen lang und vier Ellen breit«, das heißt vier Meter fünfzig auf zwei Meter, was für ein königliches Bett, das die Sieger als Trophäe mitnahmen und zur Schau stellten, auch absolut plausibel ist.

Das Mobiliar im Neuen Testament

Das Neue Testament enthält weniger Details als das Alte, immerhin vermittelt es eine Vorstellung von den damaligen Gebrauchsgegenständen, von denen des Volkes jedenfalls. Jesus wurde nach seiner Geburt nicht in ein königliches Schlafgemach, sondern bekanntlich in einem Stall in die Krippe gelegt, ein Lager mit einem in Anbetracht der Jahreszeit offenbar nicht zu verachtenden Komfort. Dank sei dem genialen Josef, der in seinem Weitblick Maria unter eine Nüsternheizung gebettet hatte ... Im Markusevangelium (Markus 2, 3-12) wird die Heilung eines Gelähmten beschrieben, der von vier Männern getragen wurde, die, da sie nicht bis zu Jesus vordringen konnten, »das Dach (abdeckten), wo er war«. Sie »machten ein Loch und ließen das Bett herunter, auf dem der Gelähmte lag«. Das darauf erfolgte Wunder ist eine der berühmtesten Parabeln: Jesus fragte die zweifelnden Schriftgelehrten: »Was ist leichter, zu dem Gelähmten zu sagen: Dir sind deine Sünden vergeben, oder zu sagen: Steh auf, nimm dein Bett und geh umher?« Und dann zum Gelähmten: »Ich sage dir, steh auf, nimm dein Bett und geh heim!« Die Geschichtsschreibung hat nur das Wunder mit dem lapidaren Ausspruch »Steh auf und gehe« bewahrt, der wohl zu Dutzenden von Buchtiteln inspiriert hat, uns interessiert hier jedoch mehr der technische Aspekt der Fortsetzung der Geschichte. »Und er stand auf, nahm sein Bett und ging alsbald hinaus vor aller Augen.« Mehrere Hypothesen bieten sich an: Handelte es sich um ein zerlegbares oder zusammenklappbares Bett? Oder war es einfach so leicht, daß ein einzelner Mann, ein vordem Gelähmter, es ohne weiteres tragen konnte? Die Römer kannten die Trage (in Vulgärlatein »cibaria«); man könnte also meinen, daß der ehemals Gelähmte diese zusammengerollt und auf die Schulter genommen hat. Wenn aber das Bett zusammenfaltbar war, gab es andererseits keinen Grund, das Dach abzudecken, um es auf diese Weise ins Haus zu befördern. Es ist also denkbar, daß es sich um eine Art vierbeiniges Feldbett mit Gurtbespannung handelte, so daß ein Mann es effektiv allein auf dem Rücken tragen konnte.

Der Ewig-Wachende

Als weiteres Wunder des Neuen Testaments ist der Umstand anzusehen, daß sein Held in seinem ganzen Leben nur ein- oder zweimal einnickte. Jesus, der Ewig-Wachende, wacht darüber, daß sein Traum in Erfüllung gehe: das Wunder der idealen Menschheit. Nicht schlafen bedeutet nicht nur, der physischen Ermüdung Herr zu bleiben, es zeugt vor allem von geistiger Stärke: wach bleiben, sich der Dinge ganz und gar bewußt bleiben heißt im Grunde genommen »in der Welt des Geistes gegenwärtig sein«; und Jesus wurde nicht müde, seinen Jüngern einzuschärfen, daß sie wachen sollten, so in der berühmten Nacht von Gethsemane, die wegen der Jünger Unfähigkeit, mit ihm zu wachen, ein fatales Ende nahm (Matthäus 26, 36-46). Dabei weiß man seit den Heldentaten Gilgameschs, daß den Schlaf zu bezwingen, »wach« zu bleiben, eine der härtesten Initiationsprüfungen ist, eine Prüfung, gerichtet auf die Herausführung aller Nichteingeweihten aus ihrem Zustand, auf die Erringung der Unsterblichkeit, und dieses Versagen der Jünger, der Versuchung zu schlafen nachgegeben zu haben, sollte für die Mehrheit der Christen exemplarisch werden, denn: »Der Geist ist willig, aber das Fleisch ist schwach« (Matthäus 26, 41). Die Gnostiker setzen dem Schlaf, der wie das Unwissen als »Rausch« bezeichnet wird, das »Erwachen« gegenüber, welches die Anamnesis, das Erinnern an die wahre Identität der Seele und ihren himmlischen Ursprung, einschließt. Nach der Überlieferung der Mandäer (einer gnostischen Täufersekte) wendet sich der himmlische Gesandte an Adam, nachdem er diesen aus tiefem Schlaf erweckt hat, mit den Worten: »Schlummere und schlafe nicht mehr, vergiß nicht den Auftrag, den der Herr dir gab.«

2. Die Bettkulturen

> Ein Blütenschmuck ist nicht in ihrem
> Sinne; der ganze Zusammenhang ihrer
> Lehre ist männlichen Charakters.
>
> Seneca: Brief 33

Die Intimität des Aristophanes

Dem Griechischen verdanken wir — über das Lateinische — den Gattungsbegriff Kammer (kamara), der jeden zum Ruhen bestimmten Raum, also die Schlafkammer, bezeichnet. Häufig befand sich diese Kammer im hinteren Teil des Hauses, manchmal auch im ersten Stockwerk, in das man über eine Außentreppe aus Holz gelangte, und sie besaß zuweilen eine kleine Öffnung, die meistens zugestopft war, um vor Sonne und Hitze oder auch dem Frost des Winters zu schützen. Sofern die Kammern nicht wie die Armenbehausungen unter dem Festungswall des antiken Athen in Fels gehauen waren, bestanden ihre Wände aus Holz, aus Lehmziegeln oder aus Strohlehm, dessen Brüchigkeit, wie es scheint, Diebe inspirierte: Anstatt sich der Mühe zu unterziehen, die Türen aufzubrechen, zogen sie es nämlich vor, einfach ein Loch in die Wand zu schlagen, daher auch das griechische Wort »toichorychoi« für Dieb, was wörtlich »Mauerdurchbrecher« heißt.

Anstatt jedoch Schritt für Schritt archäologischen Entdeckungen nachzugehen, wollen wir uns lieber Aristophanes zum Führer erwählen: Er wurde vor etwa zweitausendvierhundert Jahren in Athen geboren, und dank seiner Vorliebe für Details und für die vom Volk gebrauchten derben Ausdrücke gelangt man mit ihm leichter als mit Homer, Hesiod oder Herodot in die Intimität des thalamos, des ehelichen Schlafzimmers oder Frauengemachs, und des oikos, jener kleinen sozialen und religiösen Gruppe, wie sie ein Haushalt darstellt. Durch das

422 v. Chr. aufgeführte Theaterstück ›Die Wespen‹, eine
Satire über die Prozeßsucht der Athener, erfährt man ein
paar interessante technische Details über die damaligen
Häuser: Bdelykleon, der seinen Vater Philokleon einge-
sperrt hält, fürchtet, dieser könne durch den Abzug des
Bades und weiter durch den Rauchfang entfliehen — was
wenig wahrscheinlich ist, da es sich bei jenem Abzug um
ein relativ enges Zugloch handelte; immerhin beweist es,
daß es im Athen des fünften Jahrhunderts geheizte Badestuben gab.

Philokleon gibt sich bei seinem Fluchtversuch als »Ich,
der Rauch« aus, woraufhin Bdelykleon erwidert:

»Der Rauch; und wie das? Von welchem Holz denn?«

»Dem Holz der Gerechtigkeit.«

»Zum Himmel. Kein Rauch ist beißender als gerade jener …« (Bdelykleon gibt Philokleon einen energischen
Stoß). »Wo ist die Klappe? Zurück mit dir. Ich zeig dir
gleich, mit welchem Holz ich heize. Und jetzt denke dir
einen anderen Trick aus … Aber gleichwohl, es gibt auf
Erden keinen Unglücklicheren als mich, den man jetzt
Sohn eines Schwindlers nennen wird!«

In den Ruinen von Olynth ist tatsächlich ein Dachzie-
gel mit einer elliptischen Durchbohrung von siebenund-
vierzig auf dreiundzwanzig Zentimetern gefunden worden, durch die sich jemand bequem aufs Dach hätte
flüchten können, was so selten vielleicht gar nicht vor-
kam, jedenfalls nach dem zu urteilen, was Demosthenes
in seinen Reden gegen Konon sagt, wo ein zahlungsunfä-
higer Schuldner diskret übers Dach flieht, um seinen
Gläubigern zu entgehen.

Bevor wir auf das Leben im oikos zu sprechen kommen, wollen wir einen Blick auf dessen Mobiliar werfen,
wie es beispielsweise Plutarch in seiner Biographie über
Alkibiades beschreibt. Dieses Mobiliar scheint einem
Mann gehört zu haben, dessen privater Luxus sich ermessen läßt, wenn man ihn dem bescheidenen Lebensstil der
Athener des 5. Jahrhunderts gegenüberstellt. Prachtstück

dieses minutiös erfaßten Mobiliars war eine »Eßzimmergarnitur«, bestehend aus vier Tischen und zwölf Betten im Gesamtwert von etwa einhundertzwanzig Drachmen. Solche Betten beschreibt uns Aristophanes in seinem Schauspiel ›Lysistrata‹, in dem Cinesias, Ehemann der sich wie die anderen Frauen der Stadt im Liebesstreik befindenden Myrrhine, den entscheidenden Augenblick hinauszögert, indem er alle Teile der Bettstelle nacheinander herbeiträgt: einen mit Gurten versehenen Holzrahmen, eine Binsenmatte, ein Kissen und eine Decke … Nebenbei erfahren wir noch, daß der Mann nachts den Mantel und den Gürtel des Untergewandes und die Frau ihr Busenband ablegt, daß man die Untergewänder aber — außer wenn man sich liebt und »zur Decke hinauf den Perserschuh streckt« oder »der Löwin gleich auf dem Raspelheft steht« (›Lysistrata‹, Vers 230) — als Nachtkleid anbehält beziehungsweise anzieht, so daß also, wie eine der Rebellinnen sagt, »die Frauen ihr safrangelbes Kleid anziehen« und dasitzen »im durchsicht'gen Florgewand und Modeschuhn«. ›Lysistrata‹ verrät uns noch weitere Details über die Kleidung der Frauen, ihre Verführungskünste und ihre in diesem Krieg gegen die Männer angewandten Listen: »Denn säßen wir zu Hause reizend aufgeschmückt und spazierten halbnackt in Amorgos' Florgewand (durchsichtiges Gewand aus Flachs von der Insel Amorgos) vor ihnen hin, am Schößchen unten glattgezupft, so daß unsere Männer brennen würden vor Verlangen, wir aber würden, anstatt sie zu befriedigen, uns verweigern — dann schlössen sie eilends Frieden, dessen bin ich sicher!« (Vers 150)

Von diesem Spiel stark in Mitleidenschaft gezogen, schlossen Athener und Spartaner Frieden und eilten zu ihren siegreichen Frauen …

Aber ach, die freien Frauen des Aristophanes entspringen mehr einem Wunschdenken als der Realität; die Athenerinnen des 5. Jahrhunderts hatten, genau wie die Sklaven, keine politischen oder juristischen Rechte. Sie waren an das Haus gefesselt, selbst wenn sie das Hauswesen mit gebührender Autorität lenkten und ihre Töchter, der herrschenden Sitte entsprechend, im vom Männerbereich stets klar getrennten Frauengemach vor den Blicken der Männer schützten.

Vor der Hochzeit

Eine solche Erziehung der Töchter unterscheidet sich erheblich von der in Sparta, wo, wie Euripides in ›Andromache‹ beklagt, die jungen Mädchen »mit Jünglingen außer Haus sich zeigen, mit nackten Beinen und im offenen Gewand« (Vers 597-598). In ›Oikonomikos‹ lobt Xenophon durch Isomachos, einen der Beteiligten, die Sitte des kyrios: Der Vater oder, in Ermangelung eines solchen, der Bruder, Großvater oder Vormund entscheidet für das junge Mädchen, welcher Ehemann für sie der richtige ist, und wählt ihn entsprechend aus; und Xenophon läßt Isomachos sagen: »Hast du nun verstanden, weshalb ich dich nahm und warum deine Eltern dich mir gaben; denn daß wir ohne Schwierigkeiten auch eine andere hätten finden können, die mein Bett teilte, weißt du genau, dessen bin ich sicher. Aber nach reiflicher Überlegung, ich für meinen Teil und deine Eltern für den deinen, welche von all den möglichen Kandidatinnen für die Haushaltsführung und Kinderpflege ich denn wählen sollte, da habe ich von allen anderen möglichen Partien dich ausgewählt.«

Das Prinzip der Endogamie — der Heirat innerhalb derselben sozialen Gruppe — hat zur Folge, daß eine Verbindung zwischen nahen Verwandten zwar nicht ausdrücklich empfohlen, zumindest aber gebilligt wurde. Inzest war in Athen nicht durch das Stadtgesetz verboten, sondern durch die Religion, welche die Verbindung zwischen Bruder und Schwester derselben Mutter oder zwischen Blutsverwandten in auf- und absteigender Linie verwarf; hingegen war es nicht ungewöhnlich, daß ein Mann seine von seinem Vater gezeugte Halbschwester heiratete.

In Sparta glich die Überführung der Braut in ihr neues Heim eher einer Entführung. Die Ausersehene wurde einer »nympheutria« genannten Brautbedienerin übergeben, welche ihr das ganze Haar schor, ihr ein Männergewand und Schuhe anzog und sie dann allein und ohne Licht auf einen Strohsack legte. Darauf betrat der Bräutigam, nachdem er wie üblich mit seinen Kameraden gespeist hatte, den Raum, »löste ihren Gürtel«, hob sie hoch und legte sie aufs Bett. Nachdem er eine kurze Weile bei ihr verbracht hatte, ging er zu seinen Kameraden zurück und legte sich dort zur Ruhe.

Wie sich die Männer »arrangieren«

Von allen uns bekannten Hochzeitsriten scheint keiner dazu bestimmt gewesen zu sein, die Verbindung der Ehegatten auf der Basis beiderseitiger Zuneigung zustande kommen zu lassen; vielmehr geht es stets nur um den Wohlstand des oikos und die Zeugung von Nachkommen. In Athen wird generell empfohlen, daß ein Mann im Alter von etwa dreißig Jahren ein sechzehnjähriges Mädchen heiraten solle. Ein Bürger heiratet in erster Linie, um einen männlichen Nachkommen zu haben, welcher den Stamm erhalten und ihm dereinst die kultischen Ehren erweisen wird, wie er sie seinerseits seinen Vorfahren zuteil werden läßt und wie sie für das Glück der Toten als unerläßlich betrachtet werden.

Vom 4. Jahrhundert an hatten viele Athener offenbar eine Konkubine, ohne deshalb jedoch ihre rechtmäßige Ehefrau zu verstoßen. Durch die Worte eines Gerichtsredners erfahren wir, wie sich die Männer »arrangierten«: »Die Hetären haben wir um unserer Lust willen, die Konkubinen für unsere täglichen Körperbedürfnisse, die

Ehefrauen aber, damit sie uns legitime Kinder gebären und die getreuen Wächterinnen unseres Hauses sind.«

Da die Männer häufig von ihren Frauen und ihrem Haus fern sein mußten, war auch die die Liebe unter Männern begünstigende philosophische Tradition sehr stark und bildete einen Teil der »Arrangements«. Die Griechen waren nicht eben fortpflanzungsfreudig, weil man fürchtete, den Familienbesitz zu stark zu schmälern, wenn er unter zu vielen Erben aufgeteilt werden müsse. »Mögest du nur einen Sohn haben«, schreibt Hesiod in ›Werke und Tage‹, »um das väterliche Besitztum zu wahren. Denn so mehret sich der Wohlstand.« »Einen Knaben und ein Mädchen«, schreibt Platon in seinem Werk ›Die Gesetze‹.

Aus Gründen der Eugenik, um zu große Familien zu verhindern, war die Abtreibung oder, falls diese mißlang, die Aussetzung Neugeborener, vor allem von Mädchen, nicht ungewöhnlich, denn wenn man die Säuglinge schon nicht töten konnte, so konnte man sie wenigstens sterben lassen. In Sparta dagegen ging die Familiengesetzgebung so weit, daß man einem zur Erfüllung seiner ehelichen Pflichten zu alten Mann gestattete, seiner Frau einen jungen Mann zuzuführen, damit sie von diesem gesunde und kräftige Kinder bekomme.

Der Disput um die Erziehung

Der krasse Unterschied in der Lebensweise von Athen und Lakedaimon (Kernland des alten Sparta) wird am stärksten auf dem Gebiet der Kindererziehung deutlich. Das junge Mädchen, die zukünftige Familienmutter, sollte in Sparta widerstandsfähig und gesund sein und durfte durchaus männliche Eigenschaften haben. Daher mußte sie auch vor einer zu weichen und nachgiebigen häuslichen Erziehung — wie sie die jungen Athenerinnen genossen — bewahrt werden. Was die Knaben anbelangt, so ließ man diese nur bis zum Alter von sieben Jahren bei ihren Familien in der Obhut erfahrener, lakonischer Ammen, über die und deren Kindererziehung Plutarch in ›Lykurgos‹ sagte: »Anstatt die Säuglinge in Windeln zu wickeln, ließen sie deren Körper und Gliedmaßen völlig frei; sie gewöhnten die Kinder daran, in bezug auf das Essen nicht wählerisch oder mäkelig zu sein, im Dunkeln oder wenn sie allein sind keine Angst zu haben, sich nicht launisch, unbeherrscht oder weinerlich zu zeigen.« Dieses Erziehungssystem scheint den vornehmen Familien Athens nicht mißfallen zu haben, denn sie pflegten sich die Kindermädchen für ihre Sprößlinge häufig direkt aus Sparta zu holen.

Hat der Spartaner das siebte Lebensjahr vollendet, nimmt der Staat, dem er bis zu seinem Tod angehören wird, sich seiner an. Unter der Obhut eines »Pädonomen« wird er bis zum Alter von elf Jahren den »kleinen Jungen« eingereiht, dann den Knaben, die er als Ephebe mit sechzehn Jahren verläßt, um seinerseits die Verantwortung zu übernehmen, sich um einen Jüngeren zu kümmern, mit dem er sein Leben vollkommen teilen wird. Sie schlafen in gemeinsamen Unterkünften auf Schilfstrohsäcken, und vom zwölften Lebensjahr an werden Liebeleien, wenn nicht gar sexuelle Beziehungen zwischen Heranwachsenden und Erwachsenen geduldet. Der Ältere war dabei Beschützer und Vorbild zugleich, und die zwischen den beiden jungen Menschen entstandene Bindung diente während der häufigen Übungen zur militärischen Ertüchtigung gleichzeitig auch der Steigerung ihrer kämpferischen Fähigkeiten.

Der kleine Athener ist im zarten Kindesalter sehr viel mehr in seiner Bewegungsfreiheit eingeschränkt als der Spartaner. Die in Athen geübte Gewohnheit, Säuglinge in spiralförmig gewundene, einzwängende Stoffbinden zu wickeln und sie in Wiegen zu legen, ist nicht unbedingt besser als die, sie völlig nackt und bloß zu lassen. Bei der Wiege handelt es sich, wie aus den griechischen Vasenbil-

dern ersichtlich ist, zumeist um einen Weidenkorb oder
aber um eine Art Holztrog. In Athen ist es ganz und gar
üblich, Kinder zu herzen und zu wiegen. Um sie zu beschäftigen, gibt man ihnen Spielzeug — eine Klapper etwa
oder sonst irgendeine Kleinigkeit —, damit sie im Haus
nichts kaputtmachen; denn sie können keinen Moment
Ruhe geben, und vor dem Einschlafen singen Mutter
oder Amme ihnen ein Wiegenlied.

Hypnos: der Gott des Schlafs

Seltsamerweise gab es in Griechenland keinen Hypnos-
Kult außer dem von Pausanias beschriebenen in Troizen,
wo man den Gott des Schlafes samt seinen Freundinnen,
den Musen, verehrte. Dieses Fehlen eines Hypnos-Kultes
ist vermutlich darauf zurückzuführen, daß man vor dem
Nachtmahl eher Hermes zu huldigen pflegte, der als
Spender von Schlaf und Traum galt. In den Texten Ho-
mers wird Hypnos, der Schlaf, unter zwei Aspekten ge-
zeigt: Vor allem bedeutete er die periodische Ruhe der
Sinnesorgane und des Bewegungsapparates, während der
Körper neue Kraft schöpft. Und zum anderen erschien er
neben seinem Zwillingsbruder Thanatos, dem Tod, als
Leichenbestatter, der seiner düsteren Arbeit nachgeht.

Der besonders in Sparta gepflegte Respekt den Alten
gegenüber war im gesamten antiken Griechenland verbreitet, und es gehörte unter Androhung von Gefängnis-
haft — für einen freien Mann eine schwerwiegende Maßnahme — zu den Obliegenheiten des Sohnes oder der
Söhne, über die alten Tage ihrer Eltern zu wachen und sie
nach den vorgeschriebenen Riten zu begraben.

Die Betten des Odysseus

Die ›Odyssee‹ ist voll von Betten: dem Bett, in dem Telemachos die ganze Nacht lang über den Weg nachsinnt, den Athene ihm gewiesen hat; dem Lager der Circe, dem Odysseus nicht entrinnen kann; den sehr weichen Betten der Grotte von Kalypso und Nausikaa; dem zum Horizont weisenden Lager auf dem ihn tragenden Boot; dem primitiven Bett des Schiffbrüchigen; und vor allem jenem, das aus den Tiefen seines Gedächtnisses empordringt, das Bett des guten Schlafes, das berühmte Bett des Olivenbaums:

»Oben am Hang schlüpfte er unter zwei dichtverwachsene Büsche, der eine vom wilden, der andere vom veredelten Ölbaum, die nicht der stärkste Wind noch der feuchte Nebel oder der Regen zu durchdringen vermochten, so dicht ineinander verwachsen waren sie. Darunter tauchte Odysseus und scharrte mit den Händen ein Lager aus Blättern zusammen, derer es in solch reichlicher Fülle gab, daß selbst im härtesten Winter zwei oder drei Männer sich damit hätten bedecken können. Wie froh ward der Held des Duldens, Odysseus, als er dieses Lagers angesichtig wurde! Er legte sich mitten hinein und schüttete über sich einen Arm voller Blätter. Am Rande des Feldes, wo es keinerlei Nachbarn gibt, bedeckt man die Glut mit schwarzer Asche, um des Feuers Keim zu wahren, auf daß man es dann nicht weit entfernt woanders holen gehen müsse. So also hielt Odysseus sich im Laub verborgen, und Athene goß ihm Schlaf auf die Augen, um ihn von der Erschöpfung zu erlösen, und schloß ihm seine Lider.«

In erster Linie ein Mann des wunderbaren Bettes, baute Odysseus sich das seine mit eigenen Händen, eine Arbeit, in die er all seine Liebe und seine Tränen mit einbrachte. Von allen Betten der Mythologie ist das des Odysseus am symbolträchtigsten: verwurzelt im Boden seiner Heimat, ein unbewegliches, nicht transportables

Möbel, wird dieses Bett unter Anwendung einer letzten List mehr noch als sein Bogen ihn schließlich retten. Dieses Bett ist auch vollkommenster Ausdruck einer geteilten Intimität nicht nur der Liebe, sondern zugleich des Schlafraumes; durch die mit diesem Raum verbundenen tagtäglichen Gesten, letzte Prüfung Penelopes, um ihn als ihren Gemahl anzuerkennen, sollte Odysseus endlich seine Legitimität zurückerlangen: Mit der Anordnung, das Ehebett vorzubereiten, und indem sie von diesem Bett absichtlich eine falsche Beschreibung gibt, löst Penelope Odysseus' Zorn aus: »Oh Weib, hast du denn wirklich das Wort ausgesprochen, das mich peinigt: Wer hat dieses Bett anders gestellt? Der Geschickteste noch hätte nicht vermocht, es sei denn mit Hilfe eines Gottes, der allein durch seinen Willen schon es vermöchte, dieses Bett an eine andere Stelle zu rücken! Aber kein Sterblicher, und sei er noch so kraftvoll, hätte es mühelos verrücken können. Wie dieses Bett beschaffen war, das war allein mein Geheimnis; ich allein habe es gezimmert, und ohne jede Hilfe. Inmitten des Platzes breitete ein Ölbaum seine Blätter aus: er war ausgewachsen und voll, und sein dicker Stamm hatte den Umfang einer Säule. Rings um diesen Stamm baute ich aus Stein die Wände unseres Schlafgemachs und bedeckte es mit einem Dach. Und als ich eine Tür aus Holz ohne jeglichen Spalt eingesetzt hatte, da erst kappte ich die Krone des Ölbaums, behaute den Stamm bis zu seiner Wurzel hinab, glättete ihn rings umher, machte ihn mit der Richtschnur gerade und nahm ihn als kunstvollen Pfosten des Bettes, mit dem ich den Rest verdübelte, und an diesen ersten Pfosten baute ich das ganze Bett und zierte seinen Rahmen noch mit Gold und Elfenbein und Silber und zog Gurte hindurch aus purpurner Stierhaut. Dies also ist unser Geheimnis! Genügt dir das als Zeichen? Ich möchte daher wissen, Frau, steht unser Bett noch am alten Platz, oder hat man, um es woanders hinzustellen, den Ölbaumstamm durchtrennt?« Und der Vers endet so: »Und Euryklee, mit der

Hilfe von Eurynome, richtete sogleich her das Lager beim Scheine der Fackeln. Und sobald sie das Bett mit weichen Stoffen gerichtet hatte, ging die Alte ins Haus zurück, um sich schlafen zu legen; die Kammerzofe Eurynome aber führte die beiden, wie sie zum Lager gingen, eine Fackel haltend. Und nachdem sie ins Schlafgemach sie geführt, ging sie wieder und ließ sie, die sie erfreut waren, ihr Lager und die Rechte von ehedem wiedergefunden zu haben, zurück.«

Das letzte Ruhebett

Nach der Totenwaschung wird der Verstorbene mit weißen Gewändern bekleidet, mit Binden umwickelt und in ein Leichentuch gehüllt; das Gesicht bleibt dabei gewöhnlich frei. Auf einem Prunkbett aufgebahrt, wird der Tote ein oder zwei Tage lang, die Füße zur Tür gerichtet, von zur Familie gehörigen Frauen bewacht, die Asche auf ihr wirres Haar gestreut haben, die sich die Wangen zerkratzen, sich gegen die Brust schlagen und in rituellen Klagerufen und Wehgeschrei ergehen — was der Gesetzgeber zu unterbinden sucht. Der Tote erhält Opfergaben, meist bemalte Vasen, die man unter sein Bett stellt. Die Beisetzung findet in Athen immer mitten in der Nacht statt, da die Griechen fürchteten, durch den Tod die Strahlen der Sonne zu beflecken. Der Tote wird auf demselben Bett, auf dem er schon aufgebahrt worden war, hinweggeführt, getragen von Angehörigen und Sklaven oder auf einem von Pferden oder Maultieren gezogenen Karren. Auf dem Friedhof wird der Leichnam begraben oder auf einem Scheiterhaufen verbrannt; in diesem Fall wird die Asche in eine Urne gefüllt. Nach den dem Toten geweihten Trankopfern muß die Familie sich reinigen, ein jeder wäscht sich am ganzen Körper, wie auch das Haus des Verstorbenen mit Meerwasser und Ysop gereinigt wird. Trankopfer und Leichenschmaus werden am drit-

ten, neunten und dreißigsten Tag nach den Trauerfeier-
lichkeiten bis hin zu seinem Geburtstag wiederholt; das
war der Beginn des aufkommenden Totenkults.

Urbs

Wie zuvor schon für die Ägypter und Griechen gilt auch
für die Römer, daß der Versuch, in ihre häuslichen Gewohnheiten und ihre Privatsphäre einzudringen, nur
dann sinnvoll ist, wenn man eine solche Untersuchung
auf eine oder mehrere festumrissene Epochen konzen-
triert. Die Unterschiede zwischen dem bäuerlichen Lebensstil der Republik und dem übertriebenen Luxus der
Kaiserzeit sind ein Gemeinplatz; hingegen leiteten die
gleich zu Beginn sich abzeichnenden Unterschiede zwischen öffentlicher und ehelicher Moral eine Wende in der
Geschichte der Intimität ein und veränderten die Gewohnheiten im Schlafzimmer. – Die Philosophie ist immer noch unter dem Kopfkissen versteckt. – Die noch
heute allgegenwärtigen Reste des Römischen Kaiserrei-
ches, urbs und restaurierte villae, ersparen uns ihre nähe-
re Beschreibung, und dies um so mehr, als die Stilrichtun-
gen, von Norden nach Süden und von Westen nach
Osten, ebenso vielfältig waren wie die uns bekannten re-
gionalen Bauweisen bis zum 19. Jahrhundert.

Insgesamt gesehen war es für die Hauptstadt des Rö-
merreichs, die sich über mehr als zweitausend Hektar er-
streckte, von denen man die öffentlichen Gebäude, Heiligtümer, Parks und Privatgärten abziehen muß, nicht
einfach, die sich in ihr drängenden etwa 1,2 Millionen
Menschen angemessen zu beherbergen.

Die insulae, in einzelne Wohnungen unterteilte Miets-
häuser, fast originalgetreu in der ›Trabantenstadt‹ nach-
gebildet, wo eines der Abenteuer Asterix’ spielt, sind vermutlich im 4. Jahrhundert v. Chr. mit der Notwendigkeit
aufgekommen, eine ständig wachsende Bevölkerung un-

terzubringen. Diese »Wohnblocks« ähnelten einander mehr oder weniger und wirken auf uns heute mit ihren zur Straße gekehrten symmetrischen Fassaden und den breiten Öffnungen regelrecht modern. In den oberen Stockwerken zu wohnen war damals allerdings nicht ganz ungefährlich, wie es die, wenn auch satirischen Befürchtungen Juvenals belegen, der Rom am liebsten verlassen will: »Ach: Wann endlich kann ich an einem Ort leben, wo kein Feuer wütet, wo kein Alarm die Nächte stört.« Da die Mehrzahl dieser Innenräume allerdings fast kein Mobiliar hatte, war es für die Bewohner ein leichtes, sich im Falle eines Falles zu verziehen.

Die Bettkultur

Das Mobiliar bestand in erster Linie aus Ruhelagern, auf denen die Römer schliefen, lasen, schrieben, aßen und Besuch empfingen, Betten aller Art, von denen die gebräuchlichsten fest an die Wand angebaute, mit Strohsäcken belegte Lagerstätten waren. Die pompejanische domus war es vor allem, die sich durch eine außerordentliche Vielfalt nach einer genau festgelegten Anordnung aufgestellter Betten auszeichnete. Meistens handelte es sich um lectuli, Betten mit einem Platz, und um vornehmlich für die Mahlzeiten bestimmte dreisitzige Speisesofas (triclinium); und wer seinen Reichtum zur Schau stellen wollte, besaß auch sechssitzige Betten mit dazugehörigen Tischen, für die ein spezieller Diener verantwortlich war, der lectisterniacor, also der »Tafeldecker«.
Bevor wir auf das Schlafzimmer zu sprechen kommen, sollten wir, da die Römer von den Griechen die Sitte übernommen haben, im Liegen zu speisen, noch ein Wort zu dem speziellen Speiseraum sagen, der wie das dreisitzige Speisesofa ebenfalls »triclinium« genannt wurde und drei U-förmig angeordnete Speisesofas aufnahm, welche jeweils drei Gästen Platz boten, die ihren linken

Unterarm (cubitum) auf ein ebendiesem Zweck dienendes Armpolster (cubital) stützten. Man nahm seinem Rang entsprechend Platz, und diese Rangordnung wurde bei Zuweisung der um die kleinen, einbeinigen Rundtische herum gestellten Speisesofas streng eingehalten. Der Ehrenplatz war auf dem oberen Sofa. Dazu muß man wissen, daß selbst für den ärmsten Römer ein Festessen ohne Speisesofa undenkbar war; im Sitzen — auf einem Bett? — wurden allenfalls sehr frugale Mahlzeiten verzehrt. Im Sommer speisten die Pompejaner in propatulo, im Freien, und folglich schob man die Speisesofas unter das Peristyl oder in den Garten, sofern man sich solche dort nicht ohnehin hatte mauern lassen.

Neben dem triclinium stand ein kleiner Altar bereit für die Trankopfer, häusliche Riten, auf die wir noch zurückkommen werden.

Außer diesen Speisesofas gab es in den Schlafgemächern noch die Ruhelager für die Nacht und für die Ruhepausen des Tages, in den Salons noch Konversationsliegen und wieder andere in den Bibliotheken für die Lektüre. Neben all diesen Liegen standen wie im triclinium Beistelltischchen aus Marmor, Bronze, Metall oder Holz. Als Zubehör dienten die Federmatratze, die culcita plumae, ein Polster aus Stoff oder Teppichgewebe, das mit einem Überzug versehen war, sowie die berühmten cubitales, Kissen, die den Arm stützen sollten, damit der cubator, wörtlich: der Liegende, es bequem hatte. Zum Mobiliar gehörten ferner Bänke oder kleine Schemel, Kandelaber, Kohlenbecken, Truhen und Geschirr.

Diese Bettkultur, um nicht »Bettkult« zu sagen, verläßt domus und insula mit dem Tag, da wohlhabende Kranke, die sich von ihren Sklaven im Bett herumtragen ließen, von gesunden Römern imitiert wurden, die reich genug waren, um sich eine von sechs oder acht syrischen Sklaven getragene lectica, eine Sänfte, leisten zu können.

Man stelle sich nur einmal das Gewimmel in den Straßen des kaiserlichen Rom vor, durch die diese überdimensionalen Bettstellen wogten, abgeschirmt von lapis specularis, mehr oder weniger durchsichtigen, dünnen Scheiben, die manchmal auch die Bettnische im Schlafzimmer abtrennten. Und im hintersten Teil dieser sich ihren Weg durch die Menge bahnenden Sänfte räkelte sich ein Mann — vom Schauspiel auf der Straße amüsiert oder auch ernüchtert.

Um Besuche abzustatten, pflegten die Matronen oder deren Männer es sich in der sella, dem Tragstuhl, bequem zu machen, in dem sie unterwegs essen oder schreiben konnten. Dieses Transportmittel wurde weiterentwickelt, oder, besser gesagt, seine »menschlichen Motoren« wurden durch die Erfindung des Packsattels ersetzt: Mittels Deichselstangen konnte die Sänfte an Packsätteln aufgehängt und so von zwei hintereinander gehenden Pferden oder Mauleseln getragen werden. Dies war ein grundlegender technischer Fortschritt, denn daraus entwickelte sich das Geschirr, das die Gabeldeichsel der zu Beginn des Mittelalters in Europa aufkommenden Kutschen aufnahm.

Zimmer im Dämmerlicht

Die um das Peristyl gelegenen Zimmer der pompejanischen domus haben eine eindeutige Bestimmung. Weniger hoch als die übrigen Räumlichkeiten, dienen sie dem Hausherrn, je nach ihrer Lage, als Winter- oder Sommerschlafräume. Der Platz des Bettes ist häufig durch eine leichte Erhöhung auf dem Boden und eine Wölbung der Decke über dieser Stelle bezeichnet, sofern die Bettnische nicht durch weiße Marmor- und Steinvierecke auf dem Mosaikfußboden angedeutet ist. Die Beleuchtung, besser gesagt, die für die Beleuchtung nötigen Öffnungen sind auf ein Mindestmaß reduziert; Schutz gegen die Kälte des Winters und die Hitze des Sommers und selbst gegen den Nordwind ist ein wichtiges Anliegen. Die Bewohner scheuten sich nicht, in völlig fensterlosen Mauern zu hausen, es sei denn, sie gehörten zu den Betuchteren, die über Leinwand, geölte Häute oder dicke, nicht durchsichtige Fensterscheiben verfügten, zumindest aber über Fensterläden beziehungsweise einfache Fensterflügel aus Holz. Die römische Villa war also in Dämmerlicht getaucht, ein Halbdunkel, das zum Lärm und zur Geschäftigkeit, die jeden Morgen in sie drangen, besonders stark kontrastierte.

Das »Elukubrieren«

Man pflegte übrigens rasch aufzustehen; zwischen dem Sprung aus dem Bett und dem Verlassen des Hauses verging nur sehr wenig Zeit. Nun war das Schlafgemach, das cubiculum, mit seiner permanent kläglichen Beleuchtung und seinen begrenzten Ausmaßen auch nicht gerade dazu angetan, seine Bewohner zum längeren Verweilen einzuladen, zumal ein pater familias das Risiko, für einen Müßiggänger oder Schwächling gehalten zu werden, zumeist lieber nicht einging.

»Man war so sehr daran gewöhnt, früh aufzuwachen«, sagt Jérôme Carcopino, daß selbst jemand, der noch im Bett blieb, beim trübe flackernden Licht des Flachsdochtes, das man »lucubrum« nannte, begann, Gedankenfäden zu spinnen, woraus die Wörter »lucubratio« und »lucubrare«, also »gelehrte Nachtarbeit leisten«, entstanden sind. Von Cicero bis Horaz und von Plinius bis Marcus Aurelius haben alle es völlig normal gefunden, im Winter nach Kräften zu »elukubrieren«.

Getrennte Schlafzimmer

In der Oberschicht gehörten getrennte Schlafzimmer zum guten Ton, das lectus genialis, das Ehebett, überließ man, von wenigen Ausnahmen abgesehen, kleineren

Leuten und einfachen Bürgern — die es aus Platzgründen ohnehin kaum anders halten konnten.

Die Toilette der Dame des Hauses, gleich, ob sie nun im gemeinsamen oder in ihrem eigenen Zimmer schlief, war in Erwartung der Stunde des Bades ebenso flink erledigt wie die des Hausherrn. Auch sie hatte zum Schlafen die Unterkleidung anbehalten, Schurz, Büstenhalter, Tunika oder gar Tuniken, manchmal sogar ihren Mantel, und so brauchte sie nur noch ihre Sandalen überzustreifen und den amictus, den Überwurf ihrer Wahl umzulegen. Sodann kümmerten sich beim Mann der tonsor, bei der Frau die ornatrix — Barbier und Friseuse, über die es an satirischen Beschreibungen nicht mangelt — um die äußere Erscheinung ihrer Herrschaft …

Die Hausgötter

Um den Alltag der Römer zu verstehen, muß man wissen, welche Beziehungen sie in ihrem Privatleben zu ihren Gottheiten pflegten. Diese Beziehungen gestalteten sich analog zu denen, die sie zu mächtigen Männern und Vorgesetzten unterhielten. Vornehmste Pflicht war es, die Götter, wenn man an ihrem Bildnis vorüberging, mit der Hand zu grüßen. Die der Scholle verhaftete römische Familie schützte, zumindest seit der Besetzung durch die Etrusker (im 5. Jahrhundert v. Chr.), ihr Heim — Tür, Schwelle und die Säulen des Hauses — durch Zauber oder magische Vorkehrungen; ihre Hausreligion galt den Laren, Genien und Penaten und kannte als Kultstätte lediglich das Herdfeuer sowie den Scheideweg, auf dem das Familienbesitztum an das der Nachbarn grenzte.

Penaten, Laren und Genien sind durch und durch römisch und so eng verflochten mit dem häuslichen Leben der Römer, daß noch im Jahr 392 n. Chr. ein Edikt des Theodosius heimliche Kulthandlungen untersagen mußte. Während über den Lebensmittelvorrat (penus) die Penaten wachen, denen der die Kulthandlung vornehmende Familienvater bei jeder Mahlzeit einen Happen opfert, so umgeben in Pompeji häufig die Laren den Genius. Des Hausherrn »persönlicher Dämon« wird als Mann in einer Toga dargestellt und beschworen; er wird mit jenem geboren und stirbt mit ihm, verkörpert also gewissermaßen das göttliche Bewußtsein, das ein Lebewesen von sich selbst hat.

Das große Fest des Genius findet am Geburtstag des pater familias statt. Ursprünglich war der Genius allerdings etwas anderes: Als Verkörperung der Zeugungsfähigkeit, wie schon der Wortstamm andeutet, sichert er durch das ihm zugehörige Individuum das Fortleben der Generationen. So ist es nicht verwunderlich, daß einem Genius das Brautbett, lectus genialis, geweiht ist und daß später auch die Frau eine dem schützenden Genius des Mannes vergleichbare Beschützerin bekam, Juno Lucina, Göttin der Ehe und der Entbindungen.

Mit der Geburt beginnt eine Phase der Unreinheit und Gefahr, so daß gleich nach der Entbindung drei mit einem Beil, einem großen Mörserstößel und einem Besen bewaffnete Männer um das Haus herumgehen und auf dessen Schwelle gestenreich Silvanus, dem Dämon des Waldes — der die Wöchnerinnen quält —, den Zutritt zum Haus zu verwehren suchen, wobei sie Familien-»Geister« wie Picumnus und Pilumnus anrufen, für die man im Atrium ein (Speise-?)Bett aufgestellt hat, und sie um besondere Wachsamkeit für die gefahrvolle Woche bitten. — Diese »Geister« wurden im klassischen Zeitalter offiziell durch Juno und Herkules ersetzt, jenes aus einer Ehegöttin und einem Heroen bestehende ungleiche Paar, das das Böse abwehrt. — Auch Intercidona und Deverra, die Töterin und die Ausfegerin, ruft man an.

Jeder Fortschritt des Kindes wird natürlich mit Hilfe übernatürlicher Kräfte erzielt: Vaticanus und Fabulinus helfen dem Baby zunächst beim Wimmern, dann beim

Sprechen, Cuba beim Schlafengehen, Educa und Polina beim Essen und Trinken; Abcona, Adeona, Iterduca und Domiduca bringen ihm das Laufen bei und lehren es, das Haus zu verlassen und wiederzufinden. Und schließlich wird das Kind für den Fall, daß alle diese Hilfen nichts genutzt haben, noch durch eine rote Naht an seiner Kleidung und die um den Hals getragene goldene oder lederne Bulla (eine Kapsel mit Amulett) vor heimtückischen Anfeindungen geschützt. Diese rot eingefaßte Kinderkleidung wird das junge Mädchen mit seiner Verlobung ablegen. Von da an schläft sie, die Haare von einem gelben und nach der Heirat roten (flammeum) Netz oder Häubchen zusammengehalten, in der tunica recta oder regilla, um die sie den mit einem speziellen Knoten, dem nodus Herculeus, gehaltenen Gürtel schlingt.

Das Ehebett

Bei der religiösen Hochzeitszeremonie fügte ein Priester, nachdem im Morgengrauen zunächst die Auspizien vorgenommen worden waren, die Hände der Brautleute zusammen; man rief die Hausgötter an, schritt zu einigen Trankopfern und anderen Opferhandlungen und teilte schließlich einen Spelzkuchen miteinander. Am Abend warf der Ehemann den Zuschauern Nüsse zu, trug die Braut über die Schwelle und überreichte ihr, sobald sie die Säulen der Tür gesalbt und mit Wollfäden geschmückt hatte, im Atrium Feuer und Wasser. Sodann sprach sie ein Gebet vor dem zukünftigen lectus genialis, das sie bestieg, nachdem sie sich auf das Bild des die Zeugungskraft bergenden Mutunus Tutum gesetzt und die Gunst der Hausgötter »erkauft« hatte, indem sie ihrem Gemahl — in diesem Fall vielleicht das lebende Abbild des Genius? —, den lares familiaris über dem Herdfeuer sowie den Hausgöttern des Scheidewegs zum Nachbarn eine Münze darreichte.

Nun darf man aber nicht meinen, diese Frömmigkeit habe auf einer besonderen Gläubigkeit beruht: Bei der ungeheuren Vielfalt derartiger ritueller Praktiken — um nicht abergläubischer Gebaren zu sagen — dürfte wohl eher die Idee von einer Art Kontrakt dahintergesteckt haben, den die Römer in ihrer deisidaimonia, ihrer Dämonenfurcht, mit diesen schlossen. Das Gefühl, mit den Göttern in ständiger Verbindung zu stehen, vermittelte ihnen eine gewisse Beruhigung, und so gesehen bot jede alltägliche Handlung eine gute Gelegenheit, sich ihnen in Erinnerung zu bringen und sie zu gemahnen, daß das tägliche do ut des (»Ich gebe, damit du gibst«) gewahrt blieb — bis es gebrochen wurde. Damit aber hatte der Genius oder Gott den Kontrakt nicht respektiert, und so riefen die Römer dann eben einen anderen Gott an, eine Praxis, die an den volkstümlichen Heiligenkult des Mittelalters oder die Sitte des »Kerzenstiftens« in gewissen Kirchen unserer Tage erinnert.

Die Hochzeitsnacht war mit einer »legalen Vergewaltigung« vergleichbar, und die Gattin ging aus dieser Angelegenheit ihrem Mann gegenüber als »aufgebrachte Frau« hervor, eine Formulierung, die einer Klarstellung bedarf: Es war Sitte, daß der Mann seine Frau nicht deflorierte, sondern sich damit begnügte, mit ihr anal zu verkehren, wie durch Martial und Seneca den Älteren belegt ist. Gleichwohl war es legitim, die Freuden und Vergnügen der Ehe zu genießen, und die geladenen Gäste scheuten sich am Hochzeitstag auch nicht, entsprechende Anspielungen zu machen und sich unzweideutig ihrer eigenen Abenteuer zu rühmen. Ein Poet geht sogar so weit, den Frischvermählten einen Nachmittag voller Liebeslust zu verheißen, eine nur da am Tag nach der Hochzeit erfolgte verzeihliche Kühnheit, denn sich zu einer anderen Zeit als nachts zu lieben wurde ansonsten als zügellose Schamlosigkeit betrachtet.

Als eine der Pflichten des freien Mannes, ein von Bürgersinn zeugender Akt, bedeutete die Ehe nicht die

»Gründung eines Hausstandes«, sondern nur eine von vielen Handlungen im Leben, und die Ehefrau war eines der Elemente der Hausgemeinschaft, welche auch die Söhne, die Freigelassenen, den Freundeskreis und die Sklaven umfaßte. Eine Frau ist ein großes Kind, das man wegen seiner Mitgift und wegen seines vornehmen Vaters anleiten, um das man sich kümmern muß, aber nichts ist den Römern so fremd wie die biblische Auslegung der fleischlichen Besitzergreifung. Was die Frauen anbelangte, so fand man es durchaus löblich, wenn die Erwählte in ihrem Leben nur einen einzigen Mann gekannt hatte; zur Pflicht wurde dies erst mit den ersten Christen, die gar versuchten, Witwen die Wiederverheiratung zu untersagen.

Liebe war weder Basis noch Voraussetzung für eine Eheschließung, und die (männlichen) Moralisten sagten, indem man lerne, die Fehler und Launen einer Ehefrau zu ertragen, übe man sich darin, der Unbill dieser Welt zu trotzen. Und war man schon nicht verpflichtet, ein »guter Nachbar, ein liebenswürdiger Gastgeber, sanftmütig gegenüber der Ehefrau und gütig zu seinen Sklaven« zu sein, wie Horaz schreibt, so ist es um so verdienstvoller, wenn man seine Frau dennoch gut behandelt.

Hier befinden wir uns an einem Wendepunkt in der Entwicklung der Denkweisen, und genau diese Moralauffassung müssen wir uns verständlich machen. Das gute Einvernehmen zwischen Ehegatten wird, wo immer man es beobachtet, geradezu verherrlicht, es gilt jedoch nicht als Norm, deren Erfüllung von einer Institution gleichsam vorausgesetzt wird. Das sollte mit der neuen, der Stoa verwandten Morallehre der Fall werden, wo die Verwirklichung der Idealvorstellung von der Ehe zur Pflicht wird, und zwar mit der entsprechenden theoretischen Konsequenz: Die der Ehefrau zugewiesene Stellung ist nicht mehr dieselbe, ihr wird der gleiche Rang zugestanden wie den in der griechisch-römischen Welt bekanntlich so wichtigen Freunden. Daß sich daraus dann praktische Konsequenzen ergeben haben, ist eine andere Geschichte, mit der wir uns einige Jahrhunderte später befassen werden …

Promiskuität

Es ist anzunehmen, daß das eheliche Schlafzimmer ausnahmsweise, in der Hochzeitsnacht nämlich, von den Sklaven und Bediensteten, die gewöhnlich neben dem Bett schliefen, geräumt wurde und daß diese sich zu den Türhütern gesellten.

Im Hinblick auf die in den römischen Wohnungen herrschende Promiskuität wird erzählt, daß ein eines Tages im ehelichen Schlafgemach überraschter Liebhaber dem unvermittelt aufgetauchten Ehemann erklärte, er sei in Wirklichkeit wegen der netten Dienerin gekommen, die neben dem Bett schlief, was völlig plausibel erschien. Man sagte auch, daß, »als Andromache auf Hektor ritt, die Sklaven, das Ohr an die Tür gepreßt, masturbierten«.

Plinius der Jüngere war, um diese Art von Indiskretionen und vor allem die ewigen Gerüchte seiner Leute zu unterbinden, so umsichtig, in seiner laurentinischen Villa einen trennenden Flur zwischen seinem Schlafzimmer und den übrigen Räumlichkeiten einrichten zu lassen.

Die Allgegenwart der Sklaven bedeutete, so viel steht fest, daß der Hausherr bei all seinem Tun und Treiben auf Schritt und Tritt beobachtet wurde, selbst wenn die Sklaven kaum mehr zählten als das Mobiliar. Wenn man also gern einen Abend ohne Zeugen zubringen wollte, so ließ man ihr Bettzeug aus dem Zimmer räumen, sofern nicht das Liebespaar gleich ein ganzes Haus von einem wohlmeinenden Freund zur Verfügung gestellt bekam, der immerhin Gefahr lief, wegen Beihilfe zum Ehebruch angeklagt zu werden, oder aber sie fanden Unterschlupf im Kämmerchen des Küsters, dessen sakrale Eigenschaft diesen zu loyalem Schweigen verpflichtete.

Eine niedrige Geburtenrate

»Nach dem, was wir heute über das Fortpflanzungspo-
tential der menschlichen Spezies wissen«, schreibt der
Demograph Alfred Sauvy, »hätte die Bevölkerung des
Römischen Kaiserreichs sich viel stärker vermehren und
seine Grenzen sprengen müssen.«

Die natürliche Wachstumsrate der römischen Bevölkerung im Kaiserreich mit seiner, was die Geburtenziffer
anbelangt, wenig naturalistischen Einstellung wurde, das
wissen wir, durch Adoptionen und den sozialen Aufstieg
mancher freigelassener Sklaven kompensiert. Aber sie ist
relativ schwach geblieben, und dies um so mehr, als Emp-
fängnisverhütungsmethoden wie auch Abtreibungen in
allen Gesellschaftsschichten praktiziert wurden.

Moralisten wie der heilige Augustinus sind es, die
uns, derlei Praktiken heftig geißelnd, hiervon eine Vorstellung vermitteln, denn er spricht — wie von einer
nicht eben seltenen Praxis — von »Umarmungen, bei denen man die Empfängnis verhindert«, und er unterscheidet Empfängnisverhütung, mit Sterilitätsgiften her-
beigeführte Unfruchtbarkeit und Abtreibung. Die
Schriften Plautus', Ciceros und Ovids liefern uns noch
mehr Details, so den Hinweis auf die heidnische Sitte
von nach dem Geschlechtsakt vorgenommenen Spülun-
gen, eine Praxis, die rituell erfolgt zu sein scheint, wie
die im Gallo-romanischen Museum von Lyon gefunde-
ne und dort ausgestellte Reliefvase zeigt, auf der sich ein
Wasserträger einem auf dem Bett hockenden und offenbar noch sehr mit sich beschäftigten Paar nähert. Der
biologische Zeitpunkt, zu dem eine werdende Mutter
sich eines unerwünschten Kindes entledigte, war in
Rom nicht von Belang. In seiner Verurteilung junger
Mädchen, die »von vornherein schon ihre Sterilität auskosten und das menschliche Wesen abtöten, noch bevor
es überhaupt gesät ist«, spielt der heilige Hieronymus
(Brief 22) auf eine spermizide Droge an; christliche Po-

lemiker sahen im Samen, sobald er ausgestoßen war, bereits ein Kind!

Jedenfalls oblagen Prozeduren dieser Art ausnahmslos der Frau, der Koitus interruptus ist nirgendwo erwähnt.

Den Müttern von drei Kindern, einer möglicherweise kanonischen Zahl, räumte das Gesetz Privilegien ein. Um Kinder zu bekommen, gab es zwei Wege: sie in Ehren in der Ehe zu zeugen oder aber sie zu adoptieren. Die Häufigkeit der Adoptionen ist ein weiteres Beispiel für den nur gering entwickelten Vermehrungstrieb der römischen Familie, in der es üblich war, ein Kind zur Adoption zu geben, so wie man seine Tochter jemandem zur Ehefrau gab. Die Adoption konnte ein Weg sein, um das Erlöschen eines Geschlechtes zu verhindern, oder auch eine Möglichkeit, »Familienvater« zu werden, ein Status, den das Gesetz von Kandidaten für öffentliche Ämter und für die Provinzregierungen zur Bedingung machte. Ferner konnte ein Erblasser durch Adoption eines von ihm sorgfältig ausgewählten jungen Mannes diesen zum Erben einsetzen und so einen Nachfolger bestimmen, der seiner würdig war.

Gegen die Verweichlichung

Über die Erziehung wissen wir, daß — männliche wie weibliche — Kinder gleich nach ihrer Geburt einer Amme anvertraut werden, die weit mehr für sie tut, als ihnen nur die Brust zu geben. Sodann wird der Knabe bis zur Pubertät der Obhut eines »Pädagogen« anvertraut, auch nutritor, Erzieher, genannt, zu dessen Obliegenheiten es gehört, einer durch die normale Erziehung in der Familie drohenden Verweichlichung entgegenzuwirken und ihm industria einzubleuen, Rührigkeit also, die den Charakter stärkt und stählt. Die Kinder »aus guten Familien« umgibt eine Moral, die darin besteht, die Tugend zu lieben oder diese Tugend zu erwerben, um in dem dekadenten Rom genügend Energie zu haben, dem Laster zu widerstehen — und dennoch hat der Jüngling, kaum daß die Pubertät eingesetzt hat und er Männerkleidung anlegt, keine andere Sorge, als sich die Gunst einer Dienerin zu erkaufen oder sich in das verrufene Altstadtviertel Roms, Suburbia, zu stürzen, sofern es nicht einer Dame von Stand gefällt, ihn aufzuklären.

So jedenfalls war der Ablauf der Dinge, bis sich im 2. Jahrhundert unserer Zeitrechnung, wie bereits erwähnt, eine neue Moral durchsetzte: eine durch medizinische Abhandlungen abgestützte Moral, welche die Liebe, auch für die Jungen, auf die Ehe begrenzt wissen will und die Eltern dazu anhält, über ihre Jungfräulichkeit bis zur Heirat zu wachen. Noch wird die Liebe nicht als Sünde angesehen, noch gehört sie zu den Freuden des Daseins, aber ähnlich dem Alkohol sind Freuden eine Gefahr, und so muß um der Gesundheit willen ihr Gebrauch eingeschränkt werden, wiewohl es immer noch das Klügste ist, sich ganz zu enthalten. Das ist kein Puritanismus, sondern Hygiene! Es gilt, im Individuum ein neues Potential zu erschließen: die Kraft, zu widerstehen. Ein junger Mann, der die seinem Vergnügen gegenüber geübte Nachsicht mißbraucht, hat eine nicht wiederkehrende Gelegenheit verpaßt, seinen Charakter zu stählen. Sich jung zu verheiraten war der beste Nachweis für eine Jugend ohne Ausschweifungen. »Künftig gilt es, sich bis zur Eheschließung der Liebesfreuden zu enthalten, seine Männlichkeit nicht zu sehr unter Beweis zu stellen«, rät Marcus Aurelius, »und weder seine Sklaven noch seine Dienerin anzurühren. Desgleichen vermeide man die Masturbation, nicht daß sie direkt die Kräfte erschöpfte, doch läßt sie eine Pubertät zu früh reifen, die Gefahr läuft, eine nur unzulänglich entwickelte Frucht zu sein.«

Den wahren Wüstling erkennt man daran, daß er drei Gebote übertritt: Er liebt ohne Abdunklung noch vor Einbruch der Nacht; seine Partnerin ist beim Liebesakt vollkommen nackt — nur »verlorene Frauen« liebten ohne ihren Büstenhalter, und auf den Gemälden der Bordelle von Pompeji haben selbst die Prostituierten diesen letzten Schleier anbehalten; er erlaubt sich Zärtlichkeiten mit der rechten Hand, obwohl Berührungen ausschließlich mit der Linken erfolgen dürfen. Ein anständiger Mann konnte von der Nacktheit seiner Frau nur dann einen Blick erhaschen, wenn im rechten Moment der Mond vor seinem geöffneten Fenster auftauchte.

Diese Sitten entspringen vor allem dem für die griechisch-römische Sexualität typischen manifesten Virilismus: aktiv sein, gleich, welches Geschlecht der als passiv angesehene Partner besaß, das hieß Mann sein! Es gab folglich drei nicht zu überbietende Schändlichkeiten: den Cunnilingus, wobei der Mann in seiner servilen Weichlichkeit so weit geht, der Frau mit seinem Mund Lust zu bereiten; die Fellatio, der Gipfel der Erniedrigung, wo man seine Lust auf passive Weise dadurch befriedigt, daß man diese Lust einem anderen vermittelt und ihm dabei in unterwürfiger Weise den Besitz jedes Körperteils erlaubt – was Tertullian als »Anthropophagie« bezeichnet, das Sperma ist für ihn schon ein Kind; und schließlich noch die Haltung des freien Mannes, der die Unzucht (impudicitia) so weit treibt, daß er auf sich »reiten« läßt.

Männlich sein

Diese Gesellschaft fragte sich nicht lange, ob jemand homosexuell war oder nicht, Frauen wie Knaben wurden dermaßen als »passive Werkzeuge« angesehen, daß man ihnen einfach Geld bot, und eine ehrbare ältere Frau oder ein anständiger junger Mann durften, wenn man für ihren Gunstbeweis einen Preis nannte, daraus nicht schließen, daß man sie für käuflich hielt; den Hof machen hieß in Rom zunächst einmal, Geld anzubieten. Päderastie war eine läßliche Sünde, solange ein freier Mann in Beziehung zu einem Sklaven oder einem Mann bescheidener Herkunft der aktive Teil blieb. Hingegen maß man winzigen Kleinigkeiten in bezug auf Kleidung, Aussprache, Gesten oder Gang eine unverhältnismäßig große Bedeutung bei und betrachtete argwöhnisch all jene, die einen Mangel an Männlichkeit verrieten, gleich, wem ihre sexuellen Neigungen galten.

Sich das Vergnügen auf männliche Weise zu nehmen oder aber passiv zu geben, darum ging es. Rom ist, wie neben vielen anderen Autoren Paul Veyne besonders gut aufzeigt, eine »machistische« Gesellschaft; die Frau ist dem Mann zu Diensten, wartet auf sein Begehren, findet daran ihr Vergnügen, wenn sie kann – was wiederum moralisch suspekt ist. Dieser Virilismus hat mit dem verborgenen Teil der politischen Mentalität der antiken Gesellschaften zu tun, dem Haß gegen jedwede Verweichlichung in militaristischen Gruppen oder in Pioniergesellschaften, die sich einer bedrohlichen Umwelt ausgesetzt wähnen. – Hat nicht, analog dazu, ein Bundesstaat der USA, dem Land sektiererischer Pioniere und »harter« Männer, erst kürzlich ebenfalls Fellatio und Cunnilingus verboten?

Schließlich ist Rom auch eine Sklavenhaltergesellschaft, in der der Herr sein Jus primae noctis ausübt mit der logischen Folge, daß aus der Not eine Tugend gemacht wird: Zu tun, was der Herr befiehlt, ist keine Schande.

Sieg des energischen Weichlings

Virilistische Sklavenhaltergesellschaft und Verpönung sklavischer Passivität aus Liebesleidenschaft – damit sind die Grenzen der römischen Form der Liebe abgesteckt. Zwar ließe sich viel über die Ausschweifungen eines Heliogabal, eines Nero, Tiberius oder einer Messalina sagen, mit galanten Bettgeschichten indes können wir nicht aufwarten, da Rom die Tradition der schwärmerischen Liebe griechischer Epheben ablehnte und darin eine Verherrlichung der reinen Leidenschaft sah; ein verliebter Römer ist ein verlorener, moralisch der Sklaverei anheimgefallener Mann. Zum Abschluß des Kapitels sei noch erwähnt, daß die Römer nur eine Variante von Individualismus kannten, welche die Regel bestätigt, obwohl sie sie zu leugnen scheint: das Paradox des »energischen Weichlings«, der das geheime Auskosten einer verabscheuungswürdigen Weichlichkeit im Privaten mit äußerster Energie im öffentlichen Leben verbindet; große Männer wie Scipio, Sulla, Cäsar, Petronius oder Catilina, um nur einige zu nennen, waren dafür bekannt.

Das Nichts

Was das Jenseits anbelangt, so gibt es dort keine Unsterblichkeit der Seele. Die Epikureer glaubten schon nicht daran, die Stoiker auch nicht so recht, und die Religion kümmerte sich, wenn man so will, nicht darum. Die am weitesten — auch im Volk, von kleinen Sekten einmal abgesehen — verbreitete Meinung war, daß der Tod ein Nichts sei, ein ewiger Schlaf, und die Vorstellung vom Überleben der abgeschiedenen Seelen eine Fabel. Keine der generell anerkannten Lehren besagte etwas anderes, als daß es nach dem Sterben nurmehr den Leichnam gebe; der »persönliche Dämon« war doch im Leben schon schwer genug zu ertragen gewesen. Die Bestattungsriten hingegen und die kunstvollen Grabstätten sollten die menschliche Angst vor dem Sterben lindern, und wenn man auch nicht ganz daran glaubte, so beruhigten sie doch, und man schätzte das tröstliche Gefühl, das sie vermittelten.

Im Bett geboren, im Bett lebend, im Bett sich fortbewegend — was Wunder, daß das uns vom Römer bleibende, unsterbliche Bild jenes ist, auf dem der Verstorbene, auf den linken Ellbogen gestützt, sich von einem gut gelebten Leben ausruht.

3. Im Schatten des Bergfrieds

Wenn du willst, meine Schöne,
Schlafen wir zusammen
In einem großen breiten Bett,
Von weißen Linnen zugedeckt.
An allen vier Ecken
Ein Strauß von Immergrün,
Und in der Mitte des Bettes.
Der Fluß ist tief,
Alle Rosse des Königs finden sich
Zum gemeinsamen Trinken hier ein.
Und dort werden wir schlafen
Bis ans Ende der Welt

Aux marches du Palais

Kämmerer und Kammerherr

Die Epoche der Merowinger (von Merowech, Meroväus, Name eines Königsgeschlechts der salischen Franken), angesiedelt zwischen zwei zeitlich genau feststehenden geschichtlichen Ereignissen, der Thronbesteigung Chlodwigs 482 n. Chr. und der Pippins des Jüngeren (des Kurzen) 751, ist keineswegs jene von den Historikern ganz zu Unrecht gebeutelte Zeit »barbarischer Finsternis«, sondern eine Übergangsperiode, die das Mittelalter vorbereiten sollte.

Aus der Verschmelzung von Zivilisiertem und Barbarischem ging, auch wenn man ihre Antinomie nicht überbewerten darf, eine zutiefst originelle Zivilisation hervor. Zu den wichtigsten Neuerungen gehört die des Rex Francorum (des Königs der Franken), die eine den verschiedenen Landbesitzungen und den Einflußbereichen der Hausmeier übergeordnete Einheit festschreibt. Der König, in gewisser Weise Nomade, umgibt sich mit einer Pfalz, welche die Dienerschaft und die Großwürdenträger der Krone beherbergt; mit diesen Getreuen zieht er im Reich umher.

Neben dem Seneschall, der die Aufsicht über die Tafel

führte, und dem Kellermeister sei hier nur der von Kammerherren assistierte Kämmerer erwähnt (fränkisch: kamerling), ursprünglich ein für das Schlafgemach des Königs zuständiger, einfacher Bediensteter. Da er sich stets in unmittelbarer Nähe des Souveräns aufhielt, gewann dieser Beamte immer mehr an Bedeutung, delegierte schließlich sogar seine Zuständigkeit für das königliche Bett, um die Aufsicht über Archive und Schatzkammern zu übernehmen, so daß sich um dieses Amt bald die vornehmsten Familien des Landes bemühten. Vom 13. Jahrhundert an sollte daraus ein Ehrenamt werden.

In Mons mußte Anfang des 13. Jahrhunderts der Unterkämmerer (chambrier mineur), Untergebener eines camerarius, der seinerseits wiederum dem Großkämmerer (grand chambrier) des Hennegaus unterstand, das Schlafgemach nebst den darin befindlichen Kostbarkeiten überwachen. Zudem mit den »Roben«, der Kleidung, betraut, oblag es ihm ferner, für den gesamten Hof die Betten zu richten, welche jeden Abend im großen Saal aufgeschlagen wurden. Er brachte das Wasser, welches sein Vorgesetzter dem Grafen und der Gräfin reichte, während er selbst die Geistlichen und die Ritter vor dem Essen mit Wasser zum Waschen versorgte. Unter der Aufsicht des »beamteten« Kämmerers, der sich natürlich die Verwaltung der Schatzkammer vorbehielt, fertigte der Unterkämmerer auch Kerzen an und gab sie aus, insbesondere die in einem Wachsstock befestigten, welche dem Grafen, der Gräfin und dem Seneschall − und nur ihnen − die Tafel beleuchteten.

Im 14. Jahrhundert trug der Erste Kammerherr (premier chambellan), der inzwischen den Titel eines Oberstkämmerers (grand chambellan) innehatte, als äußeres Zeichen seiner Würde zwei goldene Schlüssel und genoß das Privileg, dem König bei dessen Erwachen das Hemd zu reichen sowie das Schlafgemach und die Kleiderkammer zu beaufsichtigen; ferner hatte er Anspruch auf den Mantel des Vasallen, der zur Leistung des Treueids und zur Zahlung des »Kammergelds« an seinen Lehnsherrn gekommen war.

Das Amt des Kämmerers wurde 1545 mit dem Tod des letzten chambrier, Karls von Frankreich, des Herzogs von Orléans, aufgehoben. An seine Stelle traten die »vier Kammerjunker«. Das Amt des chambellan erlosch mit der Revolution und wurde im Ersten Kaiserreich — Napoleon hatte Talleyrand den Titel eines Oberstkämmerers verliehen —, im Zweiten Kaiserreich und in der Restauration wieder eingeführt.

Ein Hoch den letzten Merowingern

Um auf die Merowinger zurückzukommen, so muß ich mit dem geneigten Leser die Unhaltbarkeit der Mär von den letzten Merowingern als machtlosen, müßigen Schattenkönigen beklagen.

Wenn nicht eine nachahmenswerte Eigenschaft, so war für mich der Müßiggang doch schon immer zumindest eine Philosophie, und insgeheim habe ich stets eine gewisse Bewunderung gehegt für die »schlechten Vorbilder« der französischen Geschichte, die dank der Untersuchungen von Henri Pirenne nunmehr in den Augen von Dutzenden und Aberdutzenden von Generationen rehabilitiert werden können... Durch eine Anmerkung Pirennes, betitelt ›Der Ochsenkarren der letzten Merowinger‹, erfahren wir, wie es zu dem übelklingenden Beinamen von den »trägen Schattenkönigen« überhaupt gekommen ist: Das Urteil wurde von den Historikern ganz zu Unrecht aufgrund des ersten Kapitels von Einhards ›Vita Caroli Magni‹ (›Leben Karls des Großen‹) gefällt, in welchem Einhard die letzten Merowinger tatsächlich als durch ihre Hausmeier jeder Macht beraubte und darüber hinaus mit nur kärglichen Einkünften versehene Menschen beschreibt, die das bäuerliche Leben eines Meierhofbesitzers führten.

Fustel de Coulanges hat in seinem Werk ›Histoire des institutions politiques de l'ancienne France‹ (S. 181) auf die Unrichtigkeit dieser von ihm für übertrieben gehaltenen Passage hingewiesen, ohne jedoch zu beachten, daß diese durch ihren eindeutig satirischen Charakter erkennen läßt, daß sie so und nicht anders gewünscht war. Offensichtlich macht sich Einhard über die unter der ruhmreichen Dynastie Karls des Großen ihrer Rechte verlustig gegangenen armen Souveräne lustig und zeichnet, indem er sie als wahrhaft groteske Figuren beschreibt, letztlich eine ziemlich gelungene Karikatur von ihnen. Er zieht sie ins Lächerliche, wenn er sie uns als untätig auf ihrem Thron sitzend beschreibt, den Gesandten das antwortend, was der Hausmeier ihnen einflüstert, lächerlich in ihrer Armseligkeit, noch lächerlicher aber durch ihren ungepflegten Bart, das ungekämmte, wallende Haar und vor allem dadurch, daß sie sich, bar jeder Würde, nicht scheuten, sich nach Bauernart in einem von einem Knecht gelenkten Ochsenkarren zu den öffentlichen Versammlungen bringen zu lassen. Ochsenkarren waren gegen Ende der Merowingerepoche übrigens gang und gäbe, selbst für Leute höheren Standes. So vererbt um 700 eine Dame namens Ermintrude einer Kirche einen »vierrädrigen Sitzwagen mit Ochsen und allem dazugehörigen Geschirr« und einen weiteren »Wagen mit Ochsen und allem Geschirr« einer anderen Kirche (Tardif: Monuments historiques, 40, S. 33).

Nur weil sie den Ton jener Beschreibung nicht erfaßten, sondern sie schon voreingenommen im genau entgegengesetzten Sinn interpretierten, haben berühmte Gelehrte sich von den Scherzen Einhards täuschen lassen und sie selbstgefällig auf ihre Weise ausgelegt. »Man kann sich eines Lächelns nicht erwehren«, schreibt Pirenne, »wenn man sieht, wie sie besagten Text als Beweis für den germanischen Charakter des Merowingerreichs ins Feld führen wollen.«

Dieser Irrtum geht schon auf Jacob Grimm zurück (in:

Deutsche Rechtsalterthümer, 3. Ausgabe, S. 262), der die unerfreuliche Neigung besaß, Relikte germanischer Mythologie in Texten zu entdecken, die damit nicht das Geringste zu tun hatten (siehe Marc Bloch: Les Rois thaumaturges, S. 61). Für Grimm kommt der Ochsenkarren, auf den Einhard seine Marionettenkönige setzt, direkt aus uralten germanischen Zeiten. Aber die Autorität des Autors sanktionierte den Widersinn, und für deutsche Historiker wie Waitz und dann Brunner war diese Version der Ochsenkarrengeschichte eine Spekulation (beim ersteren) beziehungsweise eine Gewißheit (bei letzterem).

Fest steht jedenfalls, daß die offenkundig boshafte Zunge und der satirische Geist, die den Biographen Karls des Großen leiteten, seiner Beschreibung der letzten Merowinger jede Authentizität nehmen. Indem er sie auf ihrem Ochsenkarren beschrieb, wollte er eigentlich nur die bäuerliche Einfachheit ihrer Sitten aufzeigen.

Gemeinschaftsbetten

Was die letztgenannte Beobachtung Einhards anbetrifft, so scheint es, als habe zwischen Galloromanen und Franken gar kein so großer Unterschied bestanden. Das kommt möglicherweise schon in einem Raffinement der Merowinger zum Ausdruck, das ausgeprägter war, als es der listige Biograph der Karolinger zu erkennen gibt, deren germanische Abstammung und »barbarische« Sitten im übrigen gar nicht so weit von denen der Merowinger entfernt gewesen sein dürften.

Die reich verzierten Betten und kostbaren Stoffe der merowingischen Kunst waren Teil eines aus der galloromanischen Epoche übernommenen Komforts, der durch die aus dem Norden hinzugekommenen Verfeinerungen noch bereichert wurde. Solcher Komfort blieb allerdings den Königen und den Großen vorbehalten, denn für die

Mehrheit der Bevölkerung sah zu jener Zeit der Alltag anders aus: ein großes, strohgedecktes Hallenhaus, in dessen Bett sich Eltern, Onkel, Tanten, Vettern, Basen, Kinder, Sklaven und Diener drängen und in dem, sehr zum Mißfallen der Kirche, häufig mehr als zehn Personen splitternackt und kunterbunt durcheinander schliefen. Ja, der Kirche waren sie ein Dorn im Auge, alle diese »Nackten« in ein und demselben Bett. Seit dem Erlaß der Benediktiner-Regel empfiehlt sie ihren Mönchen, vollständig bekleidet in Einzelbetten zu schlafen. Zu einer Zeit, da man die Christusfigur wieder verhüllt, ist Nacktheit nicht mehr Ausdruck der Erkenntnis, sondern gilt künftig als eine sexuelle und geschlechtliche Äußerung, welche von der honesta copulatio, einer in die Ehe eingebundenen, fruchtbaren Liebe, abzulenken droht.

Einhard ist übrigens der typische Repräsentant dieser neuen Mentalität, mit der die Körper und Seele gleichermaßen erfüllende, zart verhaltene Liebe verherrlicht wird. In einem nach dem Tod seiner Frau anno 836 an den Abt von Ferrières gerichteten Brief gesteht er in einem für die damalige Zeit seltenen, von reiner Liebe zeugenden Ton, daß Gram, Schmerz und Melancholie ihn umfangen halten, seit er die verlor, die ihm Gemahlin, Schwester und Gefährtin zugleich war. Diese Haltung Einhards ist zu jener Zeit noch eine Ausnahme, gewiß, aber diese Ausnahme wird bald durch die Regel bestätigt werden: Das Bett wird zum gemeinsamen Lager von Mann und Frau, die sich in Liebe zugetan sind, und dieses Bett sollte, ein keusches Inventar, nur der Zeugung dienen.

Zaubermittel

Zunächst bleibt aber noch ein Gegner zu berücksichtigen, den die Männer jener Zeit nicht aufhören zu verfolgen, zu gängeln und gefangenzuhalten: die Frau. Immerhin ist sie — ein großer Fortschritt — nicht länger ein Teil des Mobiliars; sie ist ein menschliches — allzu menschliches — Geschöpf, sie ist gefährlich und sogar tabu geworden. Um sie zu bekämpfen oder aber ihren verführerischen Charme auszukosten, haben sie Zaubermittel ersonnen, diese einstigen Heiden, die noch ganz vom Druck der Gewalt beherrscht sind und die seit kurzer Zeit aus Angst vor Sexualität und Tod Schuldgefühle zu entwickeln begannen. Diese Zauberrezepte waren für das Schlafzimmer — oder auch, wenn man so will, gegen das Schlafzimmer — gedacht, wobei das »Nestelknüpfen« das häufigste war. Eine Frau konnte, außer mit beschwörenden Worten und einem in teuflischer Absicht jeweils an die Kleidungsstücke der Liebenden geknüpften Band, einen Mann unfehlbar impotent machen, indem sie sich nackt auszog, mit Honig bestrich und in einem Haufen Getreidekörner wälzte. Wenn dies geschehen war, sammelte sie sorgfältig die so geernteten Körner auf und gab sie in eine Handmühle, die sie im entgegengesetzten Sinn — von links nach rechts — kurbelte, knetete aus diesem Mehl ein Brot, das sie dem, den sie buchstäblich kastrieren wollte, zu essen gab. War ein solches Brot auf »normale« Weise hergestellt, jedoch auf dem Gesäß der Frau geknetet, so erreichte sie den gegenteiligen Effekt. Als weiteres Aphrodisiakum galt: einen lebenden Fisch in die Vagina einführen, warten, bis er verendet, ihn dann würzen und kochen und dem Ehemann zu essen geben. — Dieses Rezept sollte verhindern, daß der Mann zu einer anderen Frau geht.

Die Ingredienzien des Liebestrunks von Tristan und Isolde sind uns nicht bekannt, und ich überlasse es dem Leser, diese herauszufinden; er muß nur wissen, daß es »kein Wein war, sondern Liebesleidenschaft, herbe Freude, Angst ohne Ende und der Tod«.

Die neue Ordnung im Schlafgemach

Und wie nun diese Massen christianisieren, die außer der Magie auch fröhliche Festgelage pflegten? Indem man das Verhalten im Privatleben änderte, indem man eine neue Ordnung in die Schlafgemächer einziehen ließ. Während das Heidentum die Frau beschuldigte, sie allein sei Urheberin der fleischlichen Begierde, weist das Christentum diese Urheberschaft unterschiedslos dem Mann wie der Frau zu. Die Verbreitung dieser Botschaft stößt indessen auf zwei nicht unerhebliche Hindernisse: die Ritterschaft und die Sprache.

Auf den karolingischen Konzilen konnte man noch so sehr »ein und dasselbe Gesetz für Mann und Frau« proklamieren – es fehlten die Worte, um zu überzeugen. Wie Michel Rouche berichtet, erhob sich 585 auf der Synode von Mâcon ein Bischof, »um zu sagen, daß eine Frau nicht Mensch (homo) genannt werden könne«, woraufhin die anderen ihm entgegneten, im Alten Testament stehe geschrieben, Gott habe Mann und Weib geschaffen und ihnen den Namen Adam gegeben, was Mensch bedeute, homo, aus Erde gemacht. Und es nenne die Frau Euva (Eva, die Lebende). »Es steht geschrieben, daß beide Menschen sind.«

Jener Text, auf den die Legende von dem die Existenz einer weiblichen Seele leugnenden Konzil zurückgeht, zeugt in Wirklichkeit von einem grundlegenden Wandel der Sprache. Der Bischof, der das Problem aufwarf, verstand »homo« effektiv im Sinne von »vir«, das heißt als einen männlichen Menschen und nicht als Gattungsbegriff, und somit war seine Bemerkung durchaus logisch, nur war sein Latein schon Französisch; »vir« war aus der Terminologie verschwunden und fehlt heute in der französischen Sprache, im Gegensatz zum Deutschen, das über ein eigenes Wort zur Bezeichnung eines männlichen Menschen verfügt. Die Doppelbedeutung des Wortes »homo/homme« mußte also zwangsläufig dazu führen, daß die Überzeugung von der Überlegenheit des Mannes über die Frau fortlebte; der Wortlaut verschleierte die Bedeutung des Bibeltextes.

Die Gleichheit der Geschlechter

Diese mühsam erfolgte Rückbesinnung auf die Gleichheit der Geschlechter äußerte sich in der Merowinger- und der Karolingergesellschaft eigentlich nur negativ, in der Gleichheit des Sündigens nämlich. Da man die Laienschaft zur inneren Einkehr anhielt und durch die Ohrenbeichte nunmehr bis in die Mitte des Bettes vordringen konnte, erhielt man im Kampf gegen die Sittenlosigkeit erfaßbare, quantifizierbare und kategorisierbare konkrete Beispiele. Unbefangen erzählten die Beichtenden dem Priester von Dingen, die unter dem Heidentum nicht oder kaum mißbilligt worden waren: von »Roheit«, was häufig mit Analverkehr gleichgesetzt wurde, von Oralverkehr, Inzest im weiteren Sinn, Trennung von einer sterilen Ehefrau, weiblicher Homosexualität, Masturbation und von anderen Positionen als der »Missionars«-Stellung. Die Kirche antwortete darauf, sehr zögernd zunächst, mit dem Rat zu sexueller Enthaltsamkeit, was im 6. Jahrhundert dann auf mehr als einhundertfünfzig Tage Keuschheit pro Jahr hinauslief und somit den Eheleuten – und nur Eheleuten – lediglich zweihundert Tage beließ, an denen es ihnen »anheimgestellt war, sich zu vereinigen«. Freilich wurde eingeschränkt, daß als erniedrigend angesehene erotische Praktiken wie Oralverkehr davon ausgenommen waren, und zwar nicht mehr wie in Rom wegen der dabei erstrebten Lustvariante, sondern »weil, was die Frau ihrem Gatten macht, sie tut, damit er sie wegen ihrer diabolischen Machenschaften liebe«.

Zur Entlastung der Kirche sei hier angemerkt, daß Mann und Frau in bezug auf den Ehebruch vom 9. Jahrhundert an gleichgestellt waren. War das Strafmaß für die die Ehe brechende Frau früher höher, so wurde über den Mann, der seine Frau betrog, nun dasselbe Urteil verhängt. Der Grund für diese »Abwertung« war in der Entschlossenheit des Klerus zu suchen, eine fundamentale Regel der Kirche endgültig durchzusetzen und fest zu verankern: die Liebesheirat zum Zweck der für die Erhaltung der Art nötigen Fortpflanzung, eine Verbindung, wie sie nur unter der Voraussetzung der absoluten und gegenseitigen Reinheit beider Ehegatten gelingen kann.

Der Ausbau der Privatsphäre

In seiner ›Histoire de la vie privée‹ zeigt Georges Duby auf, daß das Mittelalter, dessen private Lebensformen uns heute gut bekannt sind, aufgrund vielfältiger Faktoren eine Epoche »fortwährender Renaissance« ist. Die allmähliche Öffnung gegenüber fernen oder vergessenen Kulturen — Byzanz, Islam, dem antiken Rom — und der sich generell durchsetzende Gebrauch des Geldes bleiben nicht ohne Auswirkungen auf die Verhaltensweisen und auf die Auffassung von der persönlichen Habe. Das neuerdings übliche Zurschaustellen dessen, was einem gehört — und einem ganz allein! —, wie auch bislang unbekannte Verhaltensweisen führen dazu, daß man vom Herdenmenschentum abrückt, um den Individualismus zu entdecken, und die Verinnerlichung, wenn nicht gar die Introspektion sucht, wozu es innerhalb des häuslichen Bereiches eines privateren, abgegrenzteren Raumes bedarf. Hinzu kommen noch der ständig wachsende Lebensstandard, die ungleiche Aufteilung der Früchte dieser Expansion im Rahmen einer feudalistischen Produktionsweise und die Differenzierung der sozialen Rollen, welche die Gegensätze zwischen Stadt und Land, reichen und armen Hausgemeinschaften, Mann und Frau noch verschärfen, während umgekehrt, mit den zunehmend schneller zirkulierenden Ideen und Modeströmungen, regionale Eigentümlichkeiten sich verwischen und einheitliche Verhaltensmuster sich über das gesamte Abendland ausbreiten.

Das Private, privatus, wird zum Gegenteil des Geselligen und bezeichnet schließlich das Zurückgezogene, eine Bedeutungsverschiebung, die sich praktisch mühelos zum Intimen und Geheimen hin verlagert. Damit wird die Ringmauer nötig; sie muß das schützende Obdach umgeben, in das die Menschen sich zum Schlafen zurückziehen und in dem sie das verwahren, was ihnen das Kostbarste ist: res privatae und res familiares, also bewegliche Sachen, Nahrungsvorräte, Zierat, Vieh und alle dazugehörigen Menschen. Junge Männer, Frauen, die Unfreien beider Geschlechter bilden den »Haushalt« des Herrn. Unvermeidlich greift das Private in den öffentlichen Bereich über, und während der Palast eher einem Privathaus zu ähneln beginnt, bekommt das Haus der Grafen oder überhaupt eines jeden Landbesitzers mit Feudalrechten das Aussehen eines Palastes. In den letzten Jahrzehnten vor dem Jahr 1000 beschleunigt sich der Feudalisierungsprozeß, und durch eine Serie von Unterbrechungen in der langen Abfolge der Machtträger, vielleicht auch, weil der König nunmehr praktisch seßhaft geworden ist, werden die örtlichen Burgen autonom. Bei verstärkter Betonung des »Privaten« wird die Familie wie ein Staatswesen organisiert, und die vom König übertragenen Machtbefugnisse werden auf die Familie des jeweils herrschenden örtlichen Geschlechts angewandt. Die Burg ist gut geschützt durch die doppelte Ringmauer, welche nun die einstige frühmittelalterliche Turmburg umschließt, die zumeist ihrerseits auf ehemaligen galloromanischen oppida oder den Ruinen der castra errichtet worden ist; die Holzbauweise ist zugunsten massiver Steinkonstruktionen aufgegeben worden. Die Burg beherrscht Dorf und Leute, und alle im Machtbereich des Lehnsherrn lebenden Menschen sind sein Eigentum, sind, auch sie, gezwungen, sich ihm »anzuvertrauen«.

Jus primae noctis

Das »Herbergsrecht« machte aus der Gastfreundschaft der Armen gegenüber den Mächtigen eine Pflicht. Wenn der Lehnsherr samt Gefolge im Garten eines Untertanen zu rasten wünschte, so oblag es diesem, Tisch und Bett anzubieten wie »im Kreis der Familie«. Die als »frei« geltenden Bauern mußten dann ihren Wein aus dem Weinkeller, ihr Brot aus dem Brotkasten, ihr Geld aus der Truhe holen, und nach dem Recht der couette à court mußten sie »auch das Bettzeug herbeibringen, wenn der Herr und sein Gefolge über Nacht im Dorf zu bleiben wünschten; manchmal war es ihnen gestattet, das ihre zu behalten«.

Das Jus primae noctis, das Recht auf die erste Nacht, bedeutete, daß der Grundherr sich anmaßen durfte, in der Hochzeitsnacht symbolisch ein Bein in das Bett der Braut gleiten zu lassen — oder auch diese erste Nacht mit ihr zu verbringen.

So wurde in dem Maße, wie die Feudalisierung der Gesellschaft voranschritt, die Privatsphäre paradoxerweise immer mehr beschnitten, während das Leben der Machthabenden zunehmend privater wurde.

Im Schutz der Schildmauer

Im Schutz der Schildmauer, einer halbkreisförmigen Umfriedung, welche die Adligen vom Rest des Burgschlosses trennte, lebte in dem die Macht des herrschenden Geschlechts verkörpernden dominium, dem als Wohnturm eingerichteten Bergfried, der Burgherr mit seinen Rittern. War er reich genug, so besaß der hohe Herr einen eigenen Wohntrakt, die aula oder den Palas. Zwischen Palas und Wohnturm bestand manchmal allerdings kaum ein Unterschied. Fügte man einige Strebepfeiler ein und mauerte das untere Tor zu, so wurde die aula schnell zum Wohnturm, während umgekehrt mit einigen Fensterdurchbrüchen, der Einfügung von Treppen und der Reduzierung der Deckenhöhe aus einem Wohnturm bald ein Palas gemacht war. Ende des 11. Jahrhunderts ging die Tendenz wohl eher dahin, die karolingische aula in einen Wohnturm umzubauen und die militärisch überholten Wohntürme zu Residenzen umzufunktionieren.

Im Obergeschoß, dem Privatbereich oberhalb des Rittersaals, erreichte man über eine in die Wand eingelassene Treppe das Schlafgemach — oder die Gemächer — des Burgherrn und seiner Gattin, bevor man in die Kinder- und Gästezimmer gelangte. Die Archäologen sind in bezug auf die Privaträume leider nicht sehr fündig geworden, und so müssen wir, um das Mobiliar und auch das Tun und Treiben dieser Zeit beschreiben zu können, auf die verfügbaren Schriftstücke zurückgreifen. Das Zeugnis, welches uns Georges Duby in seiner ›Histoire des comtes de Guines‹ berichtet, beschreibt bis in die kleinsten Einzelheiten, was wir wissen wollen.

Von der Burg Ardres, die gegen 1120 als Holzbau neu eingeführt worden war — heute ist nur noch die »Motte« erhalten, einer der zehntausend durch den Archäologen Camille Enlart erfaßten Burgkegel —, wissen wir, daß im ersten Stockwerk, wo sich die »Wohnung« befand, von beiden Seiten des Saales kleine Kammern für den »Oberbrotmeister« und den Mundschenk abgingen, danach oder darüber folgte die große Kammer, wo der Herr und seine Gattin schliefen; Wand an Wand lag ein geschlossenes Schlafgemach für Dienstboten und Kinder. In einem Teil der großen Kammer war Platz gelassen worden, um in der Morgendämmerung oder auch abends für die Kranken, zur Ader Gelassenen, die Dienerschaft und die Kinder ein Feuer machen zu können. Im Oberstock, neben dem Raum der Turmwächter, hatte man in hohen Räumlichkeiten getrennte Gemächer für die jungen Männer, die dort freilich nur schliefen, wenn sie wollten, und die jungen Mädchen eingerichtet.

Saal oder Kammer?

In schriftlichen Aufzeichnungen werden die Bezeichnungen »Saal« und »Kammer« häufig unterschiedslos gebraucht. Wie kam es dazu, daß aus der erilis camera, dem Gemach des Hausherrn, einfach die camera wurde? Es ist nicht auszuschließen, das zeigen Untersuchungen großer Burgsäle, daß diese unterteilt wurden, sei es durch Zwischenwände aus Holz oder auch durch Wandbehänge. So ist in Troyes, wie Dominique Barthelemy berichtet, für das Jahr 1177 eine solche Anordnung im Burgschloß der Grafen der Champagne erwiesen. Auf der einen Seite befindet sich ein an die Zwischenwand anlehnendes Podium, auf dem der Prinz einem Bankett vorsitzt, und auf der anderen Seite befindet sich der thalamus comitis, das eheliche Schlafgemach oder Bett. Diese Art der Raumaufteilung kann in jedem Stockwerk des Wohnturms vorgenommen werden.

Durch Guillaume de Saint-Pathus, den Beichtvater der Königin Margarete, wissen wir viel über das Privatleben des heiligen Ludwig und über die verschiedenen Empfangsräumlichkeiten, die der Hierarchie der jeweiligen Beziehungen entsprachen: Als »ziemlich privat« galt beispielsweise sein Geschichtsschreiber Joinville; für »sehr privat« wurden indes die Kammerherren angesehen, die zu seinem Gemach Zutritt hatten. Nur ein einziger Bediensteter durfte offenbar die »Kleiderkammer« des Königs betreten, das innerhalb des Gemachs abgeteilte Kabinett, in dem der König schlief, in das er sich auch zum Beten und zur Fußwaschung der drei Armen zurückzog, jenem intimen Akt der Frömmigkeit, den er sogar den Blicken der in seinem Gemach versammelten nahen Angehörigen entzog. In diesem separaten Kabinett kleidete er sich auch an oder aus, hat doch, wie es heißt, ein Kammerherr, der ihm zwanzig Jahre zu Diensten war, »von des Königs Bein nicht mehr gesehen als die Wade«. In seiner Kammer hingegen war es, wo Ludwig IX. Skrofelkranken die Hand auflegte, die sechzehn Armen und auch seine Ritter bei einem großen Feuer empfing.

Der Unterschied zwischen Kammer und Saal scheint also außer von der Größe auch vom Grad der Privatheit der Audienzen bestimmt gewesen zu sein. Diese Raumhierarchie des königlichen Palastes, eine soziale Notwendigkeit, wurde natürlich auch auf den Reisen des Königs gewahrt. Ob er nun in Vincennes, Noyon oder Compiègne war, die einmal etablierte Struktur blieb unverändert.

Die Treppe

Durch den Beichtvater der Königin Margarete ist bekannt, daß der Beginn ihres gemeinsamen Lebens mit Ludwig IX. ziemlich sonderbar verlief. Der damals neunzehnjährige König, wiewohl von seiner zwölfjährigen Braut bezaubert, legte Wert darauf, dem Vollzug der Ehe eine drei Nächte während, dem Gebet geweihte Wache vorausgehen zu lassen. Joinville, Ludwigs Chronist, berichtet, daß der junge Mann zu seiner Gattin, deren Schönheit wie die der anderen Töchter des Grafen der Provence, Raimund Berengar, weithin gerühmt war, sofort so sehr in Liebe entbrannte, daß die Königinmutter sich dadurch verletzt fühlte. Sie war derart darauf bedacht, das intime Zusammensein des jungen Paares einzuschränken, daß Ludwig diese Begegnungen ohne ihr Wissen mit Hilfe seiner Diener zu vermehren suchte. Der diesbezügliche Bericht des Chronisten ist in bezug auf die uns interessierende Anordnung der Räumlichkeiten sehr lehrreich: Im Schloß von Pontoise lagen die Zimmer des königlichen Paares übereinander und waren über eine in die Wand eingebaute Treppe miteinander verbunden, so daß sie sich besuchen konnten, ohne daß Blanche von Kastilien, die Mutter, davon erfuhr. Und wenn dieselbe im Laufe des Tages unverhofft auftauchte, so klopften die Türsteher mit ihren Stöcken entweder gegen die Schlafzimmertür des Königs oder die der jungen Königin, so daß sie über die Treppe entkommen konnten.

Die Polster schwellen

Vornehmlich vom 12. Jahrhundert an gewinnt das Bett eine uns schon vertrautere Gestalt, auf die wir im Zusammenhang mit den verschiedenen Epochen noch zurückkommen werden.

Bis zum 14. Jahrhundert ist die Möblierung der Gemächer eher karg; der für große Festlichkeiten angelegte Körper-, Wand- und Tafelschmuck wurde als Schatz des Lehnsherrn meistens in Kastentruhen aufbewahrt, die zuhauf in den besagten Kleiderkammern standen. In einer solchen Kammer befand sich außer einem manchmal einige Gebetbücher enthaltenden Hausaltar das Bett.

Das »vollständige« und ideale Bett, wie es auf vielen mittelalterlichen Gemälden dargestellt ist, besteht vor allem aus einem châlit, einer mit einem Lattenrost versehenen hölzernen Bettlade, häufig aus Eiche oder Buche, ein »Grundmodell«, von dem mit Beginn des 14., vor allem aber während des 15. Jahrhunderts ästhetische Veränderungen ihren Ausgang nahmen, auf die wir noch näher eingehen werden.

Neben diesem mit Latten ausgelegten Bettgestell gab es das als bescheidener angesehene mit Gurten, bei dem Seiler oder Mattenflechter, je nach gewünschtem Komfort, die in den Bettrahmen gezogenen Gurte verkreuzten und spannten. Diese Bettstellen waren normalerweise so hoch, daß verschiedene Dinge darunter Platz fanden, das

Uringlas etwa oder kleine Truhen oder auch eine Tagesdecke oder die flachen Pritschen auf Holzrollen, die tagsüber in einen anderen Raum geschoben werden konnten. Normalerweise wurden sie aber unter dem Bett des Hausherrn aufbewahrt und nachts zum Schlafen für den Diener hervorgezogen. Der Begriff »lit gigogne« (ein ausziehbares Doppelbett) tauchte 1659 in Anlehnung an eine 1602 geschaffene Theaterfigur auf, eine riesige Frau, die unzählige Kinder geboren hat.

Ein gutes Bett verfügte damals – um 1500 – über einen auf der Bettstelle liegenden Strohsack, der auch mit trockenem Laub gefüllt sein konnte, zu dem sich manchmal die mit Wolle oder Baumwolle gefüllte »Matratze« gesellte, ein im 13. Jahrhundert vom arabischen matrah übernommener Begriff. Darauf kam dann das »Polster«, meist ein Federbett, und darüber breitete man ein Bettoder Leintuch, wobei »Leinen« von lateinisch linum (Leinen, Flachs) als Sammelbegriff dient: Aus Leinen oder Hanf waren die feineren, aus Werg oder Sackleinen hingegen die einfachen Bettücher gefertigt.

Um den Kopf zu betten, gab es die verschiedensten Utensilien, die Furetière in seinem ›Dictionnaire‹ als »alles, was den Kopf auf einem beliebigen Ruhelager erhöht« definiert, und Trévise präzisiert: »Teil des Bettes, wo man den Kopf bettet, Kopfteil des Bettes«. Die weiteste Verbreitung fand von all den Kopfpolstern und -kissen wohl jene lange, in dichtgewebtes Leinen gehüllte Schlummerrolle, die die ganze Breite des Bettes einnahm und auf fast allen Gemälden des Mittelalters, auf denen sich ein Bett findet, dargestellt ist. Der Ursprung dieser Kissen, die man unter Kopf oder Schultern schiebt, rührt von Körperbereichen her, die weiter unten liegen. Das Wort »Kissen« zum Beispiel leitet sich interessanterweise vom lateinischen coxa (Hüfte) ab, und bevor es seinen Platz auch im Bett fand, legte man es aus Gründen der Bequemlichkeit unserer Hinterpartie zunächst auf Stühle und Bänke.

Auf all das kam schließlich die häufig das Überschlaglaken abdeckende, an beiden Seiten des Bettes herabhängende Zudecke, die, wo es sich als nötig erwies, mit Pelz gefüttert sein konnte, und eine wattierte, gesteppte Decke oder ein Federbett.

Letzte Feinheit dieser beispielgebenden Bettstatt des 12. Jahrhunderts waren, wie im Lexikon Furetières angegeben, »kleine Duftkissen, welche man als Zierde auf die Steppdecke oder auch zwischen die Wäsche legt«, wo sie, nach Moschus, Amber und Safran duftend — Lavendel und Veilchen waren erst ab dem 15. Jahrhundert gesucht und begehrt —, ihren Wohlgeruch verbreiteten.

Neben recht schmalen Nachtlagern gab es enorme Bettstellen, die zwölf mal elf Fuß, also etwa vier mal drei Meter fünfzig, messen konnten; sie standen bisweilen leicht erhöht auf einer oder zwei Stufen, die ringsumher um etwa zwei Fuß hervorragten. Da das Bettenmachen dadurch nicht einfacher wurde, benutzten die Dienerinnen zum Spannen von Laken und Steppdecke ein spezielles, »Bettstange« genanntes Utensil.

Das Bett der Gerechtigkeit

Der den heiligen Ludwig beseelende aufrichtige Gerechtigkeitssinn, mit dem dieser, ohne daß er es ausdrücklich darauf abgesehen hätte, die Macht des Königs dem Parlament gegenüber stärkte, gipfelte in der Einführung der berühmten lits de justice, den »Betten der Gerechtigkeit«, von denen hier nur das Aussehen festgehalten werden soll. In der aus dem 15. Jahrhundert stammenden Beschreibung Ludwigs von Orléans heißt es, daß das Bett unter dem Thronhimmel mit einer Bettdecke aus Gold- oder Samtstoff ausgestattet ist und die Rückenlehne des königlichen Throns von Kissen und einem weiteren durchbrochenen, mit Goldlilien durchwirkten Samtuch geziert wird, welches von den Kissen, auf denen der König sitzt, stufenförmig herabwallt, um sich dann über einen weiten Teil des Parkettbodens auszubreiten. Es hat nach dem Beispiel gewöhnlicher Betten, die aus Betthimmel, Lehnen und Kissen bestehen, das wundervolle Aussehen eines Thronsessels. Als »Thron des königlichen Gerichtshofes«, der im Justizpalast tagte, stand das Bett der Gerechtigkeit in einer Ecke des Grand' Chambre, auch »chambre des plaidoyers« genannt, da es der einzige Raum war, in dem eine Sache verhandelt wurde, und das auch »grand' voûte« oder »chambre dorée« hieß wegen der vergoldeten Lampenböden, mit denen Ludwig XII. die Decke hatte ausschmücken lassen.

Nackt schlafen

Um sich in sein Gemach oder seine separate Privatkammer zu begeben, rief der Burgherr nach seinen beiden von Dienern getragenen, spiralförmig gewickelten Wachsstöcken sowie einem Humpen warmen Weins, der das Einschlafen begünstigen sollte. Dann ließ der hohe Herr sich die Burgschlüssel bringen, einen schweren, rasselnden Schlüsselbund, vergewisserte sich, ob die Zugbrücke auch wirklich hochgezogen war und der Türmer im Wachturm saß, und begab sich dann, angeführt von seinen Dienern und gefolgt von der Burgherrin und deren Dienerinnen, zur Ruhe. Im Schlafgemach oder in seiner Privatkammer angelangt, half ihm der Kammerdiener, zumeist einfach ein Diener seines Vertrauens, beim Entkleiden und ordnete seine Kleidung auf einer an der Wand hängenden Stange, wie es die Erfordernisse des artigen Benehmens verlangten, denn »Tuchkleidung und Pelzwerk müßt Ihr über die Stange breiten. Euer Hemd und Eure Beinkleider sollen ihren Platz unter dem Kopfkissen haben. Und wenn Ihr Euch des Morgens erhebt, so sollt Ihr zuerst Euer Hemd anlegen.« Dann wusch er sich, meistens waren es Fußwaschungen, bedeckte seinen

Kopf mit einer Nachtmütze oder einem feinen Tuch und ging, was immer die Kirche auch sagte oder wünschte, nackt zu Bett.

Vom 12. bis zum 15. Jahrhundert war das Hemd ein Kleidungsstück für den Tag, das man zum Schlafen ablegte, denn es wäre für die Frau, mit der man das Lager teilte, eine Beleidigung gewesen, das Hemd anzubehalten. Es war normal, »nackt, Leib an Leib« zu schlafen, wie es bei den Trouvères häufig heißt. Wollte man einer Frau zu verstehen geben, wie wenig Zuneigung oder Respekt man ihr entgegenbrachte, so behielt man sein Hemd an. In seinem Werk ›Le chevalier de la charrete‹, ›Lancelot oder der Karrenritter‹, beschreibt Chrétien de Troyes zu Beginn des 12. Jahrhunderts, wie Lancelot gezwungen ist, bei einer Frau zu übernachten, die nur ein Bett besitzt. Diese Frau hatte sich in ihren Gast verliebt, doch der Ritter teilte ihre Gefühle nicht und behielt, um dies zum Ausdruck zu bringen, zum Schlafen sein Hemd an. Mehr brauchte es nicht, damit die Gastgeberin verstand und ihn in Ruhe ließ.

Zurückhaltung und Kühnheit

Die Burgherrin entledigte sich mit Hilfe ihrer Dienerinnen ihres langen, am Hals, in der Taille und an den Handgelenken eng anliegenden kuttenartigen Gewands, über dem manchmal noch ein weites Überkleid mit Ärmeln getragen wurde. Dieses zunächst weibliche Kleidungsstück fand später allgemein Verbreitung; seine am Gewand befestigten Ärmel waren ausknöpfbar, und da mehrere Paare in verschiedenen Farben und Formen zur Verfügung standen, konnte man das Aussehen besonders betonen. Diese Ärmel wurden auch als Unterpfand der Liebe oder als Auszeichnung nach einem Turnier vergeben.

Während seine Burgdame sich entkleidet, bringen der

Ehemann und seine Ritter, die zwar nicht zu sehen, durch die dünnen Trennwände oder die Wandbespannungen hindurch gewiß aber zu hören sind, die Zeit damit zu, Rätsel zu lösen, sofern nicht eine Jungfrau wie Hélissande, auf eines der Betten des Gemachs ausgestreckt, ein ihrer vollendeten Erziehung — einer Mischung aus Reserviertheit und Kühnheit — entsprechendes Lied ersinnt, das sie direkt an den Mann ihrer Träume richtet, an den Grafen Amiles vielleicht, der nicht weiter als in Rufweite von ihr entfernt ist. Dieses Lied, dessen Worte weder die Urheberin noch deren Zuhörer erröten machten, denn sie waren derlei Kühnheit oder, genauer gesagt, das Fehlen jeglicher Prüderie bei jungen Mädchen gewöhnt, lautete so:

> Graf Amiles liegt des Nachts im Saal
> In einem bestickten Bette aus Kristall.
> Vor dem Grafen brennt ein großer Leuchter,
> Und die Jungfer, von ihrem Gemach aus, schaut
>   dorthin.
> Ach Gott, sagt sie, barmherziger Vater,
> Sah man jemals einen so stolzen Vasallen
> Von solchem Heldenmut und solchem Adel,
> Der mich nicht zu lieben, nicht einmal zu betrachten
>   geruht?
> Aber bei Jesus, barmherziger Vater,
> Mit Eurer Hilfe wird es mir gelingen.
> Ich werde alle anderen Frauen hübsch vertreiben
> Und werde jede Nacht in sein Bette steigen.
> Dort schlafe ich auf Marderpelz,
> Und ob auch alle Welt auf mich schaut
> Und mein Vater jeden Tag mich haut —
> Dieser Mann ist zu schön!

Und so führte sie ihren Plan mit Hilfe von Jesus, dem barmherzigen Vater, durch. Diese Burgfräulein zur Zeit Philipps II. Augustus, junge Mädchen von dreizehn, vierzehn Jahren, waren wahrlich nicht prüde gegenüber den Rittern, die erschöpft von einem langen Turnier in der Burg ankamen. Gemeinsam mit den anderen jungen Damen entkleideten, badeten und massierten sie den Neuankömmling, damit er seine ganze stolze Kraft wiederfand. Nie aber wurden dabei gewisse Grenzen überschritten, und sie verstanden es sehr wohl, den Unternehmungsgeist eines etwas zu feurigen Ritters in seine Schranken zu verweisen und ihre Reinheit zu bewahren.

Ein Traumleben

Aber kommen wir zurück auf unser Gemach, wo zwischen den dort zum Schlafen Versammelten noch manch deftiges Scherzwort hin- und hergegangen sein mag, bis Körper und Geist schließlich ermüdeten und sich dem Schlaf ergaben. Die Nacht öffnet ihre Pforten, und die Träume liefern die Schlüssel zu einem Leben im Schlaf, dem niemand entrinnen kann.

Der Traum wird als eine Welt für sich betrachtet; für die von ihm inspirierten und »heimgesuchten« Helden der mittelalterlichen Romane ist er Mittel zum Zweck. Im ›Rolandslied‹, in der ›Suche nach dem heiligen Gral‹, im ›Rosenroman‹, im ›Traum des alten Pilgers‹ schleicht sich unter dem Schleier der Nacht, die dem Schlafenden Trugbilder vorgaukeln kann, Ungewißheit ein: Träumt er wirklich, oder durchlebt er gerade einen Wachtraum? Liebesfreud' oder Herzenspein, Symbole, Phantasmen stellen sich ein, die Zeitlichkeit des Schlafes überlagert die Zeitlichkeit eines fiktiven, aber sehr lebendigen Bewußtseins der schlafenden Helden. Man muß den Traum eines Lancelot, Parzifal oder Guillaume de Lorris einmal lesen oder erzählen hören, in dem zu unserer größten Freude die Taten aller nachvollzogen werden: »Eines Nachts hatte ich mich, wie ich es zu tun pflegte, zur Ruhe gelegt und schlief sehr fest, da hatte ich einen Traum, der sehr schön war und mir gut gefiel. Mir träumte eines Nachts, in dieser freudigen Zeit zu sein, in der ein jedes Geschöpf vom Wunsch zu lieben beseelt ist. Da schien es mir in meinem Schlaf, daß schon früher Morgen sei. Von meinem Bett erhob ich mich sogleich, zog mir die Schuhe an und wusch mir die Hände.« Wenn man wacht, ist man völlig der Kontrolle durch das Familiengeschlecht unterworfen, die sich in »Verleumdung, Scham, Angst oder Eifersucht« und in der »um das Rosenbeet errichteten Mauer« äußert; und so stellt die höfische Literatur die Fähigkeit zu träumen als eine Möglichkeit zu lieben dar, als einen Weg, den Zwängen und der häuslichen Enge, dem Turm, der einen gefangenhält, durch den Wachtraum zu entfliehen.

Gewiß, nicht immer geraten die Träume zweckmäßig; der Mönch, der im Schlaf eine Reihe weiblicher Genitalien vorbeiziehen sieht und sich, als er die Hand ausstreckt, um eines davon zu fassen zu bekommen, an einem Dornenbündel sticht, gehört zu den spaßigen Traumgestalten des Mittelalters, doch hat diese Art von Traum nichts mit dem perfekt beherrschten Zustand des Wachtraums zu tun.

In dem Versroman ›Flamenca‹ liefert der Autor die Anleitung dafür, wie man sich völlig in sich selbst versenkt, um die Erwählte seines Herzens vor sich erscheinen zu lassen. »Euch, Euch: Euch, meine Dame, werde ich anrufen, solange ich wache. Und wenn meine Augen nach außen hin sich schließen, so soll in mir doch mein Herz mit Euch wachen, ja mit Euch, meine Dame, ja, mit Euch.« Und der Poet fährt fort: »Er hatte noch nicht das ›t‹ von ›Hochzeit‹ ausgesprochen, als er auch schon eingeschlafen war, und so konnte er ganz nach seinem Belieben seine Dame betrachten. Denn schließlich geschieht es häufig, daß man im Traum das sieht, was zu sehen man wünscht, wenn man mit diesem Gedanken einschläft.« Und am Morgen erzählte der Träumer dann unter Verwendung der geweihten Formel: »Mir war, als sähe ich …« und zog seine Gefährtinnen und Gefährten in einer verschlüsselten Sprache mit sich an einen ebenfalls verschlüsselten Zufluchtsort.

Die Frau

Doch im tiefen Wald wie in der Mitte des Bettes begegnet der Ritter allein und auf sich gestellt einem beängstigenden Wesen: der Frau. Heldentaten in der Kriegskunst, Heldentaten in der Liebeskunst, das Spiel wird nach scheinbar genau festgelegten Spielregeln gespielt, mit den Ausnahmen, die wie immer die Regel bestätigen, wodurch es dann zugeht wie im richtigen Leben. Die verwitweten oder von ihrem in den Krieg oder auf Kreuzfahrt gezogenen Gatten zurückgelassenen Burgdamen sind nicht immer Mannweiber wie Fredegunde, die Frau Chilperichs. Die Herrin von Montaillou zum Beispiel, Béatrice de Planissoles, gestand vor dem Inquisitor das Unaussprechliche, am Tage, zu Lebzeiten ihres ersten Mannes in dessen Zimmer, aber im Schutze einer Wand vergewaltigt worden zu sein. Als Witwe und allein in ihrem Schloß lebend, sei sie dann bei Einbruch der Nacht in ihrem Bett von ihrem Verwalter überrascht worden, der sich, während sie noch im Haus aufgeräumt hatte, unter dem Bett versteckt hatte und nach Erlöschen des Lichtes unter ihre Decke geschlüpft war. Sie habe zu schreien angefangen und nach ihren Dienerinnen zu rufen, die in ihren Betten gleich neben dem ihren im gleichen Zimmer schliefen. Nach ihrer Wiederverheiratung, so gestand sie, habe sie einem Priester nachgegeben, tagsüber, aber im Keller, indessen eine Magd Wache gestanden habe. Erneut Witwe geworden, habe sie sich einen anderen Priester ins Haus geholt und sich ihm im Vorraum, gleich bei der Türe, hingegeben. Noch öfter habe sie ein gleiches getan, tagsüber, allerdings gewartet, bis ihre Töchter und Dienerinnen aus dem Haus waren.

Auch die ›Histoire du petit Jehan de Saintré‹ berichtet in typischer Weise von einer verlassenen, melancholischen Burgherrin, die sich mit einem jungen Pagen tröstet. Und in der von einem Mönch namens Helgaud de Fleury Anfang des 11. Jahrhunderts verfaßten Biographie über Robert den Frommen findet sich eine andere, gleichfalls bezeichnende Anekdote: Als Hugo Capet einmal am hellichten Tag von einem Gemach in ein anderes ging, überraschte er ein Paar, das zwischen zwei Türen Unzucht trieb, und warf seinen Mantel über sie. Der Sexualakt, der intimste aller Akte, hatte sich im Verborgenen zu vollziehen und war, wenn er tagsüber praktiziert wurde, eine Schändlichkeit.

So war das mit der Unzucht in diesen großen, viel zu vollen Wohnstätten, deren Dämmerlicht gerade zupaß kam. Aber in welcher Form auch immer die Frau »vergattert« oder unter Verschluß gehalten wird, das eigentlich Wichtige für den Burgherrn und das Familiengeschlecht ist noch immer, daß sie den häuslichen Bereich nicht verläßt, daß sie es nicht wie Tristan und Isolde treibt, die liebestoll sich in die Domäne der Unvernunft, fort in ein fremdes Land flüchteten.

Der höfische Mann, freigiebig und kühn, verlangt von der Dame »eine Haltung, edel und schlicht«. Den Moralisten genügt das nicht. Robert de Blois hat es sich angelegen sein lassen, über seine Jungfrauen zu wachen, und rät ihnen, »sich in Gesellschaft eines artigen Benehmens zu befleißigen. Damen müssen mit Anmut zu plaudern verstehen, doch auch nicht zu schwatzhaft sein, anderenfalls sie für pedantisch und unüberlegt gehalten würden, während die Schweigsame als dumm gilt. Den Männern gegenüber müssen sie gleichzeitig zuvorkommend und reserviert sein, nicht zu gewinnend, so sie nicht als unverschämt eingeschätzt werden wollen.« Sie mögen sich aber auch, so fügt er diesen Ratschlägen hinzu, vor einer allzu übermäßigen Scheu hüten, da sie anderenfalls Gefahr liefen, für hoffärtig gehalten zu werden. Was also offenbar geschätzt wird, das ist Beherztheit, eine erwünschte Eigenschaft, damit sie in Anwesenheit des Burgherrn das Haus bestellen kann; doch »ist es gut, wenn ein Weib weder lesen noch schreiben kann«, sofern sie ihre Bestimmung nicht gerade im Kloster sucht. »Denn dergestalt wird es nicht möglich sein, ihr Artigkeiten zukommen zu lassen, die ihr direkt zu sagen man zögern würde. Von der Möglichkeit, daß der Satan in seiner Hinterlist bei den Gescheitesten unter ihnen womöglich den Wunsch zu antworten erweckt, ganz zu schweigen«, stellt Suzanne Comte fest.

Von intimen Gesten

Dann folgt eine Reihe von Empfehlungen, die uns auch einigen Aufschluß geben über intime und zweifellos übliche Gesten zwischen Mann und Frau. »Laßt Euch nur von Eurem Mann die Hand auf den Busen legen«, eine auf der sehr schönen und sehr realistischen Konsole aus dem 14. Jahrhundert im südlichen Querschiff der Kathedrale St. Etienne von Auxerre dargestellte Geste, »laßt Euch auf den Mund nur von dem küssen, dem Ihr ganz angehöret« — welcher nicht unbedingt der Ehemann sein muß, da der Moralist davon nichts sagt. Imitiert nicht die Gefallsüchtigen, denn:

Gewisse Frauen lassen ihren Busen offen,
Damit es niemand soll entgeh'n,
Wie schön und fest die Brüste steh'n.
Was wieder andre sich erhoffen:
Ein (nach Belieben) gänzlich unbedecktes Bein
Soll Blickfang von der Seite sein.

Hier kommt eine Koketterie zum Ausdruck, die den jungen Rittern nicht zu mißfallen scheint, die Biedermänner und die Betagteren indes schockiert, für die solches Hurerei bedeutet. Der am meisten gepredigte Ratschlag ist, die Männer nicht anzustarren »wie der Sperber die Lerche, auf die er niedergeht«.

Wie frei die jungen Fräulein in ihren Gesten und Worten auch sein mögen, die Kontrolle des Vaters oder des Ehemannes über die als uneinnehmbar geltende Bastion namens Frau ist total. So bleibt der Dame nichts anderes übrig, als stumme, aber beredte Signale auszusenden, ihre Liebesbotschaft mit dem Blick zu vermitteln. Als Ausdruck der in Romanen hochentwickelten Fähigkeit zum »inneren Dialog« bedient sich der Körper einer Geheimsprache, und seine Boten sind kleine Gesten — die Art, sein Kleidungsstück zu richten, Düfte und vor allem Blicke. Welch gedankenschweres Schweigen, welche unausgesprochenen Geständnisse, übervolle Herzen und melancholische Gesichtszüge angesichts eines »weißen Ritters« oder des »Karrenritters«, der im Schutz seines Visiers die Blicke der Damen erobert und sich doch gleichzeitig vor ihnen schützt.

Von Blicken

Das Mittelalter gefällt sich darin, Zeichen zu schaffen und zu enträtseln, und sieht bei diesen intensiven Blicken aus einem Objekt, einem vermittelnden Gegenstand oder auch einem Porträt gleichsam ein Bild hervorkommen, gleich jenem »süßen Bildnis«, jenem »süßen Ebenbild«, das Guillaume de Machaut von seiner Angebeteten erhalten hatte: »Ich ging hinfort«, sagte er, »schnellen Schrittes, ganz allein, ohne jede Gesellschaft, und schloß mich in meiner Kammer ein.« Er stellte das anmutige, reine Bildnis, »welches durch das Gemälde dargestellt wurde«, über seinem Bett auf, um es zu betrachten, zu schmücken, zu berühren …

Die Sinnlichkeit des Blickes und, einem Spiegel gleich, das Bild an sich strafte vielleicht die ganze auf hehre Achtung gegründete offizielle Moral in bezug auf den Körper Lügen. Den Körper muß man hegen und pflegen, weil er der Sitz des Geistes ist, wie Paulus sagt, man muß ihn lieben, wie die Männer ihre Frauen lieben sollen, mit Distanz, ja Mißtrauen, denn wie die Frau ist auch der Körper die Versuchung, er führt die anderen zum Begehren und vor allem zum Sich-selbst-Begehren. Die geistliche Ideologie tritt aus der Wolke der höfischen Liebe hervor, sie taucht auf, wo sie kann, wenn Mann und Frau nackt, »Leib an Leib« sind. Die Moralisten lieben das Wasser nicht; sie lieben die indiskrete Körperpflege nicht, welche die Reize des Körpers enthüllt, sie lieben nicht die Schwitzräume und Badehäuser, in denen Männer und Frauen gemeinsam baden. Das Ideale wäre, diesen Körper zu verstecken, ihm zu entsagen, diese Organe zuzustopfen, durch welche die Lebenslust und die Sünde eindringen, indem man die Askese so weit treibt, jene dem Ungeziefer zu überlassen.

Ein verbissener Kampf tobt zwischen dem geistlichen Stand und dem Laienvolk, dessen Kultur und städtische Mode mehr auf Öffnung drängen, auf ein größeres Bewußtsein des Körperlichen, wie es die plötzliche Verwandlung des 14. Jahrhunderts zeigt, in der man von einem Extrem ins andere fällt: Die langen, weiten Gewänder, wie sie bis zur Regierungszeit Philipps II. Augustus in Mode waren, werden unversehens durch kurze, enganliegende, knappe Kleider entthront, die die körperlichen Reize des Mannes wie der Frau betonen. In den Kirchen stellen die Bildhauer keine von bösen Mächten gepeinigten Körper mehr zur Schau, sondern strahlende, begehrenswerte Leiblichkeit, so beim »Eros« von Auxerre, nicht weit von der Konsole des sich liebkosenden, bereits erwähnten Paares, der durch eine auf einem Ziegenbock reitende Frau dargestellt ist. Satan greift die pudenda an, diese Scham, welche die Kirche doch so gern hätte herrschen sehen.

An der Schwelle zum 14. Jahrhundert, schreibt Henri

de Mondeville, wird eine lange Periode kontinuierlichen Fortschritts vollendet; während die Ideologie der Verteufelung der Fleischeslust zurückweicht und noch ehe sich die Haube der sexuellen Schuldfähigkeit auf die westliche Christenheit niedersenkt, wird der Körper offenbar langsam, aber unaufhaltsam rehabilitiert. Mit dieser die Person, die persönliche Identität wiederherstellenden Strömung konsolidiert sich in der kollektiven wie der persönlichen Auffassung die Vorstellung vom Schönen.

4. Die Epoche der Gefühle

> Und hat der Schmerz mich beinah ganz
> zerrissen,
> Und lieg' erschöpft ich dann in meinen
> Kissen,
> so muß der langen Nacht ich meinen
> Jammer klagen.
>
> Louise Labé: Sonette

Das Bürgertum geht auf Distanz

Nun hielten Schönheit und Komfort, um nicht zu sagen Luxus, ihren Einzug in die Häuser des Bürgertums, das, wie Philippe Ariès sagt, »auf Distanz geht«. Es zieht sich zurück aus der weitläufigen vielgestaltigen Gesellschaft, verweigert sich den Zwängen und der Masse, um sich »abseits von den anderen im homogenen Milieu, innerhalb der geschlossenen Familien, in den auf Privatheit angelegten Wohnungen zu organisieren, in neuen, gegen jedwede Popularisierung gefeiten Stadtvierteln«.

Im Gegensatz zur alten Gesellschaft, deren Charakteristik es war, ein Maximum von Lebensformen in einem Minimum von Raum zu konzentrieren und das Nebeneinander des Ungleichen zu akzeptieren, kapselt das Bürgertum sich nun ab; über die Reichen ist es erbittert, und der Armen schämt es sich. Diese neue Privatheit schließt einen gewissen Bedarf an Komfort ein, ein Komfort, der die Gegensätze noch verschärft und es erforderlich macht, daß jeder Lebensform ein ihr eigener gesonderter Raum zur Verfügung steht. Diese Gesellschaft propagiert ein Idealmodell von Konventionen, denen ihre Mitglieder bei Strafe des Ausschlusses sich nicht entziehen können. »Der Familiensinn, das Klassenbewußtsein, anderswo vielleicht auch das Rassenbewußtsein«, schreibt Ariès, »scheinen Äußerungsformen derselben Intoleranz gegenüber der Vielfalt, desselben Strebens nach Uniformität zu sein.«

Die Häuser öffnen sich

Das wohlhabende Bürgertum des 13. Jahrhunderts lebte noch in gut befestigten und bewehrten Häusern ohne Raum und Komfort; diese weichen jetzt offeneren, großzügigeren Ziegel- oder Steinbauten. Die Bürger schmükken ihre Fassaden mit Details wie jenen der palazzi der Toskana, an deren Fenstern kleine Marmorsäulen auftauchen; Laternen, verschiedene Kunstschmiedearbeiten und Friese an den Dachrändern künden augenscheinlich von Wohlstand.

In der Stadt ist die Diskrepanz zwischen den Wohnungs- und Vermögensverhältnissen am größten. In der Stadt zu leben bedeutet für die Armen oder die gesellschaftlichen Außenseiter, sich mit einer höchst notdürftigen, in den Hinterhof verbannten Holz- oder Lehmbehausung begnügen zu müssen, da zur Straße hin liegende Gebäude bessergestellten Bewohnern vorbehalten bleiben. Das bürgerliche Wohnhaus weist zahlreiche Neuerungen auf. Charakteristisch ist nicht nur, daß die hinzugekommenen neuen Elemente sehr vielfältig sind, sondern auch, daß sie sich fast gleichzeitig überall durchsetzen; das Erdgeschoß wird jetzt privat und nicht länger kommerziell genutzt, die Zahl der einzelnen Säle und Zimmer wächst. Der Wohnbereich breitet sich über zwei Etagen aus, und den Privaträumlichkeiten werden genaue Funktionen zugewiesen: Eltern- und Kinderschlafräume, Zimmer für Dienstboten und verschiedene Paare, die Nutzung des Hofes als ästhetisches und festliches Zentrum des Hauses bei gleichzeitiger Wahrung seines urbanen Charakters, dies alles sind unverwechselbare Veränderungskriterien der Wohnstrukturen im 15. Jahrhundert. Die echten Stadtpalais', die von 1440 an hier und dort auf Grundstücken errichtet werden, wo man Häuserblocks abgerissen hatte, und die sich, von Mauern eingefaßt, mit wunderschönen Gärten umgeben, unterscheiden sich zwar durch ihre Prunkhaftigkeit von den bürgerlichen Wohnhäusern, doch sind sie, nur eben auf einer höheren Ebene, goldene Käfige, dazu bestimmt, das völlig neue und überbewertete Gefühl der ehelichen Familie und des aus ihr hervorgehenden höheren Individuums zu schützen.

In den zwölf, vierzehn, zwanzig oder dreißig Räumen, die ein solches, häufig aus einem restaurierten alten Haus hervorgegangenes Palais zählen kann, geht die umfangreiche Familie der florentinischen Aristokratie, um nur ein Beispiel zu nennen, ihrer luxuriösen Karriere in einem ihrem Geschmack und ihren Mitteln angemessenen Rahmen nach.

Der Überfluß hält Einzug

Komfortables Mobiliar ist ein städtisches Privileg und symbolisiert den Erfolg. Das Inventar des Antonio, eines Lederhändlers in Florenz, wo dies als wenig angesehener Berufsstand galt, besteht im Jahr 1393 aus fünfhundertdreiundfünfzig Positionen, mit denen die auf acht Räume – davon vier Schlafzimmer – verteilten Gegenstände erfaßt werden. Antonio besitzt unter anderem neun Betten, von denen fünf vollständig ausgestattet sind. Die Witwe eines Kürschners hat etwa zehn Truhen in ihren Gemächern stehen, die von großen, das Bett umgebenden und als Bänke genutzten cassapanche, über große cassoni, reich gearbeitete Truhen, in denen sich ihre Mitgift befunden hatte, forzieri, metallbeschlagene Kästchen, bis zu cassoncelli reichen, einer Variante der cassone oder der einfachen bemalten Kiste – Schränke werden im 15. Jahrhundert noch wenig erwähnt.

Diese »Truhenwelle« ist auf den wachsenden Bedarf an Stauraum, eine Begleiterscheinung des generell verbesserten Lebensstandards, zurückzuführen. Ursprung dieses Phänomens sind die großen Pestepidemien, welche Europa zwischen 1348 und 1350 verheerten, und der mit diesen einhergehende Bevölkerungsschwund, vor allem aber auch die innerhalb weniger Jahrzehnte erfolgte völlige Veränderung der Lebens- und Denkgewohnheiten des gesamten Abendlandes. Diese Veränderung hängt auch mit der Verschiebung der Entwicklungspole in Europa zusammen. Befanden sich diese ursprünglich in der nördlichen Hälfte Frankreichs, so verlagerten sie sich später nach Osten und Süden, nach Italien, teilweise auch nach Spanien und Norddeutschland.

Plötzlich ist für die von der Pest verschont gebliebene Aristokratie und für das sich selbst gerade entdeckende Bürgertum materieller Besitz nicht mehr von Natur aus geringzuschätzen; verachteten einst eine über den Dingen schwebende Ritterschaft und ein intellektuelles Asketentum das Weltliche und den äußeren Schein, so kann eine solche Haltung jetzt in diesem so kurzen, vom Schreckensbild der Pest heimgesuchten Leben kein Vorbild mehr sein. Vielmehr sind die Güter dieser Welt hier und jetzt zu konsumieren. Zwar ist der Einrichtungsaufwand in den Gemeinschaftssälen und anderen Begegnungsstätten nach wie vor bescheiden, die Gemächer der Reicheren aber füllen sich zunehmend mit Mobiliar; in den Jahren 1380 bis 1420 in Venedig erstellte Inventare führen bis zu dreihundert Gegenstände in einem einzigen Zimmer auf, und diese Gemächer mit ihrer neuen Behaglichkeit werden zum Mittelpunkt des Lebens.

Das Schlafgemach, das seine Bestimmung als ein der Ruhe und dem Schlaf dienender Raum beibehält, erfährt nunmehr auch tagsüber eine konstante Nutzung, wie man sie in dieser Form bisher nicht gekannt hat. In ihm wird gearbeitet und gebetet, gelesen und Besuch empfangen, und das aus zweierlei Gründen: Zum einen ist es der einzige wirklich gemütliche Platz des Hauses, und zum anderen hat man hier seine Schätze angesammelt; hier kann man sie zeigen, vor allem aber hüten. Schmuck, Geschirr, Tischwäsche, Kleidungsstücke — nicht mehr hängend, sondern zusammengefaltet verstaut —, persönliche

Unterlagen, Bücher usw. — alles wird in die Truhen gestopft, nur wenige ausgesuchte Objekte und Zierat werden direkt zur Schau gestellt. Inmitten des Zimmers thront, friedlich und pompös, das Bett als massives Symbol eines harmonischen Ehe- und Familienlebens.

Das Zimmer der Geheimnisse

Das Schlafzimmer ist das Herzstück des Hauses, hier pulsiert das Leben, und hier ist es, wo man spinnt und schwätzt, die Kinder hätschelt, von den guten Sitten spricht, die es ihnen zu vermitteln gilt, und vom Familienerbe, wo man vom Plaudern zu Wortspielen und Gesellschaftsspielen übergeht. Es sei denn, man sondert sich aus Gründen der Herzenspein ab, wie Madonna Fiammetta, die getrennt ist von dem, den sie liebt. »Lieber allein als in Gesellschaft ... öffnete ich eine Schatulle ..., nahm seine unzähligen Briefe heraus und empfand, indessen ich sie las, einen ähnlichen Trost wie ich ihn empfunden hätte, wäre es mir möglich gewesen, mit ihm zu sprechen.« Ins Schlafzimmer zieht man sich auch mit seiner Schneiderin zur Anprobe zurück oder aber, um die Korrespondenz zu erledigen oder um als gute Hausfrau Buch zu führen über die Ausgaben im Haushalt. Die Ehefrau ist Ende des 15. Jahrhunderts mitverantwortlich für das Budget oder sogar unumschränkte Herrscherin über den gesamten Haushalt, für dessen reibungsloses Funktionieren sie zu sorgen hat. Durch das Eindringen humanistischen Gedankenguts und dessen Bildungsutensilien entdeckt die Hausfrau auch Bücher und Pulte und entfaltet in ihrer neuen Rolle eine intellektuelle Aktivität, die bis zum 18. Jahrhundert unablässig an Bedeutung gewinnen wird.

Der Luxus breitet sich aus

»Ein Schlafgemach aus blauen Atlasstoffen, die Borten bestickt mit dem Wappen Mademoiselles, ausgestattet mit glattem Betthimmel, mit Rückenlehne und Steppdecke, mit Bettvorhängen aus Zindel, mit X Sitzkissen gleicher Art, die Borten mit dem Wappen der hochverehrten Demoiselle bestickt. Ferner ist besagtes Gemach mit einer hochschäftig gearbeiteten Oberdecke ausgestattet sowie mit III Teppichen als Wandbehang, mit einem Unterlaken und Wollkissen, wie oben geschildert mit dem Wappen versehen, und mit III Stufen (die um das Bett herum gestellt werden) und mit einer Zudecke, gefüttert mit feinem Grauwerk.«

Soweit die einem der unzähligen Dokumente des 14. und 15. Jahrhunderts entnommene Beschreibung eines Schlafzimmers, welches, wie Philippe Contamine vermerkt, nicht einmal zu den extravagantesten gehörte. Katharina von Burgund brachte es 1393 anläßlich ihrer Vermählung als Mitgift in ihre zukünftige Familie ein. Auch das Bürgertum stand da nicht zurück und griff für seine Betten auf die entsprechenden Vorbilder der Mächtigen zurück. In seinem nicht zu übersehenden Schmucktrieb stattete es Schlafzimmer von einem nie gekannten Luxus mit »violettem Serge, gelbem Kamelott, purpurnem Zindeltaffet, grünem Wollstoff mit Goldstreifen, blauem mit Blumen gemustertem Sammet, purpurner Seide, grünem Satin, bestickt mit Drachen, verziertem hellblauem Zindeltaffet« usw. aus, wie Havard im ›Dictionnaire de l'ameublement et de la décoration‹ schreibt. Velourstoffe tauchen sowohl auf Kragen wie auch an Möbeln und Wänden auf, Leinenstoffe und Sergevorhänge an Fenstern und Himmelbetten wie auch an Betten mit Kopfwand; das alles hielt um 1380 Einzug in die Häuser.

Die Gemeinschaftsbetten des ausgehenden Mittelalters wichen — bei den Reichen — nunmehr Einzelbetten, ge-

gebenenfalls so vielen, wie während irgendwelcher Festlichkeiten erforderlich waren. Die nach dem Tod des französischen Schatzmeisters, Pierre Legendre, erstellte Inventarliste führte etwa zwanzig Betten verschiedener Ausstattung auf, die, zumeist paarweise — ein Bett plus eine Pritsche —, auf die Schlafräume und Privatgemächer seines Pariser Stadthauses in der Rue de Bourbonnais verteilt waren. Insgesamt besaß Pierre Legendre in seinen drei möblierten Hauptresidenzen — denen von Paris müssen noch die Herrensitze von Alincourt und Garennes hinzugezählt werden — siebzig Schlafstätten plus diverse Bettladen und Liegen, die Pritschen nicht einmal mitgerechnet. Diese Reservebetten wurden vermutlich nur selten benutzt, dennoch kann man sich vorstellen, welche drangvolle Enge am Tag nach einem Fest in sämtlichen Räumen des Hauses geherrscht haben muß.

Die erste Investition im Leben gilt einem Möbel: Es ist schicklich, über ein richtiges Ehebett zu verfügen — welches häufig der Vater des Bräutigams beisteuert. Als wichtiger Teil der Grundausstattung erscheint dieses prestigeträchtige Möbel in Inventaren wie auf Gemälden, immer mit der allerkomplettesten Bettwäsche, wie wir es bereits beschrieben haben. Als wahre Monumente der Innenausstattung brachten es solche Betten mitunter auf drei Meter Breite, eine Fläche, die durch die um die Betten gestellten Kastenbänke noch weiter ausgedehnt und durch Bettvorhänge zusätzlich unterstrichen wurde. Die Steppdecke präsentierte sich mal bunt, mal im Fischgrätoder, in Italien, im Schachbrettmuster, mal war sie rot oder blau oder, wenn es die Mode wollte, auch mal hermelinweiß; sie bedeckte das Ganze und verwandelte das, was die eleganten schließbaren Bettvorhänge zur Hälfte verbargen, in ein regelrechtes Prunkbett. Aus den Ecken der Zimmer, wo sie zunächst gestanden hatten, rückten diese von immer mehr Truhen umgebenen Betten zunächst aus Bequemlichkeit und später dann aus Gewohnheit allmählich in die Mitte des Raumes, den sie, der gesellschaftlichen Stellung ihrer Besitzer entsprechend, beherrschten und wo sie unübersehbar zur Geltung kamen. Diese Paradebetten waren Zeichen des Wohlstands, eines Komforts, der bei der Weichheit der Federbetten nicht haltmachte, sondern selbstgenügsam die materielle wie gesellschaftliche Isolierung von der Außenwelt suchte.

Der Kampf gegen die Zugluft

In den Kampf gegen die Zugluft, von wohlsituierten Schläfern schon im Schutze ihrer Bettvorhänge mit Todesverachtung betrieben, wird das ganze Zimmer und selbst das gesamte Haus mit einbezogen. Die kleinen Wandschlitze oder Schießscharten des 12. Jahrhunderts, die mit einem Stück geölten Papiers oder einem dünnen Hornplättchen abgedichtet wurden und daher kaum Licht hereinließen, dafür aber vor den um den Bergfried pfeifenden Zugwinden schützten, machten in den Privathäusern größeren, bogenförmigen Öffnungen Platz. Diese waren jedoch zur Aufnahme beweglicher Schließen ziemlich ungeeignet, da sie manchmal den Sturz beschädigten, der unter Umständen nicht wieder gerichtet werden konnte. Man sicherte die Maueröffnungen daher durch Entlastungsbogen und Rahmen; bis zum 13. Jahrhundert hatten die Fenster noch keine Fensterstöcke, und die Füllungen aus Glas schlossen unmittelbar an die Steinkonstruktion des Hauses an. Erst im 15. Jahrhundert sollten Fensterrahmen sich generell durchsetzen.

Die gegen die Unbilden der Witterung und den Lichteinfall installierten Innenfensterläden oder, weniger klobig, die an Stangen befestigten Vorhänge vermochten allerdings gegen die Kälte so gut wie nichts auszurichten. Zum Abdichten der Fensteröffnungen, wofür man im Norden geöltes Papier benutzte – im 13. Jahrhundert hatte man aus China die Papierherstellung übernommen –, verwendete man immer häufiger Weidengeflecht oder auf Rahmen gespannte Leinwand, die mit einer Mischung aus weißem Wachs und Harz oder Terpentin bestrichen war. In Italien gab es die finestre impannate – feste, mit einer Leinwand bespannte Rahmen, die man mit Öl imprägniert hatte, um sie durchscheinend zu machen –, mit denen man die Öffnungen verschließen konnte, ohne sie völlig lichtundurchlässig zu machen. Die sehr seltenen Glasfenster ähnelten jenen in den Kirchen: Kleine Glasscheiben werden mittels Bleirähmchen zusammengesetzt. Besonders originell ist die französische Erfindung der Butzenscheibe. Sie entsteht aus einer geblasenen Glaskugel, die durch Sprengen zunächst wie ein Kelch geöffnet und dann unter Ausnutzung der Zentrifugalkraft zu einer flachen, runden Scheibe ausgeschleudert wird; wie man heute noch bei alten Butzenscheiben sehen kann, weisen sie in der Mitte eine Erhöhung, den Butzen oder Nabel, auf. Die Erfindung stammt aus dem 14. Jahrhundert; auf ihr basiert das 1330 von König Philipp VI. an Philipp de Caqueray, Seigneur de Saint-James, gewährte Privileg, die Glashütte von La Haye in der Normandie zu gründen.

Diese Hütte – der Beruf des Glasers entstand 1730 – hielt sich zusammen mit denen der anderen bekannten Familien Drossart, La Vaillant und Bongars bis Anfang des 19. Jahrhunderts. Die Technik des »Ziehens« von Tafelglas kam erst gegen Ende des 17. Jahrhunderts auf. Da sich jedoch nicht jedermann den Luxus der Butzenscheiben leisten konnte, blieben Innenfensterläden noch immer der gebräuchlichste Schutz gegen Diebe, gegen grelles Licht und gegen den Wind.

Diese Epoche suchte jedoch das Raffinement, und so wollte man in den großbürgerlichen Häusern nicht länger einfach bloß Öffnungen zustopfen. Als abgeklärte Gesellschaft liebte es die Bourgeoisie, mit Feinheiten zu spielen, und bei einem dieser Spiele, das sich ums Zerschneiden und Zusammensetzen drehte, erfand man in Florenz einen Fensterladen, der das Angenehme mit dem Nützlichen verband. Die schweren Massivholzplatten mit ihren horizontalen Scharnieren wurden zu Innenfensterläden mit zwei Flügeln, die zum Teil um zwei senkrechte Achsen bewegt werden konnten und bei denen Licht- und Lufteintritt sich nach Belieben regeln ließen, eine Erfindung, mit der die Zeit der Innenläden und Jalousien begann — erstmals wurden sie zwischen 1390 und 1400 in der Buchhaltung Florentiner Krankenhäuser erwähnt. Ihr Gebrauch setzte sich in der zweiten Hälfte des 15. Jahrhunderts durch. Und man verschönert oder verstärkt nicht nur die Tür- und Fensterrahmen, man verriegelt die Öffnungen auch: Mit Gittern, mit senkrecht in Türen und Fensterläden eingelassenen Stäben sowie mit eindrucksvollen komplizierten Schlössern versucht man, sein Heim uneinnehmbar zu machen, ein Heim, das man nicht länger irgendwie oder mit irgendwem zu teilen bereit war.

»Trautes Heim«

Dergestalt geschützt, ist zu Hause gut sein, wie Darstellungen, Gemälde und Stiche bezeugen, welche, im Mittelalter vielleicht noch etwas zaghaft und verhalten, sich im Abendland mehr und mehr zu verbreiten beginnen und die erstaunliche Kraft dieses bislang verschwommenen oder vernachlässigten Gefühls des »Privaten« verbürgen. Zu Hause sein, das heißt, nicht länger draußen in der Welt auftreten, nicht länger repräsentieren müssen; es heißt, sich im Zimmer verschanzen, im Hausrock bleiben — ein abgewetztes oder lächerliches Kleidungsstück —, oder auch, sich halb entkleiden, entweder, weil es zu warm ist oder weil man sich vor dem Herdfeuer wärmt wie jenes Paar in der Intimität seines Gemachs, das auf einer Vignette des ›Stundenbuchs des Louis de Laval‹ (Ende des 15. Jahrhunderts) dargestellt ist: die Frau stehend, das Kleid bis zu den Waden geschürzt, der

Mann sitzend, mit geöffnetem Mantel, die gespreizten Beine und die Hände zum Kamin hin gestreckt. Ähnlich zeigt eine Miniatur der ›Très Riches Heures du Duc de Berry‹ eine im Längsschnitt dargestellte Hütte, in der drei Personen, die Röcke hochgerafft, sich an den hohen Flammen der Feuerstelle wärmen.

Am Feierabend dann kommt die ganze Familie zusammen, man erzählt sich die Begebenheiten des Tages oder bespricht, wie schon ungezählte Male, Pläne und Kümmernisse, wobei die Hauptthemen sich offenbar seit jeher um die drückende Steuerlast drehten, sodann um die gar schnell aufeinanderfolgenden Geburten von Kindern, die ebenso ernährt werden wollen wie die Alten, welchen man höflich zuhört, wenn sie sich zögernd über die Ahnenfolge auslassen. Die Moralisten, so scheint es, beklagen sich über die Anzüglichkeit der Reden und darüber, daß, so der Biograph der heiligen Katharina von Siena in seinem Urteil über deren Familie, selbst in den frommsten und vornehmsten Familien sich jeder »seiner Verbitterung mit heftigen Worten Luft zu machen pflegt«. In den oberen Gesellschaftsschichten und bei den Humanisten wird am Feierabend natürlich auch geplaudert, aber um dem banalen Alltag noch Themen für eine gelehrte Konversation abzugewinnen, ist es üblich, eher von Großartigem denn von Belanglosem zu sprechen. Und wenn dann die Spinnerinnen müde werden, wenn die Kinder in der Nase bohren und das allgemeine Gähnen den zu Moralpredigten ansetzenden Familienvater übertönt, wenn die Kerzen vor einem erlöschenden Feuer zu flackern beginnen, dann ist Schlafenszeit, und jeder geht in sein Zimmer, sofern die Familie reich ist oder, wenn sie weniger begütert ist, in das Bett, das man mit einem anderen — oder mehreren — teilt, wobei die Eltern mitunter ein oder zwei Kinder zu sich ins Bett nehmen. Man kann das Hemd anbehalten, häufiger aber schläft man nackt, von der Schlafmütze einmal abgesehen.

Amouröse Komplizenschaft

Einige Ehepaare knien, wenn sie die Tür verriegelt haben, am Fußende ihres Lagers nieder, um ein kurzes Gebet zu sprechen, bevor sie in ihr hohes, großes Bett steigen. Wenn nicht der eine oder andere von seinem Tagwerk erschöpft ist, wenn der Sinn eher nach Zärtlichkeit als nach Wehklagen oder sarkastischen Bemerkungen steht, dann ist es, wie italienische Ärzte empfehlen, für den guten Verlauf einer Schwangerschaft und für die Schönheit des Kindes gut, wenn die Frau nach einer liebevollen Entlausung und weiteren Zärtlichkeiten farsi ardentemente desiderare (sich glühend begehren läßt). Im Schutz der zugezogenen Vorhänge vereinigt sich das Paar. Argwöhnisch beobachten Moralisten und Prediger die Entfaltung des Liebeslebens zwischen den beiden Partnern — oder vielmehr bei der Frau — und reglementieren dieses anhand von Bibelstellen einigermaßen streng, um Neigungen, die sie für wenig menschlich halten, nicht zur Gewohnheit werden zu lassen. Aber man spürt durch das Unausgesprochene ihrer Mahnungen hindurch, daß die Ehepaare von damals Stellungen kannten und gebrauchten, die sich durch Findigkeit, Raffinesse und eine langjährige amouröse Komplizenschaft — bei der Lust alles andere als ausgeschlossen ist — im Laufe der Zeit ergeben hatten.

Über Empfängnisverhütung

Daß in einer Zeit, da die Prediger zwar nicht mit fester Hand, wohl aber mit fester Stimme über die Schlafzimmer geboten, Schutz- und Verhütungsmaßnahmen beherrscht wurden, erscheint kaum denkbar. Und doch zeigt die demographische Entwicklung im 15. Jahrhundert, daß zumindest bei den reifen Frauen (älter als Dreißig) des Kleinbürgertums, deren Fruchtbarkeitsphase offenbar weit vor den Wechseljahren endete, derartige Kunstgriffe bekannt gewesen sein müssen. Dem Widerstand der Frauen gegen weitere Geburten steht die sogenannte sexuelle Leistungsfähigkeit der Männer gegenüber, die die Chronisten lauthals beteuern und sich dabei gern in Psalmen oder in Vaterunsern ausdrücken, eine Reverenz den Geistlichen und den Mönchen gegenüber, die in dieser Art Sport in vielerlei Hinsicht die Meister sind. Zwar wird der Koitus interruptus nirgends verurteilt, aber auch nirgends bestätigt, doch kann man aus der Vehemenz, mit der die Moralisten gegen eine andere empfängnisverhütende Methode vorgehen und vor der Erfindungsgabe der jungen Eheleute warnen, schließen, daß Anfang des 15. Jahrhunderts — zumindest gilt das, wie La Roncière zeigt, für die Städte in der Toskana — der Analverkehr unter den Eheleuten ziemlich verbreitet war.

Das florierende Geschäftsleben — in den Städten gab es Arbeit für alle —, die ausgeprägte, von 1450 an in allen Bereichen sich manifestierende Lebenslust, die der Natur, dem Lebensrahmen, den Freuden der Tafel und des Fleisches entgegengebrachte Aufmerksamkeit, diesen Freuden, die die Prediger zwischen zwei Pestschüben immer heftiger anprangern, hatten Auswirkungen auf die Sitten. Die Sexualität trat aus dem intimen Bereich der Privatsphäre heraus, um in der typischen französischen Durchschnittsstadt des 15. Jahrhunderts zu einer öffentlichen Angelegenheit zu werden.

Die prostibula publica

In seiner Untersuchung über Prostitution und Sexualität in den französischen Städten des 15. Jahrhunderts führt Jacques Rossiaud die prostibula publica an, die »öffentlichen Dirnenhäuser«, welche es selbst in unbedeutenden Ortschaften gab und die der Gemeinde gehörten oder dem Lehnsherrn unterstellt waren, sofern die Stadt keine eigenen Körperschaften besaß. Als geschützte Bereiche, wo man sich offiziell der Unzucht widmete, waren die öffentlichen Bordelle — diese Bezeichnung kam erst nach 1609 auf —, zu denen man noch die Badehäuser und die Privatbordelle hinzurechnen muß, von der Nachbarschaft geduldet und standen keineswegs am Rand des gesellschaftlichen Lebens. In Dijon beispielsweise gab es 1485 achtzehn solcher Etablissements, von denen dreizehn von durchaus ehrenwerten Witwen oder Handwerkergattinnen geleitet wurden. Bemerkenswert an der Institution des prostibulum — aktenkundig durch die Dijoner Gerichtsprotokolle, die den »reizvollen Inhalt dieser Zimmer«, also die Eintagspärchen, erwähnen — ist der Eindruck einer ruhigen Sexualität, wie sie auch dem erotischen Gehalt einer Sammlung von Ratespielen entspricht, die in der Mitte des 15. Jahrhunderts in Burgund zusammengetragen wurden und die sich anscheinend in nichts von den Verhaltensnormen in der Ehe unterscheiden.

Das Bordell als Garant der Familie

Die Prostituierte bildet kein Hindernis für die Familie oder Ehe, diesen noch ganz jungen »sozialen Triumph«; in literarischen Interpretationen erscheint sie hin und wieder sogar als Retterin in Not geratener Familien. Viele Paare wurden, eine Konsequenz der Seuchenzüge und der höheren Frauensterblichkeit, auch frühzeitig wieder auseinandergerissen, so daß Zweit- und Drittehen sehr häufig waren.

In dem ›Warum die neuen Ehemänner von Kriegsdiensten frei waren‹ betitelten sechsten Kapitel des ›Dritten Buches‹ läßt Rabelais seinen Pantagruel einige Wahrheiten sagen, in denen sich, selbst wenn sie von 1545 stammen, vieles von dem widerspiegelt, was wir aus den Dokumenten über die Probleme der damaligen Zeit wissen. »Soviel ich glaub'«, antwortet Pantagruel, »geschah es wohl, damit sie sich im ersten Jahr nach Herzenslust ihrer Liebe erfreuen, Nachkommen zeugen und Erben hervorbringen. So blieb wenigstens, wenn sie das andere Jahr im Krieg umkamen, ihr Name und ihr Wappen bei ihren Kindern. Auch weil man ganz sicher wissen wollte, ob ihre Frauen unfruchtbar oder fruchtbar sind (denn da sie im reifen Alter freiten, dünkte die Probe von einem Jahr ihnen genug), auf daß diese nach dem Tode ihrer ersten Männer um so besser vermählt würden: Die fruchtbaren gingen zu denen, die Kinder haben wollten, die unfruchtbaren zu jenen, die keine Nachkommen wünschten und die diese Frauen um ihrer Tugend, Klugheit und anderer guter Gaben willen und wegen ihrer Wohlgemutheit und ob ihrer Umsicht in der Führung des Hauswesens ehelichten.«

Bei den komplexen Verhandlungen, die mit einer Eheschließung einhergingen, bildete neben den wirtschaftlichen Verhältnissen und der beruflichen oder ethnischen Herkunft der Frau deren Unschuld ein wesentliches Kriterium der Verbindung, vor allem für den etablierten Mann — der wiederum von den jungen Witwen gesucht war. Dreißig Prozent der Männer Dijons im Alter zwischen Dreißig und Neununddreißig hatten eine acht bis sechzehn Jahre jüngere Frau und bei fünfzehn Prozent der Vierzigjährigen war die Gattin zwanzig bis dreißig Jahre jünger.

Unschuldige Frauen

In dieser Gesellschaft von etablierten Männern, einer zutiefst patriarchalischen Gesellschaft, sieht man häufig Väter und Ehegatten sich den Frauen als die großen Erziehungsverantwortlichen aufdrängen. Die Jugend der Frau und ihre Unerfahrenheit machen sie notwendigerweise von den Kenntnissen ihres Gatten abhängig. Als unumschränktes Familienoberhaupt, dem die Gesetzgebung erlaubt, die Seinen zu züchtigen, formt der Mann seine Gattin im Hinblick auf ihre Aufgaben als Frau und darf ihr »in Anbetracht der Anfälligkeit ihres Körpers und ihres Wesens« nur untergeordnete Verantwortlichkeiten übertragen. In seinem Buch ›I libri della famiglia‹ (›Vom Hauswesen‹) zeigt Leon Battista Alberti, wie der ehrwürdige Giannozzo sich rühmt, aus seiner jungen besseren Hälfte eine mehr als perfekte Hausfrau gemacht zu haben. »Ihre Begabung und ihre Bildung, aber mehr noch meine Unterweisung haben aus meiner Frau eine ausgezeichnete Mutter gemacht.« Doch ein alter Vater wird in seiner unsäglichen Armut, bei aller Liebe, die er für seine Töchter und die Moral hat, nicht zögern, sie alle der Prostitution preiszugeben. Vielleicht in einem jener prostibula publica in Bourg-en-Bresse oder Villefranche-sur-Saône, dem »Mädchenhaus«, das die Ratsherren von Dijon in ein großzügiges und komfortables Gebäude verwandelten.

In einer Zeit ausgeprägter Sinnlichkeit, um die Mitte des 15. Jahrhunderts, macht die städtische Gesellschaft, darauf bedacht, ausuferndes Treiben und jugendliche Aggressionen im Zaum zu halten, aus der öffentlichen Prostitution ein Instrument zur generellen Befriedung; die Chefs der Etablissements sind, wie der Rest der Bürgerschaft, der Meinung, Ordnung werde vor allem durch ein »ordentliches Haus« geschaffen.

In der Gemeinschaft zu leben in Zeiten eines demographischen Fußpunkts, in denen die Getreidepreise einen Tiefstand erreicht haben, das Lohnniveau auf dem Land wie in der Stadt relativ ausgeglichen ist und Konkurrenz um die Arbeitsplätze praktisch nicht existiert; in der Verherrlichung der »Dame Natur« und der »Könige der Liebe« zu leben; in Städten zu leben, deren Menschen an Festtagen rasch aufs Land mit seinen Tieren, Pflanzen, Gerüchen und Geräuschen hinausströmen, das alles ist, etwas überzeichnet dargestellt, der Ausdruck der Renaissance, und jeder war sich dessen bewußt — was in der Geschichte selten vorkommt.

Die Kunst des Sterbens

Dieses von den Poeten gepriesene gefühlsbetonte Empfinden — auch Rabelais macht da keine Ausnahme — wird im Schlafzimmer, in diesem kleinen privaten Kämmerchen, wo man sich ungestört mitteilen kann, mit allen Nuancen einer Sensibilität ausgelebt, die man fast »feminin« nennen könnte und die sich unaufhörlich weiter verfeinert. Denn wenn man miteinander singt und fröhlich ist, so in erster Linie, um persönliches und familiäres, körperliches wie seelisches Leid besser verkraften zu können; zu häufig schlägt das Schicksal zu, noch immer wütet die Pest, den meisten bringt sie den Tod; die Therapie ist durchweg brutal, und während man die Armen ins Hospital schafft, in jene Asyle des Todes, bleiben die Bürger und die Reichen zu Hause.

Im 16. Jahrhundert kommt die Bezeichnung macabre auf, aber bereits im 15. Jahrhundert erscheinen an den Giebelfenstern der Kirchen immer häufiger Darstellungen, die zunächst »danses de mort« (Totentänze), dann »danses de la mort« (Tänze des Todes) und schließlich »danses macabres« (Makabertänze) genannt werden. Tänze, die nicht nur die Plötzlichkeit des Hinscheidens evozieren, sondern auch daran gemahnen, daß vor dem Tod alle gleich sind — derzeit zählt man in Westeuropa zweiundfünfzig Repliken solcher Makabertänze; keine geht auf die Zeit vor 1400 zurück. Und auch wenn man dem großen Schnitter in einer Art verzweifelten schwarzen Humors verachtungsvoll die Stirn bietet — im eigenen Haus muß man seine nächsten Angehörigen erkranken, leiden, in Agonie liegen und sterben sehen. Nicht jeder stirbt so freudig und heiter wie die schöne Limeuil, die älteste Tochter der Königin Katharina. Als sie ihren Tod nahen fühlte, so berichtet Brantôme im fünften Teil seiner anekdotischen Memoiren ›Vies de Dames galantes‹, hieß sie ihren Lieblingsmusikanten an ihr Lager kommen und sagte zu ihm: »›Julien, nehme er seine Violine und spiele er mir, so gut er es vermöchte, bis er sehe, daß ich verschieden bin, »La Deffaite des Suisses« (Die Niederlage des Schweizer), denn ich gehe nun hinfort. Und wenn er bei den Worten »tout est perdu« (alles ist verloren) angekommen ist, so spiele er diese vier oder fünf Mal und so kläglich er kann …‹, was jener tat, und sie selbst sang noch dazu, und als er an die Stelle des ›alles ist verloren‹ kam, da sprach sie es zweimal nach und, sich auf die andere Seite ihres Lagers drehend, verschied.«

Die Popularität des aus dem 15. Jahrhundert stammenden deutschen Werks ›Die Kunst des Sterbens‹ macht deutlich, in welchem Ausmaß der Schwarze Tod die Menschen fast ein Jahrhundert nach Ausbruch der ersten Epidemien noch beschäftigt. Ein Holzschnitt, der eines dieser Bücher illustriert, zeugt eindrucksvoll von dieser Angst vor dem Tod, dem nicht jeder so gefaßt ins Auge sah wie eine Tochter der Königin von Frankreich. Diese Illustration zeigt einen in einem schlichten Holzbett mit eckigen Beinen, Kopfkissen, Bettlaken, Federbett liegenden Mann, der, sich voller Grauen aufbäumend, seinen Fuß unter dem schweren Oberbett hervorstreckt, um in einer ohnmächtigen Bewegung den Dämon, der ihn holen kommt, wegzustoßen …

Von sehr intimen Gefühlen

Es war nichts Ungewöhnliches, den Tod bei sich ein- und ausgehen, ihn Säuglinge, Wöchnerinnen, ein Kind, einen jungen Menschen hinwegraffen zu sehen, Todesfälle, die um so erschütternder sind, als sie bei den Epidemien, die über Europa hinwegtobten, mit doppelter Häufigkeit gerade die Jüngsten, die »Unschuldigsten«, betrafen. Und diese Todesfälle sind es, die das Empfindungsvermögen all jener Menschen steigert, welche gleichzeitig die ruhige Abgeschiedenheit und den Frieden der Privatsphäre zu schätzen lernen. Als bevorzugter — und manchmal einziger — Ort, an dem weibliche Gefühle sich artikulieren können, befreit das Schlafzimmer, oder vielmehr das Bett, durch die Gelöstheit des Körpers den Geist. Niemand hat es besser vermocht, diese neue Empfindsamkeit, dieses Gefühl der Leere und des Verlassenseins, den tiefen Wunsch nach einer geläuterten, reinen, fern von aller erdenschweren Wirklichkeit bestehenden Liebe auszudrücken, als Louise Labé in ihren Sonetten:

Sobald im weichen Bette Ruhe mir
Vergönnt ist, die mein Körper preist,
Entschwebt mein traurig-ernster Geist
Und wandert unverzüglich hin zu Dir.

Dann fühle ich in meinen zarten Brüsten
Nach tiefen Seufzern, die mein Herz bewegt,
Das langerstrebte Gute, wie sich's regt,
Als ob die Schluchzer mich zerreißen müßten.

O süßer Schlummer, glücklich mir bescherte Nacht!
Welch innrer Friede liegt in dieser Rast,
Wenn nur ein Traum mich Nacht für Nacht
    forttrüge:
Ist meiner liebesvollen Seele niemals zugedacht
Das wahre große Glück, dann laßt
Ihr wenigstens den armen kleinen Trost der Lüge!

Wollust, Herzensergüsse, Familiengespräche, die Kinder, selbst Hoffnungslosigkeit und Tränen, alles trägt mit zu dieser Sensibilisierung bei, die sich aus der Familie und vor allem aus der Ehe heraus entwickelt und diese zugleich festigt. Der Anstand verbietet indessen, zuviel von seinem Glücksgefühl oder seiner Verzweiflung zu sprechen. Als Anne de Bretagne um elf Uhr nachts in Ambroise vom Tod Karls VIII. erfährt, zieht sie sich allein in ihr Gemach zurück, wo sie vierundzwanzig Stunden in völliger Zurückgezogenheit verweilt. Giovanni di Pagolo Morelli sagt über die dem Tod seines Sohnes Alberto folgende Zeit: »Monate sind vergangen seit seiner Todesstunde, aber ich, wie auch seine Mutter, kann ihn nicht vergessen … Seit mehr als einem Jahr habe ich sein Zimmer aus keinem anderen Grunde denn dem des unsäglichen Schmerzes betreten können.« Zwei Beispiele für die Einstellung, man müsse, im Bemühen um Haltung, sein Leid mit sich selbst ausmachen.

Auf den Gemälden jener Epoche werden die Gesichter bewegter, erhalten Gesten und Ausdruck einen Sinn: Liebende schließen einander in die Arme, Ehegatten treffen sich, Mütter beweinen ihre Kinder, die Jungfrau Maria nicht anders als jede andere Mutter auch. Die geistliche Ikonographie trägt mit wachsender Beherrschung der technischen und psychologischen Mittel ebenfalls zur Verfeinerung dieser sehr persönlichen Gefühle bei. Man betritt sein »Gedankenzimmer«, wie Montaigne, um sich in sich selbst zurückzuziehen. Montaigne hat es sich zum Leitsatz gemacht, daß er alles sagen darf, was er tun darf; Gedanken, die er nicht öffentlich aussprechen kann, sind ihm zuwider. Und er gesteht: »Das Schlafen hat schon immer einen großen Teil meines Lebens eingenommen, und auch jetzt in meinem Alter schlafe ich acht bis neun Stunden durch … Ich komme nur mühsam in Gang und bin bei allem, was ich tue, spät dran: beim Aufstehen, Zu-Bett-Gehen und bei meinen Mahlzeiten; erst um sieben beginnt für mich der Morgen; ich esse erst um elf Uhr zu Mittag und nie vor sechs Uhr zur Nacht. Früher habe ich das Fieber und die Krankheiten, die mich plagten, der Benommenheit und der Schläfrigkeit zugeschrieben, die mein langer Schlaf mir beschert hatte, und ich habe es stets bereut, morgens immer wieder einzuschlafen … Ich schlafe gern hart und allein, ja, ohne Frau, auf königliche Art, recht gut zugedeckt. Nie wird mir mein Bett mit der Wärmflasche vorgewärmt, aber seit ich mich im fortgeschrittenen Alter befinde, gibt man mir, wenn ich diese benötige, Tücher, um mir die Füße und den Leib zu wärmen« (Essais, III, 13).

Montaigne gibt aber nicht nur Privates von seiner Lagerstatt preis, vielmehr nimmt er zu einigen Punkten auch philosophisch Stellung, was uns erlauben wird, die Schlafzimmerdebatten auf eine höhere Stufe zu stellen …

Der Disput über Wert und Unwert der Frau

»Die Frauen haben gar nicht unrecht, wenn sie die in der Welt geltenden Sittengesetze ablehnen, zumal es die Männer sind, die diese Regeln ohne ihr Zutun erstellt haben«, versichert der Autor der ›Essais‹ (III, 5). Nun ist die Auseinandersetzung über Wert und Unwert der Frau eingeleitet, ein von 1542 bis 1550 während Disput, an dem sich die Geister scheiden sollten. Nach den Kriegen mit Italien befindet sich eine weniger grobschlächtige, eine galantere, kunstsinnigere, höflichere Gesellschaft mit feinen Manieren, eine für körperliche Schönheit empfängliche und daher auch gefühlsmäßigen Verwirrungen und einer fast legitimen Leidenschaft zugängliche Gesellschaft in Aufbruchstimmung. Das Frankreich der Schriftsteller begeistert — und entzweit sich, da man im Streit miteinander liegt. Zwei konträre traditionelle Strömungen, die in diesem Land nie aufgehört haben, nebeneinander zu bestehen und sich weiterzuentwickeln, stehen sich gegenüber: die »gallische Tradition« satirischer, gelegentlich sogar verunglimpfender Art, und die »idealistische Tradition«, die zur Verherrlichung des weiblichen Geschlechts und zur Lobpreisung der Liebesgefühle neigt. Die erste Gruppe hat, wie Abel Lefranc bemerkt, im Laufe von Jahrhunderten weder ihre Taktik noch die Ziele ihrer systematischen Kritik sehr geändert, die zweite Gruppe hingegen hat sich im Laufe der verschiedenen Epochen gewandelt und von der Renaissance an eine tiefgreifende Wandlung erfahren, indem sie gewissermaßen »alle mystischen, höfischen, gefühlsmäßigen und philosophischen Strömungen miteinander verschmelzen läßt und mit der Einbringung von Gedankengut der Antike kraftvoller wird durch unendlich kostbare Elemente, welche ihr eine Größe und Erhabenheit verliehen, wie sie sie bis dahin nie gekannt hatte«. Dieser idealistischen Bewegung der Verteidiger des schönen Geschlechts — Clément Marot, Mellin de Saint-Gelais, Margarete von Navarra, Louise Labé — setzen die weniger bekannten, aber populären Feinde des schwachen Geschlechts ihre Beschimpfungen und Beleidigungen ob dieser »fürchterlichen Gefahr« entgegen, so Martin Le Franc, Autor des ›Champion des dames‹, oder Gratien Dupont, Gratian genannt, mit seinen ›Controverses des sexes masculin et féminin‹.

Wirklich entbrennen sollte dieser Disput aber erst mit dem Erscheinen des Werkes ›La Parfaicte Amye‹ (Die vollkommene Freundin) von Antoine Héroët, genannt La Maisonneuve. In diesem epischen Lehrgedicht analysiert eine Geliebte, wie und warum sie liebt und geliebt hat, und berichtet von den metaphysischen Komplikationen ihrer Geschichte. Von 1542 bis 1568 erscheinen mindestens siebzehn Neuauflagen, ein zu jener Zeit noch nie dagewesener Erfolg. Héroët nahm im literarischen Zirkel Margaretes von Navarra eine bevorzugte Stellung ein, neben Mellin des Saint-Gelais und Claude Chappuys, mit dem er in enger Verbindung stand, und auch neben den Förderern der französischen Platon-Schule: Bonaventure des Périers, Pierre du Val, Jean de La Haye und Charles de Sainte-Marthe. »Dieses kleine Werk, das in seiner Kleinheit die großen Werke vieler« übertraf, bot eine regelrechte Kodifizierung geistiger Liebe, die damals »redliche Freundschaft« genannt wurde. Wie eine Bombe, so würde man heute sagen, schlug dieses Werk in die Geistesgeschichte ein. Eine seiner bedeutsamsten Konsequenzen war, daß es die Frauenfeinde für eine ziemlich lange Zeit verstummen ließ.

Unordentliche Ehen

Und »damit ist die Zeit gekommen, da die stolzen Gesetze der Männer die Frauen nicht länger daran hindern, sich den Wissenschaften und Studien zu widmen«, wie Louise Labé, La Belle Cordière (die Schöne Seilerin), in einem Brief vom 24. Juli 1555 schrieb. Aufschlußreicher Indikator dieser Veränderung oder vielmehr dieser für die Zeitgenossen kaum wahrnehmbaren Verschiebung zugunsten der Frau und zum leichten Nachteil des Mannes ist die Art der Eheschließung: Der Altersunterschied wird geringer, und es kommt häufiger zu »unordentlichen Ehen«, Verbindungen, die gegen den Willen der Eltern und vor allem ohne den Rat der Brüder oder der Mutter eingegangen werden. In den mittleren sozialen Schichten Lyons scheint die Vorstellung, daß eine Frau ihren Gatten frei wählt, zwischen 1520 und 1530 offenbar nicht ungewöhnlich gewesen zu sein. Weniger zu Hause isoliert als früher, trifft man sich in der Geselligkeit fröhlicher Feste und selbst bei kirchlichen Veranstaltungen, die von ihrem moralischen Anspruch her aber meist mehr Wert auf getrennte Freuden denn auf erkauftes Vergnügen mit den fillettes (»leichten Mädchen«) legten. Kurzum, fünfzig Jahre zuvor noch undenkbar, konnte jetzt eine solche »unordentliche Ehe« – ein unerhörtes Betragen, welches dem öffentlichen Wohl höchst abträglich ist – zwar noch eine väterliche Sanktion nach sich ziehen – weil nämlich die Mitgift um die Hälfte gekürzt wurde –, nicht jedoch, und das war ein Novum, die Enterbung der Tochter. Diese Entwicklung war um so skandalöser, als, wie Jacques Rossiaud unterstreicht, die Reformbewegungen der katholischen Kirche wie auch die

protestantischen Propagandisten den Festen und Veranstaltungen der jungen Leute mit Argwohn begegneten,
da für sie der einzig richtige Hort zur Jugenderziehung
noch immer die Familie war.

Neue Schamhaftigkeit

Die Kirche, die Reformierten, die Behörden, bestimmte
Frauengruppen nicht zu vergessen, sie alle beklagten,
und aus ganz verschiedenen Gründen, den Verfall der Sitten. Die Freimütigkeit eines Rabelais oder eines Montaigne wird zwar erst nach mehr als einem Jahrhundert
ganz aus der französischen Sprache verschwunden sein —
ein Beweis für die Langsamkeit der Entwicklung —, aber
sie wurde jetzt zur Zielscheibe jener neuen Wellen der
Prüderie, deren mächtigste mit Erasmus von Rotterdam
aus dem Ausland kam. Schon in der 1530 veröffentlichten Schrift ›De civilitate morum puerilicum‹ fordert der
Philosoph vor allem, zunächst die Kinder in einer ge-
pflegten Sprache zu unterweisen, bevor man sich die
Erwachsenen vornimmt. »Die Benennung von Dingen,
die den Blick besudeln, besudeln auch den Mund.« — »Ist
es wirklich unumgänglich, irgendwelche Schamteile zu
benennen, so geschehe dies in einer züchtigen Periphra-
se.« — »Sie schicken ihr Bewußtsein ins Bordell und wahren die Contenance«, lästert Montaigne über die, welche
Worte mehr als Taten fürchten, und er fragt sich, was
wohl »das Werk der Zeugung, jene so natürliche, so notwendige, so berechtigte Handlung den Menschen angetan hat, daß sie nicht ohne Scham davon zu sprechen wagen und es aus den ernsthaften und ehrbaren Gesprächen
verbannen. Wir sprechen dreist die Worte ›töten‹, ›stehlen‹, ›verraten‹ aus, und jenes sollen wir nur zwischen
den Zähnen zu murmeln wagen?« Was nichts daran ändert, daß Montaigne in seiner modernen Auffassung von
der verführerischen Frau meint, daß ein »nackter Körper

die sexuelle Glut abkühlt« und daß sie, wenn sie verführen wolle, mehr verhüllen als zeigen müsse. Was die einst als unerläßlich für die Empfängnis angesehene Lust der Frau anbelangt, so »stößt sie ab und widert an« und »verhindert«, meint Montaigne, »die Empfängnis«.

Mit der bahnbrechenden Erfindung des Buchdrucks, welcher die Verbreitung allen Schriftguts ermöglichte, konnte sich im 16. Jahrhundert auch obszöne Literatur entwickeln, das Gegenteil der angestrebten Prüderie. — Mindestens fünfundsiebzig Prozent der zwischen 1445 und 1520 erschienenen Druckerzeugnisse sind allerdings religiöse Werke: sechstausendsechshundert Exemplare der Bibel in deutscher Sprache und dreizehntausendfünfhundert in weiteren Sprachen im Jahr 1520; mehr als einhundertzwanzigtausend Psalmen und einhunderttausend Bände des Neuen Testaments.

Brantôme beschreibt mehr als einmal Liebesstellungen, und auch Pietro Aretino porträtiert die hohen Damen des Hofes in den gewagtesten Positionen — er hatte etwa den gleichen Ruf wie de Sade im 19. Jahrhundert. Allerdings setzt die Druckkunst auch ein ganzes Arsenal von Repressionen in Gang: Mit der Bulle Alexanders VI. Borgia, welche die Drucker zwingt, jedes Buch vor der Drucklegung dem Erzbischof zur Genehmigung vorzulegen, beginnen im Jahr 1501 Zensur, Index und Bücherverbrennungen. Die nunmehr aus der Konversation verbannten obszönen Wörter werden durch Umschreibungen ersetzt, denn man will »Anstößiges« vermeiden; und hier nun setzt eine wahre Sprachrevolution zum betont überfeinerten Stil hin ein. Die Verfolgung des »Verbreitens unzüchtigen Gedankenguts« und der Ketzerei im weitesten Sinne sollte zu einer radikalen Änderung der Gesellschaft führen.

5. Rund um das Schlafzimmer

> Ein Bett sieht uns geboren werden und
> sieht uns sterben. Es ist die wechselvolle
> Bühne, auf der das Menschengeschlecht
> bald sehenswerte Schauspiele, bald
> lächerliche Possen, bald grauenvolle
> Trauerspiele aufführt. Es ist eine blumen-
> bekränzte Wiege, es ist der Thron der Liebe;
> es ist ein Grab.
>
> Xavier de Maistre:
> Voyage autour de ma chambre

Die höfische Gesellschaft

Als letzte große nichtbürgerliche Formation des Abendlands repräsentiert die höfische Gesellschaft mit ihrem
Räderwerk — sie hat uns, das sollte man nicht vergessen,
bis zum heutigen Tag geprägt — eine bedeutende Phase
der Stabilität, aus der heraus die Entwicklung unserer
Mentalität und auch unseres Schlafzimmers erst verständlich wird.

Als riesige »Haushaltung« der französischen Könige ist
»der Hof« des Ancien régime, so wie Max Weber ihn definiert, ein hochdifferenzierter Abkömmling einer patriarchalischen Herrschaftsform, deren »Keim in der Autorität eines Hausherrn innerhalb einer häuslichen Gemeinschaft zu suchen ist«.

Der landsitzähnliche Charakter der hôtels, also der
vom höfischen Adel bewohnten Gebäude, ist symptoma-
tisch. Zwar sind die höfischen Menschen Stadtbewohner,
da sie ein städtisches Leben führen, gleichwohl ist ihre
Bindung an die Stadt weit weniger fest als die der berufs-
tätigen Bürger. Die meisten der Höflinge besitzen noch
einen oder mehrere Landsitze, von dem sie ihre Namen
sowie einen Großteil ihrer Einkünfte haben und wohin
sie sich gelegentlich zurückziehen. Mit dem städtischen
Gefüge sind sie nur als »Luxuskonsumenten« verfloch-

ten, nur weil ihnen an einem Heer von Domestiken gelegen war, und sie alle Funktionen in einem einzigen Komplex vereint sehen wollten; in Wirklichkeit gehörten sie dem Hof an, jenem unerschütterlichen und für ihr Überleben unerläßlichen Gefüge.

Die Strategie des »Antichambre«

Dienstbotenbereich und Gesindewohnungen waren streng von den herrschaftlichen Wohn- und Gesellschaftsräumen getrennt. Die Schlafzimmer des Herrn und der Dame des Hauses wie auch das Paradeschlafzimmer und der »Gesellschaftsraum« waren nur über antichambres (1529 entstanden aus der lateinischen Vorsilbe »ante«, vor, und »camera«, also wörtlich »vor der Kammer«) zu erreichen. In diesen Vorzimmern, einem architektonischen Symbol der »guten Gesellschaft«, warteten die Lakaien; zugleich sind sie ein wichtiges strategisches Detail im Kampf gegen die Zugluft, den Feind Nummer eins, wie wir gleich sehen werden. »Das erste Vorzimmer ist praktisch immer für die Dienerschaft bestimmt«, heißt es in einem Artikel der ›Encyclopédie‹. »Daher findet man hier relativ selten Kamine. Man begnügt sich mit Öfen, die man vor der Tür aufstellt, um alle Teile des Appartements vor der kalten Zugluft zu schützen, welche das ständige Öffnen der zum Eingang in die Räume der Herrschaft bestimmten Türen mit sich bringt.«

Während in den hôtels vor den Türen der Herrschaft die Bediensteten auf eine Anweisung oder einen Befehl warteten, sind es am Hof diese Herrschaften selbst, die »antichambrieren« und auf einen Wink ihres Herrn, des Königs, warten. Die Residenzen des Adels sind durchweg nach einander ziemlich ähnlichen Plänen gebaut und erhellen gut die intimen Sitten jener Epoche. Um den Mittelbau gruppiert, welcher Salons und Empfangsräume beherbergt, liegen spiegelbildlich die beiden

Hauptflügel, in welchen sich die appartements privés befinden. Diese Privatgemächer sind praktisch identisch; die Schlafgemächer des Herrn und der Dame des Hauses liegen einander genau gegenüber, getrennt aber durch die gesamte Breite des Hofes, den sie von ihren Räumlichkeiten aus überschauen und überwachen können.

Das »Haus« kommt vor der Familie

Im Hochadel des Ancien régime zählt vor allem, anders als im Bürgertum, nicht die Formierung und der Begriff der Familie, sondern der Begriff des »Hauses«. Wie das »Haus Frankreich« die dynastische Einheit über Generationen hinweg charakterisiert, so muß auch jeder Grandseigneur auf sein »Haus« bedacht sein, welches er durch die Eheschließung begründet und welches er erhält, indem er ihm Prestige und Beziehungen zuführt, die seinem Rang entsprechen, dessen Repräsentant er, zusammen mit seiner Gattin, ist. Der Grundriß herrschaftlicher Gemächer respektiert in erster Linie das »Haus«: Die jeweiligen Räume der Eheleute umfassen ein Schlafgemach, ein Kabinett, in dem man nach der Toilette Besuche empfangen kann, ein Antichambre sowie einen Ankleideraum; diese absolute Trennung bedingt eine ganz spezielle Form der Ehe.

So berichtet der Herzog von Lauzun von einem Gespräch zwischen einem neuen Diener und der Kammerzofe von Madame: »Wie lebt sie mit ihrem Mann?« fragt er. »Zur Zeit sehr gut«, antwortet sie. »Sie hat viele Freunde, ihr Mann und sie besuchen nicht dieselben Gesellschaften, sie sehen sich nur selten, aber sie leben anständig zusammen.« Diese Unterhaltung läßt deutlich erkennen, daß es der höfischen Gesellschaft in erster Linie darum geht, das »Haus« nach außen zu repräsentieren. Ansonsten sind, nach Norbert Elias, die Ehegatten frei, sich zu lieben oder nicht, einander die Treue zu halten oder nicht und ihre Beziehungen auf ein Mindestmaß zu beschränken, das mit ihrer Verpflichtung zu gemeinsamer Repräsentation eben noch vereinbar ist. Die Anordnung herrschaftlicher Privatappartements ist also keineswegs ungewöhnlich; wo Probleme im Zusammenleben bestehen, kann dies eine Lösung bedeuten; umgekehrt hindert sie in nichts ein harmonisches Zusammenleben des Ehepaares, wenn ein solches gewünscht ist; in keinem der beiden Fälle jedoch ist es Ausdruck einer familiären Wohnform oder eines bürgerlichen Moralverständnisses.

Paradeschlafzimmer

Der häusliche Bereich des Hochadels ist im Vergleich zum Umfang der Gesellschaftsräume eher klein. Im »Paradeschlafzimmer«, das Besuchen von gleich- oder höhergestellten Persönlichkeiten vorbehalten bleibt, werden paradoxerweise häufiger die intimen Beziehungen der Dame des Hauses gepflegt als die ihres Ehegatten, welcher bei Hof die Rolle spielt, die andere bei ihm zu Hause spielen.

Wie das in Nancy ausgestellte Bett des Herzogs Antoine zeigt, konnte das Renaissancebett ein wahres Meisterwerk der Holzschnitzkunst sein, doch in den folgenden Epochen verliert Holz als Verarbeitungsmaterial an Bedeutung. Das Inventar des Gabrielle d'Estrées führt noch »gedrechselte Säulen« an, von denen in späteren Zeiten keine Rede mehr ist, da die Säulen unsichtbar werden: Betten aus Schnitzwerk sind nicht länger modern. Dieser Art von Kunst gegenüber weniger empfänglich, legt man in erster Linie Wert auf ein Möbelstück, welches am ehesten Luxus und Seltenheit des Materials verkörpert, und so wurden in jener Epoche die Betten mit ziselierten Säulen, die sorgfältig ausgearbeiteten und ineinandergefügten Zierrahmen der Kopfwand eines Ducerceau oder eines Sambin aufgegeben. All dies wird ersetzt durch goldbetreßte Querbehänge aus Velours und durch den Betthimmel überragende Federbüsche. Die Ruhelager der Zeit Ludwigs XIV. sind letztlich weniger schwülstig und überladen als die vorangegangener Epochen.

Das im Museum von Cluny ausgestellte Bett des Marschalls Effiat (etwa 1630) schmückt ziselierter Samt mit Bandstickereibesatz. Solche Stoffdekorationen sind in Anbetracht der Vielfalt der dabei eingesetzten Materialien außerordentlich kompliziert: »Samt, Satin, Silberstoffe, Brokat, Damast in allen Farben, schwarz (für Trauerfälle), grau, blau, violett, weiß, das ganze mit Posamentenstickereien verziert.« Das auf den Stichen Abraham Bosses dargestellte Bett zeigt, wenn die Vorhänge heruntergelassen sind, die Silhouette eines Stoffwürfels, dessen vier obere Ecken von recht schlichten Kugeln oder Federbüschen gekrönt werden. Sind die Vorhänge hochgezogen, so ist nicht viel zu sehen vom eigentlichen Bett, das sich unter seinem Fußkranz verbirgt, und auch nichts von den durch Querbehänge oder Pfostenüberzüge verdeckten Bettpfosten. Desgleichen verschwindet der Baldachin (ein ursprünglich arabisches Wort, das »Stoff aus Bagdadseide« bedeutet), welcher dieselbe Größe wie das Bett hat, unter den Querbehängen.

Zu einer der wenigen über Shakespeares Privatleben bekannten Begebenheiten gehört, daß er seiner Witwe das »zweitbeste seiner Betten« vermachte. Als Symbol des gesellschaftlichen Erfolgs war das Pfostenbett so etwas wie ein vorweggenommenes Mausoleum, und wenn Macbeth vom Schlaf sagt, er sei der Tod eines jeden Lebenstages, so drückt er damit nur die Neigung des elisabethanischen Menschen aus, sich in der hintersten Ecke seines Bettes zu vergraben und dort auszuruhen.

Als Prunkmöbel par excellence ist das Bett in der Zeit Ludwigs XIV. durch das fast völlige Verschwinden des Holzes gekennzeichnet; es bringt eher die Kunst des Dekorateurs als die des Tischlers zur Geltung. Die vier

Stützpfosten des Bettes tragen einen flachen oder, wenn es sich um ein Bett à l'impériale handelt, einen kuppelförmigen Betthimmel, der beim Bett à la duchesse oder à pavillon ohne stützende kleine Ecksäulen auskommt und an der Decke aufgehängt ist, während er sich beim unter Mazarin aufgekommenen lit d'ange kürzer und freitragend präsentiert. Alle diese Betten sind mit Federbüschen, Vasen oder Stoffquasten gekrönt; ihre Vorhänge hat man anmutig hochgerafft, und das auf das restliche Mobiliar des Schlafgemachs abgestimmte Bettzubehör zeugt von einem Luxus, der zu Rang, Vermögen und Extravaganz seines Besitzers in unmittelbarer Beziehung steht. Diesen verschiedenen Bettypen kann man noch die Betten türkischer oder römischer Art und die Typen à la dauphine, en pente und en tombeau hinzufügen sowie die, deren Bezeichnungen sich von den Motiven der sie schmückenden Behänge herleiten: Satyr-Bett, Bett der Entführung der Helena, Bett der Geschichte der Proserpina und sogar Bett des fragilen Hirsches, als humoristische Variante zum agilen Hirsch; all diese Typen gibt es bis in das erste Viertel des 18. Jahrhunderts hinein. Sie werden durch die relativ schlichten Betten à la duchesse und d'ange verdrängt, nachdem das Paradeschlafzimmer als Empfangsraum endgültig ausgedient hat und ihm damit sein vornehmster Daseinszweck genommen ist.

Bettdelikte

In ihrem »Paradebett« sitzend, nimmt die Dame des Hauses die offiziellen Besuche entgegen. Als wahres Heiligtum klassischer Korrektheit thront das Bett, mit dem Kopfende an der Wand, mitten im Raum. Gelegentlich auf einem Podest stehend und durch eine Balustrade oder eine spanische Wand geschützt, die den Gang zwischen Bett und Wand abgrenzt, in welchem sich Schemel und Klappsitze für die Besucher befinden, lädt das Bett die

»Gangsteher« auch zum Sitzen, Langlegen, manchmal sogar zum sich Räkeln ein. In seinen ›Historiettes‹ (Histörchen) berichtet Gédéon Tallemant des Réaux, daß der Abbé de Romilly mit Madame de Gondran dermaßen vertraut war, daß er sich vor aller Augen auf ihr Bett warf und seine Hand unter die Decke gleiten ließ (viertes Kapitel). Er beschrieb auch, wie Spötter, die sich zu große Freiheiten herausnahmen, Gefahr liefen, von vier jungen esveillez (Wächtern), die sich der Steppdecke bemächtigten, kopfüber an die Luft gesetzt zu werden.

In seinem ›Nouveau Traité de la civilité qui se pratique en France parmi les honnestes gens‹ (1672) erläutert Antoine de Courtin die »für das Prunkgemach, wo das Bett geschlossen ist« geltenden Gebote der Schicklichkeit: Bei der Königin ist es untersagt, sich auf die Balustrade zu setzen; bei anderen »zeugt es von sehr großer Unschicklichkeit, sich auf das Bett zu setzen, vor allem, wenn es das Bett einer Frau ist, wie es überhaupt durchweg unpassend ist und die plumpe Vertraulichkeit einfacher Menschen erkennen läßt, sich in Gesellschaft von Personen, mit denen man nicht völlig vertraut ist oder die höhergestellt sind als man selbst, auf ein Bett fallen zu lassen und Konversation zu treiben«.

Die Gewohnheit, Besuche im Bett liegend zu empfangen, ist so verbreitet, daß sich am Tag nach der Hochzeitsnacht, »wegen des gebotenen Anstands« – und aus Neugier – ein ganzes Aufgebot von Freunden um das Bett versammelt, um zu hören, wie es denn wohl zugegangen sei bei der »Prüfung«. Ein weiteres Beispiel für diese Gewohnheit berichtet Saint-Simon: Madame du Maine ließ während ihrer Schwangerschaft in ihrem Schlafgemach Maskenbälle veranstalten, die sie vom Bett aus dirigierte, so daß man schon fürchtete, sagt der Herzog, daß sie von einem Kind mit einer Karnevalsmaske entbunden würde.

Von derlei Bettanekdoten wimmelt es nur so in der Geschichte Frankreichs; jene, in der Heinrich IV. und der zukünftige Ludwig XIII. »unbekleidet im Bett lagen und der König den letzteren unentwegt kitzelte, indem er ihm die Füße an die Brust und an den Hals streckte«, ist bekannt. Weniger verbreitet ist vielleicht die schöne Bettgeschichte von Ludwig XIII., inzwischen als der »keusche König« bekannt, und Richelieu, von der Ernest Lavisse im sechsten Band seiner ›Histoire de France illustrée‹ berichtet: »In seiner Jugend war der König an dem, was man ›hartnäckige leichte Verstopfung‹ nannte, und später dann durch den Mißbrauch von Medikamenten erkrankt, welche, wie er sagte, dazu bestimmt waren, ihm ›die Bude zu reinigen‹. Fünfzig Aderlässe, mehr als zweihundert ›Arzneien‹ und ebenso viele ihm verordnete Klistiere waren ihm gar nicht recht bekommen …

Im Jahre 1630 wäre er in Lyon beinahe an einem inneren Abszeß gestorben, der sich glücklicherweise von selbst öffnete; im Dezember 1641 litt er an einer Rippenfellentzündung, die, abgesehen davon, daß sie ihn am Schlucken und am Schlafen hinderte, ihm so schreckliche Schmerzen bereitete, daß er schließlich die Erschütterungen der Karosse nicht mehr ertragen konnte. Als er sich anläßlich der Saint-Mars-Affäre (13. Juni 1642) von Narbonne aus auf dem Rückweg nach Fontainebleau befand, kam er so dicht an Tarascon vorbei, daß er nicht umhin konnte, dem Kardinal einen Besuch abzustatten, und so ließ er sich dort hinfahren. Man stellte sein Bett neben dem Richelieus auf, der dem Tod nahe und dessen Leib von Geschwüren zerfressen war und der sich stets auf einem mit violettem Tuch ausgeschlagenen Bett transportieren ließ, welches nur dann in die Häuser gelangte, wenn man zuvor Fenster und Türen aus den Wänden gebrochen hatte! Der Kardinal und Ludwig XIII. waren sich schon seit einigen Monaten nicht mehr begegnet; der erste hatte tausend Ängste ausgestanden, weil er befürchtete, in Ungnade gefallen zu sein, der zweite war ob seiner schwachen Haltung einem Verräter gegenüber in Verlegenheit. Beider Rührung war so stark, daß ein jeder in seinem Bett, den Kopf von Kissen gestützt, bittere Tränen weinte, und der Minister sprach nur unentwegt von seiner Dankbarkeit angesichts der Güte des Königs, welcher allen Verleumdungen widerstanden habe. Richelieu starb am 4. Dezember 1642 in Paris, sein König überlebte ihn nur um sieben Monate, am 14. Mai 1643 hauchte er sein Leben aus.«

Weniger pathetisch, für die angehende Epoche hingegen sehr aufschlußreich, ist die Episode vom geteilten Lager »in Corbeil, wo der König wollte, daß Monsieur (Titel des ältesten Bruders der französischen Könige) mit in seinem Gemach schlafe, das so klein war, daß nur eine Person hindurchgehen konnte. Als sie am nächsten Morgen erwachten, spuckte der König, ohne an seinen Schlafgefährten zu denken, auf das Bett von Monsieur, welcher sogleich, nun aber absichtlich, auf das Bett des Königs spuckte, der, etwas verärgert, ihm wiederum auf die Nase spuckte. Monsieur sprang auf das Bett des Königs und pißte hinein, der König tat ein Gleiches auf das Bett von Monsieur, und da sie dann nichts mehr zum Spucken oder Pissen hatten, fingen sie an, sich die Bettlaken wegzuziehen, und wenig darauf wurden sie handgemein.«

Diese von Pierre de La Porte, dem Kammerdiener des Königs, überlieferte Anekdote bedeutet in Wirklichkeit nichts Außergewöhnliches; die Großen, die trotz allem ein ziemlich rüdes Gebaren an sich hatten, mischten Artigkeiten mit Roheit, pflegten überall hinzuspucken, indessen einander auf höchst distinguierte Art zu begrüßen. Dazu muß man wissen, daß der König und Monsieur, wie die Herzogin von Orléans in ihren ›Lettres et Mémoires‹ ausführt, »seit frühester Kindheit so an Schmutz innerhalb der Häuser gewöhnt waren, daß sie sich gar nicht vorstellen konnten, es könnte anders sein; an sich selbst waren sie indessen sehr reinlich.« Die Princesse Palatine gewährt uns auch Einblick in die Alkoven- oder Freiluft-Geheimnisse einer Gesellschaft, die in den

Vorzimmern zu Hause war: »Ich habe die Kammerzofe (der Königinmutter) gesehen, die Beauvais, diese verrufene Kreatur, die den König gelehrt hat, mit Frauen zu schlafen. Das ist eine Kunst, auf die sie sich gut verstand …« Ludwig XIV. liebte, als er jung war, die Frauen, oft aber »trieb er seine Galanterie bis zur Ausschweifung; ihm war jede genehm, wenn es nur eine Frau war, Bäuerinnen, Gärtnermädchen, Zimmermädchen, Damen von Rang; sie mußten nur so tun, als seien sie verliebt in ihn«.

Nachthemd und Nachtmütze

Daß wir Kenntnis haben von der königlichen Wäscheausstattung, verdanken wir Pierre de La Porte, der Mazarin nicht sonderlich geschätzt zu haben scheint. »Es ist üblich, daß man dem König jedes Jahr zwölf Paar Bettücher und zwei Morgenröcke gibt …, nichtsdestoweniger habe ich gesehen, wie er über drei ganze Jahre hinweg nur sechs Paar Bettücher bekam und wie ein Morgenrock aus mit Grauwerk (Pelz vom Bauch grauer Eichhörnchen) gefüttertem grünem Sammet ihm sommers wie winters diente, so daß dieser ihm im letzten Jahr nur noch bis zur halben Höhe des Beines reichte; und was die Bettlaken anbelangt, so waren diese so zerschlissen, daß ich mehrere Male die Beine hindurchgesteckt fand … Es würde endlos, wollte ich all die Kleinkrämerei anführen, die hinsichtlich der Dinge, die seine Hofhaltung betrafen, geübt wurde.«

Die Leibwäsche, von der bei der kritisierten Kleinkrämerei nicht die Rede ist, da der König normal ausgestattet gewesen sein dürfte, kommt im 14. Jahrhundert auf und löst das Wickeltuch ab; ihr Gebrauch verbessert die hygienischen Verhältnisse und führt zur Eindämmung der Lepra. Ist sie verschlissen, so dient sie noch als preiswerter Rohstoff zur Papierherstellung, deren Technik im 13. Jahrhundert über die Gefangenen von Samarkand und die Araber der Kreuzzüge aus China gekommen war. Am Ende des 16. Jahrhunderts erhielt die in Hofkreisen fortan regelmäßig gewechselte Leibwäsche dann einen neuen Stellenwert.

Das wird deutlich am Fall eines jungen Jagdaufsehers des Königs, der zum Zweck einer Unterredung mit Heinrich IV. im August 1606 kurz nach Ollainville gekommen war und sich entschuldigte, nicht über Nacht bleiben zu können, da er »weder Leibwäsche zum Wechseln noch ein Nachthemd mit sich führe«. Auch Montaigne erwähnt diese neue, zur Gewohnheit gewordene Empfindlichkeit: »Ich kann … durchgeschwitzte Sachen nicht anbehalten … Es würde mir ebenso schwerfallen, keine Handschuhe zu tragen wie ohne Hemd zu gehen oder nach dem Essen und früh beim Aufstehen mich nicht zu waschen und keinen Betthimmel und keine Bettvorhänge zu haben und derlei wichtige Dinge mehr.«

Zum Nachthemd gehörte die Nachtmütze, die in fast allen Beschreibungen nicht einmal erwähnt wird, so normal war es seit Jahrhunderten, mit bedecktem Kopf zu schlafen, wie die Gemälde und Stiche des Mittelalters bezeugen, auf denen die Schlafenden Hauben aus gewickelten Stoffstreifen tragen. Erst 1505 findet man in Frankreich Zunftstatuten der Stricker, oder genauer, der Wirker — wobei das französische Wort »bonnetier« für Wirker bereits an die Herstellung der Nachtmütze, bonnet, erinnert. In Troyes, der Stadt, die mit Beginn des Maschinenzeitalters zum Weltzentrum der Wirkwaren werden sollte, wurden diese Nachtmützen zuerst hergestellt, und zwar fast immer aus Wolle. Dort hatte auch die Zunft der seit dem 16. Jahrhundert außerordentlich wohlhabenden Wirker, deren Statuten 1554 überprüft und erweitert wurden, ihren Sitz.

»Das Hemd wechseln«, so Georges Vigarello in seinen Reflexionen über die Körperhygiene seit dem Mittelalter, hieß »sich reinigen«. Und de Bicais bestätigt in seinem 1669 erschienenen Werk über ›La Manière de régler la santé par ce qui nous environne‹, daß »bekannt ist, warum die Leibwäsche den Schweiß von unserem Körper nimmt, denn da diese Ausdünstungen öl- und salzhaltig sind, durchtränken sie diese toten Pflanzen (gemeint ist Leinen) wie der Dung, der aus den gleichen Substanzen besteht«.

Unter Ludwig XIV. wird mit der vom Geschlecht der Valois eingeführten Etikette die Bedeutung der Leibwäsche in der höfischen Gesellschaft unterstrichen, da diese in all ihren Lebensgewohnheiten dem König nachzueifern sucht. »Um acht Uhr wurde der König vom ersten Kammerdiener, der im Gemach des Königs schlief und sich bereits angekleidet hatte, geweckt. Der erste Arzt, der erste Chirurg und, solange sie lebte, seine Amme, traten gleichzeitig ein. Sie gab ihm einen Kuß, die anderen rieben ihn ab und wechselten häufig auch sein Hemd, da er leicht schwitzte«, verrät uns Saint-Simon. So wird das Nachthemd des Königs also schon gewechselt, bevor er sein Taghemd bekommt.

Das Hemd als Kleidungsstück gewann noch an Bedeutung durch die 1545 aus Italien und Flandern gekommenen Besatzwaren sowie durch die Mode der crevés, tiefer Schlitze, die an Ärmeln, Wämsen und den Oberschenkelhosen angebracht waren, um die Feinheit der Leibwäsche zur Geltung zu bringen. Zur gleichen Zeit kamen die aus mehreren Lagen bestehenden plissierten und gestärkten Halskrausen auf, die unter Heinrich III. so groß waren, daß man besonders langstielige Löffel erfinden mußte, damit die eleganten Damen und Herren ihre Süßspeisen gebührend genießen konnten. Unter Heinrich IV. wurden die Halskrausen wieder kleiner, und unter Richelieu durch Manschetten und Kragen ersetzt, die nicht mehr am Hemd festgenäht waren. Aber die Epoche großer Kreationen, jenes Ausdrucks einer mit Eleganz und Reichtum gepaarten Lässigkeit, liegt zwischen den Jahren 1661 und 1680, der Zeit, da Mademoiselle de la Vallière und Madame de Montespan Geliebte des Königs waren.

Das Hemd schaut nicht mehr unter dem Wams hervor, sondern bedeckt es; das »Darunter« zeigt sich über der Oberbekleidung; Vigarello sieht das als symbolisch für eine Epoche, in der »das Weiße die sozialen Unterschiede verstärkt hat, da die Weißwäsche, sich offen zeigend, auch die Gewänder aus Tuch bedeckt. Der Stoff, der — eigentlich — die Haut berühren soll, breitet sich über den anderen Stoffen aus ... Dieser äußerlich sichtbare Teil repräsentiert die intimen Körperbereiche, der Bezug zur Haut ist fast nur noch symbolischer Art.«

Eine etikettierte Jugend

Von der Etikette diktiert, gibt es im Leben des Königs keine andere Intimität als die, welche er mit den Großen seines Hauses teilt und glücklicherweise mit einigen Männern wie dem Diener und Edelmann Dubois, dessen naive Denkweise gezierte Umschreibungen verhindert und uns Zeugnis gibt, wie 1651 ein Tag im Leben des dreizehnjährigen Königs unter Mazarin aussah: »Sobald er erwachte, sprach er das Offizium des Heiligen Geistes und betete den Rosenkranz; war dies getan, so trat sein Erzieher ein und unterwies ihn ... in der Heiligen Schrift oder in der Geschichte Frankreichs ... Hatte er sein Bett verlassen, setzte er sich auf den Nachtstuhl ..., wusch sich die Hände, den Mund und das Gesicht, dann betete er im Bettgang mit seinen Hausgeistlichen, ein jeder auf den Knien, zu Gott. Dann begab er sich in einen großen Saal, in dem er seine Leibesübungen machte: Er verstand sich mit einer bewundernswerten Geschicklichkeit aufs Voltigieren; er ließ sein Pferd so hoch es eben ging bringen und schwang sich dann darauf wie ein Vogel, und es gab, wenn er sich in den Sattel gleiten ließ, nur eben ein Geräusch, als habe man dort ein Kissen hingelegt. Danach übte er sich im Fechten und mit der Pike. Anschließend ging er zum Herrn Kardinal Mazarin hinauf, der über seinem Gemach logierte …, wohin er jeden Tag einen Staatssekretär zum Rapport bat und wo der König sich etwa eine oder anderthalb Stunden auch über geheimere Staatsangelegenheiten unterrichten ließ …

Nach der Messe, der er zusammen mit der Königin beiwohnte, geleitete er sie mit viel Respekt und Ehrerbietung in ihre Gemächer zurück. Der König begab sich wieder in sein Gemach und wechselte die Kleider, sei es, um auf die Jagd zu gehen, oder sei es, um im Schloß zu bleiben. Es stand ihm wunderbar zu Gesicht, ausstaffiert zu sein, und er liebte es, sich zu schmücken, er war von einer so wunderbaren Gestalt. Nach der Ratssitzung oder einer Theateraufführung wurde soupiert; anschließend pflegte der König zu tanzen. Dann fanden die kleinen Violinen sich ein, die Töchter der Königin und einige andere noch. Sodann spielte man einige Spiele, beispielsweise das Romanspiel. Da setzt man sich im Kreis zusammen, einer beginnt mit einem Romanthema und spinnt dieses aus, bis er nicht recht weiter weiß, woraufhin der neben ihm Sitzende fortfährt, und so ergibt sich von einem zum anderen gar manches Abenteuer, von denen einige recht drollig sein können. Gegen Mitternacht entbietet der König der Königin einen Gutenachtgruß, begibt sich in sein Schlafgemach, betet zu Gott, entkleidet sich vor allen, die dort zugegen sind, und konversiert auf anmutige Weise mit ihnen. Danach wünscht er gute Nacht und zieht sich in den Alkoven des Gemachs zurück, in dem er schläft. Wenn er diesen betritt, setzt er sich auf seinen Nachtstuhl, wobei ihn seine engsten Vertrauten unterhalten …«

Eine Geschichte des Stuhls

Auf seinem Nachtstuhl sitzend und sich die Hände mit einer Mischung aus Wasser und Weingeist waschend, welches aus einer kostbaren Karaffe auf einen silbernen

Kredenzteller gegossen wird, so wurde der Sonnenkönig hundertfach beschrieben. Dies war eine seiner menschlichsten Handlungen, das Eingeständnis, daß er trotz Versailles und trotz seines Größenwahns weder Gestirn noch Gott ist, weil er sich nicht zurückhalten kann ...

Bei allen besitzenden Klassen setzt sich im 17. Jahrhundert jenes schön gestaltete Möbel durch, welches man »Nachtstuhl« nennt. Mit Samt ausgeschlagen und mit Fransen gesäumt, verbargen diese Kunstwerke der Möbeltischler ein Becken aus Fayence oder Silber; gelegentlich waren sie sogar mit einem Beistelltisch ausgestattet, so daß man lesen oder schreiben konnte. Manche Stühle sind auch nur Schemel, wie man in der Enzyklopädie von Havard sehen kann; es gibt sie in Form von auf einem Sockel gestapelten, großen Büchern, wobei ein klassischer Titel wie ›Reise in die Niederlande‹ sinnigerweise verhindert, daß dieser Stuhl mit einem anderen verwechselt wird. In Versailles gab es offenbar für jedes Gemach einen »Stuhl«, der in einem kleinen Nebengemach, der garde-robe, untergebracht war. Wann dieser getischlerte Stuhl aufkam, ist nicht bekannt, und auch nicht, wie der berühmte, mit Vorhängen abgeschirmte »Stuhl der Zuflucht« Ludwigs XI. aussah. Hingegen ist aus seinen Rechnungsbüchern ersichtlich, daß er Leinwerg bezog, den direkten Vorläufer des Toilettenpapiers, zumindest in den oberen Klassen, wie die zahlreichen Bestellungen der Könige von Frankreich im Mittelalter belegen. Das Amt des chevalier portecoton, des königlichen »Watteträgers«, beschränkte sich darauf, besagte Watte neben dem Stuhl für die »Geschäfte« des Königs zu plazieren. Was die porte-chaises, die »Stuhlträger« anbelangt, so oblag ihnen die Leerung des Beckens — dessen Inhalt, bevor man ihn wegschüttete, häufig von einem Arzt inspiziert wurde — sowie die Aufgabe, den zukünftigen oder noch sehr kleinen Königen den Allerwertesten abzuputzen. Als technische Neuerungen die Funktion des Watteträgers unter Ludwig XVI. praktisch überflüssig machten, wollte auch kein Adliger mehr dieses Amt übernehmen, so daß schließlich zwei Bürgerliche damit betraut wurden.

Der Stuhl erfuhr eine schnelle Weiterentwicklung; unter Ludwig XV. kamen Modelle mit integriertem Deckel und Scharnierschloß auf, die, um sie hermetischer abschließen zu können, ringsum mit Leder beschlagen wurden. Mit der aus einer innen glasierten Tonröhre bestehenden »Abflußleitung« verbunden, wurde das Becken in einem kleinen Kabinett, auch »Rohrkabinett« genannt, neben dem Schlafgemach aufgestellt. Unter Ludwig XVI. war die Entwicklung des »Kabinetts« dann endgültig ausgereift, das Abortmöbel wich Hygieneräumen »nach englischer Art«: Ventil, doppelter Wasserzulauf, einer für die Spülung, der andere als »Säuberungsstrahl«, welcher den Gebrauch von Toilettenpapier überflüssig machte. Und der Nachtstuhl wurde nunmehr allen Bevölkerungsschichten zugänglich, wie aus einem 1785 von Voltaire an seinen Sachverwalter, den Abbé Moussinot, gerichteten Brief hervorgeht. Er bittet diesen, ihm dieses Möbel für das »heimliche Gemach« unverzüglich zu schicken, denn »mein Gesäß ist neidisch ob der Schönheit meiner Möbel und wünscht sich einen Nachtstuhl mit großen Reserveeimern«.

Nachttöpfe und bourdaloues

Ludwig XIV. hatte, wenn er sich auf Reisen befand, einen »Pißpott« aus Silber dabei, Mazarin auch, aber er besaß außerdem noch einen aus Glas …, kurzum, wenn es schnell gehen mußte, verschmähten die hohen Herrschaften weder Zinn noch Kupfer oder Steingut. Mehrmals am Tag benötigt und sich der Etikette entziehend, sind die Nachttöpfe oder bourdaloues für die Damen des 17. Jahrhunderts ein absolut selbstverständliches Utensil.

Folgt man dem ›Larousse‹ des 19. Jahrhunderts, so kam die Bezeichnung »bourdaloue« Ende des 17. oder Anfang des 18. Jahrhunderts auf; so nannte man ein kleines, längliches Nachtgeschirr, dessen Boden ein gemaltes Auge zierte und um das sich manch anzügliche Geschichte rankte. Benannt waren diese Nachttöpfe wahrscheinlich nach dem berühmten Jesuitenprediger Louis Bourdaloue — in offensichtlicher Anspielung auf alle Arten von Intimitäten, die ihm in seiner Eigenschaft als Beichtvater der Hofdamen notwendigerweise zuteil wurden.

Diese Version sei keineswegs sicher, meint hingegen Roger-Henri Guerrand in seiner ›Histoire des commodités‹, da das voyeurhafte Auge mit Sicherheit nur für das 18. Jahrhundert belegt ist. Der laizistische, antiklerikale Lehrer Pierre Larousse, so meint er, habe sich wohl die Parallele zwischen dem Namen eines Geistlichen und dem Objekt, auf dem die Damen sich erleichterten, nicht entgehen lassen wollen. Vielleicht gibt es aber auch eine andere Erklärung für diese Bezeichnung. Es ist bekannt, daß bigotte Frauen, die sich zuhauf in der Jesuitenkirche in der Rue Saint-Antoine einfanden, um Bourdaloue predigen zu hören, sich vorsorglich ein kleines Nachtgeschirr mitbrachten, eine Praxis, die damals gang und gäbe war. Die Frauen, die keine Schlüpfer trugen, konnten dieses Utensil ohne weiteres unter ihren wallenden Kleidern verbergen ... Bei besonderen Anlässen sorgte auch die Gemeinde für die Bereitstellung des Geschirrs, wie zur Einweihung der Statue Ludwigs XV. in Rennes am 10. August 1754, wo für den anschließenden Ball achtundvierzig Nachttöpfe vermietet wurden.

Auch wenn der Nachttopf, aus Porzellan, Metall und später dann aus Plastik, eine bis in die heutige Zeit hineinreichende Karriere hinter sich hat, so darf man nicht vergessen, daß er einst ein wahres Kunstwerk und — in Zeiten, da die königlichen Porzellanmanufakturen diese Geschirre herstellten — ein begehrtes Geschenk war. Madame de Choiseul, Gattin des französischen Außen- und

Kriegsministers, sandte Madame du Deffand ein so erlesenes Stück zum intimen Gebrauch, daß deren Dienstboten ihr empfahlen, es als Suppenterrine zu benutzen. Dem von Binet 1758 verzierten kleinen Reisenachttopf aus der Porzellanmanufaktur Sèvres, ein Geschenk Marie-Antoinettes, das man heute im Blenheim Palace (Oxfordshire/England) bewundern kann, fehlt es ebenfalls nicht an künstlerischer Feinheit. Aber natürlich sind nicht alle Nachttöpfe so hübsch anzusehen, und so werden sie, ab etwa 1720, nicht länger unter das Bett gestellt, sondern in einem für das Schlafzimmer unerläßlich gewordenen Möbel, dem Nachttisch, verborgen.

Es waren die Engländer, wahre Meister in der Kunst des Verbergens, die als erste den Topf aus dem Nachttisch räumten, um ihn in der Wand zu verstecken oder im Gegensatz dazu im 19. Jahrhundert dann wieder in extravaganten Möbeln zur Schau zu stellen. Sie sind es auch, die diese Kunst des piss-pot bis heute weiterbestehen lassen. In Frankreich hingegen, auf dem Land, begnügt man sich mit einem »Brautnachttopf«, dessen obszönes Motiv dem feierlichen Anlaß seiner ersten Verwendung gewidmet ist. Vielleicht ist deshalb der Nachttopf seit dem 18. Jahrhundert das Lieblingsutensil bei Eheszenen geblieben.

Der Wunsch, sich seines »Geschäfts« auf möglichst praktische Weise zu entledigen, war, wie die Bilder und zahlreichen Inventare jener Epoche bezeugen, schon im 14. Jahrhundert und im Mittelalter eigentlich ganz normal. So präzisiert eine Abhandlung aus dem 12. Jahrhundert über die Untersuchung von Urinproben, daß das Uringlas »aus dünnem, hellem Glas« zu sein habe, damit die Farben sich klar unterscheiden ließen. Auch aus dem Altertum berichtet uns die Literatur: vom lasanum, dem in Rom gebräuchlichen Nachttopf, oder von der »scaphium« genannten Urinflasche. Insbesondere bei Martial (11 und 14) sind Modelle erwähnt, deren Materialien vom einfachen Ton, matella fictilis, bis zu in Silber gefaßten

Edelsteinen reichen. Was Griechenland anbetrifft, so verfügen wir durch Aristophanes über entsprechende Beispiele, wie in dem Stück ›Die Wespen‹, wo er Vomikleon sagen läßt: »Und hier ist ein Harntopf, falls du Pipi machen mußt. Wir hängen ihn hier, an diesem Nagel, bei dir auf« (Vers 798-815), und wo er den Nachttopf in Anspielung auf die Wasseruhr amüsiert als »Pinkeluhr« bezeichnet (Vers 851-862). Es gibt sogar die Darstellung eines Babytopfes aus Keramik. Das darauf thronende Kind kann seine Beine durch die eigens dafür vorgesehenen Öffnungen stecken und sich am Rand festhalten. Diese ›Frau mit Kind‹ genannte Abbildung ist auf dem Boden einer weißgrundigen attischen Schüssel aus der Mitte des 5. Jahrhunderts v. Chr. zu sehen, welche in den Musées Royaux d'Art et d'Histoire zu Brüssel ausgestellt ist.

Um aber auf Versailles zurückzukommen, so mußten in Wahrheit, trotz aller Nachtstühle und Nachttöpfe, häufig auch Kamine, Treppen, Vorzimmer und Flure, die teilweise mit Stroh ausgelegt waren, das bei großen Festen entfernt wurde, als Aborte herhalten.

Das Zimmertheater

Daß das Leben des Königs und seines Hofes sich als unentwegte Repräsentation darstellte, wobei noch die intimsten Gesten zur Schau gestellt wurden, war nicht als Ausdruck der Geringschätzung seinen Untertanen gegenüber zu verstehen. Vielmehr liefen Handlungen, wie sie für jeden Sterblichen normal sind und die Ludwig XIV. im Beisein anderer vollzog, nach einem seinem Stand entsprechenden, ganz präzisen Zeremoniell ab.

In Versailles, dem eigentlichen Sitz des Hofes und der höfischen Gesellschaft, lag im ersten Stockwerk in der Mitte des Hauptgebäudes ein Gemach, von dem aus man die gesamte Zufahrt, den Marmorhof, den königlichen Hof und den Vorhof in ihrer ganzen Breite überblicken konnte — in nur einem einzigen Hof hätten unmöglich Würde und Rang des Königs Ausdruck finden können —; hier war das Schlafzimmer des Königs. Als Herr seines »Hauses« fühlte der König sich in einem Maße, das uns heute kaum vorstellbar erscheint, in seinem gesamten Land als »Hausherr über die Seinen« und noch in seinen privatesten Gemächern als Landesherr. Außer den einhundertachtundneunzig persönlichsten Dienstleistungen, welche vom Hochadel und einer ganzen Dienerschar erbracht wurden — insgesamt sieben- bis achttausend Personen im Jahr 1687, zehntausend verzeichnet ein Bericht aus dem Jahr 1744 —, spiegelt nicht zuletzt die Ausgestaltung des königlichen Schlafgemachs diesen Sachverhalt wider

Das Schlafzimmer Ludwigs XIV. ist Schauplatz eines eigentümlichen Rituals, das in seiner Feierlichkeit einer Staatszeremonie in nichts nachstand — ein Paradebeispiel dafür, wie die Funktionen des Königs als Hausherr und als Sonnenkönig miteinander verschmolzen waren. Schon in seiner Jugendzeit wurde es als besonderes Ritual beschrieben, doch gewann das lever des Königs, sein allmorgendliches Aufstehen, im Laufe seiner Regierungszeit und mit zunehmendem Alter eine spezifische Bedeutung, in der seine Regierungsform unmittelbar zum Ausdruck kam. Als unerschöpflicher, unberührbarer »Spuk eines Perpetuum mobile« verdient diese Etikette eine genaue Beschreibung, um dadurch die Lebensweise der Männer und Frauen besser zu verstehen, die sich ihr unterwarfen und die von ihr geprägt waren.

Das lever des Königs

Gewöhnlich um acht Uhr — sonst zu einer anderen, vom König im voraus bestimmten Zeit — wurde Ludwig XIV. morgens von seinem ersten Kammerdiener geweckt, der auf einem baudet, einer schnell zusammenklappbaren

Pritsche, zu Füßen des königlichen Lagers schlief. Dann wurden die Türen für die Kammerpagen geöffnet, von denen einer den Großkämmerer und den ersten Kammerherrn zu benachrichtigen eilte, ein zweiter die Hofküche, während ein dritter sich vor der Tür postierte, um nur die eintreten zu lassen, die das Vorrecht des Eintritts hatten.

Der Eintritt in das Schlafzimmer des Königs unterlag einer strikten Hierarchie. Es gab insgesamt sechs entrées, also sechs Gruppen von Menschen, die nacheinander eintreten durften. Zuerst kam die entrée familière. Zu ihr waren die »Kinder Frankreichs« zugelassen, und zwar zunächst die legitimen Söhne und Enkel des Königs, dann die Prinzen und Prinzessinnen von Geblüt und schließlich der erste Leibarzt, der erste Chirurg, der erste Kammerdiener und der erste Kammerpage.

Die sich daran anschließende grande entrée war den grands officiers de la chambre et de la garde-robe sowie jenen Adligen vorbehalten, denen der König diese Gunst zuerkannt hatte. Ihrem Wortsinn entgegen folgte an dritter Stelle die première entrée, welcher die Vorleser des Königs, der für Vergnügungen und Festlichkeiten zuständige Intendant und einige an jenem Tag speziell zugelassene Begünstigte angehörten.

Es folgte die entrée de la chambre, die alle übrigen officiers de la chambre, den grand-aumônier (den ersten Hausgeistlichen), die Minister und Staatssekretäre, die Staatsräte, die Offiziere der Leibgarde, die Marschälle von Frankreich und so weiter umfaßte.

Die Zulassung zur fünften entrée hing bis zu einem gewissen Grad vom Wohlwollen des ersten Kammerherrn und natürlich des Königs ab. Die sechste entrée, die begehrteste von allen, führte nicht durch die Haupttür, sondern durch eine Hintertür. Als höchste Gunstbezeigung durften die zu dieser Kategorie gehörigen Personen jederzeit die königlichen Kabinette betreten, wenn der König dort nicht gerade Rat hielt oder mit seinen Ministern arbeitete. Dieses Privileg genossen, außer dem »Oberintendanten der Bauwerke«, lediglich die Angehörigen des Königs, seine Söhne also, auch die illegitimen, samt ihren Familien; sie durften sogar in seinen Gemächern verweilen, bis der König zur Messe ging, oder durften bei ihm bleiben, wenn er krank war.

Die beiden ersten Gruppen wurden eingelassen, während der König noch im Bett lag, jedoch schon eine kleine Perücke trug – er zeigte sich niemals ohne Perücke, selbst dann nicht, wenn er im Bett lag. Nachdem er aufgestanden war und der Großkämmerer und der erste Kammerherr ihm seine Robe bereitgelegt hatten, wurde die première entrée gerufen. Sobald er die Schuhe angezogen hatte, befahl der König die officiers de la chambre zu sich, und es wurden die Türen für die folgende Gruppe geöffnet. Der maître de la garde-robe hielt das Nachthemd am rechten Ärmel, der erste Diener der Kleiderkammer am linken, dann reichten sie dem König ein frisches Taghemd und halfen ihm, es überzustreifen. Sodann erhob sich der König von seinem Sessel, der maître de la garde-robe schnürte ihm die Schuhe zu, schnallte ihm den Degen um und zog ihm den Rock über. War der König angekleidet, betete er kurz, während der Hofgeistliche ein Gebet sprach. Inzwischen hatte sich der ganze Hof in der großen Galerie eingefunden, die zur Gartenseite hin das gesamte erste Stockwerk des Hauptteils einnahm.

Das Privileg des Schlafzimmers

Die peinlich genaue Einhaltung dieses Rituals ist Teil einer ganz eigentümlichen Organisationsform, bei der jede Geste, ja jeder Blick, Prestige gewährend oder Ungnade verheißend, das symbolisiert, was man im Rahmen unserer heutigen politischen und sozialen Strukturen als »Machtverteilung« bezeichnen würde. Gewiß, der König mußte sein Nachthemd aus- und sein Taghemd anziehen, aber von der Notwendigkeit einer solchen Verrichtung bis zu der Tatsache, daraus eine symbolträchtige gesellschaftliche Handlung zu machen, besteht ein weiter Spielraum, über den man sich im klaren sein muß, wenn man den Symbolcharakter des Schlafzimmers des Königs und der darum kreisenden höfischen Gesellschaft erfassen will. Der König nutzte seine Gesten und seine intimsten Verrichtungen, um Rangunterschiede zu bezeichnen, um Auszeichnungen und Gunstbeweise zu erteilen, oder auch, um Mißfallen zu bekunden. Am Leben des Königs teilhaben zu dürfen, war ein Privileg, mit dem der König die beteiligten Adligen auszeichnete. Nach dem Reglement durfte der Großkämmerer sein Vorrecht nur einem Prinzen abtreten, denn das königliche Hemd von einem Rangniedrigeren als ihm bereithalten zu lassen, hätte bedeutet, daß man Gefahr lief, den gesamten Hof zu erniedrigen. Die Reihenfolge der Teilnahme an den entrées, überhaupt die Erlaubnis, an diesen teilzunehmen, dienten als Indikator für die Position des einzelnen in der Machtbalance des Hofes, der alle Höflinge unterworfen waren, einer äußerst labilen Machtbalance, die der König nach seinem Gutdünken steuerte. Der unmittelbare Nutzen, Zutritt zum Schlafgemach des Königs zu haben, war völlig zweitrangig im Verhältnis zu seiner schwerwiegenden Bedeutung, zur Geltung, zum Rang und zur Würde, die dieser Zutritt den Beteiligten jeden Morgen aufs neue bestätigte. Der Fetisch des Prestiges war so mächtig, daß niemand am Hof sich diesem Ritus entziehen konnte, wollte er nicht seiner Existenz ein Ende bereiten. Die Etikette war kein bloßer Formalismus, sondern ein für den Adel wichtiger Wettstreit, der es ermöglichte, Privilegien und Einflußmöglichkeiten zu bewahren. Mit Recht weist Norbert Elias darauf hin, daß die Etikette sich in derselben autonomen Weise von selbst fortsetzte, wie ein von seinem Versorgungszweck losgelöstes Wirtschaftssystem.

Jede Veränderung ist tabu

In der höfischen Gesellschaft hatte niemand die Möglichkeit, eine Reform dieser Etikette einzuleiten. Der geringste Versuch, jede noch so geringe Änderung dieser Strukturen hätte unweigerlich das In-Frage-Stellen, die Verringerung oder sogar die Abschaffung von Vorrechten und Privilegien nicht nur einzelner Personen, sondern ganzer Familien und Regionen bedeutet. Eine Art Tabu verbot der herrschenden Schicht dieser Gesellschaft, diese Strukturen in irgendeiner Weise anzutasten, so sehr fürchtete man den Zusammenbruch des ganzen Machtgefüges. Folglich änderte sich, zumindest offiziell, bis zur Zeit Marie-Antoinettes überhaupt nichts.

Es ist daher nicht verwunderlich, daß das tägliche Zeremoniell, besonders den jungen Menschen, lästig und verhaßt wurde, wenngleich man sich ihm nicht entziehen konnte. Gräfin Genlis beschreibt, wie man im späten 18. Jahrhundert »nur widerwillig bei Hofe erschien und sich laut beklagte, wenn man es mußte« — aber man tat es. Die Töchter Ludwigs XV. hatten bei jedem coucher, bei jedem Zubettgehen des Königs, wenn dieser die Stiefel auszog, zugegen zu sein. Schon halb eingeschlafen, warfen sie eilends einen großen, goldbestickten Reifrock über ihre Hausrobe, schlangen die bei Hofe vorgeschriebene lange Schleppe um die Taille, verbargen das übrige unter einem weiten Taftumhang und hasteten dann, um nicht zu spät zu kommen, zum Schlafzimmer des Königs. Mit ihnen eilten Hofdamen, Kammerherren und fackeltragende Lakaien durch die Gänge des Schlosses, wohnten diesem Stiefelausziehen bei und kehrten wie die wilde Jagd nach einer Viertelstunde zurück.

Die letzten levers

Hatte unter Ludwig XIV. die Etikette noch dazu gedient, den Prestigeanteil eines jeden einzelnen zu bestimmen und aus dem psychologischen Gefüge Nutzen zu ziehen, so verlor sie unter Marie-Antoinette an Würde, selbst wenn sie im großen ganzen weiterhin eingehalten wurde. Das lever der Königin, das sich analog dem des Königs vollzog, zeigt aufschlußreich, wie der Adel und die Königin dieses Zeremoniell nur noch widerstrebend akzeptierten.

Madame Campan, die Kammerzofe Marie-Antoinettes, beschreibt das lever der Königin folgendermaßen: »Die Hofdame vom Dienst hatte das Recht, der Königin das Hemd zu reichen. Die Palastdame legte ihr den Unterrock und das Kleid an. Kam jedoch zufällig eine Prinzessin der königlichen Familie hinzu, so stand dieser das Recht zu, der Königin das Hemd zu reichen. Einmal nun, als die Königin von ihren Hofdamen gerade ausgekleidet worden war, überreichte ihre Kammerfrau das Hemd der Hofdame, damit diese es der Königin übergeben könne. In dem Augenblick betrat die Herzogin von Orléans das Schlafgemach. Die Hofdame gab das Hemd an die Kammerfrau zurück, die es gerade an die Herzogin weiterreichen wollte, als die ranghöhere Gräfin von Provence dazukam. Sogleich wanderte das Hemd wieder zur Kammerfrau zurück, die es der Gräfin von Provence reichte. Ihr kam die Ehre zu, es der Königin anzulegen. Diese hatte, während ihr Hemd zwischen den Damen hin- und hergereicht wurde, die ganz Zeit über, nackt wie Gott sie schuf, auf das Ende dieser Zeremonie warten müssen.« Die Person, hier also die Königin, war hinter dem auf ewige Zeiten festgeschriebenen System völlig zurückgetreten.

Das Zimmer der Langeweile

Nach dem Tod Maria Theresias am 30. Juli 1683 ehelicht der fünfundvierzigjährige Ludwig XIV. heimlich Madame de Maintenon, distanziert sich von seinen jugendlichen Ausschweifungen, wird solide und richtet sich auf ein würdiges und gottgefälliges Alter unter der Führung seiner neuen Frau ein. Als legitime, doch nicht legale Königin bezaubert Madame de Maintenon, Enkelin des Agrippa d'Aubigné, Witwe des 1660 verstorbenen Dichters Scarron, durch ihre Schönheit, ihre Vornehmheit und ihren Esprit den nun abgeklärten König. Das Zeugnis, daß sie über ihr beispielhaftes Privat- und Eheleben mit Ludwig XIV. ablegt, vermittelt uns eine Vorstellung von der Last der Etikette, von dem Überdruß und den Unannehmlichkeiten, die diese verursachen konnte. Als konvertierte Hugenottin hat Madame de Maintenon letztlich ihr ganzes Leben in einer illegalen Situation gelebt. Fest steht, daß der alternde König unter ihrem Einfluß am Hof künftig ein ehrenwertes Leben zu führen und zu sehen wünscht. Ludwig XIV. verkündet sogar, er nehme »über alle Maßen Anstoß an den himmelschreienden Lastern, denen die Elite der Hofjugend, sein eigen Fleisch und Blut zu frönen pflege«.

Das Schlafgemach von Madame de Maintenon wird zum wichtigsten Ort des Hofes. Dort empfängt sie den König, die Prinzen, die Minister, Bischöfe, Botschafter und einige wenige sehr enge Freunde. Ihren Tagesablauf empfindet sie, das läßt sich aus folgenden Aufzeichnungen vom Jahr 1705 schließen, im großen und ganzen als sehr hart: »Um sieben Uhr dreißig betreten zunächst die Ärzte ihr Gemach, um zu sehen, wie sie sich fühlt, es folgen etliche, mit wohltätigen Werken befaßte Personen, der Erzbischof von Paris, ein Staatssekretär, ein Armeegeneral und Monsieur du Maine, ihr Lieblingsbastard. Sodann sucht der König, der sich auf dem Weg vom Rat zur Messe befindet, sie auf; sie ist dann noch nicht angekleidet und trägt noch den Kopfputz der Nacht. Wenn er von der Messe kommt, schaut der König noch einmal zu ihr herein und bleibt einen Moment bis zum Frühstück. Nach diesem kehrt er in ihr Gemach zurück, verweilt eine halbe Stunde und bricht dann zur Jagd auf. Die Damen, die ihn zu Madame de Maintenon begleiteten, bleiben nach seinem Aufbruch noch eine ziemliche Weile bei ihr, was diese nicht sonderlich zu schätzen scheint. Wenn er von der Jagd zurückgekehrt ist, betritt der König zum vierten Male ihr Gemach, dieses Mal aber wird die Tür geschlossen, damit außer dem Minister, der kommt, um mit ihm zu arbeiten, niemand eintreten kann. Der König und die Marquise sitzen in Sesseln gegenüber vom Kamin, vor dem Tisch des Königs sind zwei Hocker aufgebaut, der eine für den Minister, der andere für seine Aktenmappe. Wünscht der König, während sie arbeiten, daß Madame de Maintenon als ›Schiedsrichter‹ fungiert, bittet er sie um ihre Meinung, andernfalls liest sie oder arbeitet an einem Wandteppich oder verrichtet einige Nachmittagsgebete.« Sie speist zu Abend, es wird immer später; sie ist müde, sie gähnt, endlich fordert der König sie auf, schlafen zu gehen. Ohne sich um die Anwesenheit der beiden Männer zu kümmern, entkleiden sie zwei Kammerfrauen. Ist der Minister endlich gegangen, setzt der König sich an ihr Bett und plaudert mit ihr. Um viertel vor zehn kommen der Herzog und die Herzogin von Burgund, um schnell gute Nacht zu wünschen, um zehn geht der König sein Nachtmahl einnehmen, Madame de Maintenon zieht die Bettvorhänge zu, ihr Tag ist beendet.

Trotz ihrer Stellung langweilt sich die Marquise, sie spricht von der »furchtbaren Leere, die künftig ihr Begleiter ist«. Als sie sich eines Tages bei ihrem Bruder, dem Grafen von Aubigné, über ihr eintöniges Leben beklagt und ihm sagt: »Man findet erst Ruhe, wenn man sich Gott gegeben hat«, antwortet ihr Bruder: »Hat Gottvater Ihnen denn schon sein Jawort gegeben?«

Das Leben im Schloß ist voller Unannehmlichkeiten,

vor allem macht Madame de Maintenon die Kälte zu schaffen: »In Marly, im Gemach des Königs, schließt keine Tür und kein Fenster richtig, der Wind rüttelt dermaßen, daß man glaubt, es sei ein Orkan.« In Versailles vergessen der König und sein Minister, die während ihrer Nachmittagssitzung stundenlang arbeiten, daß sie keineswegs einen Astralkörper hat und daher immer warten muß, bis die beiden gegangen sind, »um sich die Erleichterungen zu verschaffen, deren sie bedarf«. Der König, der ohne sie nicht auskommen kann, will sie überallhin mitnehmen, selbst wenn sie sich »in einem Zustand befindet, in dem man keine Dienerin antreiben würde«, und wenn sie beschäftigt ist, »unterbricht er mich immer bei dem, was ich eigentlich zu tun hätte«. Man muß ihm auch seinen Kummer, seinen Trübsinn, seine Launen vertreiben; manchmal kommen ihm die Tränen, die er nicht zurückhalten kann, und manchmal ist er unpäßlich, dann ist er nicht eben ein guter Gesellschafter. Und schließlich erträgt sie kaum die bis zum Alter von zweiundsiebzig Jahren wachen Gelüste des Königs. Sie spricht mit ihrem Beichtvater Godet-Desmarais, dem Bischof von Chartres, über diese »unerquicklichen Augenblicke«. Dieser antwortet, daß, wenn sie sich schon nicht die Reinheit der Bräute Christi habe bewahren können und wenn man es recht bedenke, es doch von hoher Lauterkeit zeuge, wenn sie jenen, der ihr angetraut ist, vor den Unreinheiten und Skandalen bewahre, denen er sonst ausgeliefert sein könnte. Außerdem sei es eine große Gnade, »ein Werkzeug des Ratschlags Gottes zu sein und aus wahrer Tugend das zu tun, was so viele Frauen ganz unlöblich oder aus Leidenschaft« täten.

Die eheliche Pflicht

Letztlich waren die Gatten im ehelichen Bett nie allein — der Schatten des Beichtvaters schwebte über ihrem Treiben. Auch wenn es für Madame de Maintenon schwierig war, sich den Gelüsten des Königs zu widersetzen, so kann man davon ausgehen, daß, wie Jean-Louis Flandrin in einer Untersuchung über ›La Vie sexuelle des gens mariés dans l'ancienne société‹ (Das Sexualleben Verheirateter in der früheren Gesellschaft) feststellt, der Mann mit der Verweigerung seiner Frau rechnen mußte. Dauerte das Zerwürfnis an, so hatte der Beichtvater als Schiedsrichter zu fungieren, wollte der Gatte nicht Gefahr laufen, der Absolution und der Kommunion verlustig zu gehen. Die Anordnung der getrennten Gemächer in den Häusern der Aristokratie zeigt, daß die eheliche Beziehung nicht zwangsläufig eine Liebesbeziehung bedeutete. So gut wie kein Theologe kommt in den Debatten über die eheliche Sexualität auf Liebe zu sprechen; Theologen und Kanoniker argumentieren in der Frage, welche Absichten die Ehegatten leiten sollten, in Rechtskategorien und nicht nach Gesichtspunkten der Nächstenliebe. Mehr noch als der Begriff der geschlechtlichen Vereinigung, die theoretisch kein anderes Ziel als das der Fortpflanzung hatte, ist es der Begriff der ehelichen Pflicht — debitum, also sogar der ehelichen Schuld —, welcher um die Sexualität kreiste. »Gläubiger« und »Schuldner« bildeten das Paar, und damit es zur geschlechtlichen Vereinigung kam, mußte einer der Gatten die Erfüllung der Schuld einfordern und der andere sie begleichen. Daß Mann und Frau womöglich zugleich und spontan zueinander fanden, scheint überhaupt gar nicht erst in Erwägung gezogen worden zu sein. Und war der Mann auch außerhalb des Ehebetts Herr über die Frau, so hatte in diesem Bett auch die Frau das Recht, ihre Forderung einzuklagen; jeder der beiden Gatten hatte, wie Paulus in seinem ersten Brief an die

Korinther sagt, die Verfügungsgewalt über den Körper des anderen.

Nach Jean-Louis Flandrin legten die Theologen dermaßen Wert auf diese Gleichheit, daß sie sich nicht scheuten, der Frau zum Ausgleich für ihre »Schwäche« und die »natürliche Scheu ihres Geschlechts« Vorrechte einzuräumen. Sie war nämlich nur dann gehalten, ihrer Pflicht nachzukommen, wenn ihr Mann dies ausdrücklich und unter Berufung auf sein Recht verlangte; der Mann hingegen mußte seine Schuldigkeit tun, sobald seine Frau ihm durch Miene und Gebaren ihre Absicht zu verstehen gab, ohne es indessen zu wagen, ausdrücklich auszusprechen oder zu fordern, daß sie die geschlechtliche Vereinigung wünschte.

Bleibt die Frage, welches Recht auf Lust sie dabei hatte, ein Verlangen, auf das die Männer wahrscheinlich wenig Rücksicht nahmen. Fest steht, daß bei Gewissensfällen im Zusammenhang mit der ehelichen Sexualität stets gesondert einmal der Fall des Gatten untersucht wurde, der die Schuld einklagte, und dann der des anderen, der sie begleichen sollte.

Wenn Theologen und Kanoniker sich so intensiv mit diesem Problem auseinandergesetzt haben, so nicht nur, weil sie ihr Christianisierungswerk bis in die Intimsphäre der Ehegatten hinein betrieben, sondern auch, weil, wie aus den Fragen der Eheleute bei der gerade aufkommenden Ohrenbeichte ersichtlich wurde, die Paare die Regeln des Ehespiels genau zu kennen wünschten.

Wie wir in bezug auf frühere Epochen und am Beispiel von Madame de Maintenon bereits ausführten, waren Mann und Frau im Ehebett nicht frei von Schamgefühlen und Hemmungen. Im 16. Jahrhundert galt es als skandalös, sich seiner Frau gegenüber so zu verhalten, als sei sie eine Mätresse, denn der Ehestand galt, wie Montaigne sagte, als »eine fromme, heilige Verbindung«. Die Unterscheidung zwischen ehelicher und außerehelicher Liebe wurde von den Theologen übrigens unterstützt, die zwei

Arten der Liebe propagierten: »Die menschliche Liebe«, so Luis Lopez am Ende des 16. Jahrhunderts, »läßt sich in Liebe der Sinnlichkeit und in Liebe der Freundschaft einteilen. Liebe der Sinnlichkeit nennen wir jene, durch die wir unseren Nächsten vornehmlich zu unserem eigenen Wohl lieben, nicht um seines eigenen willen. Die Liebe der Freundschaft hingegen ist jene, durch die wir ihn um seines Wohles oder seiner Freude willen lieben.« In seiner ›Somme des péchés‹ (Summe der Sünden) nennt Benedicti die Dinge noch deutlicher beim Namen: »Der Mann soll sich seiner Frau nicht wie einer Hure bedienen, und die Frau soll sich ihrem Gatten nicht wie eine Mätresse nähern.«

Von der Lust der Frau

Wie spielten die Dinge sich nun aber konkret ab? Seit dem Mittelalter weiß man, daß es eine Todsünde ist, sich mit seinem Gatten um der bloßen Lust willen zu vereinigen. Im 17. Jahrhundert dann wird, sofern die Vereinigung der Fortpflanzung dient, die lustvolle Vereinigung nicht mehr verurteilt, auch sollten die Eheleute keine Angst vor allzu vielen Kindern haben; das »Streben nach bloßer Lust« indessen wird verdammt.

Das »Verbrechen Onans«, das heißt der Koitus interruptus, eine wichtige Methode zur Empfängnisverhütung, wird bis zum Beginn des 14. Jahrhunderts nur selten, vom 17. Jahrhundert an hingegen ziemlich oft erwähnt. Dies stellte die Beichtväter — Männer natürlich — vor ein neues Problem, nämlich das der Komplizenschaft der Ehefrau. Galt diese Methode als erlaubt, damit sich die Frau ihrer ehelichen Pflicht entledigen konnte? Hatte sie dazu ein Recht? Seit dem 14. Jahrhundert hatte die Kirche sich auch mit den Sorgen allzu kinderreicher Paare befaßt und mehr oder weniger den »Koitus reservatus« akzeptiert; womit sie sich aber schwertat, war die Frage der Lust. Man meinte, Lust stelle sich beim Mann wie bei der Frau automatisch im Augenblick der Ejakulation ein. Die Frage wurde daher an die Frau zurückverwiesen: Mußte sie während der geschlechtlichen Vereinigung zum »Samenerguß« kommen oder nicht? Vorfrage: Ist der weibliche »Samen« für die Zeugung notwendig oder unnötig? Nach langen Debatten kam man zu dem Schluß, daß der beim Orgasmus ausgestoßene »weibliche Samen« für die Empfängnis eines Kindes nicht unbedingt notwendig sei, daß er diese jedoch fördere und das Kind überdies schöner mache. Denn schließlich, wozu hätte Gott die Lust der Frau erschaffen sollen, wenn sie für die Fortpflanzung der Art ohne jeden Nutzen wäre?

Daraus ergibt sich eine ganze Reihe von Fragen: Mußte die Frau während der geschlechtlichen Vereinigung zum Orgasmus kommen? Jean-Louis Flandrin versichert, daß sich von fünfzehn der insgesamt fünfundzwanzig von ihm befragten Theologen, die sich mit diesem Problem auseinandersetzten, acht dahingehend äußerten, die Frau begehe mit der bewußten Unterdrückung des Orgasmus eine schwere Sünde. Vier waren der Ansicht, dies sei eine läßliche Sünde und drei befanden, es sei überhaupt keine Sünde. Eine weitere Frage: Mußte der Mann den Koitus bis zum Orgasmus seiner Partnerin ausdehnen? Vier Theologen bejahten dies, die anderen meinten dagegen, daß er dies nicht müsse. Und weiter: Sollten die beiden Gatten gleichzeitig zum Orgasmus kommen? Sechs waren dafür, es zumindest zu versuchen, da es die Chance einer Empfängnis erhöhe. Und schließlich: Darf die Frau, um zum Orgasmus zu gelangen, sich selbst befriedigen, wenn der Mann sich nach seiner Ejakulation aus ihr zurückgezogen hat? Drei Theologen sind dagegen, vierzehn gestatten es ihr!

Was die Stellung während des Beischlafs anbelangt, so hatte diese die »natürliche« zu sein, die Frau auf dem Rücken liegend, der Mann über ihr. Die Stellungen retro, more canino (»nach Art der Hunde«) und auch mulier super virum (»das Weib über dem Manne«) verstießen gegen die Natur der Geschlechter, besonders die letztere, da bei ihr nicht genau zu unterscheiden war, wer aktiv handelte und wer passiv erduldete. Denn passiv müssen die Frauen sein, befanden die Kirchenmänner, schließlich hätten sie, »vom Wahnsinn befallen, einst ihre Männer auf solche Weise mißbraucht« und dadurch die Sintflut heraufbeschworen, mit der Gott die Menschheit bestrafte.

Über die Impotenz

Zwar fürchtet man, daß eine leidenschaftliche eheliche Liebe sich nachteilig auf die sozialen Bindungen auswirkt und der »Liebe, welche wir Gott schulden« abträglich ist; gleichwohl ist das geschwisterliche Zusammenleben innerhalb einer nicht vollzogenen Ehe nicht mehr üblich. Diese männliche Gesellschaft, die sich in die Frau vertieft, um herauszufinden, ob man sie auslöschen oder leben lassen soll, lebt mit der über ihren Köpfen schwebenden Angst, das Damoklesschwert könne sich plötzlich als stumpf erweisen, ihr Ansehen könne ausgehöhlt, ihre Macht untergraben werden. Als die große Spezialistin für die Kanalisierung sexueller Impulse duldet die Kirche in ihrem Schoß nichts, was mit der göttlichen Ordnung nicht übereinstimmen könnte, und sie erträgt es nicht, daß eines ihrer männlichen Glieder, selbst wenn es zur Untätigkeit verdammt ist, auch nur die geringste Anomalie aufweist ... In seiner Untersuchung über ›La virilité et les défaillances conjugales dans l'ancienne France‹ (Männlichkeit und eheliches Versagen im alten Frankreich) weist Pierre Darmon nach, daß dies nur scheinbar ein Paradoxon ist: »Die göttliche Institution muß, getreu dem Ebenbild ihres Erlösers, Symbol dieser Vollkommenheit sein, welche sich in diesem Fall in einer Männlichkeit ohne Makel verkörpert. Unter solchen Umständen nimmt die gerichtliche Klage die Form einer Opferung im heidnischen Sinn des Wortes an, durch die der Opferpriester seine Neurose auf sein Opfer abwälzt.«

Faktisch unterdrückt, findet die Sexualität ihre Kompensation darin, daß sie so häufig beschworen wird. Die seit Ende des 16. Jahrhunderts üblichen öffentlichen Diskurse, bemerkt dazu Michel Foucault, waren weit davon entfernt, in irgendeiner Weise eingeschränkt zu werden, sondern haben ganz im Gegenteil zugenommen. Impotent ist derjenige, dem es nicht möglich ist, seiner ehelichen Pflicht Folge zu leisten; nach kanonischem Recht jedoch ist dieses Unvermögen ein eheauflösendes Hindernis, sofern es aus der Zeit vor der Eheschließung stammt. Und die Auflösung einer ehelichen Verbindung war, nach fast immer leicht frauenfeindlich eingefärbten Zeugnissen, vom guten Willen der Frau abhängig.

Im 17. Jahrhundert gibt es angeblich zehntausend Urteile infolge von Impotenz-Prozessen, was, wie ein Vertreter des Generalstaatsanwalts es ausdrückt, dazu führt, daß sich auf dem Gerichtsgelände »bald mehr unzufriedene Ehegatten einfinden als der noch so spektakulärste Prozeß jemals an Schaulustigen hätte herbeilocken können«, und daß man darüber »erbost ist«, wie ein Gerichtsarzt schreibt, »daß man sich in den Verfahren des Obergerichtshofes in den letzten Jahren zum Großteil nur noch mit obszönen Dingen befaßt«. Den Rahmen des Gerichtssaals bald sprengend, werden die Impotenz-Prozesse und die sie begleitenden Diskussionen bis in die Straßen, in die Salons und selbst in den Hof hineingetragen, wo sie den spöttischen Witz der Schöngeister herausfordern. Großes Aufsehen erregt die Gesvres-Affäre. Trotz eines Plädoyers voller höfischer Logik, in welchem der Anwalt ausführt, es sei schöner, »von weitem mit einem Herzog und Pair verbunden zu sein als von nahem mit einer einfachen, wiewohl aus distinguierter Familie stammenden Demoiselle«, scheitert der Marquis bei all seinen Bemühungen, den Beweis seiner Männlichkeit zu erbringen. Diese Affäre vermittelt eine gute Vorstellung von der bei solchen Impotenz-Prozessen herrschenden Jahrmarktsatmosphäre. Die Liederdichter greifen diesen berühmten Prozeß auf, bei dem ein Großer das Gesicht verloren hat, und in Paris machen Lieder wie dieses die Runde:

Die reiche Emilie, ihre Chancen steh'n schlecht,
Zieht vor Gericht und verklagt ihren Mann,
weil der Jan, wenn sie möchte, einfach nicht kann.
Nun verlangt sie die Scheidung, sie will ihr Recht.
Doch da kommt der Experten schlauer Befund:
Der Gatte, heißt's da, ist völlig gesund!
Und ob auch dem Armen die Kräfte versiegt,
die Sache geht ihren normalen Gang:
Ein papiernes Urteil die Wahrheit verbiegt,
Emiliens Verlangen bleibt ohne Belang.

Oder auch jenes, das im Volk nach der Melodie der »Feuillantines« genannten Gassenhauer gesungen wurde:

Erzählt man sich doch, ein gewisser Marquis
   in Paris
schläft in seinem Bett wie in einem Verlies,
während die Frau birst vor Ungestüm.
Oh, was für ein Leben ...
Oh, was für ein lebendes Ungetüm!

Die Arme nach ihren Eltern schreit
und jammert voll Neid:
Ich werde ohne Kinder sein allezeit!
So muß ich mich aus dem Hause stehlen,
weil mir die Mö...
weil mir die Mönche das beim Beichten befehlen.

Das bürgerliche Leben war mir zu fahl,
so fiel meine Wahl

auf den zwittrigen Urheber meiner heutigen Qual,
der nach drei Jahren noch in keiner Nacht
auch nur das Geringste an mir hätte vollbracht.
Ich möchte, daß auch die Richter erkennen,
was die Advokaten beim Namen nennen:
Wir müssen uns trennen,
ganz gleich, zu was mir die Leute rieten,
weil meine Mö...
weil meine Mönche mir das beim Beichten gebieten.

Wer immer sich nach einem Gatten umsieht,
hüte sich nach diesem Lied
vor einem Marquis mit mattem Glied.
Ich habe die Probe aufs Exempel gemacht
und bin noch immer, wie man sieht,
nicht von der Jungfrau zur Frau erwacht.

Nicht alle Prozesse beschwören indessen eine so leidenschaftliche Anteilnahme herauf; häufig handelt es sich
um wahre Dramen, bei denen ein Mann allein — und impotent — sich den Anschuldigungen einer jungen Frau
und vor allem dem Druck seiner Schwiegereltern und deren Verbündeten ausgesetzt sieht, die alle eine Ehe auflö-
sen wollen, von der sein Leben, seine Beziehungen, seine
Ehre und sein Vermögen abhängen.

Der nachstehende, der Sammlung ›Recueil de pro-
cédures civiles faites en l'officialité de Paris‹ entnommene
Prozeßbericht vom 18. Mai 1694 macht deutlich, welche
Demütigungen der Angeklagte hinnehmen muß und wie
schwerfällig und unerbittlich die Mühlen der Justiz zu
mahlen beginnen, wenn ein Mann vorgeladen wird, weil
seine Frau ihn der Impotenz bezichtigt. Zu seiner Vertei-
digung führt er schon vor Prozeßbeginn an, er sei legiti-
mer Vater eines auf seinen Namen getauften Kindes, und
damit ist nach dem Grundsatz pater est quem nuptia de-
monstrant (Vater ist, wen die Vermählung dazu bestimmt) die Sache eigentlich zu seinen Gunsten entschie-

den. Trotz der Gültigkeit dieser Grundregel ergeht in aller Form eine Vorladung an ihn, der nachzukommen er sich weigert, woraufhin der Offizial nun die weltliche Macht um Hilfe ersucht. Er wird ins Gefängnis geworfen, wo man ihn einem eingehenden Verhör unterzieht. Es folgen mehrere Expertisen, der Richter der Kirche fordert drei Gutachten an. Ein Dutzend Ärzte und Chirurgen marschiert vor dem Beschuldigten auf, und bald schon treffen die Ergebnisse ein: Man hat seine Geschlechtsteile »schwach« gefunden; seine beiden Hoden sind »aufgetrieben«; er hat »noch nie eine Ejakulation gehabt«; er »kennt keine Mäßigung«, er ist »am Harnblasenhals, wo Prostata und Paraprostata sind, verletzt«, man hat »einen Stein, so groß wie ein Taubenei, aus ihm entfernt«, seine »Konstitution ist schlecht« und »sein Gesicht fahl ...«

Es hagelt Gutachten, und noch am Krankenbett des Angeklagten prallen die verschiedenen Theorien aufeinander. Nach zweiundzwanzig Monaten gesteht er auf die Frage, ob er die Klägerin »im Fleische habe erkennen können«, er habe keine Ejakulation, habe nie eine gehabt, obgleich er sich mehrmals sowohl im Beisein besagter Klägerin als auch ohne diese bemüht habe, ohne daß er Samen habe hervorbringen können. Das Impotenz-Tribunal spricht sein abschließendes Urteil: »Unter Berücksichtigung aller Umstände und unter Anrufung des heiligen Namens Gottes, nach Beratung ... haben wir die Klage auf Ungültigkeit der Ehe *abgewiesen* ...« Der soziale Imperativ der allmächtigen Regel des pater est quem, Schutz und Verherrlichung der Familie und »aller Eltern, die Interesse an ihrer Nachfolge haben«, haben obsiegt, die Ehre des Angeklagten und der Verteidiger ist gerettet!

Von der »Verweichlichung«

Die das Pendant zur Impotenz bildende mollities, die »Verweichlichung«, ist gekennzeichnet durch eine Trägheit der Seele und des Körpers, welche mit Masturbation oder sogar passiver Homosexualität einhergehen kann, aber nicht muß. Als Spezialist auf dem Gebiet der Sünden und der möglichen Abhilfe unterscheidet Benedicti drei Arten von »Verweichlichung«: »Die erste ist die der Tugend der Beharrlichkeit entgegengesetzte Trägheit und Weichlichkeit; wenn jemand also so weichlich und weibisch ist, daß er unterläßt, was zu seinem Heil notwendig wäre, so ist dies eine Sünde der Trägheit. Die zweite ist die willentliche Pollution, sei es durch Berührungen, durch die Gedanken, durch lasterhafte Redewendungen und Gespräche oder durch welch anderes Mittel auch immer. Die dritte ist jene, wo jemand duldsam dieser Sünde gegenüber ist und die Stelle der Frau vertritt.«

»Pollution« und »Verweichlichung« bilden also zwei komplementäre Betrachtungsweisen ein und desselben Phänomens. Der erste, zur Liste der Unkeuschheitssünden zählende Terminus bezeichnet eine spezifische Praxis, die der Masturbation, der zweite ist eine »Schwäche der Seele«, wie Fénelon in seinen ›Écrits spirituels‹ im Kapitel über die ›Auswirkungen der Verweichlichung und des Amüsements‹ schreibt, »welches sie träge macht und ihr jede Lebenskraft für das Heil nimmt …; es ist deine verräterische Schwäche, welche sie insgeheim für das Böse erregt«. Außerhalb einer klar definierten Praxis angesiedelt, steht die »Verweichlichung« paradoxerweise im unmittelbaren Zusammenhang mit der Dynamik der Sünde.

Die Beichtväter benötigten eine Bezeichnung für diese Sünde, um den Sünder diese bekennen lassen und ihm die Absolution erteilen zu können, und die mollities, ob der Sünder nun im Pubertätsalter war oder nicht, vielleicht sogar impotent, befleckte die Jungfräulichkeit seiner Seele »mehr, als wenn er sich nach den seinem Alter entsprechenden Möglichkeiten mit Frauen vereinigt hätte«. Was die Theologen letztlich wirklich fürchten, sagt Theodor Tarczylo, ist das frühzeitige Erwachen der Sinne, welches, wenn daraus eine Gewohnheit wird, die geistige Entwicklung des Kindes gefährdet, aber auch das Heranreifen als solches, also die zukünftige Fähigkeit, männliche Funktionen auszuüben, denn, so meinen die Kirchenmänner: keine geistige Tugend ohne körperliche Tugend.

Die kleinen Mädchen von Port-Royal

Der tiefe Gegensatz zwischen dem Triebleben und der von den Gläubigen gelebten Moral führt dazu, daß sie die Liebesumarmung mit der Erbsünde, die Lust mit einer Todsünde gleichsetzen und das daraus entstehende Kind als Erben dieses Makels ansehen. Unter diesem so christlichen Aspekt ist es nicht verwunderlich, daß der Zustand des Kindes »der verächtlichste, gemeinste Zustand der menschlichen Natur nach dem des Todes ist«, wie der Kardinal de Bérulle in seinen ›Opuscules de piété‹ (Nr. 69) sagt. Für die jansenistische Erziehung, welche auf der Überzeugung beruht, der Mensch sei schon im Kind verderbt, bestand an dessen Schuld kein Zweifel; folglich galt es, das Kind zu isolieren, seine Instinkte zu bekämpfen und all dem mit Mißtrauen zu begegnen, was aus seiner Spontaneität erwachsen könnte. So ist es nicht erstaunlich, daß die Zöglinge in Port-Royal-des Champs (Kloster bei Versailles, Zentrum des Jansenismus) — Knaben und Mädchen — förmlich in Gebeten versanken und daß man sie in ständiger Furcht vor der Sünde hielt. Das Kind darf nicht für einen einzigen Augenblick allein in Untätigkeit oder mit Träumereien zubringen, alle diese »zur Begierde führenden Wege« werden streng bewacht: ein Erzieher auf fünf bis sechs Schüler, der sie nie aus den

Augen läßt, der sie auf ihren Spaziergängen begleitet, an ihren Unterhaltungen, ihren Spielen teilnimmt und der auch ihren Schlaf beaufsichtigt. Von seinem Bett aus muß der »Aufseher« jedes der seiner Obhut anvertrauten Kinder sehen können.

Die kleinen Mädchen von Port-Royal müssen, sommers wie winters, um viertel nach acht zu Bett gegangen sein, und zwar »jedes in ein Bett für sich und ohne daß es von dieser Regel unter welchen Umständen auch immer jemals eine Ausnahme gibt«, wie Jacqueline Pascal in ihrem ›Règlement des enfants du monastère de Port-Royal‹ schreibt. »Sobald sie sich zu Bett gelegt haben, wird jedes dieser Betten gewissenhaft inspiziert, um festzustellen, ob die Kinder mit der gebotenen Sittsamkeit darin liegen, und im Winter auch, um zu prüfen, ob sie auch gut zugedeckt sind.« Die Stellung des Körpers, dieser »Höhle des Teufels«, war in unzähligen Sittenbüchlein Gegenstand präziser Anweisungen. So war es unschicklich, im Bett die Beine anzuziehen; sie mußten ausgestreckt sein; auch mußte man sich jeweils auf die eine oder andere Seite legen, da es sich nicht ziemt, auf dem Bauch zu schlafen – wegen der Gefahr der nicht sichtbaren Masturbation.

Die Zeit des Aufstehens lag zwischen vier und fünf Uhr; die Mädchen mußten die Erde küssen und Gott anbeten, denn »man muß die Kinder anspornen, ihre Neigungen, Laster und Leidenschaften selbst zu erkennen und ihre Fehler bis zur Wurzel hin freizulegen«, so Jacqueline Pascal. Sie versammeln sich also im Ankleideraum, sprechen mit lauter Stimme noch eine Anbetungsformel. Nachdem sie sich gegenseitig gekämmt und die Kleineren angezogen haben – all diese Tätigkeiten haben in vollkommener Stille zu geschehen –, verlassen sie die Kammer und begeben sich in das Klassenzimmer.

Vom Zubettgehen der Kinder

In dem 1703 erschienenen Werk ›Les Règles de la bienséance de la civilité chrétienne‹ von Jean-Baptiste de La Salle entwickelt dieser in Anlehnung an das Kapitel ›Vom Schlafengehen‹ aus Erasmus' ›De civilitate morum puerilicum‹ das Ritual des Zubettgehens der Kinder, welches sich natürlich auf Klosterregeln gründet. In der stark hierarchisierten Gesellschaft des Ancien régime bestimmt in erster Linie die Ehrerbietung die menschlichen Beziehungen. Und so sollen »die Kinder nicht zu Bett gehen, ohne ihrem Vater und ihrer Mutter eine gute Nacht gewünscht zu haben«. Wie so viele seiner Zeitgenossen war La Salle besessen von der Vorstellung der Gefahren einer dem Satan gewogenen Nacht, welche den Menschen den Versuchungen der Welt und des Fleisches und den Feinden seines Heils aussetzt; also empfiehlt er, das Kreuz zu schlagen, bevor man den Kopf auf das Kissen legt, welches man »tut, um den bösen Geist zu vertreiben, den brüllenden Löwen, welcher um uns herumschleicht, um uns zu verschlingen ... Vor dem Kreuz schaudert es ihn, so daß er entflieht.«

Sich das Tun und Handeln des Tages noch einmal durch den Kopf gehen zu lassen, sich zu vergewissern, nicht gegen Gottes Gebote verstoßen, keine seiner Pflichten versäumt zu haben ist eine beruhigende Übung, denn die Nacht ist voller Gefahren, der Schlaf ähnelt dem Tod, das Bett einem Sarg. Ein Andachtsbuch für Erzieher scheut sich nicht, diesen zu raten, die natürliche Angst ihrer jungen Zöglinge bei Einbruch der Dunkelheit noch zu schüren, um deren unbedingten Gehorsam zu erreichen: »Empfindet ihr nicht jeden Abend, bei dem Gedanken an diese fast düstere Stille, ein heiliges Erschauern? Dieses Bett in Form eines Sarges, dieser Schlaf, der euch von der ganzen Welt trennen wird, diese Nacht, in welcher ihr spüren werdet, wie der Blick Gottes auf euch ruht, all das — beeindruckt es euch nicht?«

Daraufhin »legt man sich sittsam ins Bett und schläft in Frieden ein«.

Und was heißt das, »sittsam«? La Salle antwortet: »Man muß also, um sich auf christliche Weise zur Ruhe zu begeben, dieses mit der größtmöglichen Wohlanständigkeit tun; dazu muß man Sorge tragen, sich vor niemandem zu entkleiden oder zu Bett zu legen, vor allem darf man sich nicht, es sei denn man befindet sich im Stand der Ehe, vor einer Person anderen Geschlechts zu Bett legen, da solches ganz und gar gegen die Sittsamkeit und Ehrbarkeit verstößt ... Zur Wohlanständigkeit gehört auch, daß man beim Schlafengehen seinen eigenen Körper vor sich verhüllt und jeden diesbezüglichen Blick vermeidet. Dies müssen Väter und Mütter ihren Kindern besonders einprägen, sie sollen ihnen das Gut der Reinheit bewahren helfen, welches ihnen teuer sein muß. Sobald man im Bett liegt, hat man den ganzen Körper zuzudecken, außer dem Gesicht, welches unbedeckt bleiben soll. Auch darf man um einer bequemeren Lage willen sich weder in eine unanständige Stellung begeben noch den Vorwand, man könne so besser schlafen, Oberhand gewinnen lassen über die Schicklichkeit.«

Das Laster, zuviel zu schlafen

Die Sittenhandbücher sind dazu da, die Schlafdauer festzulegen und darauf zu achten, daß das Bett nur zum Schlafen dient; genauso ist es »ein Laster, zuviel zu schlafen. Es ist schändlich und verwerflich, wenn uns die Sonne bei ihrem Aufgang noch im Bett vorfindet. Es heißt auch die Ordnung der Natur ändern und umkehren, wenn man den Tag zur Nacht und die Nacht zum Tage macht, wie etliche es tun; der Dämon ist es, der dazu treibt, so zu verfahren; da er weiß, daß die Dunkelheit Gelegenheit zur Sünde gibt, ist er erfreut, wenn wir unser Tun und Treiben des Nachts erledigen.«

Die Schlafensstunde ist auf »etwa zwei Stunden nach dem Abendmahl« festgesetzt, und »etwa sieben Stunden sind ausreichend, um den Körper auszuruhen, sofern man nicht außergewöhnlich schwer hat arbeiten müssen«. Aber »man muß es sich selbst zum ehernen Gesetz machen, in aller Frühe aufzustehen und seine Kinder daran zu gewöhnen, sobald sie größer geworden sind und wenn sie keine Gebrechen haben, die dem entgegenstehen«. Es ist auch »sehr unschicklich und wenig sittsam, im Bett zu plaudern, zu scherzen oder zu spielen«, stellt La Salle klar, »nehmt Euch kein Beispiel an gewissen Personen, welche sich mit Lesen oder anderen Dingen beschäftigen ..., bleibt niemals im Bett, wenn Ihr nicht mehr schlaft, es wird Eurer Tugend sehr zugute kommen ... Die schon im jüngsten Alter angenommene Angewohnheit der Trägheit wird sich im Lauf des ganzen weiteren Lebens auswirken.« Kurzum, ein langer Schlummer ist schädlich, weil er »Geist und Körper schwächt«.

Das Bett selbst ist ebenfalls Gegenstand besonderer Aufmerksamkeit. Es ist die Stätte des Unaussprechlichen, der Sexualität, deshalb ist es geboten, jeden Morgen alle Spuren, die im entferntesten darauf hindeuten könnten, zu verwischen. Die Vorsteherin eines Mädchenpensionats gesteht ihren jungen Zöglingen, daß es über diesen Punkt noch viel zu sagen gäbe, daß aber »Vernunft, Sitte und vor allem Gottesfurcht, welche in Euch immer mehr zunehmen werden, Euch das lehren werden, was ich hier nicht näher ausführen kann«. Immerhin erklärt sie klar und deutlich, daß »die Schicklichkeit es gebietet, vor dem Verlassen des Zimmers sein Bett zu machen oder, wenn es von anderen gerichtet wird, es zumindest sittsam zuzudecken, und zwar dergestalt, daß es wie gemacht aussieht. Denn es ist sehr unschicklich, sein Bett aufgedeckt und schlecht zurechtgemacht zu hinterlassen.« Alles, was mit der Nacht zu tun hat, die Nachthaube und mehr noch der Nachttopf, darf nicht zu sehen sein. Ungeachtet all dieser Vorsichtsmaßnahmen haben die Autoren der Handbücher des guten Anstands für Kinder erstaunlicherweise immer noch eine große Scheu vor dem Wasser und vernachlässigen die elementarsten Gebote der Sauberkeit.

Die Libertins verlassen das Zimmer

Die Handbücher der Beichtväter des 17. Jahrhunderts erweisen sich hinsichtlich der Grunderfordernisse der Körperhygiene als außerordentlich zurückhaltend, wenn sie diese nicht gleich völlig untersagen oder sich darauf beschränken, das unumgänglich Notwendige aufzuführen — sich Finger, Mund und das Gesicht waschen; hingegen sind die Libertins, die Lebemänner und Freigeister, ganz im Gegenteil von einer geradezu panischen Angst vor Körpergerüchen besessen, so daß sie sich sehr eingehend mit ihrem Körper auseinandersetzen. Unter dem Einfluß der Mutter des Regenten Philipp von Orléans, welche als »typische Deutsche in dieser Hinsicht bessere Gewohnheiten hatte«, sowie dem Beispiel Englands bessern sich die hygienischen Verhältnisse unter der Regentschaft Philipps von Orléans spürbar; die Pariser Oberschicht macht zunehmend Gebrauch von Badezimmern. In diesem Zusammenhang ist recht aufschlußreich, daß das französische Wort »propreté« (1671 entstanden), welches zunächst die Bedeutung von Schicklichkeit, Wohlanständigkeit hatte, mit Beginn des 18. Jahrhunderts dann spezifisch alles bezeichnet, was mit der Körperpflege zusammenhängt, dann die Eigenschaft des Sauberen überhaupt, um sich schließlich zum »Abbild von der Reinheit der Seele« zu erheben. Mit dem Aufkommen neuer Verhaltensweisen im täglichen Leben einer privaten und reichen Gesellschaft, welche Neuerungen besser zu nutzen weiß, sollten sich auch die Sitten verändern. Eine neue Generation wächst heran, die weniger mit ihren Lastern als vielmehr mit ihrem Esprit prahlt.

»Ein Libertin ist«, so Claude-Prosper Crébillon (1701 bis 1777), »ein Mann, der sich der Liebe bedient, um auf Kosten seiner Partnerin der eigenen Phantasie zum Triumph zu verhelfen; der die Treulosigkeit zum Prinzip erhebt und der, da er nur die Freuden seiner Sinne und die Befriedigung seiner Eitelkeit sucht, bei seinen Eroberungen dem Gefühl keinerlei Bedeutung beimißt.« Als logische Folgeerscheinung der höfischen Gesellschaft, also einer vornehmlich der Repräsentation huldigenden Gesellschaft, treibt der Libertin die Spielregeln von Etikette und Schicklichkeit bis zu ihrer Verhöhnung: Er erklärt die Heuchelei explizit zur Verhaltensnorm und das Bild, das sich die Öffentlichkeit von ihm macht, zur fixen Idee; und die Gesellschaft läßt er zum Zeugen seiner Erfolge bei den Frauen werden. Für den Libertin geschieht nichts im Verborgenen der Herzen, darf nichts auf das Dunkel der Alkoven begrenzt bleiben; für einen sich seines Wertes bewußten Verführer ist Indiskretion ein absolutes Muß, und sollte seinen Bewunderern ein Detail seiner Abenteuer entgangen sein, so ist es seine Pflicht und Schuldigkeit, ihnen auch dies zu enthüllen.

Letzten Endes ist es die Öffentlichkeit, die dem Treiben der Libertins ihre Spielregeln diktiert und den Rahmen absteckt, innerhalb dessen dieses stattfinden kann. Als aktive Zuschauerin suggeriert die Öffentlichkeit selbst die Auffassung, man müsse sich der Treue schämen und die Liebe sei ein altmodisches Relikt. Schicklichkeit ist nichts anderes als das, »was man tut«; es gilt also, »dazuzugehören« und zu wissen, wie man sich zu verhalten hat. Wie aber soll man wissen, was erwartet wird, wenn nicht durch das Erwerben einer gewissen Weltläufigkeit, die man sich wiederum nur durch Erfahrung aneignet und deren Erwerb einhergeht mit einer zunehmenden Beherrschung der entsprechenden Ausdrucksweise? Eine Erziehung zu unterkühlten Gefühlen, das bedeutet, sich mit dem gerade geltenden Kodex vertraut machen, mit seinen Losungsworten und den Feinheiten seiner Geheimsprache. Als hohe strategische Kunst, die auf der rigorosen Analyse von Liebe und Begehren beruht, ist die Libertinage als bewußter Atheismus der Aristokratie keineswegs Ausdruck der Ausschweifung, sie ist die grenzenlose Lust am Glück und am Wissen.

Wollust im Zeitalter der Aufklärung

Man darf die Literatur der Libertins nicht mit lüsternen, zügellosen erotischen Romanen oder Gedichten verwechseln. Die Veröffentlichung von Werken wie ›Aloysiae Sygeae ..., satira sotadica ...‹ (1659?) von Nicholas Chorier, ›L'École des filles‹ oder ›La Philosophie des dames‹ (1655), ebenso Michel Millot wie Claude Petit zugeschrieben, in denen ohne Umschweife die verschiedenen Formen, »Liebe zu machen«, erklärt werden, waren, wenngleich in begrenzter Auflage und nur für eine kleine Elite bestimmt, ein wichtiges Ereignis.

Nun drangen Lust und Gelüste, das, »was die Seele als Seltenstes hat«, um es mit La Fontaine zu sagen, in die Schlafzimmer ein, wo die immer stärker betonte Gleichheit von Mann und Frau sich nicht mehr in der gemeinsamen Sünde äußerte, sondern in einer neuen Art und Weise, die Grenzen zwischen Erlaubtem und Verbotenem aufzuheben: in der Liebeskunst. Zahllose Werke belegen, daß das 18. Jahrhundert auch in dieser Hinsicht ein Zeitalter der Aufklärung war — und eines der Wollust.

Auch in der bildenden Kunst scheuen sich Maler, Graveure und Illustratoren von Fragonard über Saint-Aubin bis zu Greuze oder Watteau nicht, die Sinnlichkeit darzustellen, der gewagteste von allen ist François Boucher, der »Alkoven-Maler«, der mit der Hilfe der Madame de Pompadour, die sich für ihn beim König verwandte, unter Ludwig XV. zum Hofmaler avancierte. Sein Auftrag lautete unter anderem, die Sinnlichkeit und die erotische

Phantasie des Souveräns zu stimulieren und den Kronprinzen über die Freuden des Liebeslebens zu instruieren.

Als Donatien Alphonse François de Sade 1795 seine ›Philosophie dans le boudoir‹ veröffentlichte, die gewagteste und grausamste theoretische wie praktische Unterweisung in der Libertinage, leitete er damit bereits zu Lebzeiten seine Verfolgung ein: Er galt als die leibhaftige Verkörperung des Bösen. Es waren die Surrealisten Breton und Apollinaire, die ihn wiederentdeckten und ob der »wunderbaren Freisetzung des Imaginären, die sich in seiner Art zu schreiben entlädt« schätzten. Und der uns zeitlich näherstehende Roland Barthes schreibt in seinem Versuch über den Geist des 18. Jahrhunderts, das viel puritanischer ist, als man glaubt: »Dadurch daß der Libertin den weiblichen Körper zu verhüllen gebietet, widerspricht er der gängigen Unmoral, stellt er sich auf die Gegenseite der Schülerpornographie, für die das sexuelle Entblößen der Frau äußerste Kühnheit bedeutet. Sade proklamiert ein Gegen-Striptease. Alle Libertins haben bei ihren Lustbarkeiten die Manie, das Geschlecht der Frau sorgfältig verbergen zu wollen. Die Moral der Libertins zerstört nicht, sie bringt vom Weg ab, sie besteht darin, das Objekt, das Wort, das Organ von seinem ursprünglichen Gebrauch abzubringen ... Der Sadesche Eros ist selbstverständlich steril.«

Der veränderte Sittenkodex hatte biologische und moralische Auswirkungen von großer Tragweite. Der Beginn des 18. Jahrhunderts ist gekennzeichnet durch den abrupten Rückgang der Geburtenrate bei den »Oberen«, eine Entwicklung, die sich langsam auch beim niederen französischen Adel einschließlich der parlamentarischen Provinzaristokratie durchsetzt. Mit anderen Worten, die Entdeckung von Hygiene und Sinnenlust sowie die sich emanzipierenden Geister erlauben eine bewußte Geburtenbeschränkung und, paradoxerweise, ein völlig neues Phänomen, das Entstehen einer besonders ausgeprägten

Kinderliebe sowohl zu den ehelichen als auch zu den unehelichen Sprößlingen.

Die Gründe für dieses »französische Übel«, diese »Verderbtheit«, die man wohl etwas allzu schnell der Regentschaft Philipps von Orléans zugeschrieben hat, muß man in Wirklichkeit eher im damaligen historischen Kontext und in der ganz besonderen Atmosphäre jener Zeit suchen. Wenn man sich die großen Katastrophen — Hunger, Sturm, Kälte und Regen — der Jahre 1694, 1709 und 1710 ins Gedächtnis ruft, ferner den nicht enden wollenden Krieg, zu dessen Schlußbilanz eine unüberschaubare Menge von auf den Schlachtfeldern gefallenen jungen Menschen gehört, die beständige Angst, die in der Provence grassierende Pest könne auf Paris übergreifen, die Epidemien überhaupt, die ungeheure und unglaubliche Todesserie bei den direkten Nachfolgern Ludwigs XIV., die Zweifel an der Religion als normative Kraft — dann wird verständlich, daß hier die Voraussetzungen für eine Veränderung vorliegen, für den Aufbruch einer Gesellschaft, die, von der Etikette einmal abgesehen, keinen Grund mehr hat, nur für ihre eigene Welt zu leben.

6. Der Schlafzimmerkult

> Mögen meine Augen sich auch sattgesehen
> haben an Grenzen, an Städten
> Und fremdartigen Häusern ohne Fensterläden,
> hinter denen man träumen könnte,
> Ich bin weit über die Enge dieses Zimmers
> hinausgelangt,
> Wo der Garten in klobigen Holzschuhen
> daherkam,
> Um von seinen Saatbeeten, seinem Kraut und
> seinen Knospen zu erzählen,
> Entlang an verschwiegenen, eingerollten
> Weidenkätzchen.
> Alles war schon da, umdrängt von einem
> Blumenmeer,
> Das vom Jahreszeitenwechsel unberührt blieb.
> Das feurigrote Federbett hatte lange schon
> ausgebrütet
> Die Geburten, die Toten, die zu früh
> ausgeschlüpften Küken.
> Hier hatte der Mensch seine tiefsinnigsten
> Reisen gemacht.
>
> André Henry: Les murs originels

Das unerträgliche Zusammenwohnen

Zwischen Ende des 18. und Beginn des 19. Jahrhunderts propagieren auf die Hygiene spezialisierte Ärzte und »Gesundheitsstrategen« eine Architektur des »Belüftens«. Künftig muß eine Bauzeichnung grundsätzlich Vorrichtungen zur Frischluftzufuhr aufweisen, um alle übelriechenden Dünste aus dem Haus zu verbannen. Die große »Reinigungswelle« im Wohnungswesen propagiert, daß in den übervölkerten Städten Frischluftreserven geschaffen und die Luftströme beherrscht werden. Der Durchbruch einer Straße, schreibt Alain Corbin in seinem Buch ›Pesthauch und Blütenduft‹, läßt weniger auf eine vermehrte Belüftung des öffentlichen Raumes hoffen als vielmehr auf die Schaffung einer Luftreserve, aus der die benachbarten Wohnungen frische Luft schöpfen können.

Auch im Innern der Bürgerhäuser messen »geruchsbewußte« Bewohner neuerdings der frischen Atemluft mehr Bedeutung bei als früher. Bereits 1844 warnt einer der wichtigsten Hygieniker der damaligen Zeit, der Arzt Michel Lévy, vor den unheilvollen Auswirkungen der »gasförmigen Rückstände der Familie«. »Indem wir uns so ausdrücken«, sagt er, »haben wir den dauernden Austausch aller Einflüsse, aus denen sich die Atmosphäre mehrerer mit dem gleichen Blut und den gleichen Erbanlagen ausgestatteter Individuen zusammensetzt, im Auge … Das Zusammenwohnen bringt die persönlichen Dunstkreise der Beteiligten in Konflikt; das Gleichgewicht resultiert aus einer gegenseitigen Sättigung, welche gewisse krankhafte Veranlagungen bei den von ihr Betroffenen verstärkt, solche Anfälligkeiten aber auch bei jenen hervorbringt, die bisher davon ausgenommen waren.«

Nach dem Sieg des Einzelbetts trug auf diese Weise wachsende Abscheu vor den Ausdünstungen des anderen, zum Individuationsprinzip erhoben, dazu bei, dem Einzelzimmer, zunächst bei den Reicheren, zum Durchbruch zu verhelfen. Der Raum als solcher wird neu überdacht, die Verseuchung der Hauswände, der Gestank von Baderäumen, Treppenhäusern und Fluren ebenso aufs Korn genommen wie dunkle Schlupfwinkel. Dieser Kampf ist ebenso hygienisch wie moralisch, denn es ist zwar notwendig, den Schmutz zu besiegen, genauso wichtig aber ist es, die durch diese dunklen Schlupfwinkel begünstigten Begegnungen der Geschlechter zu kontrollieren – der Preis, den man für den guten »Atem des Hauses« zahlen muß.

Der Alkoven, jene wohlige Zuflucht der Intimität und Wollust, ist zu meiden; in den bescheideneren Unterkünften reicht ein einfacher Vorhang bei weitem aus, den Alkoven seine Rolle als »primitive Hütte« spielen zu lassen. Auch der von Schränken und Kommoden ausgehende stickige Mief, welcher die Vermehrung von Ratten und Mäusen begünstigt, ist allen ein Dorn im Auge;

Kopf-, Daunen- und Federkissen, ja selbst die Zudecken, welche die Absonderungen und die Masturbation begünstigen, sind abzuschaffen.

Das Bett wird zum Gegenstand besonderer Aufmerksamkeit: Es muß beweglich sein, muß in die Mitte des Raumes gestellt werden können und vor dem direkten Kontakt mit dem Boden geschützt sein. Erstrebenswert sind nun Eisenbetten, die im Gegensatz zum Holz keine Gerüche und keine Feuchtigkeit aufnehmen; auf der Unterseite sollen sie mit einem Lattenrost oder einem Gitter ausgestattet sein.

Auseinanderrücken, Luft schaffen heißt die Losung; für Strafanstalten wird die Hängematte propagiert; sie wird nicht nur den hygienischen Anforderungen der Belüftung gerecht, sondern schafft, indem sie morgens zusammengefaltet wird, überdies Platz für die Arbeit ... Im Krankenhaus muß »jeder Kranke die ihm zuträgliche Wärme frei entwickeln können ..., wichtig ist, die durch das Gedränge vieler Menschen in ein und demselben Bett entstehende Durchschnittswärme zu vermeiden, denn diese würde für jedes zu einem derartigen engen Zusammenleben gezwungene Individuum schädlich sein«. Seit 1780 ist das Einzelbett im Hôtel-Dieu von Paris Vorschrift; am 15. November 1793 wird es in logischer Anwendung der Erklärung der Menschenrechte durch Beschluß des Nationalkonvents gesetzlich festgeschrieben — wohl eher aus Gründen der Freiheit als aus hygienischen Gründen. Den Hygienikern ist letztlich alles suspekt, vom schwülen Parfüm bis zum Blumenstrauß, an dessen harmlosem Duft, so scheint es, zahllose junge Mädchen im Schlaf in ihren Kammern erstickt sind. Vielleicht war es dieser Umstand, der einen Belgier zu einem Schlafzimmer inspirierte, in dem man bei geschlossenem Fenster schlafen konnte und über eine Art riesigen Trichter, der die Luft von außerhalb des Hauses aufnahm und über das Gesicht des Schlafenden verbreitete, dennoch genügend frische Luft in die Lungen bekam.

Das bürgerliche Schlafzimmer

Das auf eine Funktion reduzierte »Schlafzimmer« setzt sich so richtig erst in der Mitte des 18. Jahrhunderts durch; die Ersetzung des früheren Begriffs »Kammer« ist dabei bezeichnend für die Art und Weise, wie man nun seinen Wohnraum begreift und aufteilt. Auch läßt dies eine bestimmte gesellschaftliche Schicht erkennen, da die gewöhnlichen Unterkünfte der Stadtbevölkerung im 19. Jahrhundert zwar mitunter mehrere Räume haben, diese jedoch nicht speziell nur zum Schlafen dienen.

Das Bürgertum gestaltet seine Gebäude um; das einer ganzen Reihe von Unannehmlichkeiten ausgesetzte Erdgeschoß wird, vielleicht auch, weil es zu sehr an die eigene, noch nicht so lange zurückliegende bäuerliche Herkunft erinnert, zugunsten der über dem Zwischengeschoß gelegenen ersten Etage aufgegeben.

Hinter einer so neutral wie möglich gehaltenen Fassade wohnt man, aufgeteilt nach gesellschaftlichen Klassen, übereinander: der oberste soziale Stand im ersten, der niedrigste im sechsten Stockwerk. In ihrem Bemühen um »demokratischere« Wohnungen machen die Architekten, jedenfalls auf dem Plan, Abstriche an der Größe der Wohnung des Hauseigentümers zugunsten einer größeren Bequemlichkeit der Mieter und führen insbesondere auch »Schlafzimmer« in Mietshäusern ein. Doch in den bis 1830 erstellten Plänen stehen alle Räume einer Etage miteinander in Verbindung; dieses Offenlassen war eine Frage des Prestiges, wobei übrigens die Symmetrie, das nicht unbeträchtliche Ausmaß der Grundfläche und die Anzahl der Räume sogar die Aufteilung der Etage in mindestens zwei Wohnungen erlaubten. Damit bewahrte sich der Eigentümer, nach der Art von Hotels, in denen mittels einer Tür stets eine Verbindung zwischen zwei Räumen geschaffen werden kann, eine gewisse Flexibilität in bezug auf die Vermietbarkeit. Aus dieser Haltung heraus läßt sich erklären, warum das Schlafzimmer so lange nur ein Raum von vielen war, den allein das Mobiliar näher kennzeichnete.

Das auch heute noch aktuelle Modell der Raumaufteilung der bürgerlichen Wohnung, wie der Architekt der Pariser Oper, Charles Garnier, sie 1891 konzipierte, sieht innerhalb einer Wohnung zwei Bereiche vor: Der erste ist den Empfangs- und den Schlafräumen, der zweite dem Speisezimmer, der Küche und den Nebenräumen vorbehalten. In kleinerem Umfang die Zimmerfluchten der Stadtpalais' wieder aufgreifend, werden im »Empfangstrakt« sämtliche Möglichkeiten dieser Wohnung weitestgehend ausgeschöpft. So wird die Anordnung der Haupträume von dem Bemühen bestimmt, den Besucher in einer bestimmten Reihenfolge und unter Steigerung der Effekte eine Abfolge von Zimmern durchschreiten zu lassen. »Wenn man im letzten Zimmer, welches die Ecke des Gebäudes bildet, angekommen ist«, schreibt d'Aviler in seinem ›Cours d'architecture‹, »ist es ein Genuß, die Zimmerflucht zu betrachten, welche sich mit an den äußeren Enden gegenüber den Türen angebrachten Spiegeln sogar noch verlängern läßt.« Als Krönung des Parcours prangt, an einem Ende wirkungsvoll in Positur gestellt, das Bett.

Das Schlafzimmer, dieser zentrale Punkt der Wohnung, wird von zwei unerläßlichen Elementen flankiert: dem Antichambre als Schrankraum sowie der Garderobe zum Ankleiden – und zum Verstecken einer im Schlafzimmer plötzlich »überzähligen« Person ... Zur Kunst des Einrichtens gehört es, das Bett so aufzustellen, daß der Besucher sich ihm von vorn und gegen das Licht nähert, während der Gastgeber voll im Licht bleibt. An der Seitenwand reflektiert sich in einem großen, über dem Kamin angebrachten Spiegel und seinem gegenüberliegenden Pendant das Schlafzimmer in unendlichen Facetten.

Seltsames 19. Jahrhundert, in dem der Bourgeois, um seinen Geschmack und seine Klassenzugehörigkeit zu unterstreichen, unter einem breitgefächerten Angebot verschiedenster, auch falscher, Stilmöbel wählen konnte, fast als müsse er seine politischen Überzeugungen vorbringen. Des Esseintes, der Held in Huysmans' Werk ›Gegen den Strich‹, ist einer dieser Wankelmütigen:

»Für ihn gab es nur zwei Arten, ein Schlafzimmer einzurichten: entweder ein aufreizendes kleines Gemach, einen Ort nächtlicher Genüsse daraus zu machen, oder es als ein stilles, einsames Refugium, einen Gedankentempel, eine Art Oratorium herzurichten.

Im ersten Fall lag für empfindsame und etwas überspannte Gehirne der Stil Louis XV. nahe; in der Tat hat nur das 18. Jahrhundert die Frau mit einer lasterhaften Atmosphäre zu umgeben vermocht, wobei die Möbel die Umrisse weiblicher Reize annahmen und die Windungen und Verzerrungen von Holz und Kupfer die Kontraktionen der Lust, das Aufbäumen in der Ekstase nachahmten; dazu würzten lebhafte helle Farben das süßliche Schmachten einer Blondine, während Wandbehänge in faden, wäßrigen, fast langweiligen Tönen den leicht salzigen Geschmack einer Brünetten milderten. Im anderen Falle … hätte er sein Zimmer wie eine Mönchszelle einrichten müssen; da aber häuften sich die Schwierigkeiten, denn er für seine Person lehnte die häßliche Kargheit dieser Buß- und Gebetsstätten ab.

Nachdem er das Problem von allen Seiten betrachtet und gedreht und gewendet hatte, glaubte er, den zu erreichenden Zweck in dieser Weise definieren zu können: mit heiteren Gegenständen eine traurige Sache schaffen oder, besser, dem Gemach als ganzem seinen häßlichen Charakter bewahren und ihm trotzdem eine gewisse vornehme Eleganz verleihen … Schließlich stellte er ein kleines eisernes Bett in dieses Zimmer, ein falsches Mönchsbett.«

Wie Diderot seinem alten Schlafrock nachtrauert, ist ebenso bezeichnend: »Warum habe ich ihn nur nicht behalten? Er war für mich geschaffen und ich für ihn. Er schmiegte sich allen Formen meines Körpers an, ohne irgendwo lästig zu werden – ich war malerisch und schön. Der neue, steif und schwer, macht mich zur Puppe. Es gab nichts, wozu er sich nicht gebrauchen ließ, denn die Dürftigkeit ist fast immer diensteifrig. War ein Buch mit Staub bedeckt, so bot sich einer seiner Zipfel als Staubtuch an. Wenn die dick gewordene Tinte nicht mehr aus meiner Feder rinnen wollte, flugs war eine Ecke da: In langen schwarzen Linien zeichneten sich auf ihm die häufigen Dienste ab, die er mir geleistet hatte. Diese langen Linien verkündeten den Literaten, den Schriftsteller, den arbeitenden Menschen. Jetzt sehe ich aus wie ein reicher Nichtstuer: Man weiß nicht mehr, wer ich bin.«

Abgesehen davon, daß sie eine relativ junge Herrenmode kennzeichnen – der braune oder blumenbestickte Satinmorgenrock verbreitete sich in Nordeuropa ab 1650 –, zeugen diese vor Huysmans geschriebenen Überlegungen von dem bürgerlichen Bemühen, den Lebensrahmen und die Darstellung, die man von sich selbst und seinem guten Geschmack geben möchte, miteinander in Einklang zu bringen. Für Diderot besteht das Drama darin, daß er sein Schlafzimmer oder vielleicht sogar die ganze Wohnung völlig neu wird einrichten müssen, damit die Möbel zu seinem neuen Schlafrock passen.

Welches Mobiliar man erwarb, wurde, wie der englische Historiker Theodore Zeldin bemerkt, schließlich von jenem unsagbar ausgeprägten Stilbewußtsein nicht weniger bestimmt als von den Trends der Möbelindustrie. Zum ersten Mal in der Geschichte ist das Mobiliar nicht länger Symbol des Reichtums, sondern es wird einfach zu einer Ansammlung von nützlichen Gegenständen; dieselbe Tendenz zeichnet sich auch deutlich in der Entwicklung der Tapete ab, deren Motive in dem Maße schlichter werden, wie ihre allgemeine Beliebtheit wächst. Mitte des 19. Jahrhunderts glichen Tapeten noch überdimensionalen Wandmalereien und zeigten häufig an die dreißig verschiedene Szenen, wie Paillards Motiv der »Eisenbahn Lyon-Saint Étienne« (1854) oder, in noch größerem Maßstab, die »Jagd im Walde« (1851) von Delicourt, welche viertausend Gravuren enthielt. Mit der 1858 erfolgten Einführung der Dampfmaschine wurde aus der Tapetenmanufaktur ein riesiger Industriezweig, der 1899 bereits mehr als zweihundert Fabriken zählte und den Markt mit nun preiswerten Tapeten überschwemmte, deren schlichte und sich wiederholende Muster nur noch eine entfernte Ähnlichkeit mit den kunstvollen, extravaganten Gebilden vom Anfang des Jahrhunderts aufwiesen.

Interessanterweise beginnt die Umgestaltung der Wohnung im Hinblick auf Bequemlichkeit und Hygiene mit den trivialsten Räumen, bei ihrer Kehrseite gewissermaßen. Technische Errungenschaften wie kleinere Kamine und die gegen 1870 ausgereifte Entwicklung des Siphons — ein überaus wichtiger Fortschritt für den Geruchskomfort aller Bewohner — tragen dadurch, daß Wasch- und Toilettenräume nun immer dichter an das Schlafzimmer heranrücken können, mit dazu bei, dessen intimen Aspekt zu unterstreichen. Folglich gruppieren sich die berühmten »Nebenräume« nun um den Schlafraum herum: Boudoir, Arbeitskabinett, Bad und WC bilden so etwas wie eine kleine Wohnung in der Wohnung.

Handbücher der feinen Lebensart weisen sehr nachdrücklich darauf hin, daß der »Sinn für Würde und Schicklichkeit« die Wahl einer Wohnung maßgeblich beeinflussen müsse. Sie sollte nicht zu viele schlecht zugängliche Ecken und Winkel haben und auf jeden Fall ein Antichambre besitzen. Dieser Punkt ist für jeden, der die Privatsphäre seiner Wohnung gewahrt wissen will, von besonderer Wichtigkeit. Größte Zurückhaltung muß in bezug auf das Schlafzimmer gelten; zu ihm haben nur Eltern oder sehr enge Freunde Zutritt. Da Komfort und eine bürgerliche Wohnung — obgleich in verkleinerter Ausgabe — nunmehr auch dem Mittelstand zugänglich sind, entwickelt sich eine »neue Lebensform«, die aus Raummangel und im Namen der Behaglichkeit die Abschaffung des Schlafzimmers fordert. In dem 1930 erschienenen Werk ›Le Nouveau Savoir-Vivre, pour balayer les vieux usages‹ von Paul Reboux heißt es klar: »Kein erkennbares Bett im Schlafzimmer. Wenn möglich auch kein Spiegelschrank. Dieser kann in einem anderen, zum Schrank- oder Ankleideraum umfunktionierten Raum seinen Platz finden. Derart umgestaltet, kann in einer modernen Wohnung aus dem Schlafzimmer ein direkt an den großen Salon sich anschließender kleiner Salon werden, ein intimeres Gemach, in welches die Damen sich zum Plaudern und zum Rauchen zurückziehen können.« Die bürgerliche Wohnung hatte ausgedient, und die mit Wohnraumkrise und Massenwohnbau konfrontierten Architekten mußten sich neue Normen einfallen lassen, bei denen das Funktionelle wichtiger zu werden begann als das Dekorative. Die Wohnung wurde zum »Nutzraum«, den man nach Quadratmetern analysierte und verplante.

Vom Keller zur sechsten Etage

Das Bürgertum beginnt sich allmählich über die Lebensbedingungen all derer zu empören, die man noch immer, als sei dies eine biologische Spezies, den »Pöbel« nennt, und mit wachsendem Hygienebewußtsein wird durch entsprechende Projekte versucht, die »Lage der arbeitenden Klasse«, wie Engels sie geschildert hatte, zu verbessern. Die Metropolitan Association for Improving the Dwelling for the Industrious Classes (Londoner Gesellschaft zur Verbesserung der Wohnstätten der werktätigen Klassen), welche durch königliche Charta im Oktober 1845 anerkannt wurde, widmet sich der Renovierung bereits bestehender Gebäude und der Errichtung neuer Wohnblöcke der Art, wie sie im Hyde Park ausgestellt und in den ›Illustrated London News‹ vom 14. Juni 1851 ausführlich gewürdigt werden: »Hinsichtlich der Schlaf-räume, es sind deren drei, ist die für Sitte und Anstand in einer Familie so wichtige Raumtrennung vorgesehen. Sie haben jeweils einen separaten Zugang … Jedes Kinder-zimmer hat fünfzig Fuß im Quadrat und führt in den Wohnraum, was den Eltern ermöglicht, ihrer Aufsichts-pflicht zu genügen, ohne daß die bisher geübte ungesun-de Gewohnheit, alle in einem Raum zusammenzudrän-gen und das Wohnzimmer zu benutzen, beibehalten wer-den müßte. In das Elternschlafzimmer, das eine Fläche von etwa einhundert Fuß im Quadrat aufweist, gelangt man vom hinteren Teil der Küche aus, eine Raumauftei-lung, die in vielerlei Hinsicht, besonders im Krankheits-falle, einem direkten Zugang vom Wohnzimmer aus vor-zuziehen ist.«

Die Bourgeoisie jagt Mikroben, verfolgt Tuberkulose und Syphilis und leitet unter der Losung »Sauberkeit ist der Beginn der Tugend« einen Kreuzzug für Gesundheit und Sauberkeit ein. Zielscheibe dieser Kampagne ist die gefährliche »sechste Etage«, jene von der Herrschaft abge-schnittene Welt, die häufig Gegenstand von allerlei Phan-tasien über »sturmfrei« wohnende Dienstmädchen ist, wie Anne Martin-Fugier in ihrem Werk ›La Place des bon-nes‹ schreibt. Denen, die sich niemals dorthin zu begeben pflegten, empfehlen ›Handbücher für die Hausherrin‹, wie das von Madame Pariset 1821 veröffentlichte: »Die Angewohnheit …, hin und wieder Aussehen und Sauber-keit ihrer Zimmer zu kontrollieren, ist eine der besten, die Sie pflegen können. Sie bildet nicht nur Bestandteil einer in Ihrem Hause geübten festen Ordnung, vielmehr kön-nen Sie durch derlei Stichproben vielleicht auch kleine Unregelmäßigkeiten entdecken, von denen Sie anderen-falls womöglich keinerlei Kenntnis erhalten hätten.«

Endlich kümmern sich der Nationalverband der Ar-beiter und Hausangestellten und die Liga gegen die Tu-berkulose — sie prangert 1906 das »langsame Ersticken« der Dienstmädchen an — um Erkrankungen, die durch das Fehlen korrekter Sanitär- und Heizungseinrichtungen hervorgerufen wurden, wie »Brustkrankheiten, Tuberkulose, Bleichsucht und Anämie«. Diese Liga stellt in Genf nebeneinander zwei Räume zur Schau: Der eine ist die Dienstmädchenkammer in der sechsten Etage eines Gebäudes an den Champs-Elysées: Die Wände sind mit Papier bedeckt, als Möblierung fungieren ein abgewetzter Läufer, ein schmuddeliges Bett, wackelige, verschmutzte Möbel und eine abgestoßene Waschschüssel. Daneben die Zelle des kürzlich fertiggestellten Gefängnisses von Fresnes: Die Wände sind sauber gestrichen, Bett und Matratze keimfrei, für Lüftung sorgt ein großes Fenster, und es fehlt auch nicht an Elektrizität und Kanalisation. Das sind Dinge, von denen man im Dienstbotenzimmer nur träumen kann, das im übrigen häufig nicht einmal »sechste Etage«, sondern ein elendes Kabuff ist, in welchem, inmitten von Kisten und sonstigem Gerümpel, nur eine schmale, eiserne Bettstelle steht.

Noch schlechter geht es offenbar den Dienstmädchen von Berlin. Émile Massard zitiert in seinem am 27. März 1906 vor dem Stadtrat von Paris eingebrachten ›Vorschlag, die Hygiene und die Arbeit der Hausangestellten betreffend‹ einen Bericht von Arthur Roffalovich: »Diese armen Mädchen schlafen ein bißchen überall, im Flur, im Bad oder auch in der Küche. Was die Glücklichen anbetrifft, die für die Nacht eine Kammer haben, so wäre das Wort ›Speicher‹ noch zu vornehm, um derartige Löcher zu bezeichnen. Es ist auch nicht selten, daß man, um überhaupt ins Bett gelangen zu können, eine Leiter zu Hilfe nehmen muß.«

Liebeslager, Schmerzenslager

Vom Bett des Unholds Prokrustes, des Wegelagerers, welcher Wanderer streckte oder verstümmelte, um sie an eines seiner beiden Betten anzupassen, über die Prinzessin auf der Erbse, welche sich beklagte, sie habe die ganze Nacht kein Auge schließen können und sei voller blauer Flecke — da sie nämlich auf einer Erbse geschlafen hatte, die unter zwanzig Matratzen und zwanzig Eiderdaunen verborgen gewesen war —, bis hin zu Smyndyrides von Sybaris, der es auf seinem Rosenbett nicht ertrug, die ganze Nacht über »ein gefaltetes Blatt gespürt zu haben«, ist die Palette der Schmerzenslager weit gespannt.

Im Gegensatz zu Ruhe- und Genesungsbetten waren die weißgestrichenen, eisernen Bettstellen der Krankenhäuser mit den »wurmresistenten« Roßhaarmatratzen zusammen mit den Krankenzimmern und -sälen, in denen sie sich befanden, bis zur Mitte des 19. Jahrhunderts für die Armen nur Stätten der Agonie, während diese Betten für unsere Zeitgenossen immer mehr nur vorübergehend zu Schmerzenslagern und dann zu Orten literarischer Einkehr werden. »Vollkommen getrennt von sexuellen Lustvorstellungen und wie selbstverständlich eingebunden in ein Klima absolut banalen Komforts, kann die Krankheit hier unter keinen Umständen zu einer edlen Agonie oder deren klassischem Grauen führen. Laken und Bettdecken sind zu glattgezogen und so fest über die Matratze gespannt, daß sie an den altertümlichen Brauch von Ketten, Banden und dergleichen Zwangsmitteln mehr erinnern, welche einst die Folter anzukündigen pflegten«, schreibt Anthony Burgess in seinem Buch ›On Going to Bed‹ in bezug auf das Krankenhausbett und die — relativen — Leiden, die er darin ausgestanden hat. »Das einzig Positive, das ich sehe«, fährt er fort, »ist, daß nichts dazu einlädt, dort sanft zu entschlafen. Unter dem Einfluß von Wut und Frustration beschleunigt sich der Puls, und kampflustig durchzuckt ein Adrenalinstoß Ihren Organismus, kurzum, Sie sind wildentschlossen, Ihren Unterdrücker in Weiß lebend zu überstehen.« Wobei das Krankenhaus, von vornherein bürgerlich und zeitgenössisch, traditionsgemäß bei den Reichen nie in hohem Ansehen stand.

180

Zu Beginn des 19. Jahrhunderts nistete die Schwindsucht sich ein, »vornehmlich«, wie man glaubte, »bei den Reichen, den Jungen, den Frauen, überhaupt bei zarten Geschöpfen«, welche sich in »traurigen Leidenschaften« verzehren, von denen Laennec in seinem ›Traité de l'auscultation médiate‹ spricht. So ist man ebenso bestürzt wie fasziniert angesichts dieser Leidenschaft, welche die ätherischen, schwachen, bleichen und transparenten jungen Schönheiten verzehrt, deren glühende Augen das Feuer der Seele widerspiegeln, das ihre Tage in Luxus und Müßiggang verbrennt. Im Bürgertum wird diese Krankheit vor allem innerhalb der Familie, in der intimen Abgeschlossenheit des Schlafzimmers durchlitten und geheimgehalten, um sich die Möglichkeit einer vorteilhaften Eheschließung zu bewahren. »Halb Europa hat mehr oder weniger defekte Lungen«, schreibt Kafka 1920 in einem seiner Briefe an Milena. Aber wenn auch die Krankheit am Ende des 19. und zu Anfang des 20. Jahrhunderts spontan zurückzuweichen begann, und zwar sogar noch vor der Entdeckung des Kochschen Bazillus, so hatte sich doch die Einstellung gegenüber der Tuberkulose grundlegend geändert: Aus der »romantischen Krankheit« war eine »soziale Geißel« geworden. Zum »unsichtbaren Ungeheuer, gefährlicher noch als Tiger, Löwen und Wölfe« erklärt, stellte sich der Kochsche Bazillus 1897 keineswegs als die den Reichen, den Snobs und Intellektuellen vorbehaltene, schicke Mikrobe heraus, vielmehr suchte sie, wie statistisch belegt ist, genauso die Arbeiterklasse heim.

Die Problematik der Krankheit, bisher bei Bürgern und Künstlern auf die innere Selbstzerstörung gerichtet, erfaßte auf breiter Front die Armen und die Elendsquartiere. Die Schwindsucht verließ die seidenen Bettücher, um in den Lungen der Proletarier zu galoppieren und sie an ihr dürftiges Lager zu fesseln. Der Bazillus verließ das luxuriöse Gemach, um Elendsbehausungen ohne Licht und Luft, um physische Erschöpfung, Armut und Unterernährung kennenzulernen. Auf Keuchhusten und die verheerenden Blattern folgten »Erstickungskatarrhe«, zu denen sich noch die Ruhr gesellte, welche die Männer und Frauen, die vor Schmerzen wie besessen schrien, gleich reihenweise in den Treppenhäusern niederstreckte, und Choleraepidemien wie jene von 1832, die Martin Nadaud, Maurer aus dem Departement Creuse, beschrieb, drangen mit Macht in die Armenviertel ein. »Eines Tages schickte man uns in die Rue de la Huchette, um in einigen Räumen etliche Arbeiten durchzuführen. Wie groß war unsere Überraschung! Im ganzen Viertel grassierte die Cholera, und bald sprach man in Paris von nichts anderem mehr. In dem Haus, in welchem wir arbeiteten, gab es drei oder vier Todesfälle. Im Viertel breitete sich Panik aus. Wir waren einfach fassungslos.«

Mitten in dieser vom Klassenhaß aufgewühlten Epoche wendet man sich gegen die Reichen, gegen die Bourgeois, die nicht nur nicht sterben, sondern flüchten und »das Volk vergiften«. Nun, da Krankheit und Tod um ihre Häuser streichen, geruhen einige Bourgeois auch ihre Schlafröcke abzustreifen und ihre mit Stilmöbeln eingerichteten Zimmer zu verlassen, um das Elend der Arbeiter zu bezeugen. In England, der großen Industrienation des 19. Jahrhunderts, lebten im Jahr 1840 von den zweihundertvierzigtausend Einwohnern der Stadt Manchester fünfzehntausend ständig in Kellern, die mit den Abstellräumen des Bürgertums nur den Umstand gemein hatten, daß sie sich unterhalb der Häuser befanden. »Stellen Sie sich«, schreibt Léon Faucher in seinen 1845 veröffentlichten ›Études sur l'Angleterre‹, »eine Art Loch vor, das eine Fläche von zehn auf zwölf Fuß im Quadrat und häufig eine Höhe von weniger als sechs englischen Fuß hat, so daß ein erwachsener Mensch kaum aufrecht darin stehen kann. Diese Höhlen haben kein Fenster; Licht und Luft dringen nur durch die Tür herein, deren oberer Teil sich meistens auf gleicher Höhe mit der Straße befindet. Auf einer Leiter oder Treppe steigt man, wie in einen Brunnen, fast senkrecht hinab. Unten auf dem Boden sammeln sich Wasser, Staub und Schlamm an, und da kaum einer dieser Böden mit Bodenbrettern ausgelegt und eine Lüftung praktisch unmöglich ist, herrscht dort eine dumpfe Feuchtigkeit. Einige dieser Keller bestehen gar aus zwei Verschlägen, von denen der zweite, der häufig als Schlafraum dient, Tageslicht nur vom ersten erhält.«

Es kam auch nicht selten vor, daß zwei oder drei besonders bedürftige Familien sich einen Raum von drei mal drei Metern teilten und dort überdies in Gesellschaft eines Schweins oder einiger Hühner lebten. In ihrem Bemühen um die öffentliche Gesundheitspflege beschlossen Industriestädte wie Liverpool und Manchester in Nordengland, diese Brutstätten von Infektionskrankheiten, diese Schandflecke für die ganze Stadt zu beseitigen, und erließen Verordnungen, in denen die Größe der Wohnungen amtlich festgelegt und schließlich die Nutzung von Kellerräumen als Wohnstätten untersagt wurde. Liverpool rühmt sich, zwischen Anfang 1840 und Mitte 1850 achttausend solcher Behausungen räumen lassen zu haben. Doch kam es unter diesen Umständen vor, wie Jean-Pierre Navailles in seiner Untersuchung über die ›Arbeiterfamilie im viktorianischen England‹ schreibt, daß nichts unternommen wurde, um die derart Vertriebenen auch wieder unterzubringen. Einige drängen sich in den ohnehin überbelegten Dachwohnungen, wahren Verschlägen, die in hygienischer Hinsicht kaum besser sind als ihre einstigen Quartiere, andere landen in Nachtasylen, wo sie, auf einer unbequemen Bank sitzend, die Arme auf ein vor ihnen gespanntes, langes Seil und den Kopf auf die Arme gestützt, etwas Schlaf suchen. Das Erwachen im Morgengrauen ist grausam; nach einem Warnruf löst der Wächter das Seil, und wer nicht rechtzeitig aufwacht, kippt mit dem Kopf vornüber auf den Boden.

Henri Troyats Held Jean Roussel, der rings um den

Khitow-Markt von Moskau die Nachtasyle kennenlernt, gelangt unter der Führung seines Freundes Pawel Jegorowitsch in ein verwahrlostes zweistöckiges Haus, erklimmt eine Treppe, auf der es nach Latrinen stinkt, und steht schließlich in einem großen Raum, »in dem Schlafende wie Leichen auf armseligen Betten liegen. Unter ihren Lumpen zusammengekauert, beizten sie in einem ekelerregenden Gestank von verdorbenem Fleisch, Ungeziefer und menschlichen Exkrementen. Die meisten der Schlafstellen bestanden aus leicht geneigten Holzplatten, die etwa einen Meter über dem Boden auf Holzgestellen ruhten. Auf ihnen schnarchten, Seite an Seite, zehn Männer. Zog man aber eine Latte weg, dann entdeckte man darunter eine zweite Lage von Gästen, die direkt auf dem Fußboden schliefen.«

Für einige dieser Mieter, die den tollard kennengelernt hatten, das Gemeinschaftslager der Bagnosträflinge, von dem Victor Hugo sagte, dagegen sei das Trappistenbett eine besondere Gunst, dürfte dies kaum unbequemer gewesen sein. Solange man es nicht selbst ausprobiert hat, ist es schwer, sich den ramas vorzustellen, nach dem Urteil von Bagnosträflingen eine »Hölle in der Hölle«, eine Schlafstelle ohne Zudecke, wo man mit festgebundenen Händen schlief, da ein Kommissar 1854 die Handschellen und auch die doppelte Kette, »die nur 2,380 Kilogramm wog«, als unzureichende Sicherheitsmaßnahme beurteilt hatte. Im Bagno von Toulon schien den mit Ketten an ihr Bett geschmiedeten Insassen das Leben noch süß im Vergleich zum court-baril von Cayenne, welches, um 1860, eine Art Feldbett war, auf dessen Stütze ein zwanzig Zentimeter dicker, in der Mitte aufgesägter Balken befestigt war, welcher eine Art Schraubbacke bildete, in die man die Beine des Gefangenen spannte und welche dann wieder geschlossen und zugeschraubt wurde. »Man konnte sich mit ausgestreckten Beinen hinsetzen, aber nicht aufstehen, und man blieb eine Woche lang in dieser Stellung«, schreibt ein ehemaliger Sträfling. Marcel Le Clère erinnerte dies an das Martyrium der souche, die in Rochefort vor 1832 in Gebrauch war: Der Häftling wurde an eine auf dem Boden befestigte Bohle angebunden und blieb dort, der Sonne wie dem Regen ausgesetzt, mehrere Tage. Angesichts einer solchen »Disziplin« wird verständlich, warum die in einigen Bagnos praktizierte ungesetzliche Erhöhung der Eisengewichte als Bagatelle erschien. Die unglückseligen nach Biribi Verbannten liefen Gefahr, eine Variante dieser Art von Schlafstätte kennenzulernen: das »Grab«. Dabei handelte es sich um ein Einzelbett von siebzig Zentimetern Breite und fünfzig Zentimetern Höhe, welches auf die um die Hälfte verkürzten Stangen eines normalen Zeltes montiert war. Der Strafgefangene mußte, um das Zelt nicht zum Einstürzen zu bringen, auf dem Bauch hineinkriechen und in Erwartung des dreistündigen Strafexerzierens am nächsten Morgen, für das es als Stärkung nur eine Reissuppe gab, die kalte Nacht darin verbringen. Die »à la crapaudine« genannte Schlafmethode wurde in den militärischen Bagnos 1836 in Algerien eingeführt: Der linke Arm und das rechte Bein sowie der rechte Arm und das linke Bein wurden auf dem Rücken über Kreuz zusammengebunden; der Verurteilte konnte folglich nur auf dem Bauch liegen und versuchen, so zu schlafen.

Von sehr christlichen Betten

Daß man das Bett einsetzt, um über den Körper christliches Gedankengut in die Familie und in die Denkweisen eindringen zu lassen, diese langgepflegte und durchaus mehrdeutige religiöse Tradition ist im 19. Jahrhundert natürlich nichts Neues mehr. Dennoch wird dieser Einsatz seinem Charakter nach nun deutlich weltlicher: die »köstlichen und erlösenden Leiden« der Kasteiungen verlassen die Klöster und gelangen in die Schlafzimmer noch im entlegensten Winkel Europas.

In ihrem Buch ›Le Vinaigre et le Fiel‹ (wörtlich: Der Essig und die Galle, sinngemäß: Gift und Galle) beschreibt Margit Gari, wie sich in Ungarn eine Frau, »um das Seelenheil ihres verstorbenen Mannes zu retten, der völlig betrunken am Fuße der Treppe vor Kälte gestorben war«, im Schlaf geißelte, »um ihn so schnell wie möglich aus dem Fegefeuer zu befreien«: »Des Nachts rollte sie sich am Fußende des Bettes ihres Kindes oder ihres eigenen oder auch nur auf einer mit ungebleichtem Leinen bedeckten Bank zusammen. Zahlreich sind die, welche in Mezökö-veso nachts auf dem ringo schlafen, einer vor das Bett gestellten Bank mit beweglichem Rückenteil, die nicht einmal mit einem einfachen, ungebleichten Linnen bedeckt ist. Ich kenne sogar Personen, die sich ein ›Bußkissen‹ aus Holz unter den Kopf schieben.« Da ihnen diese Unterlage aber noch immer zu weich ist, muß das Bett sofort nach dem Wachwerden verlassen werden. »Von einem im Liegen gesprochenen Gebet sagt man in Ungarn nur, daß es dann noch besser sei, im Stehen Gott zu lästern.« Margit Gari berichtet, wie ihre Mutter sich schon bei Dunkelheit, noch vor dem Angelusläuten, erhob, sich, sobald sie das Bett verlassen hatte, auf den eiskalten Boden kniete, ankleidete und, bevor sie in die Küche ging, vor dem Weihwasserbecken stehenblieb, um ihre Hand zu benetzen und »über sich und vor sich das Kreuz zu schlagen … Sodann beugte sie sich über unsere Schlafstelle und schlug auch über uns, über den Bänken, dem Boden, auf dem wir schliefen, ein Kreuz. Dann stimmte sie einen weiteren Lobgesang an«, und schließlich weckte sie die Kinder. In derselben Gegend lebte eine Art Gegenüber zur Prinzessin auf der Erbse: Die Frau eines reichen Bauern ließ, aus Mitgefühl für das hehre Leiden Christi, ihr bequemes Bett auf den Speicher bringen, um künftig dort, wo es gestanden hatte, nur noch auf dem nackten Lehmboden zu schlafen, den sie zuvor mit Maiskörnern bestreut hatte.

Diese Bußübungen sind indes noch milde im Vergleich zu den Geißelungen, welchen sich im Mittelalter die Kandidaten und Kandidatinnen für die Heiligsprechung unterzogen, Selbstkasteiungen, wie sie der Abbé Boileau in seiner ›Histoire des flagellants‹, die Sammlung der ›Petits Bollandistes‹ und Jacques Doyon sie in seinem Buch ›La Recluse‹ beschreiben. Da gibt es den heiligen Dominicus Loricatus (gestorben 1060), der ausschließlich auf Knien, den Kopf zur Erde gebeugt, schlief, und dies auch nur dann, wenn er am Ende seiner Kräfte war; oder wir lesen über den Bischof von Gubbio (gestorben 1061), aus dem der selige Rudolf wurde, daß er im Büßerhemd und ohne Zudecke auf einem Bett »nach der Art der Mönche von Fonte Avellana« schlief; vom seligen Petrus, Kardinal von Luxemburg (1363-1387) heißt es, er habe, bevor er die Sterbesakramente empfing, seine Bediensteten an sein Bett gerufen; nachdem er sie hatte geloben lassen, daß sie alle den Befehl befolgen würden, den er ihnen nunmehr erteilen würde, habe er ihnen geboten, unter seinem Krankenbett eine Geißel hervorzuholen und ihm, einer nach dem anderen, Schultern und Rücken zu geißeln: als Strafe dafür, daß er sie wie seine Diener behandelt hatte, obschon sie doch seine Brüder wären. Bei welchem Heiligen man auch anfängt, wenn man das Stadium des Widerwillens erst überwunden hat, so eröffnet einem dies, wie man zugeben muß, den Zugang zu einem Bilderbogen ganz besonderer Art.

Die heilige Coletta (1380-1447), Reformatorin der Franziskanerinnen, durchlebte als Klausnerin eine Liebesphantasie mit dem Sohn Gottes, dessen Fleisch, »weltliches Werkzeug des Heils«, dabei nicht fehlte. In dem Buch ›La Recluse‹ zeichnet Jacques Doyon ihr Leben auf und zeigt sie uns in ihrer Klause: »Ein rauhes Leinen mit schlaffem Schußfaden, in den Werkstätten von Sankt Peter gewebt, bedeckte die Reisigbündel, mit denen die auf den Steinen liegende Matratze ausgestopft war. Ihr Lager hatte indessen den Vorteil, sich zwischen der Wand und einem Holzbrett zu befinden, wodurch die Reisigmatratze sich nicht über den Boden ausbreiten konnte … Die Reisigzweige zerstachen ihr den Rücken, das Gesäß, und sie spürte deren Härte durch ihr Sergegewand hindurch. Sie trug keinerlei Leibwäsche, der grobe Stoff ihrer Kleidung scheuerte ihr die Haut auf. Sie bettete ihren Nacken auf den als Kopfkissen dienenden Holzklotz. Sie legte ihre Hacken auf den Holzscheit, der das Ende des Bettes bezeichnete …, ihr Leib schmerzte sie erneut. Ihre Brüste, denen sie normalerweise keine Beachtung schenkte, wurden durch ihr Büßergewand zu sehr gedrückt und schmerzten sie. Ihre Hüften mußten den Druck des Metallgürtels ertragen … Es war unmöglich, nicht mehr an ihn, den innig Geliebten, zu denken, und sei es nur einen Seufzer lang. Denn, wie die Regel sagte, selbst im Schlaf wird Gottes Angedenken Euch nicht verlassen.«

Wie Coletta lernte auch Schwester Jeanne des Anges, Superiorin des Ursulinenklosters von Loudun, eine »besessene Hysterikerin«, im 17. Jahrhundert das Bett der Ekstase kennen. »So geschah mir in der Nacht vom Donnerstag, 24. Januar. Zwei Stunden nach Mitternacht ergriff mich ein Schauern. Von meinem Bett aus erblickte ich ein ziemlich großes Licht; mein Bett begann sehr heftig zu beben, was nahezu eine Stunde dauerte. Mir war, als habe eine Person sich mir genähert: Er zog meine linke Hand an sich und küßte sie …«

Bettparasiten

In den Niederungen der irdischen Lufthüllen wie in unseren eigenen Hüllen haben gewisse Insekten die unerfreuliche Angewohnheit, sich für uns zu interessieren und sich in unser Nachtleben einzumischen. Als man Alexander von Humboldt bei seiner Rückkehr aus den amerikanischen Tropen fragte, wie lange er dort zugebracht habe, antwortete er: »Ich habe zwanzig Mückenjahre dort verbracht«, eine keineswegs übertriebene

Antwort, die zu geben wir in bezug auf unseren Aufenthalt in Lappland ebenfalls nicht zögern würden, was übrigens auch für Mexiko gilt, wo die Leidenszeit zwar weniger lang, dafür aber so intensiv wie nirgendwo in unseren Breiten war.

Das 19. Jahrhundert hatte in Ermangelung von Insektiziden seine eigenen Rezepte zur Bekämpfung der »höllischen Dreifaltigkeit« von Mücken, Läusen und Flöhen. Gegen die Stechmücken empfahl man in der Gegend von Metz, diese mit dem Licht einer Laterne anzulocken, deren Scheiben mit Honig, und mit einem Pulver bestrichen waren, und unter der Zimmerdecke einen großen Strauß frisch gepflückter Petersilie oder Kamille aufzuhängen. Einen Mückenstich, so hieß es, solle man mit Petersiliensaft, mit Speichel – sofern man nichts gegessen hatte – oder mit Lilienöl einreiben.

Fliegen und Mücken sind im Abendland »kleine Übel« im Vergleich zu den wirklichen Gefahren wie Malaria, Filariose oder Schlafkrankheit, denen der Mensch in den Tropen durch Mückenstiche ausgesetzt ist. Flöhe, Wanzen und andere Ungeziefer fügen denen Schaden zu, »die schlafen möchten, und verschonen keinen, weder König noch Papst«. Da man bis zum 17. Jahrhundert glaubte, Läuse und Flöhe seien die Folge menschlicher Abbauprodukte und schlecht gesteuerter Ausdünstungen, wurden diese Bett- und Kopfgenossen im Gegensatz zu den Wanzen bis zum Beginn des 20. Jahrhunderts von einem Großteil der Bevölkerung als eine Art »Hausinsekten« angesehen. Waren die Entlausungssitzungen nicht letztlich, wie in Montaillou im 14. Jahrhundert, Zeichen von Zärtlichkeit und Ehrerbietung, im Bett ebenso wie am Herdfeuer? So wie man noch heute manchmal in der einen oder anderen traditionellen Gesellschaft am Amazonas, in Asien oder Amerika einander lausende Menschen sieht, so gab es auch im Abendland friedliche Bilder, auf denen Mätressen ihre Liebhaber, Dienstmädchen den Hausherrn, Töchter ihre Mütter und Schwiegermütter ihre zukünftigen Schwiegersöhne entlausen. Manche Frauen mit besonders geschickten Händen machten sogar einen Beruf daraus, behauptet Georges Vigarello.

Da die Rolle, die die Laus bei der Übertragung des Flecktyphus spielt, erst 1909 durch Charles Nicolle zweifelsfrei nachgewiesen wurde, besaß dieser Parasit im Abendland lange einen Adelsbrief, denn »da sie die Unreinheiten des Blutes aufsaugt, zieht die Laus die bösen Säfte im menschlichen Körper an die Oberfläche der Kopfhaut und bewahrt somit vor Augenkrankheiten, ja, sie stärkt sogar die Sehkraft«. Man hielt sie für die Gesundheit der Kinder für erforderlich, und lange wurde sie als Heilmittel für Jugendliche und Erwachsene vor allem gegen die Gelbsucht betrachtet, welche nichts besser zu kurieren vermochte als eine schöne, mit Läusen belegte Butterstulle. Mit zunehmendem Hygienebewußtsein schlug die der Laus entgegengebrachte Liebe in Haß um, und man erfand nun Mittel gegen Läuse, die das »Heilmittel Laus« ablösten: Mangoldsaft, Tabaksaft, Lotionen auf der Basis von Aschenwasser oder Farnwurzeln, Salben aus Trester, vermischt mit einem Kilo Butter und einer Handvoll fein geschnittenem Salbei, Abreibungen mit einem Sud von Tausendgüldenkraut oder eine Mischung aus Butter mit in Essig eingelegten, getrockneten Zwiebeln der Herbstzeitlose … Zur größeren Sicherheit und Wirksamkeit sollte man, so wurde behauptet, ständig etwas »Leichenfett« bei sich haben, jedenfalls würden diejenigen, die so verfuhren, niemals mehr von Läusen geplagt.

Beim springenden, stechenden Menschenfloh, Pulex irritans, müssen wir in der Geschichte einige Sprünge rückwärts tun. Indem sie das mikroskopisch kleine Pestbakterium, Pasteurella pestis, mit dem Blut immunisierter, wildlebender Nagetiere aufnehmen, haben Flöhe als fast unsichtbare »Erreger-Reservoire« mehrere Male den Schwarzen Tod in unseren Städten verbreitet und lange allen Behandlungen getrotzt, mit denen man vor Erfindung des DDT gegen sie zu Felde zog. »Decken, Wäsche und Kleidung fest in die Truhen drücken, auf daß die Flöhe ohne Licht und Luft seien und sogleich zugrunde gehen und verenden«, wie man es während der großen Pestepidemie, die Europa im 14. Jahrhundert verheerte, empfahl, eine mit Pferdeschweiß getränkte Decke oder ein Wolfsfell über das Bett zu breiten — all das war kaum wirksamer als ein paar Handvoll frischer Nußbaum- oder Rainfarnblätter, im Volksmund auch »Scheben-« oder »Mottenkraut« genannt, beziehungsweise Farn- oder Erlenblätter zwischen Strohsack und Federbett zu legen.

Man konnte die Flöhe auch »beschwören«, indem man abends vor dem Schlafengehen einen ordentlichen Schluck trank, »da man nämlich«, so erklärte Oudin 1640, »die Flöhe, die uns beißen, dann nicht mehr spürt«; der ›Ménagier de Paris‹ empfahl hingegen, sich mit einer poetischen Therapie folgender Art in Geduld zu üben.

> In tiefem Schlaf liegt die Natur
> doch nein, ich täusche mich.
> Was regt sich in meinem Bette nur?
> Die Flöhe — sie sind so wach wie ich.
> Mein hehres Bett aus noblem Holz
> ist edle, alte Schreinerarbeit:
> Nun ziert das Kopfende, nicht ohne Stolz
> die Flohgilde voller Erhabenheit.

Dank des Flohs, der den Menschen überallhin begleitet, fanden sich in den Anstandsbüchlein Sätze wie: »Es ist nicht schicklich und korrekt, sich bei Tisch am Kopf zu kratzen, sich am Kragen oder in den Rücken zu fassen oder ihn vor anderen Leuten zu töten.« Der Floh war es aber auch, der John Donne eine Ode eingab, in der er die pechschwarzen Flanken des Flohs bewunderte, der sowohl sein Blut als auch das seiner Geliebten barg und somit »lebender Zeuge ihrer Liebesvereinigung« war. Einige Autoren des 17. und 18. Jahrhunderts verliehen — im negativen Sinn — »Sterne« an Gasthöfe, die sie besucht hatten, entsprechend der Anzahl der Flohpopulationen in den Betten und der Qualität ihrer »Flohkisten«. Samuel Pepys (1633–1703), der Tag für Tag über die Pest von London (1665) berichtete und als ein in Sachen Nachtquartiere spezialisierter Dichter gelten darf, erstellte eine Art Anti-Reiseführer der »verflohtesten« Herbergen mit Bemerkungen der Art: »An dem und dem Ort haben die mit Lord und Lady X im Bett sich befindlichen Flöhe diesen schwer zu schaffen gemacht.«

Mag man Mücken, Läuse und Flöhe noch gelten lassen und die Filzlaus gerade noch hinnehmen, so ist die Bettwanze, Cimex lectularius, absolut unerträglich. Dieses platte, ovale Insekt lebt als Parasit beim Menschen. Geradezu besessen ist sie davon, sich von unserem Blut zu ernähren und erst dann von uns abzulassen, wenn sie, vollgesogen, ihren Hunger gestillt und uns womöglich — zwar selten, aber nicht auszuschließen — mit einer ansteckenden Krankheit infiziert hat. Nur nach einem regelrechten Kampf ist ihr beizukommen: Da heißt es Betten auseinanderbauen, die hintersten Ecken, Winkel und Zapfenlöcher reinigen, Mauerrisse zustopfen, Scheuerleisten abnehmen, Tapeten herunterreißen, Wände abwaschen … Nur um diesen Preis, sagen die Hygienehandbücher des ausgehenden 19. Jahrhunderts, kann man der Invasion Einhalt gebieten. Sind die Matratzen erst mit Beifußblättern gefüllt, die Wanzenstiche durch Bestreichen mit etwas Urin oder verdünntem Ammoniak gemildert, hat man einen Tee aus Klatschmohn, Baldrian, Mohn, Primeln, weißen Taubnesseln, gelbem Labkraut, Rainfarn oder auch ein Glas Weißwein, in dem man das helle Moos der Eiche mazerieren läßt, zu sich genommen — sofern man es nicht vorzieht, ein mit stark gesalzenem Eigelb bestrichenes Stirnband umzulegen —, sind dann schließlich die verblichenen Seelen mit einem Gebet bedacht, die Parasiten und die Schlaflosigkeit besiegt worden, dann kann die Nacht kommen mit ihrem Aufgebot von Träumen — wären da nicht entweder die winzigkleinen Milben, jene Spinnentiere, denen Bettwäsche, Federn und Roßhaar, auf denen die nunmehr erlösten Männer und Frauen ruhen, als Mahlzeit gerade recht sind, oder aber die heimtückischen Krümel vom Frühstück des Vortags …

Auf dem Land schlafen

Volkskundler und belesene Reisende waren es, die um 1820 begannen, die sich unter ihren Augen wandelnde bäuerliche Gesellschaft zu beschreiben. Glaube, Aberglaube, Sitten und Gebräuche der bäuerlichen Welt — davon wimmelt es in den Kommentaren dieser Chronisten. Zum Großteil waren sie Stadtbewohner, sogar Notabeln, von denen viele kaum jemals aufs Land hinausfuhren, so daß sie über das Landleben lediglich die Vorurteile der bürgerlichen Ideologien jener Zeit wiedergaben. Nur mit Zurückhaltung sollte man daher solche Dokumente ohne wirklich kritischen Gehalt aufnehmen, empfiehlt die Ethnologin Martine Segalen. »Auf dem Bauernhof wohnen Mann und Frau in einer stillen Feindseligkeit, einer verstockten Isolierung zusammen« ist ein solches Beispiel, oder, schlimmer noch, da verallgemeinernd, die Meinung von Victor Hugos Bruder Abel, der über das »malerische Frankreich« berichtet: »Das Geschlecht der westlichen Bretonen hat nichts Verführerisches …, eine rauhe, ausgetrocknete Haut …, das ganze in Kombination mit einer angeborenen Unsauberkeit.«

Zu Unrecht als Höhepunkt der bäuerlichen Kultur angesehen, ist das 19. Jahrhundert in erster Linie das Jahrhundert der Volkskundler, die zur gleichen Zeit, da Möbelstile und Moderichtungen aufkamen, die Flut jener Notleidenden kreuzten, welche in die Stadt abwanderten, während sie selbst aufs Land zogen. Aber auch in diesem Fall zeigt sich wieder das gleiche Problem: Zwar werden Tausende von Sprichwörtern, welche noch das unbedeutendste Tun und Treiben der bäuerlichen Welt beschreiben, schriftlich festgehalten und überliefert, der dem Phänomen Schlaf zukommende Platz indessen bleibt, wie in den Darstellungen vieler zeitgenössischer Ethnologen, häufig ein weißer Fleck. Zum Glück sind uns jedoch Schlafstätten und Bettenformen als materielle Zeugnisse jener aussterbenden Gesellschaft erhalten geblieben, und diese müßten uns, wenn wir — wie so oft — den historischen Faden zurückverfolgen, wenigstens einigermaßen erlauben, die Schlafzimmernächte unserer Vorfahren nachzuzeichnen.

Die immer häufigeren Kontakte mit der Stadt regen die Bauern dazu an, langsam, aber stetig ihre Wohnungen zu modernisieren. Angeführt wird die Liste der Neuerungen von Umbauten zur Verbesserung der Schlafbedingungen, wobei Mensch und Vieh nunmehr getrennt untergebracht werden: Aus einer zwischen 1885 und 1914 durchgeführten, umfassenden Untersuchung geht hervor, daß die Bauern damals noch Seite an Seite mit ihrem Vieh, nur durch eine einfache Wand getrennt, in elenden Bruchbuden mit häufig nur einem einzigen Fenster hausten. Jetzt erst wurde ihnen die Beengtheit bewußt, in der sie bisher gelebt hatten, und sie begannen, ihre niedrigen Häuser um eine Etage aufzustocken, was einen der Untersuchenden zu der Äußerung veranlaßte: »Der Bauer steigt auf der sozialen Stufenleiter, wenn er zwischen sein Bett und die zahlreichen Unannehmlichkeiten des Erdgeschosses zwanzig bis dreißig Stufen legt.«

In seinem Buch ›La Terre des seigneurs‹, in dem er das Leben seiner Familie auf Korsika während eines Jahrhunderts nachzeichnet, bestätigt Gabriel Culioli diese These; er beschreibt, wie ein alter Bauer den zusammengetretenen Familienrat davon zu überzeugen sucht, daß ein neues, zweigeschossiges Haus gebaut werden muß: »Ich habe genug von solchen direkt auf dem Boden liegenden Fuchsbauen. Ich lehne solche Behausungen, die gerade eben noch Schweinen angemessen sein mögen, für meine Familie ab. Etagen, viele, viele Etagen ... Wollt ihr etwa wie die Hühner hausen? Findet ihr nicht, daß euch ein Leben wie den sgios der Stadt zusteht? Schaut euch doch nur einmal an ...« Aus Eitelkeit ließen sich viele Bauern, insbesondere im Departement Orne sowie im Quercy, zweigeschossige Häuser bauen, konnten sich aber an diese Umstellung nicht gewöhnen und lebten weiterhin im Erdgeschoß. In Wirklichkeit nämlich konzipierte der Bauer sein Haus zum täglichen Gebrauch und nach seinem Geschmack, seinen Bedürfnissen, nach seiner Lebensweise; er betrachtete sein Haus wie ein Lebewesen. Kleidung wie Häuser sind in Frankreich, selbst wenn alle eine Jacke und eine lange Hose tragen, immer Ausdruck eines Regionalstils.

In ihrer Untersuchung über Gewalttätigkeit und Verwandtschaftsbeziehung beschreiben Pierre Lamaison und Elisabeth Claverie die entsetzte Reaktion eines Lehrers aus Chasseradès, als er das Innere einer ousta, der Bauernhütte des Zentralmassivs, sah: »Sollte der Zufall Sie einmal dorthin führen, so werden Sie, kaum daß Sie die Türschwelle überschritten haben, in einem ekelerregenden Schlamm steckenbleiben, zusammengesetzt aus stinkenden Exkrementen, Urin und einem zersetzten Wust von seit langem in diesem Amphibienreservoir gärenden Plunder. Wenn Ihr Blick über diese Widerlichkeit hinweggeschweift ist, stößt er auf aus Lumpen bestehende Bettstellen, schmutzige Lagerstätten, wo in einem wüsten Durcheinander die Holzschuhe der Kinder, die Haarschleifen der Demoiselles, Kühe, Schweine, Hühner und weitere Tiere liegen, die ihren Herren Gesellschaft leisten, welche das überhaupt nicht stört.«

Es ist klar, daß dieser Vertreter einer hygienischen und republikanischen Kultur jene Menschen nicht verstehen konnte, für die sich das Leben in erster Linie im Freien abspielte und die ihr Vieh keineswegs als »tierisch« ansahen, sondern als ihre tagtäglichen Begleiter, die man zum Überleben brauchte und die im Winter eine gewisse Wohligkeit in die Hütte brachten. In der ousta gehen Küche und Stallungen ineinander über, und im Winter blieb die Verbindungstür geöffnet, um von der Wärme der Tiere zu profitieren. Abgesehen von einem Schrankbett, das die Verlängerung des Buffets, der Standuhr und eines die ganze Wand des gemeinsamen Zimmers einnehmenden Schranks bildet, ist auch der Stall so eingerichtet, daß man dort schlafen kann; häufig verfügt er über einen verschließbaren kleinen Schrank, in dem einige persönliche Dinge untergebracht werden können. In den Schrankbetten nächtigen gewöhnlich die Eltern mit den jüngsten Kindern, entweder Seite an Seite oder mit dem Kopf des einen an den Füßen des anderen; die ältesten Kinder schlafen auf getrennten Strohsäcken oder gar in einem richtigen Bett im Stall bei den Alten, den Tagelöhnern, den Schäfern und den Ochsentreibern.

Während Holzfäller, Holzhacker und Köhler des Morvan im Nordwesten Burgunds in ihren aus Zweigwerk errichteten Hütten auf Betten aus Farnzweigen übernachteten, mußten die galvachers, die ab Mai mit einem Ochsengespann und einem Karren das Gebirge verließen, um sich in der Ebene zu verdingen, meistens mit dem harten Boden vorliebnehmen und sich zum Zudecken oft nur mit einem weiten Wollmantel begnügen. In wohlhabenden Häusern jedoch gab es, wie Dr. Bogros 1882 vermerkt, einige »wie im Mittelalter auf einer Balustrade stehende Betten, die so groß waren, daß eine ganze Familie darin hätte Platz finden können«. Unter dieser Art von Bett »mit vier großen Säulen, die von dicken gelben oder grünen Serge- oder poulangis-Stoffen« (ein Woll-Leinen-Gemisch) umhüllt waren, befand sich der Kartoffelverschlag, die Hauptvorratskammer der Familie, von deren Höhe sich auf die Wohlhabenheit ihrer Eigentümer schließen ließ. »Ein niedriges Bett wurde als Zeichen äußerster Armut angesehen«, vermerkt

Joseph Bruley in seinem Werk ›Le Morvan, cœur de la France‹.

»Es ging darum, wer im Dorf das höchste, das ausladendste Bett hatte. Man mußte auf eine Truhe oder einen Stuhl steigen, um schlafen zu gehen.« Der Kauf eines Bettes und des Bettzeugs bedeutete eine große Ausgabe. In seiner ›Mémoire en faveur des travailleurs et indigents de la classe agricole des communes rurales‹ führt Adolphe de Bourboing 1844 an, daß ein Bettgestell sechzehn Francs kostet, ein Federbett sechzig Francs, ein Strohsack sechs Francs, drei Paar Bettücher sechzig Francs; das machte also von den zweihundertneun Francs, die für das allernötigste Mobiliar anzusetzen waren, einhundertzweiundvierzig Francs allein für das Bett aus. Für einen Tagelöhner, den ärmsten unter den Landarbeitern, der durchschnittlich dreihundertsiebenundachtzig Francs im Jahr verdient, bedeutet dies immerhin mehr als ein Drittel seines Jahreslohns. Ein Bett ist für die Armen eine wahre Obsession: »Um einen Hausstand zu gründen, braucht man mindestens einhundert écus (Taler), und um die zusammenzusparen, muß ich fünf bis sechs Jahre arbeiten«, erklärt George Sands Heldin der Erzählung ›La Mare au diable‹ (›Das Teufelsmoor‹). In seinem ›Journal‹ von 1908 zeigt Jules Renard, welche Bedeutung solchen Details beizumessen ist, wenn er hinsichtlich der Verheiratung der Schwester seines Dienstmädchens vermerkt: »Sie hat einhundertzwanzig Francs und ihr Bett.« Außer ihrer Mitgift ein Bett mitzubringen ist für Heiratskandidatinnen unabdingbare Voraussetzung.

Besonders zahlreich sind die der Schlafdauer und der »Schlafqualität« gewidmeten Sprichwörter. Der Schlaf läßt einen neue Kraft für den nächsten Tag schöpfen, aber auch ihm gelten Regeln, die einer rauhen männlichen Ethik entspringen: »Für einen guten Schlaf braucht man kein Bett«, heißt es da, oder: »Um das Bett warm zu finden, muß man beim Schlafengehen kälter sein als das Bett.« Der Landmann, das arbeitsame Wesen schlechthin, weiß: »Morgenstund hat Gold im Mund«, und: »Am frühen Morgen geht die Brothefe auf«; und er macht aus folgendem Gebot eine Tugend: »Verlasse dein Bett, sobald es hell wird, dann wirst du Gesundheit und ein langes Leben haben.« Mit diesem Rüstzeug an gebrauchsfertig abgestuften Bauernweisheiten sichert man sich gegen durchwachte Nächte ab, die den Arbeitsrhythmus in Gefahr zu bringen drohen: »Wer spät zu Bett geht, steht nicht früh auf.« — »Wer des Nachts wacht, muß tagsüber schlafen.« — »Wer spät zu Bett geht und früh aufsteht, wird bald sein Ende erleben.« — »Wer wach bleibt, wenn er jung, und schläft, wenn er alt, dem naht der Tod schon bald.«

Doch in Extremfällen wird der Schlaf zur Therapie und das Bett zum für die Genesung wichtigen Möbel: »Eine Mütze voll Schlaf hilft mehr als jeder Arzt.« — »Wenn man wie zerschlagen ist, tut es gut, sich ins Bett zu legen«, denn: »Selbst wenn die Augen nicht schlafen, so ruht doch der Körper.« Und für jene, die sich etwas gebrochen haben: »Das Bett ist der Schal für das Bein.« Wer Ende des Winters bis in die Puppen schläft, kann auf eine gewisse Nachsicht zählen, denn: »Während das Gras austreibt, schläft es sich morgens besonders gut«, auch wenn man nicht vergessen darf: »Je mehr man schläft, desto müder wird man.«

Angesichts der sich überall in der Natur offenbarenden Sexualität beziehen sich Bauernsprichwörter nur selten auf Bettgeschichten, wenn man von der provenzalischen Metapher »Wer aus Liebe heiratet, hat gute Nächte und schlimme Tage« einmal absieht. Durch direkten Anschauungsunterricht — die Kuh, die zum Bullen gebracht wird, die Stute, die man beschälen läßt, die Zeit des Kalbens und Lammens, der Hühnerhof usw. — sowie durch das mehr oder weniger enge Zusammenleben mit den Erwachsenen sind die Bauernkinder mit den Geheimnissen der Sexualität viel früher vertraut als die in ihren vier Wänden behüteten Bürgerkinder.

Zu diesem Thema bemerkt Martine Segalen: »Die Volkskundler sind darüber übrigens recht betrübt«: »Wenn das Huhn den Hahn sucht, ist die Liebe keinen Pfifferling wert« (aus dem Limousin). »Ein Hahn reicht für zehn Hennen, aber zehn Männer genügen nicht für eine Frau« (Anjou). »Hirnholz und eine langgelegte Frau sind stärker als ein bergan ziehendes Pferd« (Provence). Oder: »Mit einer liegenden Frau und mit Hirnholz kommt der Mann nie zu Rande.« Diese Sprichwörter unterstreichen die Stärke der Frau und die ihr folgende männliche Dominanz; das gilt auch für solche, die sich auf Traumdeutungen beziehen: »Mit seiner Mutter oder einer Hure zu schlafen bedeutet Glück bei seinen Unternehmungen.«

Solche Weisheiten mußten in der Tat schockierend sein für feine Leute, die häufig alles, was sie hörten, für bare Münze nahmen und sich somit in ihren Vorurteilen bestärkt sahen.

In Wirklichkeit ist auf dem Land für den Bauern die Nacht zum Schlafen da; ohnehin gibt es häufig genug Unterbrechungen, weil man nach dem Vieh schauen, ein vom Sturm bedrohtes Dach sichern muß oder weil die Hunde unruhig anschlagen; da bleibt kaum Zeit für Liebesspiele. Diese finden eher auf dem Feld, im Wald, in Schobern oder zur Zeit der Mittagsruhe in Speichern statt, wo die jungen Paare sich heimlich treffen und lieben können. Was die Art der Stadtbewohner anbelangt, sich mit zärtlichen Kosenamen anzureden, so findet Émile Guillaumin, ein ehemaliger Teilpächter, das ein wenig albern. »Wenn Eheleute auf dem Land so miteinander redeten, würden sich alle darüber amüsieren. Im Grunde genommen liebt man sich wahrscheinlich nicht weniger als sie, aber mit Koseworten ist man sparsam.« Was nichts daran ändert, daß die »Hausfrau« und ihr Herr und Gebieter sehr wohl die Weichheit und Tiefe von Schrankbetten zu schätzen wußten ...

Aberglaube, Martyrien und Wunder, die sich um die Legenden der »Textilheiligen« ranken, sind nach Meinung des Volkskundlers Claude Gaignebet ausnahmslos abgespaltene Teile eines Volksglaubens, welcher aus den tagtäglichen Verrichtungen der Spinnerin die Gewißheit einer Verknüpfung mit dem Jenseits ableitete. Die Haltung des Volkes gegenüber Seilern, Hanfbrechern und sogar gegenüber Webern äußert sich in einer Mischung aus Furcht und Respekt. Menschen, die Seile herstellen und Knoten und Bänder zu machen verstehen, sind schon von Natur aus Lebewesen, in denen Magisches und Religiöses miteinander verwoben sind. In den Karnevalszyklus integriert, ist der 25. Januar, im christlichen Kalender der Tag der Bekehrung des heiligen Paulus, das Fest der Seiler. Das ist auch die Zeit, da die Seelen zwischen den »empfänglichen« und den »unempfänglichen« Welten verkehren, die Zeit, in der die Verbindung zwischen Göttern und Menschen hergestellt und wo traditionsgemäß der holzige Teil des Hanfs, dem das Fasergewebe entzogen ist, verbrannt wurde. Zu diesem Zeitpunkt mußte die Bearbeitung der Textilfaser abgeschlossen sein, es nahten die Abende, an denen, häufig in etwas abseits vom Dorf gelegenen Häusern, Flachs oder Hanf aufbereitet, die Faserbündel aufgezupft und versponnen wurden. Die Reste wurden zum Schluß beseitigt, indem man mit ihnen ein großes Feuer machte, um welches man schreiend und mit so weit wie möglich hochgerissenen Knien herumtanzte, wodurch Hanf und Flachs besonders gut wachsen und lange Fasern bilden sollten. Durch den beißenden Rauch wurden bei dieser Gelegenheit vermutlich ganz nebenbei etliche Spring- und Geschicklichkeitsrekorde gebrochen …

In derselben gläubigen Absicht tanzten in Wallonien die Frauen an Lichtmeß in der Sonne, und in einigen Gegenden, schreibt Gaignebet, glitt man, ganz in Weiß gekleidet, Abhänge hinunter — Riten einer homöopathischen Magie, auf daß das Leinen schön weiß und glatt werde. Die Aussaat von Flachs unterlag ebenfalls allerlei Gebräuchen, so beispielsweise in der Gegend um Metz: Der Sämann mußte sich vor dem Säen hinsetzen und nach der Aussaat seine Schürze schütteln und hoch in die Luft werfen. Paul Sébillot erinnert an folgendes Sprichwort: »Schicke deine Frau, bevor du Flachs säst, auf den Knien aufs Feld, und wenn die Knie anschwellen, wird der Flachs mit Gewißheit ausgezeichnet.«

Die im Mittelalter praktizierte Ausgrenzung der Seiler, die von den Leuten wie Aussätzige angesehen wurden, in separaten Ortschaften zeigt augenfällig, welches Mißtrauen diese Menschen auslösten, die »Bande knüpften«. Die Technik dieses auf die Trennung von Seele und Körper spezialisierten Handwerks läßt die Parallele zur Lepra erkennen. Eine lebende Pflanze wird hergenommen, getötet, indem man sie abschneidet, wird wie ein Körper, der verwesen soll, in eine eigens dazu hergerichtete Grube gelegt, damit die Fasern sich von der sie umgebenden Hülle lösen können — all das erinnert stark an die Wirkungsweise der Lepra. Was die Religion anbelangt — von »re-ligio«, wieder miteinander verknüpfen: Wird sie nicht durch eine notwendige Umkehr, eine Bekehrung praktiziert, deren lebendes Beispiel der im wahrsten Sinne bekehrte Paulus ist? In der Technik des Seiledrehens, in der Philosophie des Seilers, der mit den Fasern, die er dreht, verbindende Seile knüpft, äußern sich wiederum religiöse Vorstellungen, wenn nämlich der Eingeweihte erklärt, jedes »nicht konvertierte« Band weise keinerlei Festigkeit auf. Die Drehung des Seils als das Sinnbild eines spiralförmigen Bandes zwischen Gott und den Menschen, als ein sich immer höher schraubendes, kreisendes und gleichzeitig zusammenlaufendes Emporsteigen, eine »Himmelfahrt«, das war es, was diese zurückgezogen lebenden, wie Jesus gemiedenen Menschen dazu brachte, Paulus zum Patron der Seiler und des hanfverarbeitenden Metiers zu machen.

Der Karneval ist eine technisch wie magisch wichtige Zeit für Hanf und Flachs, für das Spinnen, das Seiledrehen und alle bei pflanzlichen und tierischen Fasern angewandten Veredelungstechniken, die an die Torturen eines Martyriums denken lassen; und der Karneval ist auch die Zeit der Weber und Wollkämmer. Unter den Schutz des heiligen Blasius gestellt und in Zünften zusammengefaßt, scheinen die Weber wie die gemiedenen Seiler eine beachtliche Rolle in der Weitergabe eines gewissen Initiationswissens gespielt zu haben. Bereits Plinius erkannte einen Zusammenhang zwischen den Wollverarbeitungstechniken und der Magie. In seiner Naturgeschichte (›Naturalis historia‹, XIX, 8-9) führt er an, daß in der Familie Serranus (der serran ist der Kamm zum Krempeln der Wolle) Tabus bestanden, die das Spinnen, das Weben und den Kontakt mit den Textilien überhaupt betrafen; er bemerkt, daß die Frauen keine Leinenkleidung tragen, was ihm seltsam vorkommt, und daß in Germanien »der Flachs in Gruben und Kellergewölben bearbeitet wird«. Diese Gewölbe unterirdisch anzulegen hatte jedoch einen technischen Grund: Wolle und Garn ganz allgemein lassen sich nur bei ausreichender Luftfeuchtigkeit gut verarbeiten. Auch in den deutschen Spinnstuben des Mittelalters konnte den Frauen die hohe Luftfeuchtigkeit helfen, ihre Wolle geschmeidig zu halten.

Der auf einem Kirchenfenster aus dem 15. Jahrhundert in Sémur-en-Auxois dargestellte heilige Blasius, Schutzpatron der Tuchmacher, hält in der Hand ein Weberschiffchen — eine Wiege, in der der Gottessohn, zusammengerollt wie ein Seil, friedlich schläft. Zur Feier des heiligen Blasius am 2. Februar wird in Marseille morgens das Weberschiffchen in Form eines Kuchens mit grünen Kerzen in der Nähe des St.-Blasius-Brunnens in der Krypta der Abtei Saint-Victor nicht weit von der Canebière, dem traditionellen Platz der Hanfverarbeitung, gesegnet: Die Wolle hat zum groben Leinen und die Bettdecken haben zu den Laken der Krippe zurückgefunden.

Die Domestikation der Leinentücher

»Wärmendes« und »kühles« Leinen machten, je nach Jahreszeit und individuellem Temperament, den nächtlichen Komfort aus. Von den steinzeitlichen Fellen bis hin zur modernen Industriefaser hat der Mensch sich bei Tieren und Pflanzen nicht nur für den Ernährungsaspekt, sondern stets auch für die Beschaffenheit ihrer Felle und Fasern interessiert, für deren Fülle und damit deren Fähigkeit, Luft einzuschließen. Die Eigenschaft, Luftfeuchtigkeit zu binden, die ihrerseits Wärme aufnimmt und wieder abgibt, und später dann die chemische Zusammensetzung der Fasern, die die Fixierung von Farbstoffen erlaubt, ihre geringe Wärmeleitfähigkeit und die biologische Haltbarkeit — all diese Eigenschaften, die von sehr spezifischen Grundkomponenten der Faser abhängen, fesselten die Aufmerksamkeit des Menschen.

Es ist sehr gut denkbar, daß man durch das Beobachten von Tieren — Vögeln, die ihr Nest, Spinnen, die ihr Netz bauen — auf den Gedanken kam, Pflanzenstiele zu verweben, bevor man lernte, Fasern aus Wildpflanzen herzustellen. Flachs, Hanf, Chinagras und Jute lieferten, je nach Gegend, biegsame und haltbare Stengel, die aufgrund ihrer natürlichen Eigenschaften für die Korbflechterei und das Weben wie gemacht schienen. Ebenso lernte man durch Beobachtung oder durch Zufall, sei es, daß man häufig ins Moor ging, sei es, daß man in Wasserlachen watete, diese Pflanzenfasern zu »rösten«, ein bewußtes Verrottenlassen, welches erlaubt, aus den mürbe gewordenen Pflanzenteilen weichere und resistentere Bastfasern zu gewinnen.

Erfindungen, sagt André-Georges Haudricourt in seinem Buch ›Les Pieds sur Terre‹, sind eigentlich nur mißlungene Imitationen, die gewollt oder ungewollt nicht dem Original entsprachen und damit den Weg freimachten für weitere Experimente, deren Ergebnisse besser waren als die vorhergehenden.

Daß das Leinen allen anderen Fasern gegenüber eine Vorzugsstellung innehatte, mag von seinem strahlenden Weiß und dem damit verbundenen Symbol der Reinheit herrühren. Die Erfindung des Spinnens, bei dem Fasern oder Fäden gleichgerichtet und dann gezwirnt werden, um ihre Festigkeit zu erhöhen, leitete eine technologische Revolution ein, der mindestens dieselbe Bedeutung zukommt wie der Erfindung des Rads: Seile, Taue, Fischernetze, Hängematten aus der Jungsteinzeit, welche in Pfahlbauten am Ufer des Genfer Sees gefunden wurden. Das Spinnen begründete aber auch religiöse und legendäre Traditionen, ohne die wir nicht schlafen könnten.

Rote Zeichen

Saßen die Frauen schon im Mittelalter am Spinnrad, so fehlte es ihnen auch im 19. Jahrhundert niemals an Handarbeit. »Still sitzen, die Finger beschäftigen« war das, was von einem gutverzogenen jungen Mädchen erwartet wurde, und die Aussteuer vorzubereiten war etwas ganz Natürliches. Das »Mustertuch«, ihr mit Kreuzstich versehenes Meisterwerk, mit dem die jungen Mädchen sofort nach dem Schulabschluß begannen, steht im direkten Zusammenhang mit der Aussteuer. Die Wäsche kennzeichnen, die Laken numerieren, sie zu Überschlag- und Unterlaken zusammenstellen und Buch darüber führen, in diesen Arbeiten wurden sie gleich nach der Ersten Kommunion unterwiesen; es war eine grundlegende Kunst, zu der es keiner besonderen Talente bedurfte. Die entsprechenden Handbücher geben eine genaue Beschreibung der Art und Weise des Kennzeichnens und führen aus, daß die Laken im allgemeinen in der Mitte des Überschlags, etwa dreißig Zentimeter vom Rand entfernt, markiert werden. Bei Eheleuten gibt man die Initialen beider Familiennamen an; die Höhe der Buchstaben kann schwanken. Diese Zeichen werden manchmal in Federstickerei, in bouton sablé, manchmal auch durchsetzt mit Gittermustern oder als Hohlsaum ausgeführt.

Kunstvolleres Sticken hingegen, eine schwierige Handarbeit, erfordert Zeit und Geduld, als erlesene Zierde zeugt es von der gesellschaftlichen Stellung eines Bürgertums, das über genügend freie Zeit verfügt, um sich mit solchen Arbeiten zu befassen. Hinzu kommt, daß Kunststickereien praktisch nur auf feinem Leinen ausgeführt werden können, nicht hingegen auf dem steifen, schweren Hanfleinen, das die Aussteuer der weniger Begüterten darstellte.

Die weißen Laken für das Ehebett versieht man mit einem Monogramm aus rotem Garn, diskret auf der Webkante oder, ganz im Gegenteil, gut sichtbar in großen Buchstaben, die man einem ABC-Buch, das gerade modern war, entnommen hatte. Man stickt eine Blume oder eine Efeuborte, eine Hortensie, ein Orangenbäumchen im Topf, eine Weintraube oder zwei schnäbelnde Tauben, während man vom Märchenprinzen träumt und ein Löwenzahnblatt unter das Kopfkissen legt, um den zukünftigen Ehemann zu erraten — das alles heißt zwar noch nicht, daß man sein Bett macht, wohl aber, daß man es von langer Hand vorbereitet.

Von da bis zur Vorstellung, was sich im Bett abspielen mag, ist es nur ein kleiner Schritt, den in Gedanken vorwegzunehmen sich die Schneiderinnen nicht scheuen, diese Spezialistinnen im Weiterspinnen von Fäden und in feinen Nadelstichen. Und was man sich erzählt, wird auch symbolisch getan: Die Mädchen stechen sich in den Finger; am Tag ihrer Hochzeit werden sie mit Nadeln bekränzt, und auf ihrer Aussteuer haben sie mit rotem Faden bezeichnet, was ihnen bestimmt ist. »Das Blutzeichen wird aber in unserer Gesellschaft nicht direkt auf den Körper gedrückt«, wie Yvonne Verdier in ›Drei Frauen‹ unterstreicht, »sondern auf ein Stück Stoff … Wir leben in einer ›angezogenen‹ Gesellschaft, in der die ›Markierung‹ auf der Wäsche und dem Leinen (toile) erfolgt. Das führt uns zu der Annahme, daß mit dem Begriff ›Toilette machen‹ der wichtigste Aspekt der Rolle der Schneiderin umschrieben wird … Bei den großen Ereignissen des Lebens wird Toilette gemacht: bei der Geburt, beim Tod, bei der Hochzeit. Und jedes dieser Ereignisse hat sein Attribut aus Stoff: das Wickelband, das Leichentuch, das Mustertuch und das Brautband.«

Wie Dornröschen, das junge Mädchen, das sich »an seinem fünfzehnten Geburtstag« in den Finger sticht und in einen hundertjährigen Schlaf fällt, von einer dichten Dornenhecke beschützt, aus der lauter Blumen werden und die sich vor dem Märchenprinzen von selbst öffnet, wird die seit Jahren insgeheim vorbereitete junge Frau das Brautgemach betreten.

Von Federn und Öfen

Die ständige Suche nach Wärme kennzeichnet jedes auf Komfort bedachte Lebenssystem. Der Schlafende bewegt sich nicht, er friert leicht, und so waren die kältesten Länder die ersten, in denen der Mensch sich monumentale Schlafstätten auszudenken und in seinen Häusern besondere, zum Ruhen bestimmte Räume einzurichten begann.

In Norwegen waren die Betten einst kurze, schmale, bankähnliche Möbel, welche, in einem Schrank übereinandergestellt, ihre Benutzer zwangen, zusammengekauert zu schlafen, damit ihnen wärmer war. Die Enge des norwegischen Bettes schuf einen Wärmespeicher, der gleichzeitig dazu diente, Käse reifen zu lassen … In Nordnorwegen und Island war es, wo erstmals dicke Federbetten benutzt wurden, die die Menschen unter und über sich in tiefen, außen kunstvoll mit Beschlägen verzierten Betten auftürmten, welche nur mit Hilfe einer ebenfalls verzierten Trittleiter zu erklimmen waren. Der Gebrauch von Eiderdaunen (isländisch: aedardūn) verbreitete sich mit der teilweisen Zähmung der an den Gestaden Nordeuropas lebenden Eiderenten. Wie man die Daunen gewann, ist häufig auf volkstümlichen Bildern dargestellt: Sie zeigen meist eine kleine Fischerhütte, neben der ein umgekipptes Boot liegt. Unter diesem nisten Eiderenten, die vom Menschen gefüttert werden und der ihnen dafür etwas von ihrem Flaum nimmt, um seine Oberbetten damit zu stopfen. »Es ist ein wahrhaft rührender Anblick«, schrieb Michelet, »unsere Federlieferantin, die Eiderente, zu beobachten, wie sie sich selbst den Flaum auszupft, um ihre Jungen darauf zu betten und damit zuzudecken.«

In Mittelschweden, in Dalarna, erreichte die bäuerliche Kultur schon sehr früh ein außerordentlich hohes Maß an Verfeinerung und Komfortdenken; neben enormen gemauerten Kaminen ließen die etwas wohlhabenderen Leute sich riesige Kachelöfen einbauen, von denen Rohre abzweigten, die im geschlossenen Kreislauf zwei bis drei Räume heizten; diese hatten nur niedrige Türen, so daß die wohltuende Wärme möglichst lange erhalten blieb. Jedes Zimmer hatte sein Bett, auf dem sich die Federbetten stapelten. Funktion und Wirksamkeit dieser in nördlichen Ländern üblichen Heizungen mit Wärmestrahlung bedingten und bedingen noch heute die Schlafgewohnheiten Mitteleuropas bis hinunter in die Alpenländer. In Finnland pflegten die Männer und Kinder auf den breiten Lattenrosten am Kachelofen zu schlafen. Der russische Ausdruck »isba« (entstanden aus »itsuba«) kommt vom skandinavischen »stove« (Schwitzbad) und bezeichnet ein originelles Heizverfahren, bei dem Wasser auf stark erhitzte Steine gegossen wird. Die gleiche Methode war in der finnischen pörte üblich, hermetisch geschlossenen Holzhütten, in denen die Bewohner nackt umhergingen. In der isba schlief die Familie um den Ziegelofen herum und nutzte, wie das »Mütterchen Yaga« des russischen Märchens, »alle guten Ecken des Ofens aus, die Nase in die Zimmerdecke gebohrt«.

Das »Kachelofen-Haus«, das die ersehnte Wärme gewährt, ohne die ganz aus Holz bestehenden Räume in Brand zu setzen, hat sich am Ende der Antike vom Norden nach Osten und Süden verbreitet. Der polnische pec mit seinen Keramik-Plattformen, der ungarische kemence mit einem breiten Sims aus Stampflehm, die deutsche Ofenbank — alle zentralen Öfen, heizbaren Bänke und Betten Kontinentaleuropas, auch der nordchinesische K'ang gehört in diese Kategorie — sind Heizungen, deren Strahlungshitze einem Teil der Erdbewohner erlaubten und noch immer erlauben, geschützt vor Kälte und mit einem gewissen Komfort zu schlafen.

Schlafschränke

Die im Volk üblichen Bettschränke sind das Gegenstück der in den oberen Gesellschaftsschichten Europas seit Ende des Mittelalters beliebten Paradebetten; im 19. Jahrhundert waren sie in ländlichen Gegenden Frankreichs allgemein verbreitet. Pierre Deffontaines vertritt die Meinung, die bretonischen Bettschränke hätten den gleichen Ursprung wie die norwegischen, sie seien nämlich: »Kojen der Fischerboote des Nordens, in denen man sich gegen die feuchte Kälte zu schützen suchte«; dieser Bettyp, dessen Spuren bis ins 17. Jahrhundert zurückreichen, sollte sich in der westlichen Bretagne bis etwa 1900 und sogar noch etwas länger halten. Das ist der unvergleichlichen Beschreibung Pierre Jakez Hélias' zu entnehmen, in der er schildert, wie seine Mutter, gewissenhaft wie ein Schiffsjunge, das kleine, mitten auf dem Land verankerte »Boot« pflegte: »Sie geizte weder mit Wachs noch mit weichen Tüchern. Das helle, ins Rötliche gehende Kastanienholz glänzt mit seiner ganzen Maserung. Es ist mit durchdacht angeordneten Kupfernägeln beschlagen, die den Glanz des Holzes unterstreichen, ihn jedoch nicht überstrahlen. Diese Nägel poliert meine Mutter ausnahmslos jeden Samstag. Eine runde Weißblechdose birgt ein Wachs, das sie selbst gemischt hat. Mit dem Zeigefinger entnimmt sie der Dose eine kleine Menge und verteilt sie auf jedem einzelnen Nagel sämtlicher Möbel, bevor sie mit dem Wollappen darüberfährt und die Nägel, während sie sie abzählt, anhaucht und dann auf Hochglanz bringt. Sie weiß ganz genau, wie viele es sind.«

Manche Stockwerk-Bettschränke konnten vier Personen aufnehmen, aber es war nicht ungewöhnlich, daß zwei oder drei durch Schiebetüren abschließbare Betten, je nach Region verschieden verziert, sich aneinanderreihten. »Die Vorderseite des Bettschranks«, vermerkt Hélias, »ist das getreue Abbild der Bestimmung des Menschen. Der zwischen den Laufschienen der Türen gelegene Mittelteil verkörpert die ›schnöde Welt‹, jene, in der die Menschen sich plagen, wo ein Bett ihre Müdigkeit aufnimmt und wo sie hinter den drei Buchstaben IHS und dem in die Türen geschnitzten Herz Jesu ihre Nachkommenschaft sichern. Der darunter gelegene, durch die Bank verdeckte Teil wird wegen der zwischen den vier grob behauenen, völlig schmucklosen Beinen herrschenden Dunkelheit ›Hölle‹ genannt. Das oben befindliche Kranzgesims mit seinen kleinen Bettsäulen ist das ›Paradies‹; hier steht, aus Quimper-Fayence gebrannt, die heilige Anna oder die Heilige Jungfrau, unter einem von zwei Spindeln flankierten Säulenbogen. Das ›Paradies‹ und die ›schnöde Welt‹ sind reichlich mit Kupfernägeln beschlagen, die, was ich kaum zu erwähnen brauche, regelmäßig, wie es sich geziemt, poliert werden.«

Als Prachtstück des Mobiliars und uneinnehmbare Festung des Intimlebens seiner Besitzer ist dieses Bett für sich allein schon eine kleine Wohnung. Sobald der Schläfer sich hineingelegt und die Schiebetüren zugezogen hat, ist er für sich. Ich kenne einen Bauernhof, in dessen Gemeinschaftsschlafraum sich drei dieser Bettschränke aneinanderreihen. Der erste ist der des Hausherrn und seiner Frau, im zweiten schlafen die Tochter und die Magd, und im dritten, mehr schlecht als recht, drei Jungen, die nur auf den Tag warten, da der Ältere mit den beiden Knechten und dem ältesten Bruder im Pferdestall schläft. Männer und Frauen, Herrschaft und Gesinde können auf diese Weise mit einem Maximum an Intimsphäre in ein und demselben Raum nächtigen, was bei offenen Betten nicht möglich wäre. Um auf den Knien und mit dem Kopf zuerst in den Bettschrank zu kriechen, behält man das Kleid oder die lange Hose noch an. Sind die Türen geschlossen, zieht man sich im Bett vollends aus und legt die Hose oder das Kleid zusammengefaltet auf die Kranzleiste. Nachthemden kennt man nicht. Man schläft auf Haferspreu und Ginstermatratzen. Die Bettkästen sind nicht so lang, daß ein Erwachsener sich völlig ausstrecken könnte. Also schläft man in einer Haltung zwischen Sitzen und Liegen, in Hanflaken unter einem Deckbett, das mit der gleichen Spreu wie die Strohsäcke und Kopfkissen gefüllt ist. Man spricht aber bereits von »Federbetten«. Nur wartet man lieber noch ein bißchen ab, bevor man sich an eine solche Neuerung heranwagt. Kann eine derart leichte Feder denn überhaupt so wärmen wie die Spreu? Nun, warm oder nicht warm, die Federn werden sich durchsetzen, schließlich haben die Großkopfeten sie ja auch angenommen.

»Ich, der ich den Bettschrank meines Großvaters teile, finde, daß nichts über diesen Schlafschrank geht. Man fühlt sich in ihm geborgen, was bei offenen Betten, wie denen des Internats, nicht der Fall ist. In ihnen habe ich mich lange schutzlos den Gefahren der Welt ausgesetzt gefühlt.

Deshalb lassen sich auch einige der Schrankbetten von innen mit einem robusten Haken absperren. Ist dies geschehen, dann kann der Benutzer einer ganzen Belagerung trotzen.

Nachteilig wirkt sich nur aus, daß es nicht einfach ist,

darin Ordnung zu halten, denn man kann nicht drumherumgehen, weil das Möbel mit weiteren Betten in einer Reihe oder auch in einer Ecke steht.«

Pierre Jakez Hélias erwähnt nicht die für die Gegend von Reims typischen Betten mit gedrehten Stützpfosten und ausgeschnittenen Bettrahmen, bei denen Kopf- und Fußwand gleich waren. Sie wurden in der Ecke des Raumes aufgestellt und ersetzten die halb oder völlig geschlossenen Bettschränke, sobald die Heizungssysteme verbessert worden waren. In seinem ›Petit Dictionnaire des traditions populaires messines‹ zeigt Dr. von Westphalen, auf welche Art und Weise sich der Geschmack an schönen Möbeln auf dem Land durchsetzte: »Die Revolution kommt, und der lothringische Bauer kauft mit entwerteten Assignaten die Ländereien der Klöster und des Adels. Deren Möbel werden in alle Welt verstreut und dienen, während sie den Dorfbewohnern Komfortvorstellungen vermitteln, den Handwerkern gleichzeitig als geschmackvolle Vorlagen. Mit viel Phantasie und kreativem Gespür verbreiten die Meister die verschiedenen Dekors, die sie Flora, Fauna und selbst offiziellen Schriftstücken entnehmen.« Wenn sie ein Bett bauen, so fertigen die Schreiner es je nach den finanziellen Möglichkeiten und der herrschenden Mode und nicht zuletzt auch nach den Einflüssen der Nachbarn und nach den Maßen des Kunden an. Zu dieser Mode, die sich mehr am Schlafkomfort als an Möbelstilen orientiert, gehört seit den Jahren zwischen 1840 und 1848 der Gebrauch des Strohsacks, die Verwendung von Wollbettdecken, eines Bettlakens und eines Federbetts, »das ja nichts kostet, wenn man Gänse hat«, sowie von individuellen Kopfkissen. Letztere waren ganz gelb, weil man die Leinenbezüge mit Mehlstärke steifte, damit die Federkiele nicht hindurchstachen. Matratzen hingegen haben sich, da Wolle, Seegras und echtes Roßhaar teuer waren, auf dem Land erst nach dem Ersten Weltkrieg durchgesetzt.

Wie die Ärzte, so ereifert sich auch Jules Renard über

den »Dunst-Schlaf der Bauern«: »Wie in zwei separaten Nestern schlafen sie in einem Federbett, und da schnaufen und schwitzen sie … vierzig Jahre lang in ein und derselben Kuhle, nie wird das Bettzeug gewechselt, nicht mal eine Feder von der Stelle bewegt.« — »Acht Monate des Jahres hindurch«, geht Labit in seiner ›Topographie médicale du département de la Nièvre‹ sogar noch einen Schritt weiter, »erheben diese Menschen sich des Morgens um drei schweißgebadet aus ihren mit Daunenfüllungen und Decken überladenen Federbetten, die überdies noch von sorgfältig zugezogenen Vorhängen umgeben sind, und gehen auf den nebelverhangenen Weiden nach ihrem Vieh schauen …« Vermutlich von der typisch städtischen Jagd auf verbrauchte Luft und der Vorstellung stinkender Ausdünstung schockiert, gaben diese Autoren vor, nicht zu wissen, daß die von ihnen als erstickende Hüllen kritisierten groben Vorhänge zwischen 1850 und 1870 von der Bildfläche verschwanden und daß die Federbetten regelmäßig nachgestopft wurden, da Gänse und Enten dreimal im Jahr bei der Mauser ihr Federkleid verlieren. Die Autoren scheinen ebenfalls zu vergessen, daß die Bauern in ihren Schlafzimmern mindestens ebenso großen Wert auf einen gewissen Komfort legen wie sie selbst und daß zwar tragbare Heizquellen wie Kohlenbecken oder »Sarazenenöfen« lange Zeit Gegenstand von Beschreibungen der armseligen, halb verfallenen Bauernhäuser waren, daß im 19. Jahrhundert aber auch auf diesem Gebiet viele Fortschritte verzeichnet werden konnten.

Der Kamin

Das Haus mit der Feuerstelle an der Wand fand im Mittelalter seine Verbreitung nach Westen und nahm damit die entgegengesetzte Richtung wie das »Kachelofen-Haus«. Die gußeisernen Kaminplatten zwischen Feuerstelle und

Wand scheinen sich erst vom 15. Jahrhundert an verbreitet zu haben. Man war zunächst der Meinung, die Kaminplatte habe sich ursprünglich in der Mitte der Feuerstelle befunden, um das Ausglühen der den Flammen am meisten ausgesetzten Wand zu verhindern. In alten Wohnstätten jedoch saß der Kamin ausnahmslos an der Giebelwand, nahm die gesamte Breite der Küche ein, und die Kaminplatte erhob sich nicht in der Mitte des Kamins hinter dem Kesselhaken, sondern an einer der Seitenwände; sie schloß in Wirklichkeit eine in die Trennwand eingefügte Öffnung ab, welche die Küche von der sogenannten »guten Stube« trennte. Die glatte Seite der Kaminplatte war zur Feuerstelle in der Küche und die dekorative zur Kammer hin gewandt; die Platte diente nach dem Prinzip des geschlossenen Ofens als wärmestrahlende Fläche. Später erst, schreibt Dr. von Westphalen, wurde der Kamin von der Giebel- an die Trennwand zwischen Küche und Wohnstube verlegt, um diese besser beheizen zu können. Damit fand die Kaminplatte, in Lothringen wie in der Gegend von Trier auch »Tak« oder »Takenplatte« genannt, ganz von selbst ihren Platz in der Mitte der Feuerstelle. Auf der anderen Seite wurde die Öffnung nach und nach immer breiter, bis sie schließlich ein breites Heizloch bildete, das von Holzpfosten und später dann von einem schrankartigen hölzernen Überbau eingefaßt war. In der Gegend von Metz führte diese Konstruktion zum sogenannten »Takenschrank«, in den die Bauern ihre Milchtöpfe zur Dickmilchgewinnung stellten. Da aber die Kaminplatte die Wohnstube nicht genügend heizte, weil die Feuerstelle doch relativ weit entfernt war, wurde der Takenschrank durch einen Gußplattenofen ersetzt, dessen Originalität darin bestand, daß dieser Ofen von der Küche aus beschickt wurde, und zwar direkt unter einer oder mehreren übereinandergesetzten und seitlich angebrachten Platten. Als schließlich die großen gußeisernen Öfen aufkamen, wurden der Gußplattenofen und die Gußplatte selbst zum Schrank beziehungsweise zur Nische, in welche man wiederum, die Abwärme ausnutzend, die Töpfchen für die Dickmilch stellte. Man war also wieder am Ausgangspunkt angelangt. Die Betten konnten ihre Umfriedung ablegen, die Zimmer wurden bewohnbar, der Wärmekomfort hatte den Westen dazu gebracht, sich wieder an den Osten zu erinnern.

Plagegeist Wecker

Bauern, so heißt es, kommen zu Versammlungen meist zu spät, und das liegt daran, daß sich die künstliche Zeiteinteilung gegenüber dem natürlichen Zeitablauf nicht durchsetzen konnte. Jahreszeiten, Sonnenauf- und -untergänge, anstehende Arbeiten, das sind die Größen, nach denen sich die Zeit bemessen läßt, nicht nach der Uhr. Auch fällt die Feldarbeit völlig unregelmäßig an: Im Sommer überlastet, finden die Bauern im Winter etwas mehr Muße, und im entsprechenden Rhythmus verlängern oder verkürzen sich auch die Schlafzeiten. Im Stadtleben hingegen wird die Zeit zu einem Vehikel für soziale Verpflichtungen, der Arbeitszeit stellt man die Freizeit gegenüber, und beides wird minutiös bemessen. Die Zeit in Einheiten unterteilen, sie phasenweise nach genau differenzierten Funktionen gliedern, das heißt, die Zeit in den Griff zu bekommen, und für uns Angestellte, die wir niemals Zeit haben oder die wir, besser gesagt, eine Handelsware daraus machten, für uns erfanden die Uhrmacher ein zum Terror bestimmtes Meßinstrument: den Wecker.

Dank der Schule schon im zartesten Alter durch sein schrilles Läutwerk aus dem Bett gescheucht, wissen wir schon gar nicht mehr, wie es ist, nicht zu festgesetzter Stunde aufstehen zu müssen, und wären heute völlig unfähig, es den Bewohnern Sybaris' gleichzutun, die gleichermaßen Hähne und laute Handwerker, vor Angst, aus dem Schlaf gerissen zu werden, aus ihren Mauern verbannten. Der Städter, frühmorgendlichem Vogelgezwitscher gegenüber taub, hat sich schon vor langer Zeit mehr oder weniger geniale Dinge einfallen lassen, um das Vergessen im Schlaf nicht zuviel werden zu lassen. Klepshydra und Gnomon, die es schon im pharaonischen Ägypten gab, zeigten zwar jeweils die zwölfte Stunde der Nacht und die zwölfte Stunde des Tages an — die Stunde »der Vernichtung der Feinde Ras« und die Stunde, »welche die Schönheit Ras schaut« —, sie weckten Schlafende allerdings nicht. Dazu mußte man die große Zeit Roms und seine von Vitruv beschriebenen horologia ex aqua abwarten, mit automatischen Schwimmern versehene Wasseruhren, die nach Ablauf jeder Stunde Kieselsteine oder Eier in die Luft warfen oder auch Pfiffe aussandten, um den Schläfer zu wecken. Was Seneca nicht daran hinderte, zu vermerken, in Rom sei es einfacher, die Philosophenschulen auf einen Nenner zu bringen, als die Uhren aufeinander abzustimmen. Dem zunächst in Klöstern benutzten Kerzenwecker scheint da mehr Erfolg beschieden gewesen zu sein: An das Ende einer durch den unteren Teil einer Kerze gezogenen Schnur wird ein kleines Gewicht angebracht. Ist die Kerze niedergebrannt, fängt die Schnur Feuer, brennt durch, und das Gewicht fällt klirrend auf eine Metallunterlage, was den Küster weckt, gewöhnlich den Bruder Jakob, der daraufhin schnell die Glocken läuten geht.

Von einer anderen Lösung berichtet Anthony Burgess; er hat sie, wie er sagt, während seiner Kindheit in Nordengland noch selbst erlebt: Man gibt jede Woche dem knocker up, dem »Aufwecker«, einen halben Penny, damit er zur festgesetzten Zeit mit seinem langen Stock ans Fenster klopft. Man kann auch um die große Zehe eine Schnur binden und sie aus dem Fenster hängen lassen. Zur vereinbarten Stunde braucht dann nur jemand sanft daran zu ziehen, um den Schläfer zu wecken.

Was die Gemeinschaftswecker anbelangt, so haben

Trommeln und Signalhörner die an die unpassendsten Geräusche gewöhnten Soldaten und Internatsschüler noch nie am Weiterschlafen gehindert. Nein, aufwachen sei »ein sehr heikles Problem«, hatte mir ein Kapuzinermönch an der Amazonasmündung eines Tages anvertraut, »ja, sehr heikel«. Und er führte dann im einzelnen die Schwierigkeiten an, nach einem durch das Geschrei von Brüllaffen und durch Papageiengekreisch unterbrochenen Schlaf seine Tätigkeit wiederaufzunehmen; so jedenfalls glaubte ich ihn verstanden zu haben, bevor seine Hängematte ihn erneut verschlang …

Der eigentliche Wecker, eine mit Läutwerk versehene Uhr, die zur eingestellten Stunde weckt, stammt aus dem Jahr 1440; seine Erfindung wird einem Franzosen zugeschrieben. Aber selbst schon im 14. Jahrhundert, im ›Rosenroman‹ (1305), ist eine oriloge erwähnt. In seinem Werk ›Warm and Snug‹ beschreibt Lawrence Wright, wie der 1542 geborene Mathematiker Thomas Allen eines Tages seine Uhr im Schlafzimmer vergaß. Die Dienerin, die das Bett zu machen gekommen war, hörte ihr Ticken, glaubte, dieses Ding sei vom Teufel bewohnt, und warf die Uhr aus dem Fenster. Vom 17. Jahrhundert an jedenfalls nahm die Zahl der jede Stunde einmal schlagenden Nachttischuhren zu; 1752 tauchen die ersten Uhren mit Läutwerk auf. Die Menschen des 17. und 18. Jahrhunderts waren geradezu wild auf Uhren. Heißt es nicht, Ludwig XIII. habe eine Leidenschaft für Wecker gehabt und sei niemals auf Reisen gegangen, ohne gleich mehrere davon mitgenommen zu haben? Er legte sie auf den Nachttisch und verbrachte dann die halbe Nacht damit, sie aufeinander abzustimmen, da er es nicht ertragen konnte, wenn sie nicht die gleiche Zeit anzeigten. Diese Vorliebe seines Vaters hat Ludwig XIV., und der Hofstaat mit ihm, übernommen; er konnte nicht einschlafen, wenn er nicht das Ticken seiner Nachttischuhr hörte, und als fortschrittlicher Mann liebte er es, von ihrem Läutwerk geweckt zu werden.

Mit der Entwicklung von Uhren und einem verbindlichen »Stundenplan« erhielt die Zeit einen ganz neuen Stellenwert. Die Furcht vor Verspätung trieb die Menschen dazu, ihr Martyrium immer feiner auszugestalten. So wollte man auch mitten in der Nacht noch erkennen können, wie spät es ist, und 1762 fertigte der Pariser Uhrmachermeister Musy eine Nachtlampe an, die einen Kranken weckte und ihm gedämpftes Licht spendete, damit er seine Arznei nehmen konnte. Ein 1768 verbessertes Modell erlaubte überdies sogar, eine Tasse Suppe warmzuhalten. Noch weiter durchdacht, wiewohl etwas brutal, ist die 1781 von dem Marseillaiser Morgues erfundene Uhr, bei der ein zur eingestellten Zeit ausgelöster Schuß gleichzeitig eine Kerze entzündete.

Meine Vorliebe, wenn bei derart grausamen Apparaturen von einer solchen überhaupt die Rede sein kann, gilt R. W. Savages genialem System, das er 1851 im Crystal Palace als alarm bedstead vorstellte: ein Weckbett, das, falls der Wecker nicht genügte, das Aufstehen dadurch beschleunigte, daß die Bettdecken weggezogen wurden; wenn das immer noch nichts nutzte, neigte sich die Matratze um fünfundvierzig Grad und warf den Schläfer hinaus. Eine etwas sanftere Variante dieses jähzornigen Apparats wurde auf der Leipziger Messe vorgestellt: nach dreimaligem, immer lauter werdendem vergeblichem Läuten zog ein mechanischer Arm dem Schläfer die Nachtmütze vom Kopf, während ein anderer Arm ein Schild schwenkte, das darauf hinwies, daß Zeit zum Aufstehen sei. Schließlich und endlich kippte auch hier die Matratze den Widerspenstigen auf den Boden, während ihm ein dritter beweglicher Arm eine auf kleiner Flamme warmgehaltene Tasse Kaffee reichte.

Neben dem telefonischen Weckdienst, dessen Brutalität seinesgleichen sucht, bleibt eine der traumatisierendsten Vorrichtungen noch immer der blecherne Wecker mit doppeltem Läutwerk, der, sobald er losrasselt, sich zu bewegen und auf dem glatten Marmor des Kamins umherzurutschen beginnt unter der Gefahr, hinunterzufallen und in tausend Stücke zu zerschellen — von so schlechter Qualität ist er nämlich —, wenn man nicht auf der Stelle einschreitet, um sein Toben zu beenden ... Und da steht man dann, ein bißchen dümmlich, und freut sich, einmal mehr nichts von der Zeit verloren zu haben, von der man sagt, daß sie Geld sei ...

Teil II: Horizontal

7. Schlafzimmer heute

> Verflucht sei der Vater der Ehefrau des
> Schmiedes, der das Eisen für die Axt
> schmiedete, mit der der Holzfäller die
> Eiche niederstreckte, aus der man das
> Bett schnitzte, in dem der Urgroßvater
> des Mannes gezeugt wurde, der das Auto
> fuhr, in dem deine Mutter deinen Vater
> kennenlernte.
>
> Robert Desnos

Die Geschichte der schlafenden oder schläfrigen Menschheit zu Papier zu bringen war gar nicht so einfach für mich, denn die Zeugnisse, die uns die Schläfer aus Tausenden und Abertausenden von Jahren hinterlassen haben, sind nicht eben zahlreich. Und Zimmer und Betten, in denen ich schon mehr als zehn Jahre meines Lebens zugebracht habe, ethnologisch abzuhandeln, ist mir nicht viel leichter gefallen, denn ich habe, wie Sie, darin geschlafen, geträumt und manches andere mehr gemacht …

Das Bett saust dahin auf seinen Schienen aus blauem Honig
Und die mittelalterlichen Skulpturen der Lebewesen werden transparent …
Das Bett überfährt die Signale, und alle vorbeihuschenden Goldfischgläser verschwimmen zu einem einzigen
Es fährt mit dem wechselnden Wolkenbild des Himmels um die Wette
Hat nichts gemein weißt du mit der kleinen Eisenbahn
Die sich nach Cordoba in Mexiko schlängelt auf daß wir nicht müde werden zu entdecken …

Nein das Bett im Gespinst der Weichen beschränkt sich nicht darauf die Seidenschnur der Orte und unvergeßlichen Tage abzuspulen

Es ist der Webstuhl auf dem die Zyklen sich miteinander verknüpfen und aus dem hervorquillt was
man als Sphärenklänge empfinden könnte
Das Bett überfährt die Signale, und alle vorbeihuschenden Goldfischgläser verschwimmen zu
einem einzigen
Und wenn es unter Pfeifen in den Tunnel des Fleisches einfährt um ihn zu durchbohren weichen
die Wände zurück und der alte Goldstaub löst
sich um nicht mehr zu sehen von den Standesregi-
stern ab
Am Ende holt die Bewegung des Meeres sich alles
wieder
Nein das Bett im Gespinst der Weichen beschränkt
sich nicht darauf die
Seidenschnur der Orte und unvergeßlichen Tage
abzuspulen.

Von ›Fata Morgana‹ bewacht und André Breton auf der
›Straße nach San Romano‹ folgend, habe ich erfahren,
daß »Poesie, wie Liebe, im Bett gemacht wird« und daß
»ihre zerwühlten Laken der Anbeginn der Dinge« sind.

Ich kenne, wie er, wie Sie, den leichten Schlaf stern-
flimmernder Nächte, kenne das ständige Aufschrecken
beim Schlafen in öffentlichen Verkehrsmitteln, den me-
lodischen Schlaf von Internatsschlafsälen, den blei-
schweren Schlaf nach der Rückkehr vom Feld, den unruhigen Schlaf hektischer Städte, den klebrig-feuchten
Schlaf des Regenwaldes am Amazonas, den drangvol-
len Schlaf nach der Rückkehr von Münchner Biergär-
ten, den mückenzerstochenen Schlaf der Tundra Lapp-
lands und den noch qualvolleren der Indianerreserva-
te … Und heute nun erwache ich — und nichts, vom
Schlaf der anderen weiß ich nichts. Es geht mir nicht
anders als der ratlosen Schlafforschung. Der Schlaf weigert sich einfach, sein Geheimnis preiszugeben. Schlaf-
lose Nächte ohne Ende und doch: Nach wie vor ist

diesem Gebiet mit dem bloßen Verstand nicht beizukommen.

Schlafen ist eine Technik

Wir praktizieren und verfeinern unsere »Schlaftechnik«, jene traditionelle Handlung schlechthin, die unsere Eltern traditionsgemäß an uns weitergaben; diese Körpertechnik ist »das erste und natürlichste Werkzeug des Menschen«, das zu gebrauchen wir, um mit Marcel Mauss zu sprechen, durch unsere Erziehung, die Gesellschaft, in der wir leben, und den Platz, den wir in dieser einnehmen, erlernt haben.

Von frühester Kindheit an sind wir daran gewöhnt, uns auf die Gewohnheiten der Menschen um uns herum einzustellen, und so haben wir uns ganz spezifische Ruhe-, Übernachtungs- und Schlafpraktiken angeeignet, die uns von den Menschen anderer, vielleicht einmal besuchter Länder unterscheiden. Auf einem Bett, auf einer Matte oder in einer Hängematte, mit oder ohne Zudecke zu schlafen, ein weiches, hartes oder überhaupt kein Kopfkissen zu benutzen — alle diese Praktiken sind gleichzeitig Körpertechniken, die hinsichtlich ihrer Auswirkungen und ihrer biologischen Konsequenzen sehr tiefgreifend sind. Außer Nahrung und Atemluft braucht der Mensch Schlaf, wenn er nicht »vor Müdigkeit umfallen« will. Es sei denn, er kann — wie Mauss, der gesteht, in seiner Jugend das Bergsteigen betrieben zu haben, um »seine Kaltblütigkeit zu schulen« — auf dem kleinsten Felsvorsprung am Rand des Abgrunds aufrecht schlafen. Schließlich sind ja auch der nilotische Teil Afrikas und ein Teil des Tschad bis zum Tanganyikasee von Menschen bevölkert, die, wenn sie auf dem Feld sind, wie auf Stelzen stehen, um, auf Stangen gestützt oder auch nicht, zu ruhen, in einer Haltung, die ihrer Funktion als Hirten und Wächter in der Savanne entsprang und angepaßt ist.

Wir haben, um die Form unserer Ruhe und unserer Häuser miteinander in Einklang zu bringen, uns Räume ausgedacht, die wir nun ganz präzise mit unseren alltäglichen Handlungen ausfüllen. Indem wir uns in den theoretisch nach Maß auf uns zugeschnittenen Räumlichkeiten bewegen, in ihnen arbeiten, umhergehen oder auch reglos verharren, stehen, sitzen oder liegen, durchmessen wir jene vertrauten Distanzen, die uns mit den Dingen und Menschen verbinden – jeder folgt dabei ganz seinen Gewohnheiten, die der jeweiligen Zivilisation, Gesellschaft, der Erziehung, den Konventionen, Modeströmungen und dem Prestigedenken entsprechen. Ob nah oder fern, links oder rechts, vorn oder hinten, oben oder unten, wir wissen um den Gebrauch und den Platz der Dinge und der Räume, die nach den Vorstellungen unserer Zivilisation geformt wurden. Unseren ureigensten Wünschen nach einem »maßgeschneiderten« Lebensraum folgend, empfinden wir diesen, ganz wie ein Kleidungsstück, als »zu groß oder zu klein«.

Vereinheitlichung

Schlafzimmer sind Nester inmitten eines Beziehungsgeflechts von Lebensgewohnheiten; sie bilden denjenigen häuslichen Lebensbereich, in dem wir uns durchgehend am längsten aufhalten. Auch wenn es solcher »Espèces d'Espace« (Arten des Raums) lediglich bedarf, wie Georges Perec in seinem gleichnamigen Buch meint, »um sich die nichtssagendsten wie auch die grundlegendsten Erinnerungen ins Gedächtnis zurückzurufen, sie wieder aufleben zu lassen, sie aufzufrischen«, so läßt es sich unsere moderne Gesellschaft doch sehr angelegen sein, dieses unmittelbare Umfeld des Menschen zu standardisieren. So bestimmen zum Beispiel die französischen Normen NF-D 83-101 und 83-102 Normwerte für die Abmessungen und den Mindestplatzbedarf in Wohnräumen und

Fluren. Die Mindestdurchgangsbreite in Fluren für eine Person, die beide Hände frei hat, beträgt beispielsweise sechzig Zentimeter. Was soll man da machen? Unsere Traumvorstellungen scheitern an den Hygienevorschriften. »Die Fläche des Schlafzimmers darf nicht weniger als neun Quadratmeter und seine Deckenhöhe höchstens zwei Meter fünfzig betragen, die Summe der Innenflächen der zu öffnenden Fenster muß mindestens ein Sechstel der Bodenfläche des Raumes betragen, welcher im übrigen mit einem Rauchabzug oder einer anderen Vorrichtung für die Frischluftzufuhr versehen sein muß und dessen Temperatur sechzehn bis achtzehn Grad Celsius nicht übersteigen sollte.« Es fällt einem nicht ganz leicht, Normen aus den fünfziger Jahren zu bewerten, wenn man weiß, daß in Frankreich damals noch mehr als zweihunderttausend Landarbeiter in Stallungen schliefen und daß die Wohnungsnot in den Städten unmittelbar nach dem Krieg größer war denn je.

In Frankreich machen Bäder, Toiletten und Heizungsräume heute, eine Ironie des Schicksals, etwa sechzig Prozent der Wohnungsfläche aus; die Freiräume unserer Schlafzimmer indessen maßen 1985 im Durchschnitt nur noch 3,7 Quadratmeter, fast zwei Drittel weniger als noch vor zwanzig Jahren. Paradoxerweise meinten 1978 nur 13,3 Prozent der französischen Haushalte, unter »schlechten Bedingungen zu wohnen«, gegenüber 15,2 Prozent im Jahr 1973 — wobei es starke regionale Abweichungen gab: acht Prozent waren es im Elsaß und achtzehn Prozent in der Region Bretagne/Aquitaine. Der Anteil der Haushalte, die einen Wohnungswechsel wünschten, betrug neun Prozent im Limousin und einunddreißig Prozent in der Gegend von Paris, wobei sich im ersten Fall wohl einfach der Wunsch nach Veränderung manifestiert, während es sich im zweiten eher um eine durch Raumnot, hohe Mieten, Steuern und Kosten bedingte Notwendigkeit handelt. Unsere Wohnbereiche schrumpfen wie Chagrinleder, wobei der verfügbare Raum dem Inhalt der jeweiligen Brieftasche und die Qualität der Landschaft vor unserer Haustür jener der Bilder auf den in dieser Brieftasche steckenden Geldscheinen entspricht.

Warum hat man die Familie und das Zuhause überhaupt so sehr propagiert, wenn wir dann nur noch demutsvoll zusammengepfercht in Betonkästen hausen und uns fragen, was wir stärker empfinden: die Unerträglichkeit oder die Einsamkeit? Vielleicht, weil man nur noch in Institutionen zu denken gewohnt ist, weil man die Familie auf einen bloßen Sozialverband reduziert hat. In seinem Vortrag ›The Human Situation‹ hat Aldous Huxley darauf hingewiesen, daß Institutionen niemals schlafen, »sie leben gewissermaßen in einem Zustand chronischer Schlaflosigkeit … Worauf Kirche wie Staat sich jedenfalls gut verstehen, das ist, jene kolossalen hölzernen Bettstellen zu besteigen, als da sind das Unterhaus oder die Westminster Abbey, Betten, die natürlich auch Grabstätten sind.«

Nie ist die menschliche Kunst und Fähigkeit des Schlafens besser abgehandelt worden als durch den ägyptischen Romancier Albert Cossery. In seinem Werk ›Die Müßiggänger im fruchtbaren Tal‹ vergleicht er den Müßiggang mit einer äußerst seltenen Kulturpflanze und hält dem Jüngsten der Familie, der zu arbeiten versucht, dessen ältesten Bruder entgegen, der die Familientradition zu wahren bemüht ist und der nach sieben im Bett zugebrachten Jahren, in denen er »nur wach wurde, um zu essen und auf die Toilette zu gehen«, für einen Weisen gehalten wird. Ein anderes Familienmitglied verzichtet sogar darauf, die Frau, die er liebt, zu heiraten, da er befürchtet, sie könne Unruhe in einen schon seit Ewigkeiten herrschenden Schlafzustand bringen. In seinem Widerstand gegen jede Art von Tätigkeit schlägt er seinem Onkel sogar vor, sich vom Rundfunk engagieren zu lassen, damit seine Seufzer ein weltweites Echo fänden. Die Anstrengungen des Menschen, faul zu sein, eine Faulheit, die Jules Renard als die Gewohnheit bezeichnete, »sich vor dem Müdewerden auszuruhen«, sind von titanischen Ausmaßen. Aber wir werden nicht rasten noch ruhen, bis wir die ungeheure Aufgabe eines Sprichworts bewältigt haben, »auf beiden Ohren zu schlafen« – was soviel meint wie »völlig beruhigt sein«.

Ahoi, Matratze, ahoi …

Man schläft gesünder, wenn man sich der Erdrotation, des Laufs der Sterne und der Flüsse bewußt bleibt. Dafür hatten die Gesundheitsapostel des 19. Jahrhunderts vielleicht am ehesten Verständnis; sie empfahlen nämlich, mit dem Kopf gen Norden zu schlafen, da diese Orientierung günstig für den Verlauf magnetischer Ströme sei. Nietzsche hat uns vorgewarnt: »Schlafen ist kein geringes Kunststück, denn man muß den ganzen Tag dafür wachen.« Es war ein fataler Irrtum, daß wir uns eines Tages anstatt mit Schlafen mit dem Bett zu befassen begannen: Das tiefe Entzücken wich sorgenvollen Überlegungen, und der findigen Wachsamkeit der Götter folgte die selbstgerechte Abgestumpftheit der Menschen.

Statistische Zahlen treiben ihr Verwirrspiel mit uns. Man stelle sich einmal vor, daß sich in Frankreich unter den müden Leibern sechzig Millionen Matratzen stapeln, die der Hotels, Krankenhäuser, Internate und Kasernen nicht einmal mitgerechnet. Sechzig Millionen, von denen mehr als die Hälfte, nämlich genau vierundfünfzig Prozent, für zwei Personen gedacht sind, was wiederum bedeutet, daß, falls ganz Europa plötzlich vor Müdigkeit umfiele, neunzig Millionen Menschen in Frankreich zu Bett gebracht werden könnten. Da französische Normen die Maße von Einzelbetten auf neunzig mal zweihundert Zentimeter und die von Ehebetten auf einhundertvierzig mal zweihundert Zentimeter festsetzen, wobei die Matratzenstärke im Durchschnitt zehn Zentimeter beträgt, wage ich mir kaum diesen immensen weichen Kontinent vorzustellen, der die Erde bedeckt; aber ich verstehe nun schon besser, warum so viele Flüsse, so viele Gräben, Gehwege und Ozeane von diesen seltsamen, wolligen Mollusken oder diesen riesigen, platten Insekten mit ihren wirren, spiralförmigen Fühlern bevölkert sind.

Auf solche Matratzen hat der Literatur-Nobelpreisträger von 1974, Harry Martinson, in seinem Werk ›Reisen ohne Ziel‹ hingewiesen. Er erzählt darin von seinen ozeanischen Begegnungen mit Matratzen nach einem Sturm auf dem Atlantik. »Da stehen wir, zu zweit oder zu dritt, an der Reling und versuchen herauszufinden, wo sie mal gekauft worden ist, aber noch bevor wir uns geeinigt haben, ist sie schon wieder im Nebel verschwunden. Bei Tobago in den Kleinen Antillen habe ich eine Matratze in perfektem Zustand gesehen. Kleine Haie umkreisten sie; vermutlich hatte man sie aus einer Yacht geworfen. Sie hatte Federn aus echtem Walfischbein und wunderschöne Streifen. Ganz trocken und ganz sauber glitt sie auf diesem ruhigen, sonnigen Meer dahin. Man hätte, so wie sie da schwamm, auf ihr schlafen können; es war zu schade, sie so dahinziehen zu lassen, vielleicht war ja auch Geld in ihr versteckt? Ein alter griechischer Matrose hat mir einmal erzählt, daß die kleinen Seevögel alle Flöhe aus treibenden Matratzen picken, so daß seiner Meinung nach in dieser Hinsicht keine Gefahr bestand. Aber natürlich ist das nicht gut; ich jedenfalls habe noch nie eine Matratze aufgefischt und werde vermutlich auch nie eine auffischen. Doch habe ich beobachtet, wie Kulis sie mit dem Bootshaken rausgeholt und im sengenden Wind Colombos getrocknet haben. Das superbe Lager Kleopatras indessen, das ich vor Tobago schwimmen sah, das werde ich bestimmt nie vergessen, oder, besser gesagt, meine Knausrigkeit wird es nie vergessen. Matratzen! Massen von Meermatratzen treiben auf den Ozeanen umher. Einfach weggeworfen. Auf jeder von ihnen hat einmal ein menschliches Wesen gelegen, das Herz voller Sehnsucht. Heimweh nach dem Land? Heimweh nach der See?«

Während der schwedische Autor es schaffte, »auf einer derben Matratze der Stadt Brügge in die glühende Hölle der Erkältung« zu gelangen, haben sechzig Prozent der Franzosen 1976 dafür optiert, sich auf Federkernmatratzen auszustrecken; für Schaumstoff können sich nur achtzehn Prozent begeistern, und auf den versprengten Wollmatratzen, die hier und da auf dem tiefsten Grund alter Bauernbetten schlummern, werden nur noch sieben Prozent der über fünfzigjährigen Landbevölkerung in den Schlaf gewiegt. Für Stadt-Ehepaare in den Vierzigern also den Federkern, für junge Haushalte und Jugendliche den Schaumstoff jener Matratzen, die nur zu fünfundfünfzig Prozent jemals die Annehmlichkeit eines Bettgestells kennenlernen, während siebenunddreißig Prozent ganz einfach auf vierfüßigen Lattenrosten liegenbleiben.

Früher machte die Anzahl der auf einem Rost gestapelten Matratzen den Luxus und die Bequemlichkeit der Betten aus. Bezüglich des Bettzubehörs hat sich die Sprache der Verbraucher — was von der Matratzenindustrie nach Kräften gefördert wurde — sowohl von schamhaften Umschreibungen als auch einer weihevollen Aura frei gemacht, um immer wissenschaftlicher zu werden. Die Rheologie (vom griechischen »rheos«, Fluß), ein Zweig der Mechanik, der sich mit dem Materialverhalten hinsichtlich der Viskosität, Elastizität und Plastizität unter dem Einfluß von Verformungen bei starker Beanspruchung befaßt, weist nach, daß der Körper gestützt werden muß, wenn die Muskeln erschlaffen, und bedient sich einer entsprechend angepaßten, ziemlich tabufreien anatomischen Terminologie. Eine Matratze muß man ausprobieren und bis ins Innenleben analysieren, ihre Ausstattung muß »angemessen weich sein und sich unter der Wirkung von äußerem Druck kurz deformieren; ihre Elastizität muß plötzliche Beanspruchungen und schweren Druck hinreichend abfangen, wobei man wissen muß, daß eingetaschte, superbikonische Sprungfedern die geringere Flexibilität der Fasern der überthermischen

Seite ausgleichen und daß der Festigkeitsgrad der Unterlage, auf die sich der Kopf stützt, durchaus unterschiedlich ist, je nachdem, ob man auf dem Rücken oder auf der Seite schläft, denn die Kurvaturen des Körpers sind im Profil akzentuierter als in der Rückenlage, und die Schulter ist schwieriger unterzubringen ...«.

Die »moderne« Kundschaft will feste Matratzen zur Entlastung der Wirbelsäule und ein breites Bett — niedrig, gesund und gut belüftbar —, das eine ausgestreckte Lage ermöglicht, die erforderlich ist, um neue Kraft zu schöpfen; alles in allem ist das eine gerechtfertigte Rückkehr der »klinischen« Logik des Betts, schließlich hieß »Bett« schon auf Altgriechisch »kline« ...

Marcel Noll, einer von Michel Leiris' surrealistischen Freunden, der mit ihm gemeinsam in seinen »Lichten Nächten« reiste, begründete mit seiner Matratze, einem Einzelstück von dreißig Metern Länge, die er auf all seinen Reisen mitnahm, nicht gerade einen neuen Industriezweig; immerhin war er aber den Statistiken von 1986 voraus, aus denen hervorgeht, daß zweiundvierzig Prozent der Ehepaare zwischen achtzehn und vierundvierzig Jahren am liebsten in einhundertfünfzig bis einhundertsechzig Zentimeter breiten Betten schlafen, einer im Vergleich zur Liegestatt des Poeten gewiß lächerlichen Breite, die allerdings weniger gefährlich ist, da jener sich im »langen Bettlakentunnel zu verirren drohte«. Andererseits ist die moderne Version aber auch weniger nützlich: »Unterwegs dient diese Matratze als Koffer. Noll rollt sein Gepäck hinein und umschnürt das ganze mit einem Riemen.«

Bettbeschäftigungen

Matratzen geistern durch unsere Träume, und zu Matratzen haben wir eine ähnlich unzertrennliche Zuneigung wie zu einem Paar schäbig gewordener, guter alter Schuhe — wir behalten unsere Schlafunterlage im Schnitt fünfzehn Jahre —, doch hinderte das im Jahr 1976 zwanzig Prozent der französischen Haushalte nicht daran, sich 4,1 Millionen neue Matratzen zuzulegen, von denen man nie erfahren wird, welchen Träumen die Schläfer in ihnen verfielen. In romanischen Ländern können die in dramatische Grenzstreitigkeiten und Schnarchkriege verwikkelten Ehepaare — fünfundzwanzig Prozent der Männer schnarchen, dagegen nur fünfzehn Prozent der Frauen — sich im Gegensatz zu angelsächsischen Paaren einfach nicht an getrennte Ehebetten gewöhnen — von den fünfundzwanzig- bis vierundvierzigjährigen machen in Frankreich nur drei Prozent und von den fünfundvierzig- bis neunundfünfzigjährigen nur vierzehn Prozent davon Gebrauch. Was das runde Bett anbetrifft, für manch einen das »ideale Bett«, so haben zu viele mutige Pioniere darin die Orientierung verloren, als daß es sich in unseren Schlafzimmern endgültig hätte durchsetzen können. Seit ewigen Zeiten schon kantig, ist das Bett selbst für Georges Perec »eine rechteckige Fläche, länger als breit, in oder auf der man gewöhnlich in Längsrichtung schläft«. Auch ist das Bett ein Gebrauchsmöbel, das von einunddreißig Prozent der Franzosen jeden Morgen in weniger als drei Minuten gemacht wird, während zweiundzwanzig Prozent der älteren dazu fünf Minuten brauchen. Vermutlich ist das der Grund weshalb ein Fabrikant einem seiner Traumbetten den Namen »Sultan Fast« gegeben hat.

Was man im Bett macht, außer darin zu schlafen, ist für dreiundsechzig Prozent der Paare, davon vierundachtzig Prozent der Altersgruppe zwischen fünfundzwanzig und vierundvierzig Jahren zugehörig, sich zu lieben. Mit Lesen beschäftigen sich dreiundfünfzig Prozent der im Bett Liegenden, mit Musikhören einunddreißig Prozent, mit Fernsehen sechsundzwanzig Prozent, und vierundzwanzig Prozent frühstücken, ungeachtet aller Krümel, im Liegen. Die Telefonitis hält nur elf Prozent im Bett zurück, von denen vierundzwanzig Prozent zwischen achtzehn und vierundzwanzig Jahre alt und vierzehn Prozent Frauen sind. Und weil sechsundachtzig Prozent aller Franzosen, davon einundneunzig Prozent Frauen, es nicht gern haben, wenn die Füße bloß liegen, werden diese jeden Abend schaudernd daran denken, daß die Herrschaft des hochrutschenden Federbetts sich immer mehr verbreitet, und sie werden hoffen, diese möge nur eine Modeerscheinung sein, und den Gedanken verwerfen, auch in unseren Schlafzimmern könne das Funktionelle endgültig den Sieg davontragen, wie es bei unseren Ernährungsgewohnheiten bereits geschehen ist; immerhin besteht die Gefahr, daß man sich eines Tages die Frage stellen wird, warum man seine Zeit mit Schlafen verlieren soll, wenn man während dieser Zeit doch produzieren könnte.

Wozu schlafen?

Ja, wozu überhaupt schlafen? Selbst die Schlafforschung weiß darauf noch keine schlüssige Antwort, und der unerforschliche Schlaf, dessen geheimnisvollen Schleier man eben erst zu lüften beginnt, erinnert uns gern daran, daß nicht er, sondern wir unsere Nächte zu dem gemacht haben, was sie sind. Wer glaubt, sich abends still und heimlich aus der menschlichen Gemeinschaft zurückzuziehen, wenn er sich in seinem schnittigen Antiprunkbett regeneriert, der muß wissen, daß er, anstatt uns zu verlassen, sich in Wirklichkeit einer Gruppe von Menschen zugesellt, die die Stadt wieder zu dem gemacht haben, was sie früher einmal war: eine Vereinigung von Schläfern und Bettbesitzern. Daß man es wagt, seine Wachsamkeit aufzugeben, »desinteressiert« zu sein, wie Bergson sagt, bedingt für uns als die allesfressenden Säugetiere, die wir sind, daß die Gemeinschaft samt ihren Wächtern und ihren Wachhunden alle Nächte für uns wacht, damit wir glückselig in unseren Betten ruhen. Dreizehn Prozent der Franzosen sind vom zu vielen Schlafen müde, ein Prozentsatz, der in etwa dem der an Schlaflosigkeit Leidenden entspricht: 1981 zählte man fünf Millionen unregelmäßig oder auch regelmäßig an Schlafstörungen leidende Personen mit einem Verbrauch von fünfzig Millionen Schachteln Schlafmitteln. Zuviel schlafen zu können bedeutet, daß man das Gefühl der »Nicht-Gefahr« völlig verinnerlicht oder, um es in neurophysiologischen Begriffen auszudrücken, sich freiwillig seines »inneren Alarmsystems« der »Telerezeptoren« (Gehör, Geruchssinn usw.) entledigt hat.

Überlassen wir Homer die Vorstellung vom Schlaf als dem »Zwillingsbruder des Todes« und dem 18. Jahrhundert den uns schon eher vertrauten Gedanken, daß der stoffliche Leib den periodischen Tod in Form des Schlafes erleidet, während die immaterielle Seele dem entgeht, und halten wir uns an die Wissenschaftler, die sich heute darüber einig sind, daß der Schlaf kein kontinuierliches, die ganze Nacht gleichmäßig ablaufendes Phänomen ist.

Mit Hilfe von Elektroenzephalogrammen zur Messung der Gehirntätigkeit, Elektrookulogrammen zur Aufzeichnung der Augenbewegungen und Elektromyogrammen zur Registrierung der Muskelspannung ist es gelungen, fünf klar voneinander abgegrenzte Schlafstadien auszumachen: Stadium eins beginnt mit einer von sehr kurzen Träumen begleiteten Einschlafphase, auch »langsamer Schlaf« genannt, der — Stadium zwei — ein »leichter Schlaf« folgt. Stadium drei bezeichnet den »mittleren Schlaf« und Stadium vier den Tiefschlaf. Im Verlauf dieser verschiedenen Stadien hat der Organismus sich allmählich in eine Art Dämmerzustand versetzt, bevor er in eine paradoxe Aktivität — Stadium fünf — verfällt, die von schnellen Augenbewegungen bei gleichzeitiger völliger Muskelerschlaffung gekennzeichnet ist.

Diese paradoxe Phase hat etlichen Schlafforschern wie beispielsweise Michel Jouvet und dem Amerikaner William Dement keine Ruhe gelassen; für sie handelt es sich dabei um eine Traumphase, die kürzlich als »dritter Zyklus« der Gehirntätigkeit bezeichnet wurde; die beiden anderen Zyklen sind der Wachzustand und der Schlaf. Der Schlaf begünstigt also zwar die Muskelentspannung, bringt aber dem Gehirn in bezug auf Ruhe überhaupt nichts, zumal dieses im Schlaf sogar mehr Sauerstoff verbraucht als im Wachen. Auch aufgrund von Versuchen mit Schlafentzug haben die Wissenschaftler bisher nur relativ geringfügige Beeinträchtigungen feststellen können: eine gewisse Unachtsamkeit beispielsweise und auch Fälle von Hypersexualität. 1959 ging ein New Yorker Discjockey die Wette ein, er könne zweihundert Stunden ununterbrochen wach bleiben. Am Ende seines Marathons litt er unter einer Art paranoischen Deliriums, streng wissenschaftlich gesehen hat sein Experiment jedoch zu keinen neuen Erkenntnissen geführt, da Schlafmangel allein keine ausreichende Erklärung bot.

Infolge der kürzlich entdeckten Schlaf- und Traumpeptide und derzeitiger Bemühungen, die Schlafmoleküle zu isolieren — wobei bekannt ist, daß nur achttausend der fünf Milliarden Neuronen unseres Gehirns uns den Weg zum Traum, zum »zerebralen Gewitter«, eröffnen —, wird die Frage, ob wir den Schlaf denn nun wirklich zum Leben brauchen oder nicht, vielleicht einmal beantwortet werden können. Was die auf Platon zurückgehende These Freuds anbelangt, daß der »Traum der Hüter des Schlafs« sei, so haben Neurophysiologen, ohne den Traum in Frage zu stellen, das Gegenteil bewiesen: Der Schlaf ist der Hüter des Traums! Traumgeschehen und Sexualität sind innig miteinander verbunden; es ist bekannt, daß beim träumenden Mann eine Erektion erfolgt und bei der Frau verstärkt Blut zur Klitoris strömt, ein Phänomen, das sowohl bei Babys als auch bei Greisen beobachtet wurde — nicht hingegen bei anderen Säugetieren. In einem kürzlich veröffentlichten Artikel entwickelte Michel Jouvet sogar die Hypothese, daß nicht wir träumen, sondern von unserem Erbgut gewissermaßen »beträumt« werden, und daß es die Aufgabe des Traums ist, »unbeschadet der Dinge, die wir tagtäglich in uns aufnehmen und lernen, das psychologische Erbgut in uns zu erhalten«. Jedenfalls solange wir es nicht mit den Süßwasserdelphinen im Amazonasgebiet halten, die niemals oder, ganz im Gegenteil, ständig schlafen: nach dem Prinzip des »alternierenden Schlafs« zwanzig Minuten für die rechte Hirnhälfte, zwanzig Minuten für die linke!

Wie man sich bettet ...

Da der Mensch im Schlaf praktisch reglos ist, mußte er sich für diese Ruhepause Schutzunterkünfte ersinnen, ein einheitliches Schlafverhalten brauchte er sich allerdings nicht anzueignen.

Die Nächte sind auf unserem Planeten derartig unterschiedlich, daß in bestimmten Breiten einige Tage keine untergehende und einige Nächte keine aufgehende Sonne kennen. Dort ist der Mensch gezwungen, im Sommer am hellichten Tag zu schlafen und im Winter bei stockfinstrer Nacht zu arbeiten, wie am Pol, wo die Nacht sechs Monate dauern kann und ebenso lang ist wie der Tag, auf den sie folgt. Im Kampf gegen das geographische und zeitliche Dunkel hat uns die Elektrizität wertvolle Dienste geleistet, dennoch sind wir, auch wenn wir uns das wünschen, nicht völlig zu Nachtsichtigen geworden. Es gibt, wie bei einzelnen Menschen, Nachtschwärmer-Völker und solche, die mit den Hühnern zu Bett gehen, und dasselbe gilt für das Aufstehen. So vermöchte ich kaum zu sagen, wann die Spanier schlafen, da es mir noch nie gelungen ist, nach ihnen ins Bett zu gehen oder vor ihnen aufzustehen. Ihre portugiesischen Nachbarn indes gehen früh schlafen, was erklärt, warum die Bewohner ihrer ehemaligen Kolonien, Brasilien und die Antillen, keine Siesta machen, obschon eine solche dort eine Wohltat wäre.

Der Soziologe Marcel Mauss hat Naturvölker beobachtet, die sich zum Schlafen einfach so um ein Feuer legen, wie etwa die Feuerländer, welche, obwohl in einem sehr kalten Klima lebend, sich nur mit ihren Lamafellen bedecken und durch das Erwärmen der Füße den ganzen Körper bei Temperatur halten. Eine solche kreisförmige Anordnung um das Feuer findet man auch in den tipis (von »ti«, »wohnen«, und »pi«, »gebraucht zum«) der Pawnee-Indianer Nordamerikas. Diese Art des Schlafens war aber nicht für die Sioux typisch. Deren Lager bestanden aus Bison- oder Bärenhäuten, die auf Binsenmatten gelegt und an jedem Ende zu einer Rückenlehne erhöht wurden, so daß man, da der Kopf des einen jeweils bei den Füßen des anderen lag, den Platz für ein Doppellager sparte. Außerdem bot diese Anordnung den in Decken gewickelten Schläfern eine gewisse Bequemlichkeit und erlaubte ihnen, sich warmzuhalten. Lebte eine vierköpfige Familie in einem einzigen tipi, dann ordnete man diese Art von Schlafstätten parallel zur Wand an, woraus sich so etwas wie eine große, kreisförmige Bank ergab. Der einzig dem Häuptling vorbehaltene Ehrenplatz lag dabei gegenüber dem ovalen Eingang des tipi. Aus eigener Erfahrung kann ich sagen, daß jene Art Bett heutzutage durch Teppichbodenstücke ersetzt wird, die von den amerikanischen Müllhalden stammen und sehr dick und damit recht bequem sind; das traditionell in einer Erdgrube angelegte und von Steinen umsäumte Herdfeuer ist einem dicken, zu einem Ofen umfunktionierten Benzinfaß gewichen, welches abends bis oben vollgestopft wird. Die Rundform des tipis bedingt natürlich, daß man sich strahlenförmig, wie Speichen um die Radnabe, um die Heizquelle herum gruppiert. Verändert haben sich aber nicht nur die Qualität der Schlaffelle — statt aus wärmender Naturfaser sind sie heute aus Synthetik —, sondern auch die heute eher an Cowboyanzüge erinnernden Kostüme der Indianer, mit dem Unterschied, daß letztere zum Schlafen die Stiefel ausziehen.

In Ozeanien schläft man, je nachdem, ob man sich in Mikronesien, Polynesien, auf den Salomon-Inseln oder in Malaysia befindet, auf Matten, Betten aus Rundstämmen oder mit Füßen versehenen Brettern; den Kopf pflegt man zum Schlafen auf einen kleinen Schemel zu legen, was den schwedischen Ethnologen Bengt Danielson über alle Maßen verwunderte. »Wenn man aber erst einmal eine Nacht in den Tropen hinter sich hat«, schreibt er, »den Kopf in ein Kopfkissen vergraben, dann versteht man leichter, wie vorteilhaft es ist, auf polynesische Art, den Nacken einer kühlen Brise ausgesetzt, zu schlafen.«

Afrikanische Nächte

Ganz anderer Meinung als Bengt Danielson ist Jacqueline Roumeguère-Eberhardt. Sie verbrachte elf Jahre im Süden Kenias bei den Massai und hat sich nicht nur um das sich bei unseren Reisen sofort stellende Schlafproblem verdient gemacht, sondern auch betont, wie wichtig es für die Feldforschung der Ethnologen ist. Denn die von Laien häufig aufgeworfene Frage der Schlafgewohnheiten wird, sehr zu Unrecht, von der Wissenschaft gerne als unerheblich beiseite geschoben: »Auf alles hätte ich schließlich verzichten können, nur nicht auf mein kleines Federkopfkissen, das ich bei unseren Wanderungen unter dem Arm trug, weil ich es nicht wagte, es an den zusammengerollt auf dem Rücken getragenen Fellen zu befestigen; zu groß war meine Angst, ich könnte dieses so unersetzliche Utensil verlieren, das mir erquickende Nächte gewährleistete, selbst wenn diese auf einem ausgebreiteten Ochsenfell direkt auf dem Boden der schnell aus Zweigen errichteten provisorischen Behausungen verbracht wurden. Die Bleibe war jeweils so klein, daß man nur mit angezogenen Beinen darin schlafen konnte. In einer besonders kalten Nacht war es sogar vorgekommen, daß meine Decke Feuer fing, als ich, durch diese Schlafstellung völlig steif geworden, die Beine ausstreckte ... Am Anfang verursachte mir der Rauch eine Art chronischer Bronchitis, und meine Augen tränten ständig, aber nach etwa zwei Wochen hatte ich mich daran gewöhnt ... Immerhin hat dieser Rauch den Vorteil, die außerhalb der Behausungen sehr zahlreichen Fliegen fernzuhalten und vor den Myriaden von Insekten zu schützen ... Da man direkt auf einem Lager aus Zweigen schläft, über das Rinderhäute gespannt sind, und da die Massai sich gern mit einer Mischung aus Ocker und Hammeltalg einreiben, nehmen die Häute diesen Geruch an, der sich dann mit dem im Raum hängenden Rauch mischt. Jeder, der sich auch nur kurz auf eine dieser Häute setzt, steht mit diesen feinen Essenzen gesalbt wieder auf.«

Bei den im Grenzgebiet zwischen Tschad und Kamerun lebenden Moundang, die nach Meinung Alfred Adlers »keine echten Hirten und Viehzüchter« sind, besteht das vom Autor des Buches ›Der Tod ist die Maske des Königs‹ als »Gehöft« bezeichnete Wohnhaus aus einem Komplex, in dem Menschen und Tiere Seite an Seite miteinander leben und der so viele Terrassenbauten umfaßt, wie es Ehefrauen gibt. Ein konisches Strohdach zeichnet das Haus des Gehöftherrn aus; er ist stolzer Besitzer einer Rinderhaut als traditioneller »Ruhematte«, eines Faltstuhls mit Holzpfosten und Ledersitz sowie, als Prestigemöbel, einer europäischen Couch. Den Hauptteil der Moundang-Wohnstätten bildet jedoch das Haus der Frau, ein aus fünf bis sechs Räumen bestehender Bau, dessen Südfassade von einem Kuppelturm flankiert wird, welcher als Speicher dient. Dort befindet sich zwischen zwei runden, fast völlig geschlossenen Räumen der als »pepae« bezeichnete offene dunkle Raum, dessen vordere Eingangsöffnung zur Wahrung der Intimität mit Flechtwerk versehen ist. Manchmal betont eine niedrige Mauer noch die Trennung zwischen eigentlichem Schlafgemach und vorgelagertem Empfangsraum. Zwar kommt es vor, daß die Moundang-Frau in der kalten Jahreszeit ihre Matte im wul-lii ausbreitet — einer Art Vorratskammer, in der sie ihre wertvollsten Gegenstände aufbewahrt —, das eigentliche Schlafzimmer der Mädchen, der Säuglinge und der Ehefrau jedoch, in dem diese ihre engsten Vertrauten und, wie Adler anmerkt, sogar ihre Liebhaber empfängt, ist das pe-pae. Wie es heißt, fanden früher auch Kriminelle stets Zuflucht im pe-pae. Die Moundang-Witwen bewohnen eine separate Behausung, in der sie auf einem »kpémé« genannten, aus dem grob behauenen Teil eines Baumstamms geschnitzten Bett allein schlafen. Das Kopfende ist durch einen unter das Holz geschobenen Stein leicht erhöht.

Im Gegensatz zu unseren Betten sind afrikanische Ruhemöbel, also Betten, Sitzgelegenheiten und schemelförmige Nacken- oder Rückenstützen, keine so unentbehrlichen Gegenstände wie Waffen, Kochtöpfe und landwirtschaftliche Geräte. Häufig schläft man einfach auf einer über eine Matte oder einen Haufen Laub oder weiche Rindenstücke gebreiteten Tierhaut; eines der in Afrika wie in Asien am meisten verbreiteten Schlafutensilien ist die Nackenstütze, besonders wichtig bei Völkern, deren Haartrachten wahre Kunstwerke darstellen. Dem meisterlich geflochtenen, mit Perlen, Kaurimuscheln, Metall-, Holz- oder Elfenbeinnadeln verzierten Haar soll auch während des Schlafes kein Schaden entstehen. Die Vielfalt der verwendeten Nackenstützen reicht vom einfachen Holzscheit bis zum kongolesischen diri, einer Kombination aus Schminkkasten und fein gearbeiteter Kopfbrücke. Als eigentliche Schlafstätte sind die Pfostenbetten am meisten verbreitet; sie sind aber nicht ausschließlich zum Schlafen bestimmt: Zwischen vier häufig mit Schnitzereien verzierten, dick bemalten und paarweise mit einer Holzstange verbundenen Füßen sind fünf Rundhölzer angebracht, die des Nachts mit einer Matte bedeckt werden und tagsüber als Podest zum Abstellen von Schüsseln mit Lebensmitteln Verwendung finden.

Die Rückenstütze, das originellste afrikanische Möbel, ist Teil des den Vornehmen, den Patriarchen und Würdenträgern vorbehaltenen Mobiliars, eine im allgemeinen aus einem einzigen Stück gefertigte Holzarbeit, welche durch die Würde, die sie ihrem Besitzer verleiht, auch für die Qualität seines Schlafs bürgt.

In Nordafrika findet man wieder richtige Matratzen, die wie Baldachin, Diwan und Sofa von einem Wort arabischen Ursprungs »matrah«, abgeleitet sind. Tagsüber als Sitzgelegenheit übereinandergestapelt oder zusammengerollt in einer Ecke liegend, werden sie abends auf die im Rahmen des Möglichen nach Geschlechtern getrennten Räumlichkeiten verteilt. Soweit der verfügbare Platz es erlaubt, ordnet man die Matratzen vorzugsweise parallel und gegenüber der Tür an, die eher zugestoßen als von Hand geschlossen wird. In wohlhabenderen Kreisen, die es sich leisten können, gehört ein regelrechtes Ehebett samt dem dazugehörigen Raum seit einigen Jahren zum Hausstand, aber das Lager wird nur so lange geteilt, wie die Eheleute sexuelle Beziehungen unterhalten. Werden diese, meist in der Menopause, eingestellt, so kehrt die Mutter normalerweise zu ihren Töchtern zurück, während der Vater sein Alter und sein Prestige geltend macht, um das Zimmer zu behalten. Zum Schlafen legt man sich gewöhnlich, sofern man sich nicht im Ausland den Gebrauch von Bettlaken angewöhnt hat, eine Decke über; die Männer behalten Unterhose, Hemd oder Unterhemd an, die Frauen ihre Unterwäsche und die gewöhnlich im Haus getragene gandoura. Was die Schlafstellung anbelangt, so ruhen die Männer, die Arme unter dem Kopf verschränkt, mit angezogenen Beinen auf der rechten Seite — eine durch den harten Boden bedingte Stellung der Nomaden zur Steigerung des Schlafkomforts; die Frauen ihrerseits legen sich flach auf den Rücken und dürfen ihre Arme nicht hinter den Kopf legen, damit ihre Achselhöhlen nicht sichtbar werden, ein offenkundig durch sexuelle Assoziation bedingtes Tabu.

Schlaf im Packeis

Wenn ich jeweils im Juni von Frankreich aus für einen Monat nach Lappland fuhr, schien mein Aufenthalt immer nur aus einem einzigen Tag zu bestehen, denn mitten in der Zeit des Tauwetters bescherte mir Lappland stets nicht endende Tage, Sonnenbäder um Mitternacht und Schwärme angriffslustiger Mücken, die selbst ein in New York für einen Aufenthalt im Amazonasgebiet — wo es überflüssig war — gekauftes Moskitonetz kaum zurückzuhalten vermochte. Seinen größten Dienst erwies es mir, als es in einer Stadt ohne Fensterläden das höllische, ständig strahlende Sonnenlicht dämpfte, das mich einmal um zwei oder drei Uhr morgens Hals über Kopf auf die Straße stürzen ließ, um noch einen Bus zu erwischen, der in Wirklichkeit erst zwölf Stunden später ging. Den Rentieren gleich habe ich meinen Seelenfrieden erst außer Reichweite der drauflosstechenden, gierig saugenden Stechmücken gefunden: im gedämpften Licht der in großer Zahl die lichten Pfade des Gebirges säumenden Hütten. Da ich keine Rentierhaut besitze, breitete ich meinen Schlafsack über die dicht belaubten Birken- oder Weidenzweige aus, die die jeweiligen Hüttenbenutzer selbst instand halten mußten. Ein alter Lappländer, dem ich am Fuße des Kebnekaise begegnete, lud mich in seine Hütte ein und erklärte mir auf englisch, die Hygiene gebiete es, die Streu jeden Samstag neu zu richten.

Ein lappisches Lager zu bereiten, ist eine unübertreffliche Kunst: »Man beginnt mit dem passjo«, schreibt Ernst Manker, »wo die äußeren Enden der ersten beiden strahlenförmig angeordneten Reihen von Zweigen aneinanderstoßen. Man legt den Boden des luoitos (Raum zu beiden Seiten des Herdes), indem man innen im Kreise an den Wänden der Hütte entlanggeht, über und über mit Zweigen aus, deren äußere Enden unter dem höchsten Punkt der nächsten Reihe zu liegen kommen. Die dicken Enden der beiden letzten Zweigreihen laufen in der uksa aus und werden unter sie begrenzenden Baumstämmen befestigt.« Über diese pflanzliche Matratze breitet man vor dem Schlafengehen eine oder mehrere Rentierhäute. »Unter den Kopf legt man ein Kissen, einen zusammengerollten Kittel oder sonst irgend etwas Weiches, und dann deckt man sich, je nach Bedarf, mit Rentierdecken oder -häuten zu.« Wie Manker schreibt, nimmt man im Norden gern einen norwegischen »rana« (wörtlich: dickes Wollgewebe) genannten Stoff, der einer Pferdedecke ähnelt. Im Winter wird dieser Stoff zur besseren Kälteisolierung häufig als Tuchwand zwischen die Stangen der Hütte gespannt. Die Lappen in Nordschweden benutzen manchmal den rakkas, einen normalerweise aus Leinen- oder Baumwollgewebe in Form eines Giebeldachs geformten Betthimmel, der, am Dach und an den Seitenwänden befestigt, das Lager abdeckt. Außer als Kälteschutz dient er auch zur Wahrung der Intimität des Ehepaars während der endlosen Sommertage. Nach dem Aufstehen werden rakkas und Bettzeug gelüftet und zusammengefaltet unter eine Rentierhaut, die Haare nach innen gekehrt, aufbewahrt. »Wie herrlich wohltuend es ist, sich gegen diesen weichen Filz zu lehnen! Jeder, der einmal erschöpft in eine solche kohte zurückgekehrt ist, weiß das zu schätzen«, sagte mein alter Lappländer.

Da ich bei meinen nächtlichen taghellen Erkundungen nicht bis zur Packeisgrenze vorgedrungen bin, überlasse ich es Jean Malaurie, dem Autor des Buches ›Les Derniers Rois de Thulé‹, von seinen langen Nächten bei den Eskimos zu erzählen: »Der Inuk schläft, stört ihn nicht … Eskimos schlafen viel. Im Winter mehr als im Sommer. Wie ein Bär halten sie Winterschlaf. Sie schlafen einfach insgesamt viel, wenn man bedenkt, daß sie die Hälfte ihres Lebens mit Schlafen und Dösen verbringen. Mit ihrer Trägheit, ein Zeichen von Weisheit, schützt diese Gesellschaft sich physisch vor den Folgen eines aufreibenden harten Lebens.« Auf Tage, an denen sie manchmal bis zu sechzig Stunden hintereinander auf Jagd sind, folgen Schlafenszeiten, die in der Polarnacht des Winters bis zu fünfzehn Stunden dauern können. Jean Malaurie berichtet von einer seiner Nächte, die er in einem Torf-Iglu oder auf einer Plattform von etwa ein Meter vierzig Tiefe auf einer mit Heu gepolsterten und mit Seehundfellen bedeckten Unterlage aus Zweigwerk verbrachte: »Die Körper sind nackt unter den Fellen, die Köpfe nach innen und die Füße zur Wand gekehrt. Nur ein paar Haarsträhnen, vom Rauhreif ganz weiß geworden, und einige braune, muskulöse Arme schauen hervor. Der kalte Iglu erwacht gegen elf Uhr morgens zum Leben, um die Sonne auszunutzen, die hoch am Himmel steht … Der Vater liegt in der Mitte des iglerk, das ist bei Tag wie bei Nacht sein Platz — er schläft auf der rechten Seite … Er hat sich wenig bewegt im Schlaf, wurde aber häufig von Träumen erregt, die er murmelnd erzählte. Seine Frau ist rechts von ihm, in der Nähe der Wand, wo auf einem Dreifuß die Tranlampe steht, deren Flamme sie mit einer fast unbewußten Vestalinnengeste überwacht. Die kleinen Kinder liegen zwischen den beiden. Der Greis ist an die kälteste Wand — im Norden und dem Wind zugewandt — verbannt und mit ihm das spät adoptierte Kind, wenn es ein solches in der Familie gibt … Blutsverwandte Brüder und Schwestern schlafen bis zum Alter von sieben oder acht Jahren zusammen, häufig haben sie die Gesichter einander zugewandt, spielen mit den Händen und halten sich umarmt … Als erste steht die Frau auf … Sie sitzt im Lotossitz, feierlich, das Gesicht schwer und traurig, wie in einen inneren Traum vertieft. Sie legt ihren kapatak an (eine Weste aus Fuchsfell), dann streckt sie die Beine aus und streift ihre Fuchshose über. Mit gesetzten Bewegungen steckt sie ihr Haar auf … Immer noch sitzend greift sie nach ihren langen weißen Stiefeln, deren Bärenfellbesatz ihr als Kissen diente … Eine halbe Stunde lang erfreut sich jeder auf seine Weise an seiner eigenen Faulheit. Das ist die Zeit, in der der Eskimo über sich nachdenkt, sich selbst einschätzt. Daher steht er auch nie abrupt auf.«

In seinem Buch ›Boréal‹ erklärt Paul-Émile Victor, warum Eskimos sich niemals überstürzt erheben: Sie glauben an drei Arten von Seelen (adek): Die »Seele des Lebens«, die ihren Sitz am Halsansatz hat, die »Seele des Schlafes«, die an der Seite unterhalb des Zwerchfells ruht, und eine Vielfalt von weiteren kleinen Seelen, die in den Gelenken wohnen; also müssen sie diese respektieren, indem sie beim Aufstehen niemals abrupte Bewegungen machen. Der Schlaf wird gereizt, wenn die »Seele des Schlafes« den Körper verläßt, und wenn man wünscht, daß sie in diesen zurückkehrt, darf man nicht plötzlich aufstehen. Wer das nicht beachtet, läuft Gefahr, wirre Dinge zu reden oder gar gewalttätig zu werden, und das ist für die Eskimos der Beweis dafür, daß ihre wichtigste Seele, die Seele des Schlafs, noch nicht an ihren Sitz zurückgekehrt ist. Der seinem durch adek bestimmten Rhythmus folgende Eskimo weiß, daß er der letzte Hüter der Weisheit des Menschen ist — vielleicht wegen des Packeises, das von allen Betten das plastische Abbild des Toten in liegender Haltung am besten erhält.

8. Das Dorf im Haus

Hängematten

Das wichtigste »Möbelstück« der Indios in den Tropen —
von einigen Stämmen Westbrasiliens einmal abgesehen —
war die Hängematte, »ein an seinen äußeren Enden horizontal aufgehängtes Rechteck aus Tuch oder Netz«. Auch
die europäischen Kolonialherren übernahmen sie und installierten sie anstelle der unbequemen »Verschläge« an
Bord ihrer Schiffe. Die Hängematte wurde von den Indios
in erster Linie als Bett benutzt. Sie hat ihren Benutzern
den Spitznamen »cabeza chata« (Flachkopf) eingebracht,
da sie den Ruf hatte, den Kopf während des Schlafes platt-
zudrücken.

Die Anfertigung der Hängematte erfordert die Beherrschung der Technik des Knüpfens oder des Webens. Zwei
in den Boden gerammte, als einfacher Rahmen dienende
Pfähle spannen horizontal die den Kettfaden bildenden
Fasern aus tucum, Palmbast oder einheimischer Baumwolle; der Baumwoll-Schußfaden wird von den Frauen
oder Männern in regelmäßigen Abständen gekreuzt, ver-
knotet und verflochten. Wenn die Hängematte aus dem
Rahmen gelöst ist, wird an jeder Seite noch eine geflochtene Schnur durchgezogen, mit der die Hängematte an den
Balken des Dachstuhls aufgehängt wird. Sie zu besteigen
und sich darin hineinzusetzen ist eine Technik für sich;
der gerade ausgestreckte Körper liegt wie ein Arm in der
Binde quer zur Hängematte, nicht in Längsrichtung.

Ehe und Tod

Die Hängematte, in der leicht ein Mann und eine Frau Platz finden, ist ein ebenso persönliches Möbel wie das Bett; sie dient den von Francis Huxley untersuchten Urubu-Indios als Symbol der Eheschließung. »Zunächst wird Kava getrunken. Manchmal ist so viel davon da, daß er zwei oder drei Tage reicht. Danach ruft der Häuptling, sobald die Sonne den Zenit erreicht hat, das Ehepaar in die Tanzhütte und läßt es gemeinsam in einer Hängematte Platz nehmen. Die Braut setzt sich zur Linken des Bräutigams, den rechten Arm um seinen Hals und die Hand um seinen Kopf; der Mann legt seinen linken Arm um den Hals der Frau und seine Hand auf ihren Kopf. Sodann nimmt der Häuptling ein Stück roten Stoff, umhüllt damit ihre Köpfe und sagt: »Nun seid ihr Mann und Frau.«

Wenn bei den Urubu ein Sippenangehöriger stirbt, wickelt man den Leichnam in eine von Lianen zusammengehaltene Hängematte. Dann wird eine Grube von etwa zwei Metern Länge, ein Meter dreißig Breite und ein Meter sechzig Tiefe ausgehoben, in die man zwei frisch geschlagene, kräftige Bäumchen einsetzt; zwischen sie wird die Hängematte mit dem Leichnam gespannt. Danach deponiert man einen Großteil seiner persönlichen Habe neben dem Toten: sein Lieblingsmesser etwa, seine Pfeile und seine Bogen, einen Korb mit Maniokmehl, eine mit Wasser gefüllte Kalabasse und den noch lebenden Lieblingshund des Verstorbenen, damit letzterer auch im Himmel auf die Jagd gehen kann. Während die Indios früher über dem Grab eine Miniaturhütte zu errichten pflegten, sind heute zahlreiche Stämme, wie die Urubu, dazu übergegangen, die Hütte, in der einer der Ihren begraben wurde, zu verlassen oder sogar in Brand zu stecken, und an einer anderen Stelle eine neue zu errichten.

Das »Männerkindbett«

Furet vertritt die Meinung, die Kariben hätten die Hängematte als Schutz vor wilden Tieren und Insekten benutzt, und Furetière ergänzt, daß »die Kariben so abergläubisch sind, daß sie die Hängematte auf eine sehr feierliche Art und Weise arbeiten: An das Ende des Webstuhls schütten sie ein Aschenhäufchen, da ohne dieses, wie sie glauben, die Hängematte nicht lange halten würde. Und würden sie, solange die Hängematte noch neu ist, Feigen essen, so würde sie ihrer Meinung nach dadurch verrotten; sie wagen auch nicht, Fisch zu verzehren, damit ihre Hängematte keine Löcher bekommt.« Da es zu Zeiten Furetières (1619-1688) noch keine Ethnologie gab, ist ihm kein Vorwurf daraus zu machen, daß er einen wesentlichen, für Indios typischen Ritus nicht kennt: die sogenannte »Couvade«, das »Männerkindbett«, bei dem sich die von ihm beschriebenen Tabus nicht unmittelbar auf die Hängematte beziehen, sondern auf den Mann, der mehrere Tage hintereinander in dieser Hängematte liegenbleibt.

Das bei den traditionellen Gesellschaften Südamerikas und im Süden der Vereinigten Staaten außerordentlich stark verbreitete Phänomen der Couvade hat lange Zeit hindurch Entdecker und später auch Ethnologen beschäftigt. Zwar hat dieser Brauch, bei dem sich der Vater eines Neugeborenen für eine bestimmte Zeit ins Bett legen muß, um die Geister vom Neugeborenen abzulenken, heute einiges von seiner Bedeutung eingebüßt, doch gibt es, wie Alfred Métraux konstatiert, unter den Eingeborenen Südamerikas kaum eine Gemeinschaft, von der nicht gewisse Tabus oder Einschränkungen in bezug auf Arbeit, Ernährungsweise oder das Geschlechtsleben der Eltern anläßlich einer Geburt berichtet worden wären.

Schon zweihundert Jahre vor unserer Zeitrechnung erwähnt Apollonios Rhodios die Praxis des »Männerkindbetts« für den Bereich um das Schwarze Meer; Diodoros von Sizilien hat diesen Ritus auf Korsika beobachtet, und durch Marco Polo wissen wir, daß es ihn auch im chinesischen Turkestan gab. Aber erst im 18. Jahrhundert berichtet Wafer in seinem Buch ›Voyages à la suite de Dampier‹ über diesen Brauch in der Neuen Welt. Der Begriff »Couvade« war 1865 von dem englischen Anthropologen E. B. Tylor in seinen ›Researches into the Early History of Mankind‹ im Zusammenhang mit der Beschreibung dieses Ritus bei den Kariben der Antillen geprägt und dann von europäischen Volkskundlern aufgegriffen worden, die, wie Quatrefages de Breau in seinen ›Souvenirs d'un naturaliste‹ oder A. van Gennep in seinem ›Manuel de folklore français‹, von einer couvade oder covada bei baskischen Bergvölkern oder in der ehemaligen Provinz Béarn berichten; dabei nahm der Ehemann im Bett den Platz der Wöchnerin ein, ließ sich an ihrer Stelle umsorgen und schlüpfte gewissermaßen für eine unterschiedlich lange Zeit in deren Rolle. Die Anthropologen des vergangenen Jahrhunderts hatten offenbar gewisse sexistische Vorbehalte, von diesem zwar väterlichen, jedoch als unmännlich empfundenen Phänomen zu berichten, wie die Sitzungsprotokolle der anthropologischen Gesellschaft belegen. Jedenfalls wird in den Protokollen mehrfach darauf hingewiesen, daß bei entsprechenden Debatten über dieses Thema »einige der Anwesenden Zweifel äußerten und wiederum andere sich nicht einmal scheuten, das Phänomen des Männerkindbetts als eine Ausgeburt der Phantasie zu bezeichnen oder auch die Glaubwürdigkeit der Reisenden anzuzweifeln«. Andere Zeiten, andere Väter, andere Ethnologen.

»Männerkindbett« bedeutet nicht, daß der Mann die Mutter wirklich ersetzte oder deren Rolle übernähme. Ihm geht es vielmehr darum, seine Vaterschaft in ihrer ganzen magischen Stärke auszubilden, zumindest den Aspekt, auf den diese sich schon seit Jahrhunderten gründet, und dem Kind eine Dosis jener Lebensessenz zu vermitteln, die weit über die reine Zeugung hinausgeht. In seinem Buch ›La Pensée sauvage‹ (›Das wilde Denken‹) schreibt Claude Lévi-Strauss in bezug auf diese Zeremonie: »Es wäre falsch zu meinen, der Mann nähme die Stelle der niedergekommenen Frau ein. Manchmal sind Mann und Frau zu denselben Vorsichtsmaßnahmen genötigt, weil sie sich mit ihrem Kind eins fühlen, das in den Wochen und Monaten nach der Geburt schweren Gefahren ausgesetzt ist; manchmal ist der Ehemann, wie es in Südamerika häufig vorkommt, zu noch größeren Vorsichtsmaßnahmen angehalten als seine Frau, weil seine Person, aufgrund der Eingeborenentheorien über die Empfängnis und Schwangerschaft, ganz besonders mit der des Kindes eins ist. Weder im einen noch im anderen Fall spielt der Vater die Rolle der Mutter: Er spielt die Rolle des Kindes.«

In Mittel- und Südamerika gibt es zahllose Beispiele für die Couvade — und weitaus eindrucksvollere als die eben erwähnten. Einer der ersten Berichte über das »Männerkindbett« in diesem Gebiet stammt von dem Franzosen Voisin, der als Friedensrichter in Guyana 1852 eines Abends in einer »Schenke von Galibi-Indios« deren Gastfreundschaft genoß. Er berichtet von seiner Überraschung am nächsten Morgen, als er erfuhr, daß hinter der Blätterwand, die ihn von seinen Gastgebern trennte, ein Kind geboren worden war. »Die Mutter«, so fügte er hinzu, »hatte nicht einen Schrei von sich gegeben.« Er beobachtete, wie sie schon im Morgengrauen zum Flußufer ging, sich niederhockte und ihre Toilette machte, ihr Neugeborenes nahm, es mehrere Male unter Wasser drückte und es in dem Moment, da es wieder hochkam, mit den Händen abrieb. Seine Verwunderung wuchs jedoch ins Unermeßliche, als er sah, daß der Ehemann mit der Erklärung, er sei krank, in der Hängematte liegenblieb und mit größtem Ernst die Pflege hinnahm, die seine Frau ihm angedeihen ließ. Das Erstaunen dieses Mannes des 19. Jahrhunderts angesichts einer solch seltsamen Sitte ist verständlich, zum Glück aber hat er nicht der von

E. B. Tylor beschriebenen Couvade bei den Kariben der Antillen beigewohnt:

»Bei den Indios geht die Mutter, wenn ein Kind geboren ist, sogleich wieder an ihre Arbeit; der Vater aber beginnt zu wehklagen; er legt sich in seine Hängematte, wird da besucht, als wenn er krank wäre. Man unterwirft ihn einer Diät, die den korpulentesten Franzosen von der Gicht heilen würde, da er diese Fastenzeit streng einhält, ohne indessen daran zu sterben. Zu meinem größten Erstaunen verbrachte er bisweilen die ersten fünf Tage, ohne irgend etwas zu essen oder zu trinken; und erst vom zehnten Tag an wird ouycou getrunken, ein Getränk, das etwa so nahrhaft ist wie Bier. Nach diesen zehn Tagen beginnt der Vater wieder Kassave (eine kultivierte Form des Manioks) zu essen und normal zu trinken, aber noch einen ganzen Monat hindurch enthält er sich gewisser Nahrungsmittel. So darf er beispielsweise nur das Innere der Kassave essen, so daß ein Rand stehenbleibt, der aussieht wie der Rand eines eingedrückten Melonenhutes. Und diese Kassaveränder hängt man im Haus an einem Strick auf und sammelt sie für das Fest. Nach Ablauf von vierzig Tagen lädt der Vater seine besten Freunde und seine Verwandten ein, die, kaum daß sie angekommen sind und noch bevor sie sich zum Essen niedersetzen, ihm die Haut mit Agutizähnen aufkratzen. Am ganzen Körper blutend, ist der eingebildete Kranke nun ein wirklich Kranker.

Sodann nehmen seine Peiniger sechzig bis achtzig Körner Piment oder indischen Pfeffer, und nachdem sie diese zerquetscht und mit Wasser angerührt haben, waschen sie dem Armen mit diesem Aufguß seine Wunden, so daß er leidet, als würde man ihn lebendig verbrennen. Will er nicht als ein elender Feigling gelten, darf er jedoch keinen Laut der Klage tun. Nach Beendigung dieser Zeremonie bringen seine Freunde ihn zum Bett zurück, wo er noch einige Tage bleibt, während die anderen bei ihm auf seine Kosten schmausen. Aber das ist noch nicht alles, denn sechs Monate darf er weder Vögel noch Fische essen. Hielte er sich nicht an diese Gebote, würde das Kind Schaden nehmen. Äße er beispielsweise Schildkröte, so würde das Kind taub sein, kein Gehirn oder krumme Beine haben; äße er Lamantin (eine Seekuh-Art), würde das Kind kleine runde Augen haben wie dieses Tier.« Dieser Liste fügt A. L. J. Laborde 1886 noch weitere Beobachtungen hinzu, die er bei der gleichen Indio-Sippe gemacht hat: »Äße der Vater Papageien, bekäme das Kind eine lange Nase, äße er Krebs, so würde es lange Beine haben …«

Bei den Tupinamba-Indios Brasiliens darf der Vater an den drei der Entbindung folgenden Tagen, also bis die Nabelschnur abfällt, nicht spielen, nicht fischen, kein Salz essen und auch nicht arbeiten. Dann legt er das Kind in eine Art Miniaturfalle, als sei es eine Beute, zielt, wenn es sich um einen Jungen handelt, mit einem kleinen Bogen und einem kleinen Pfeil über ihn hinweg und bedeckt ihn mit einem Fischnetz, um aus seinem Sohn einen guten Jäger und einen guten Fischer zu machen. Bei demselben Stamm nimmt der Vater, in der Hängematte liegend, sein Kind in die Arme, gerade so, als wolle er es vor Kälte schützen. Er empfängt die Besuche seiner Freunde und läßt sich von ihnen beschenken. Wenn die Nabelschnur abgefallen ist, kann der Vater wieder aufstehen, darf jedoch keine schweren Arbeiten, wie Bäumefällen oder Lastentragen, verrichten.

Die Couvade gab es vermutlich bei allen Tupi-Guarani-Stämmen, doch ist die anthropologische Literatur in diesem Bereich lückenhaft. Von Alfred Métraux wissen wir, daß die Guarani-Väter in ihrer Hängematte bleiben, bis die Nabelschnur des Neugeborenen abfällt. Sie lokkern in dieser Zeit die Spannung ihrer Bogen, fertigen auch kleine Fallen an, gehen nicht auf die Jagd und stellen weder Werkzeuge noch Waffen her. Bei den Caingua und Chiriguano nimmt der Vater aus diesem Anlaß heutzutage nur keine Speisen oder Getränke zu sich, während die

Guarayu-Indios noch sehr konservativ zu sein scheinen, denn es kommt vor, daß die jungen Väter sich die Haut mit einem Agutizahn einschneiden, sich Füße und Gliedmaßen mit Urukum (einem roten Farbstoff) bemalen und drei Tage in ihrer Hängematte bleiben. Allen diesen Indios ist der Glaube gemeinsam, die Seele des Kindes folge dem Vater überallhin. Aus diesem Grund muß bei den Palicular der zum Vater gewordene Mann auch einen winzigen Pfeil und Bogen mit sich führen, denn anderenfalls könnte der Geist des Kindes die Jagd mißlingen lassen, und sollte der Vater gezwungen sein, nachts in den Wald zu gehen, so muß er eine Schärpe über der linken Schulter tragen.

Bei den Bororo, ebenfalls in Brasilien, folgen Vater und Mutter gewissen einschränkenden Geboten bezüglich ihrer Ernährung und stellen nach der Geburt für etwa zehn Tage das Rauchen ein; sorgfältig sind sie darauf bedacht, sich nicht zu kämmen, ja ihre Haare nicht einmal mit den Händen zu berühren, da sie sonst schlohweiß werden. Die Caraja-Väter gehen sechs Tage nicht aus dem Haus; sie dürfen in dieser Zeit weder Fisch noch Maniok essen und müssen sich nach jedem Essen übergeben, um den Magen zu reinigen. Bei den Galibi muß der Vater einige Geißelungen und Opferhandlungen über sich ergehen lassen, um seine Tapferkeit bei derartigen Prüfungen an sein Kind weiterzugeben. Die Acushi dürfen sich eine Weile nicht mit ihren eigenen Nägeln kratzen, folglich benutzen sie zu diesem Zweck Palmblattrippen.

Bei den Siriono-Indios Boliviens verlassen Vater und Mutter in den ersten drei Tagen nach der Entbindung ihre Hütte nur zur Verrichtung der Notdurft. Für ihre Ernährung sorgen Mitglieder der Großfamilie; zwischendurch wird das Kind gestillt. Zuerst zupft sich die Mutter die Augenbrauen aus, schneidet sich den vorderen Teil der Haare ab und legt die restlichen zu einem über die Oberseite des Kopfes laufenden Wulst zusammen. Darauf folgt eine schmerzhafte, von lauten Schreien begleitete

Behandlung: Vater und Mutter werden mit einem Rattenzahn Tukan- oder Falkenmotive in die Beinhaut eingeritzt; sie werden mit Urukum bemalt. Mit demselben Farbstoff gefärbte Baumwollbänder dienen auch zum Umwickeln der Beine bis oberhalb der Knie sowie des Halses. Nach dreitägiger Isolierung nimmt der Vater Pfeil und Bogen zur Hand, die Mutter setzt ihr Kind in ein zuvor mit Urukum eingefärbtes Tragetuch, und dann begeben sie sich in den Urwald. Unterwegs unterziehen sie sich einem Reinigungsakt, indem sie die in kleinen Palmblätterkörben transportierte Asche des letzten Feuers verstreuen. Nicht weit vom Lager entfernt, sammeln sie Feuerholz, kehren dann nach Hause zurück, zünden dort ein neues Herdfeuer an und nehmen ihr normales Leben wieder auf.

Bei den Chiriguano und den Chané, Stämmen der Osthänge der bolivianischen Anden, wird eine »halbe Couvade« praktiziert; der Vater steht einige Tage nicht auf und enthält sich jeder mühsamen Arbeit. Bei Stämmen der peruanischen und ekuadorianischen Gebirge, wie den Záparo, verlassen die Eltern ihre Behausung zehn Tage lang nicht, und der Vater vermeidet jede Beschäftigung. Bei den Murata verharrt der Vater vier Tage im Bett. Bei den Awishira bleiben beide Elternteile zwei Wochen in ihrer Hängematte und fasten. Bei den Betoi-Indios Ostkolumbiens legt sich der Vater nach der Geburt des Kindes ins Bett, und seine Frau wacht über ihn. Nach ihrem Glauben würde er, wenn er aufstünde, Gefahr laufen, auf den Kopf des Kindes zu treten; wenn er Holz fällte, würde er es enthaupten, und wenn er mit einem Pfeil auf einen Vogel zielte, das Neugeborene treffen. Bei den Yarubo essen die Eltern einige Monate lang keinen Fisch und kein Schildkröten- oder Krokodilfleisch. Zur Stunde der Geburt und während der darauffolgenden zehn Tage legt sich der Vater, ohne etwas zu tun, in die Hängematte. Im Gran Chaco legt sich der Vater ins Bett, deckt sich mit Matten und Tierhäuten zu und hält gewisse Fastenregeln ein. Er darf nicht rauchen, kein Capybara-Fleisch (Wasserschwein) essen, nicht reiten, da er dann in Schweiß geraten könnte, keinen Honig zu sich nehmen und auch keinen Fluß durchschwimmen. Bei den Alacaluf nehmen Mutter und Vater eine zwei Tage währende Fastenzeit auf sich; der Vater trägt überdies ein Stück der Nabelschnur auf der Brust, um das Kind vor einer eventuell auftretenden Schwäche zu schützen.

In traditionellen Gesellschaften und insbesondere bei den Indios und Indianern ist die Empfängnis nicht ausschließlich eine biologische Funktion der Frau; sie hängt, will sie vollkommen sein, auch vom Verhalten des sozialen Vaters ab — der der biologische Vater sein kann, aber nicht muß. Der eigentliche Zeugungsakt spielt bei der tief symbolischen Bindung zwischen Vater und Kind nur eine zweitrangige Rolle. Gegen das Couvade-Gebot zu verstoßen, ist nicht nur für das Neugeborene schädlich, sondern auch für die Eltern, denn ein schwächlicher Säugling spiegelt die Haltung der Eltern — und insbesondere des Vaters — hinsichtlich der verschiedenen Tabus wider. Das Gleichgewicht oder Ungleichgewicht einer Gemeinschaft, die, das darf man nicht vergessen, ihren Zusammenhalt häufig in den unauffälligsten Alltagshandlungen findet, hängt auch sehr von der Einhaltung der Couvade-Gebote ab.

Verstoßung

Helena Valero, die zweiundzwanzig Jahre ihres Lebens als Frau eines Häuptlings im Urwald des Amazonas bei den Yanoama-Indios im Gebiet des Orinoko zubrachte, hebt in einem ›Die verstoßene Frau‹ betitelten Kapitel die eminent wichtige Rolle hervor, die die Hängematte in den indianischen Gesellschaften spielt: Wird die Frau von ihrem Mann verstoßen, so schickt dieser die Hängematte noch vor der Frau zurück. Als eine von Fousiwes Ehefrauen nicht zu finden ist, befiehlt er einer seiner anderen Frauen: »Nimm ihre Hängematte, suche sie in allen Hütten, aber ohne dich zu zeigen, und sobald du ihre Stimme hörst, gib ihr die Hängematte zurück, egal, bei wem sie gerade ist; sei es mein Bruder oder sonst irgend jemand. Hinterlege die Hängematte und sage zu dem Mann, bei dem sie ist: ›Mein Mann schickt dir die Hängematte der Frau, damit sie für immer bei dir bleibt, da ihr doch gern miteinander sprecht. Und daß sie mir niemals wiederkommt.‹«

Die Frau band die Hängematte los, machte sich auf den Weg und traf die andere, die gerade mit Fousiwes jüngerem Bruder vor dessen Hütte sprach. Die Frau hatte nicht den Mut, die Hängematte zu übergeben, und ging wieder zurück, was den Mann sehr aufbrachte. Als sein Ärger abgeklungen war, schickte er eine weitere seiner Frauen, eben Helena Valero, los, nachdem er ihr seine Beweggründe erklärt hatte: »... du wirst ihr jetzt ihre Hängematte zurückbringen, damit sie für immer dahinten bleibt. Vielleicht findet mein Bruder gar keine andere Frau und wird sehr zufrieden sein, mit ihr zusammenzuleben.« Napagnouma — so hieß Helena Valero in der Sprache der Yanoama — nahm die Hängematte und ging dorthin, wo der Bruder des Ehemanns in der Hängematte lag und Bananen aß: »›Hier ist ihre Hängematte‹, sagte ich zu ihm und fuhr, die Frau anschauend, fort: ›Der Vater ihres Sohnes schickt dir die Hängematte, damit sie für immer bei dir bleibt und nicht mehr zu ihm zurückkehrt. Sie hat ihr Päckchen Fisch dort zurückgelassen, und nun ist sie hier, dann soll sie auch hier bleiben.‹ Die Frau versuchte sich zu verteidigen und brachte vor, der Bruder sei nur gekommen, um ihr beim Holztragen zu helfen, schließlich aber schwieg sie. Nun wurde der Mann ernst und schrie: ›Ich will sie nicht.‹ Dann warf er die Hängematte auf die Erde und sagte: ›Bring ihm die Hängematte zurück und sag ihm, daß ich die Frau nicht will.‹ Ich hob die Hängematte auf und antwortete: ›Doch, sie gefällt dir. Denn wenn sie dir nicht gefiele, hättest du nicht leise mit ihr gesprochen, sondern du hättest zu ihr gesagt: Geh sofort nach Hause, denn dein Sohn weint gerade.‹ Damit warf ich die Hängematte über die Frau.«

Die Hängematte im Kosmos

Der Platz, den die Hängematte in den Räumen der großen Gemeinschaftshäuser des Amazonas-Urwaldes einnimmt, ist nie dem Zufall überlassen. Das wichtigste einende Band der unter einem Dach wohnenden Indio-Familien ist ihre Verschwägerung, da jede Familie beiderseitig angeheiratete Verwandte als Mitbewohner hat, deren Anwesenheit nur im Hinblick auf den Grund und Boden gerechtfertigt ist, auf dem das Haus errichtet wurde, und die oft nur so lange andauert, wie dieses Haus existiert. Ein Individuum oder auch eine Familie kann folglich in den Häusern, zwischen denen man hin- und herwandert, verschiedene soziale Stellungen innehaben. Robert Jaulin und Solange Pinton, die monatelang bei den Bari-Indios, bekannter noch unter dem Namen Motilones, im Amazonasbecken direkt auf der Grenze zwischen Venezuela und Kolumbien lebten und Zeugen dieser »hochzivilisierten« Gesellschaften waren, bevor diese durch das Eindringen der westlichen Kultur der Verelendung anheimfielen, haben sehr anschaulich das Leben in einem bohio geschildert. Von außen erinnert dieses Haus der Bari an einen großen Strohschober oder an eine der Länge nach aufgeschnittene Ananas und von innen an einen umgekehrten Schiffsrumpf; an seinen beiden äußeren Enden hat es zwei Türen und auf beiden Seiten zwei einander gegenüber gelegene Eingänge; in der Mitte befinden sich die Herdfeuer, wobei jede Familie ihren eigenen Räucherrost hat, und ringsumher liegen die »Hängemattenflure«. Das Bari-Haus entspricht einem Universum, als dessen Mittelpunkt es sich versteht. Seine

Bewohner nutzen den verfügbaren Platz und das Volumen des Hauses in der Vertikalen wie in der Horizontalen; so sind die Hängematten in verschiedenen Höhen angebracht, die sowohl das Alter wie auch das Geschlecht, die Familienzugehörigkeit und die symbolischen Beziehungen bezeichnen, welche ihre Besitzer untereinander und mit dem Haus-Universum verbinden.

Eher der Erde verhaftet, schlafen die Frauen tagsüber häufig auf Matten, niemals aber die Männer; und auf der Erde, uktura, sitzend, bereiten die Frauen auch die Mahlzeiten zu. Ihre Hängematten, die sie nachts benutzen, sind in einer »boshorora« genannten Ebene etwa achtzig Zentimeter über dem Boden aufgehängt. In einem Meter Höhe, auf der igbag-dara-Ebene, befinden sich die Hängematten der Männer, darüber, auf einer Ebene, die offenbar keinen Namen hat, schlafen, häufig zu zweit, die Kinder, und dicht unter dem Dach schließlich, im badura, dem Himmel, nächtigen in fast zwei Metern Höhe die jungen unverheirateten Burschen, die an einem Seil hochklettern müssen, um in ihre Hängematten zu gelangen. Solange Pinton ist der Auffassung, daß »diese deutliche Entfernung der Junggesellen zur Erde, welche unleugbar Symbol des Weiblichen ist, mit deren augenblicklicher Abseitsstellung von jeglichem reproduktiven Leben zusammenhängt«. Zur vertikalen Vierteilung des Hauses kommt noch eine horizontale Dreiteilung. In jedem dieser drei Teile, im Osten, in der Mitte oder im Westen, hat gemäß der Kategorie, der sie angehört, jeweils eine Familie ihren Platz, der wiederum mit der Rangfolge zusammenhängt, die die Häuptlinge »auf dem Weg« einnehmen. Die ersten »auf dem Weg«, ichdo ashina, ziehen im Prinzip in die Ostseite des Hauses, die zweiten, bokara ashina, befestigen ihre Hängematte in der Mitte des Hauses, und die dritten, du ashina, bewohnen das westliche Drittel. Die Funktion des ichdo ashina wird häufig mit der des Baumeisters des Hauses in Verbindung gebracht, von dem es in der Sage heißt, daß Cassoso, der

257

Architekt des ersten Hauses, es war, der die Bari, bevor er getötet wurde, die Bautechnik des »gekrümmten Hauses« lehrte.

Die Brust des Jaguars

Wie außerordentlich komplex die großen indianischen Gemeinschaftshäuser sind, habe ich 1980/81 selbst anläßlich eines Aufenthalts bei den Yukuna- und Tanimuka-Indios am Ufer des Miriti-Paraná, einem Zufluß des Caqueta, an der kolumbianisch-brasilianischen Grenze erfahren.

Als ich nach einer mehrtägigen Fahrt in der Piroge bei den Yukuna ankam, war ich höchst erstaunt darüber, daß die mich begleitenden Indios, noch bevor sie überhaupt die Bewohner der Maloka, des Gemeinschaftshauses, begrüßt hatten, das Haus betraten, ihre Hängematten ausrollten und sie an den rechts von der Eingangstür befindlichen Pfosten befestigten. Erst nachdem sie sich eingerichtet hatten, gingen sie den »Herrn der Maloka« und dann deren übrige Bewohner begrüßen. Dem kolumbianischen Ethnologen Martin von Hildebrand, der mehr als zehn Jahre bei den Tanimuka lebte, ist es zu verdanken, daß wir nicht nur die außerordentliche Architektur jener Maloka verstehen, sondern auch, wie bei den Bari, alle sich daraus ableitenden Erkenntnisse und menschlichen Verhaltensweisen.

Die Maloka stellen bei weitem nicht bloß einfache Schutzhütten dar, sondern richtige Häuser, deren Errichtung auch von den Ausmaßen her ihrem »Bauherrn« technische wie mythische Kenntnisse abverlangen. Von Kind an auf diese Aufgabe vorbereitet und bis zum Alter von sechzehn Jahren eine spezielle Lehre absolvierend, lernt der zukünftige »Herr der Maloka«, meist der älteste Sohn des amtierenden »Herrn«, alles, was er für seine zukünftigen Aufgaben benötigt: So muß er die Geschäfte führen können, die Sagen kennen und sie vor seiner Zuhörerschaft zu erzählen wissen, er muß Besucher empfangen, Zeremonien ausrichten und überhaupt das auf die Harmonie der Gruppe und ein reichliches Nahrungsangebot gegründete tägliche Leben der Bewohner seiner zukünftigen Maloka bestimmen können.

Mehr Führer als Häuptling ist der fanaka (in der Sprache der Tanimuka) zugleich Architekt und Bauherr der Maloka, deren »Herr« er dann wird; seine häufigen Streifzüge durch den Urwald nutzt er, um den geeigneten Standort für sie zu finden. Er wird eine sandige, leicht erhöhte Stelle in der Nähe eines schiffbaren Wasserwegs und kultivierbarer Böden aussuchen, die, einmal urbar gemacht, von der Maloka aus zu Fuß in einer Stunde zu erreichen sind. Dann wird er seine Großfamilie und die nächsten Nachbarn zu einer minga bitten, einer bis zu mehreren Tagen dauernden Urbarmachung durch Brandrodung, die einige Wochen später die Anlage einer chacra, eines für die Ernährung der zukünftigen Maloka-Bewohner notwendigen Gartens, erlauben wird. Wenn die Zeit zum Bau der Maloka gekommen ist, richtet der »Bauherr«, begleitet von den Oberhäuptern der Familien, die sie bewohnen werden, nach der Bestimmung des Sonnenstandes am Morgen und am Abend, vier Pfosten (bota) von etwa acht Metern Höhe, vier Stangen von vier Metern und zwei Lianen her, mit denen er den geheiligten quadratischen Mittelteil bauen wird, der im weiteren Sinne die Weltmitte darstellt und den die Tanimuka in einigen Fällen die »Brust des Jaguars« oder auch den »Himmelsnabel« nennen. Von diesem Mittelteil ausgehend werden, in jeweils vier Metern Abstand von den bota aus, acht weitere nach den vier Himmelsrichtungen orientierte Stützpfosten errichtet, dann noch einmal vier, und alle zwölf bilden dann das, was die Indios die »Beine der Maloka« nennen. Von diesem Pfostenunterbau gehen die aus starkem, flexiblem popay-Holz gefertigten Deckenbalken aus, die die nacheinander im Süden, Norden, Osten und Westen aufgesetzten Dachbalken tragen müssen. Vom zehn Meter hohen, in Ost-West-Richtung ausgerichteten First neigt sich das Dach am äußersten Ende bis zu einer Höhe von nur fünfzig bis achtzig Zentimetern über dem Boden und ragt insgesamt weit über den Pfahlzaun des Wohntraktes hinaus. Die in geringen Abständen errichteten Pfähle bilden eine Art Schutzwand, die das Eindringen von Tieren verhindert, jedoch genügend Licht hindurchläßt, um sich tagsüber in der Maloka zurechtzufinden.

Diese im Anschluß an die Dachabdeckung errichtete Umzäunung von etwa zwanzig Metern Durchmesser, welche die Boa symbolisiert, stößt in etwa eineinhalb Metern Höhe an das Dach und läßt nur zwei Öffnungen frei: im Osten den Haupteingang, kofereka, und im Südosten den Dienstboten- oder »weiblichen« Eingang, wanfokofea. Diese Symbolik, die die Indios bei jedem Bau einer Maloka zu respektieren trachten, ist eine ständige Reverenz an die Ahnen, die einst dort lebten, wo die Sonne geboren wird und die Flüsse enden. Aus der von einem Wurfnetz bedeckten Urmaloka, in der sich die vier von der Boa umschlossenen Ahnen — die vier Pfosten — befanden und deren Türen die den Strudeln entronnenen Wassertiger bewachen, ging die Menschheit einst hervor: Sie ist der Ursprung der Welt.

Jeder an seinem Platz

Die in verschiedene Bereiche aufgeteilte Maloka, deren Mittelbereich dem »Herrn« vorbehalten ist, umfaßt einen Gemeinschaftstrakt und eine »Privatzone«, die durch die zwölf Stützbalken voneinander abgegrenzt sind. Im Osten, wo Waffen und Werkzeuge untergebracht werden, hängen die Männer ihre Hängematten auf und treffen sich nachmittags und abends, um Kokablätter zu kauen und um sich Geschichten und die alten

Sagen zu erzählen, deren ständige Wiederholung die zeitlichen Grenzen von Vergangenheit und Gegenwart aufhebt, um die Zukunft anzukündigen.

Im Westteil befinden sich die Frauen, die Kinder und die Herdfeuer, auf denen das Essen gekocht wird; dort ist auch das Kochgerät verwahrt: Körbe, Maniokreiben, Töpfe und ähnliches mehr. Um dorthin zu gelangen, ohne sich dem Männertrakt zu sehr nähern zu müssen, benutzt man die im Südosten des Pfahlzauns freigelassene Öffnung, mit deren Bezeichnung »Loch« sich eine eindeutig sexuelle und weibliche Vorstellung verbindet. Die Nord- und Südteile schließlich sind Mehrzweckzonen, sie dienen sowohl der Zubereitung von Festessen wie auch als Hängemattenraum für unverheiratete Gäste.

Die jeweilige Körperstellung und die Art der Aufhängung der Hängematte bezeichnen die Verwandtschaftsbeziehungen der in der Maloka wohnenden Gruppenangehörigen und lassen erkennen, wer gerade für andere zur Verfügung steht. Setzt sich beispielsweise ein Mann in die Nähe des quadratischen Mitteltraktes, so drückt er damit seine Verfügbarkeit aus, dreht er sich hingegen zum Herdfeuer — jede Familie hat ihren eigenen Herd —, so heißt das, daß er von seinen Gedanken oder seinen familiären Verpflichtungen in Anspruch genommen ist. In ihrem Innenbereich wird die Maloka klar abgegrenzt durch die hier wohnenden Familien, die um ein und dasselbe Herdfeuer herum essen und schlafen, und so verlangt das Haus von allen so unmittelbar nebeneinander lebenden Bewohnern ein hohes Maß an Rücksichtnahme; nie wird der Nachbar eintreten, ohne vorher dazu aufgefordert worden zu sein.

Zum Schlafen spannt jedes Familienoberhaupt seine Hängematte zwischen zwei Stützpfosten an der Grenze zwischen Gemeinschafts- und Privattrakt, während die Frauen und Kinder ihre Hängematten jeweils mit einem Ende an einem Stützpfosten und mit dem anderen an einem Umzäunungspfosten befestigen, und auf diese Weise entsteht eine Art Familiendreieck um das Herdfeuer herum. Nach der Pubertät ziehen die jungen Männer in den Ostteil zu den anderen männlichen Junggesellen, bis sie, sobald sie verheiratet sind, dann ihrerseits unter Beachtung und Wahrung der Verwandtschaftsbeziehungen ihren Platz auf einer Seite der Maloka finden.

Völkermord

Aber ach, das Abendland, seine Söldner und seine Missionare drangen in die Tiefe des Urwalds vor, und alle die künftigen Schamanen, die Meistersänger und Geschichtenerzähler, die zukünftigen Hüter der Feldfrüchte, die künftigen Wächter über die Kokasträucher und die künftigen Herren der Maloka, sie vergaßen ihre Ausbildung und ihr Wissen, ihre großen Gemeinschaftshäuser und ihre Familien, als sie, mehr oder weniger unter Druck, in die Internate der katholischen Missionen einzogen.

»Wenn es uns nicht mehr freisteht, in einem großen, bequemen, aus Blättern gebauten Gemeinschaftshaus zu schlafen, sondern wenn wir im Namen des Fortschritts in kleinen separaten Zementhäusern leben müssen, dann ist klar, daß das die Zerstörung der gesamten mit diesem Gemeinschaftshaus verbundenen Sozialstruktur zur Folge hat«, schreibt der Ethnologe Robert Jaulin. Tatsächlich handelt es sich hier um einen Völkermord: durch die allmähliche und schleichende Zerstörung des sich aus der gemeinsamen Wohnstatt ergebenden Beziehungsgeflechts, der Produktions- und Konsumgewohnheiten. Eine einzelne fortschrittsgläubige Kultur hat, getragen von einer einzigen Religion, bei den Indios des Amazonas und überall sonst, wohin Weiße vorgedrungen sind, einen Prozeß der Zivilisations- und Kulturzerstörung eingeleitet, dessen Konsequenzen wir heute noch kaum ermessen können.

Was hier angerichtet wurde, ist alles in allem verheerend; man weiß kaum, wo man da beginnen soll. Was die Produktion anbetrifft, so sei hier nur an die Zeit erinnert, die die Indios für den Profit der Kolonialherren auf den Feldern verbringen mußten, während ihre eigenen Äcker brachlagen; und daß die schönen Gemeinschaftshäuser durch elende Baracken mit Zementböden und Wellblechdächern ersetzt wurden, war sicherlich einer der schwerwiegendsten Eingriffe. Robert Jaulin hat nachgewiesen, wie die Motilone-Zivilisation mit dem durch die Massivbauweise erzwungenen Seßhaftwerden zerstört wurde, wie durch den plötzlichen Anpassungssprung, bei dem jedem Haushalt eines früheren Gemeinschaftshauses ein separates Appartement zugewiesen wurde, die sehr weise unter den Bewohnern eines bohio verteilten Rollen aufgehoben wurden. Einst hatten sich diese Rollen ausgebildet, noch während sie an diesen bohios bauten, sie waren großenteils symbolisch und zielten darauf ab, die Beziehungen der bohio-Bewohner untereinander zu festigen und zu stärken, gleich den Baumstämmen, die sich miteinander verschränken, um das tragfähige Gerüst des Daches zu bilden. Statt dessen werden zumeist auf gerodetem Gelände inmitten eines englischen Rasens — sofern er überhaupt wächst — Massivhäuser errichtet, mit Blechdächern und großen Fensteröffnungen, um das »Licht Gottes« hereinzulassen und ein wachsames Auge auf das Zusammenleben dieser zu bekehrenden »Wilden« haben zu können, und die sind wirklich das genaue Gegenteil jener dämmrigen Häuser mit ihren weit ausladenden Dächern, die es ihren Bewohnern erlaubten, die glühende Hitze zu ertragen, sich in relativer Kühle ausruhen und vor allem ihren Beschäftigungen bei größtmöglicher gegenseitiger Rücksichtnahme nachgehen zu können.

Die Missionare, über die als Vertreter einer Religion hier gar nicht geurteilt werden soll, haben als Überbringer einer Zivilisation im Namen des »Fortschritts« häufig absurde Dinge eingeführt, elektrisch beleuchtete Häuser beispielsweise, mit großen, weit auf den äquatorialen Regenwald hinausgehenden Fenstern. Man kann sich leicht ausmalen, wie sich abends zu der feuchten Hitze, dem typischen Betongeruch und dem ohne Zweifel unbequemen, harten Boden dann noch Schwärme von Insekten gesellen, deren sich die Indios früher durch ihre aus Palmen geflochtenen Dächer zu erwehren wußten, die die Eigenschaft hatten, einige dieser Spezies abzuwehren. Die Hütten wurden saubergehalten, indem man regelmäßig ausfegte und den lockeren Boden hin und wieder mit der Machete aufkratzte, Abfall aufhob, ihn in ein Blatt wickelte und an den Waldrand trug. Mit dem Betonboden fand noch ein Eingriff in den Zusammenhalt der Familie statt: Die traditionelle Handweberei wurde aufgegeben, doch die Kleider, die die Indios von den Missionaren bekamen, konnten diesen Verlust nicht ersetzen; sie beschleunigten vielmehr noch die Verelendung der Eingeborenen, denn unsere westliche Kleidung ist weder für das Klima noch für den Urwald geeignet, für die Arbeit dort schon gar nicht. Die Liste der bei den »anderen« eingeführten, technologischen Neuerungen mit ihren katastrophalen Folgen ließe sich beliebig erweitern; hier sei, um auf das Schlafzimmer zurückzukommen, nur noch erwähnt, daß im Rahmen dieses schleichenden Völkermords auch das Bett allmählich seinen Einzug hält in dieses Reich der Hängematten, welche nunmehr unter das Gebälk von Häusern westlicher Bauart verbannt sind, deren Dach höher als lang ist, was zwar die Jungen nicht sonderlich stört, den älteren Ehepaaren indes Hemmungen zu bereiten scheint.

9. Geräusche im Bauch des Elefanten

Das Gurren der Taube
Knospen des Baumwollstrauchs,
Knospen des Senfstrauchs
Der Gesang der Siphung-Flöte
Lauter Brücken zur Liebe
Sagte meine Mutter
      Nirmalprabah Bardeloi: Pont

Selbst dem flüchtigen Besucher Asiens fällt auf, wie eng das Wohnkonzept dieses Kontinents mit seiner Gedanken- und Glaubenswelt verknüpft ist und wie sehr es in vielen Fällen die Gestik und den tagtäglichen Umgang seiner Bewohner bestimmt. In dieser von etwa der Hälfte der Erdbevölkerung bewohnten Region gibt es unzählige um den Schlaf und das Nachtlager kreisende körperliche und rituelle Praktiken, welche die Gefahren der Nacht bannen sollen. Das Haus ist nicht nur eine Schlafstatt, es ist auch die geheiligte Bannzone, dazu bestimmt, den im Schlaf reglosen und damit schutzbedürftigen Körper äußerlich wie innerlich zu beschirmen. In Indien, wo noch die geringste alltägliche Handlung einen Bezug zu irgendeiner Gottheit oder einer Göttin hat, besteht ein frappierender Gegensatz zwischen dem mystischen Leben des Brahmanen, einem Mitglied der Priesterkaste, welche von der Angst vor den Gefahren der Unreinheit besessen ist, und dem eines Ureinwohners etwa vom Stamm der Muria, auf Hindi »adivasi« genannt, dessen Interesse eher dem Überleben und dem Zusammenhalt des Clans gilt.

Der Schlaf des Brahmanen

Den Körper, der die Seele birgt, zu pflegen heißt für den Hindu, ihn vor Unreinheiten zu schützen, wie sie beim Essen, bei der Toilette oder auch im Schlaf auftreten können. Tag und Nacht bilden dabei einen fundamentalen

Gegensatz: Tagsüber ißt, reist oder badet man, nachts schläft oder liebt man. Am Tag läßt man sich, gen Norden oder Osten gewandt, rasieren und gibt, nach Norden hin, einem natürlichen Bedürfnis nach, dem man des Nachts in Richtung Süden genügen muß. Die rituellen Verrichtungen des Brahmanen vor dem Schlafengehen — als Punkt 23 in den von dem Abbé Dubois uns überlieferten ›Regeln, die der Grihastha-Brahmane jeden Tag seines Lebens befolgen muß‹ aufgeführt — machen deutlich, in welchem Maße Raum und Zeit, in denen der Leib umherwandert, Rechnung getragen wird:

»23. Nach Erfüllung seiner religiösen Pflichten muß er nach Hause zurückkehren, seine Mahlzeit unter Einhaltung der üblichen Regeln einnehmen und sich kurz nach dem Essen zur Ruhe begeben.

Der Brahmane muß den Platz, an dem er schlafen will, reinigen, indem er ihn mit Kuhfladen abreibt, und dafür sorgen, daß dieser Platz niemandes Blicken ausgesetzt ist.

Folgende Stätten darf man sich niemals als Schlafplatz erwählen: einen Berg, einen Friedhof, einen Tempel, die Stätte, an der die pudja gemacht wird, einen den Dämonen geweihten Platz, den Schatten eines Baumes, gepflügte Erde, einen Kuhstall, das Haus seines Gurus, einen Platz, der höher gelegen ist als der, auf dem die Statue einer Gottheit steht, Plätze, auf denen sich Asche befindet, Löcher, die von Ratten gemacht sind oder in denen gewöhnlich Schlangen hausen. Man hüte sich auch davor, die Nacht in Häusern zu verbringen, in denen die Dienstboten aus Angst vor einem Unglück in Aufruhr geraten sind. Neben das Kopfende des Lagers stelle man ein Gefäß mit Wasser und eine Waffe; man reibe sich die Füße ab, spüle zweimal den Mund und begebe sich zur Ruhe. Man darf sich niemals mit nassen Füßen hinlegen und auch niemals unter dem Balken schlafen, der durch die Mitte des Hauses geht.

Man muß vermeiden, daß das Gesicht beim Einschlafen nach Westen oder Norden gerichtet ist. Kann man das aber nicht verhindern, so ist es weniger nachteilig, nach Norden denn nach Westen gewandt zu sein.

Vor dem Einschlafen bete man die Erde, Wischnu, Nandy-Kischara, einen der mit der Bewachung Schiwas betrauten Dämonen, und den Vogel Garuda mit folgenden Worten an: ›Erhabener Sohn des Kaschiapa und der Binata. Ihr seid der König der Vögel, Ihr habt schöne Flügel, einen recht spitzen Schnabel; Ihr seid der Feind der Schlangen, bewahrt mich vor ihrem Gift.‹ Wer dieses Gebet beim Schlafengehen, beim Aufstehen und nach seinen rituellen Waschungen spricht, wird niemals von Schlangen gebissen werden.

Hier ist ein weiteres Gebet von größter Wirksamkeit, das vor dem Schlafengehen zu sprechen man sich zur Regel machen sollte. Es heißt kalassa und richtet sich an die Dämonen, die Wächter von Schiwa. Man lege, während man es aufsagt, die rechte Hand auf die jeweils genannten Körperteile: ›Möge Bahirava mir den Kopf vor jeglichem Unglück bewahren, Bischana die Stirn, Buta-Karma die Ohren; Preta-Bahana das Gesicht; Buta-Karta die Schenkel; die Datys, die mit einer ganz außergewöhnlichen Stärke gesegnet sind, die Schultern; Kapalamy, der an seinem Hals eine aus Menschenschädeln gemachte Gebetsschnur trägt, die Hände; Schanta die Brust; Ketrika den Bauch, die Lippen und die beiden Seiten; Katrapala die Rückseite des Körpers; Ketraga den Nabel; Pattu die Geschlechtsteile; Schidda-Pattu die Knöchel; und Schurakara den Rest des Körpers, vom Kopf bis zu den Füßen; Bidatta den Oberkörper und Yama den ganzen Unterkörper, vom Nabel an! Möge das Feuer, dem alle Götter huldigen, mich vor allem Übel bewahren, wo immer ich mich befinde! Mögen die Frauen der Dämonen über meine Kinder, meine Kühe, meine Pferde und meine Elefanten wachen! Möge Wischnu über mein Land wachen! Möge der Gott, der über alle Dinge wacht, auch über mich wachen, und vor allem, wenn ich mich an Stätten befinde, die von keiner Gottheit bewacht sind!‹ Wer dieses Gebet jeden Abend beim Schlafengehen aufsagt, wird keinerlei Unheil ausgesetzt sein: es genügt, es am Arm befestigt zu tragen, es niederzuschreiben und es zu lesen, um reich zu werden und glücklich zu leben.«

»Auf vier Füßen schlafen«

Das indische Wohnhaus weist meist einen rechteckigen Grundriß auf und wird entweder, für die Ärmeren, als Stampfbau, kacca, aus Stroh, Lehm und Kuhfladen mit einem Strohdach errichtet oder, für die Bessergestellten, als Massivbau, pakka, mit runden Ziegeln; nicht die Form ist das Originelle daran, sondern die Art der Aufteilung der Gesamtwohnfläche nach unterschiedlichen Funktionen.

Das Haus ist so konzipiert, daß der Zutritt von Besuchern ihrem Bekanntheitsgrad nach abgestuft und entsprechend geführt werden kann; man unterscheidet mindestens zwei Bereiche: zum einen das Besuchszimmer (die »Veranda«, ein Wort indischen Ursprungs), ein in sich geschlossener Raum, in dem nur Personen, die nicht zur Familie gehören, empfangen werden, zum anderen die Küche und, sofern vorhanden, ein Gemach, zu dem nur Familienmitglieder und Verwandte Zugang haben. Der vor oder hinter dem Haus oder auch in der Mitte des Hauses gelegene Hof ist eines der wichtigsten Elemente dieser Wohnstätten, die tagsüber meist eine reine »Sonnenschirmfunktion« erfüllen; und in den glühendheißen Nächten pflegen die Bewohner Südindiens ihre Häuser zu verlassen, um sich draußen auf dem Gehweg am Fuß eines Baumes niederzulassen, und zwar nicht zwangsläufig auf dem Boden, sondern auf einem leicht zu transportierenden Bett.

Auf ein Minimum reduziert besteht das indische Mobiliar ohnehin fast ausschließlich aus Betten. Dieses auf dem ganzen Subkontinent bemerkenswert ähnlich aussehende Möbelstück wird von vier, auf Hindi »carpai« genannten Füßen gebildet, auf denen ein Holzrahmen ruht; manchmal sind es auch vier in den Boden gesetzte Pflöcke, über die man den mit Baumwolle oder Binsengeflecht bespannten Rahmen legt. Bei aufwendigeren Betten werden die Schnüre oder Baumwollstreifen der Bespannung durch Löcher geführt, damit man sie nachspannen kann. Matratzen sind im Norden so gut wie unbekannt, im Süden benutzt man welche, doch sind sie sehr dünn; Bettlaken, so wie wir sie kennen, gibt es überhaupt nicht, vielmehr eine Bettdecke aus Baumwollgewebe — im Winter eine wärmere Decke —, auf der man in seiner Tageskleidung schläft und in die man sich von Kopf bis Fuß einhüllt, wobei auch das Gesicht bedeckt wird. Der Hindu schläft auf dem Bett, darf in ihm aber nicht geboren werden, nicht darin lieben und nicht darin sterben; dafür bedarf es des Kontaktes mit dem Boden, mit der Mutter Erde.

Das Kinderhaus

Die Muria, ein Volksstamm des ehemaligen Staates Bastar in Zentralindien, haben eine besondere Einstellung zum »Nachtleben«; bei ihnen hat die Überzeugung, daß der Sexualität im sozialen Leben des Stammes eine eminent wichtige Rolle zukommt, zur Schaffung eines speziellen, den Kindern vorbehaltenen Schlafhauses geführt.

Dieser »Ghotul«, eine vermutlich schon sehr alte Einrichtung, ist weder nur das große Gemeinschaftshaus, das den Staatsbeamten bei ihren Rundreisen durch die Provinz zur Verfügung gestellt wird, noch einfach nur eine Stätte, die der Pflege der Kulturtradition des Stammes und der Behütung der Mädchen vor den Anfechtungen modischer Einflüsse aus dem Ausland dient. In dieser Gesellschaft, die ihre sexuelle Moral nicht auf Verdrängung und Tabus, sondern auf die Kultivierung oder sogar

Sublimierung dieses »Instinkts« gründet, ist der »Ghotul« genannte gemeinsame Schlaftrakt für Kinder und Jugendliche angeblich aufgekommen, »weil wir nicht mehr wußten, was wir mit diesen Ausgeburten der Vagina einer Megäre machen sollten«, wie ein alter Mann es formulierte. »Wir waren es leid, immer ihre Streitigkeiten schlichten zu müssen, und hatten keine Lust mehr, uns den ständigen Radau anzuhören. Also haben wir zu ihnen gesagt: ›Geht spielen, unternehmt gemeinsam etwas. Ihr könnt machen, was ihr wollt, vorausgesetzt, daß ihr die Arbeit, die wir euch auftragen, erledigt, daß ihr also Feuerholz und Wasser holt, das Vieh hütet und auf die Säuglinge aufpaßt.‹ Am Anfang haben wir ihnen einen Platz auf der Veranda eines Hauses gegeben, aber sie waren einfach zu viele, und wir hatten keine ruhige Minute. Also haben sie schließlich, in angemessener Entfernung, ihr eigenes Haus bekommen.«

Die »Urszene« vermeiden

Verrier Elwin, ein anglikanischer Pfarrer, der 1938 sein Seelsorgeamt aufgab, um sich als Ethnologe der Erforschung der Ureinwohner Indiens zu widmen, wurde von den Muria, bei denen er drei Jahre lang lebte, über den Sinn des Ghotul belehrt: Man habe diese Einrichtung geschaffen, so sagte man ihm, weil es ein Fehler sei, wenn Eltern in Gegenwart ihrer Kinder schliefen, sobald diese älter als sechs oder sieben Jahre sind.

»Der wahre Grund für die Existenz des Ghotul liegt darin, daß es sündhaft ist, vor seiner Tochter oder seinem Sohn miteinander zu schlafen«, sagte ein Häuptling des Dorfes Jhakrii. »Die Kinder dürfen niemals ihre Eltern miteinander schlafen sehen, egal, ob bei Tag oder bei Nacht. Stellen Sie sich nur einmal vor, ein kleines Mädchen kehrt eines Abends aus irgendeinem Grund später nach Hause zurück und trifft ihre Eltern dabei an, wie sie sich gerade auf der Matte miteinander einlassen. Dann werden diese wütend werden, das Kind ausschimpfen und vielleicht sagen: ›Habt ihr nicht euren Ghotul für euch? Also, was wollt ihr hier eigentlich?‹« In Malokot, einem anderen Dorf, erklärte ein Bewohner Elwin: »Im Haus behalten wir nur die Kleinkinder, solange sie noch zu jung sind, um Freud oder Leid zu verstehen. Ganz kleine Kinder dürfen bei ihrer Mutter schlafen, später aber müssen sie woandershin. Ganz allein jedoch haben sie Angst, und deshalb schicken wir sie so früh wie möglich in den Ghotul.« Bestätigt wird die Auffassung, nach der Kinder der »Urszene« nicht beiwohnen sollten, weil dies nicht nur die Eltern stört, sondern auch den Kindern schaden könnte, durch eine weitere Aussage eines Stammesangehörigen: »Der Ghotul ist entstanden, weil man verhindern wollte, daß Kinder ihre Eltern bespitzeln, wenn diese Verkehr haben. Sobald Knaben und Mädchen zu verstehen beginnen, was das ist, schicken wir sie in den Ghotul. Es ist einfach schändlich, seine Eltern in solchen Augenblicken zu bespitzeln. ›Was machen die nur gerade‹, fragt sich das kleine Kind ganz erstaunt. Und: ›Warum hat mein Vater meine Mutter so zu Boden gestoßen?‹ Wir bringen die Kinder einfach in den Ghotul, und dann stellen sie keine Fragen mehr. Aber ich, als Muria, ich frage: ›Was machen die Hindi-Kinder und die der Sahibs, die zusammen in einem Haus wohnen und keinen Ghotul haben?‹«

Der Ghotul

Der Ghotul der Muria-Dörfer besteht gewöhnlich aus einem direkt im Dorfzentrum oder auch etwas abseits gelegenen Gebäudekomplex. Hinter einer Umzäunung aus Holz oder Stampflehm liegt das Haupthaus mit einer ziemlich tiefliegenden Veranda und einem geräumigen Innensaal. Seitlich davon befinden sich eine Versammlungs- oder, falls es sehr heiß ist, Schlafhütte, sowie etliche Schutzunterkünfte. Der Zugang zu diesem Komplex und den den Jugendlichen vorbehaltenen Häusern führt durch eine breite Pforte. Als Ausgänge dienen einige kleine Geheimtüren, die nur Eingeweihten und Verliebten bekannt sind. Was das Mobiliar anbelangt, so gibt es kaum Sessel und Schemel, hingegen zahlreiche lange, schmale »kutul« genannte Holzstücke, die als Sitz oder Nackenstütze dienen können. Einige sind mit Schnitzwerk — geometrischen Mustern, Abbildungen von Knaben und Mädchen oder groben Darstellungen von Vaginen oder Brüsten — verziert. Innerhalb der Einfriedung des Ghotul wird gewöhnlich ein gewisser Strohvorrat gelagert, um Schäden am Dach gleich beheben zu können. Das außerhalb des Ghotul in großen Mengen gestapelte Holz ist in seiner kreuzförmigen Anordnung fast ein kleines Kunstwerk.

In diesen »Nachtkreis« — das ist der Ghotul tatsächlich — gehören die unverheirateten jungen Männer (chelik) und Frauen (matiari), wobei die älteren (»sirda« die männlichen, »belosa« die weiblichen genannt) die Aufsicht führen. Im Ghotul »alten« Typs gingen die jungen Menschen mehr oder weniger dauerhafte Bindungen ein, die manchmal regelrechten Ehen ähnelten. Diese langandauernden Verbindungen sind im heutigen Ghotul untersagt. Wer länger als drei Tage mit demselben Partner verbringt, wird mit Sanktionen belegt.

Diese Reform des Ghotul hängt mit dem Willen der Eltern zusammen, die traditionelle Sozialordnung der Gruppe zu erhalten. Die Statistiken sind in dieser Hinsicht sehr aufschlußreich: Von zweitausend Eheschließungen, fand Verrier Elwin bei seinen entsprechenden Untersuchungen heraus, waren eintausendachthundertvierundzwanzig traditionsgerecht und dem Wunsch der Eltern entsprechend geschlossen worden; nur bei einhundertsechzehn handelte es sich um »irreguläre« Ehen, davon siebenundsiebzig chelik, die in einem Ghotul »alten Typs«, und neununddreißig, die in einem Ghotul »modernen Typs« gelebt hatten. Das bedeutet, daß etwa einer von zehn chelik mit seinen Eltern in Konflikt geriet, als er den Ghotul »alten Typs« verließ, während es beim »modernen Typ« nur einer von zweiunddreißig war. Was die siebenundsiebzig Männer anbelangt, die ihre »Frau aus dem Ghotul« heirateten, so ließen neun von ihnen, also 11,6 Prozent, sich später wieder scheiden, was für eine zahlenmäßig begrenzte Gemeinschaft sehr viel ist.

Schach der Scheidung

Im modernen Ghotul ist alles so organisiert, daß echte Zuneigung gar nicht erst entstehen kann und demzufolge Eifersüchteleien vermieden werden. Damit das Gemeinschaftsideal der Gruppe respektiert wird, darf keiner der chelik eine matiari als »die Seine« beanspruchen. Daher heißt dieser Ghotul-Typ auch »mundi badalva«, »da man dort ein Mädchen gegen ein anderes tauscht, wie man einen Ring von einem Finger an den anderen steckt«. Paare, die öfter als dreimal zusammen schlafen, werden vom sirda oder von der belosa verwarnt und, wenn das nichts hilft, bestraft. Bei jeder Art von besitzergreifendem Verhalten einem bestimmten Mädchen gegenüber — wenn ein Junge etwa unwillig wird, weil er sieht, wie sie einen anderen liebt, oder wenn er aufgebracht ist, weil sie ihn nicht massieren will und zu einem anderen geht — wird der chelik von seinen Kameraden daran erinnert, daß sie nicht seine Frau ist, daß er keinerlei Rechte an ihr hat, daß sie mâl, das Eigentum des gesamten Ghotul, ist und daß er, wenn er sein Verhalten nicht ändert, bestraft wird. Übrigens werden im umgekehrten Fall auch die jungen Mädchen mit Strafen belegt. Auf die Frage, warum der Ghotul mundi badalva den ursprünglichen Ghotul ersetzt hat, antworten die Muria, auf diese Weise werde verhindert, vor Liebe blind zu werden, denn »zuviel Liebe vor der Hochzeit heißt zuwenig danach«.

Das bedeutet, um es noch klarer auszudrücken, daß durch Leidenschaft oder Zuneigung zustande gekommene regelwidrige Ehen in dieser zahlenmäßig begrenzten Gesellschaft die gewachsenen Verbindungen zwischen den Familien zerstören, daß dadurch die Begleichung alter Schulden gefährdet ist und daß Spannungen geschaffen werden, welche der Sicherheit der Hausgemeinschaft oder gar des ganzen Dorfes abträglich sind. Den »Liebespaaren« eines Ghotul bleibt häufig nur die Flucht, um den Zwängen der Tradition zu entgehen. In Dörfern, wo sich solche Fälle von Ungehorsam häuften, sind die Ghotul alten Typs verändert, die internen Regeln umgeformt und »modernisiert« worden.

Eine weitere Erklärung für die Reformierung des Ghotul liegt in der Auffassung der Muria begründet, eine Empfängnis finde nur dann statt, wenn die gleichen Partner sehr lange zusammenbleiben und fortwährend sexuelle Beziehungen unterhalten, ohne daß es zwischen ihnen zu Meinungsverschiedenheiten kommt. Das heißt: In der Vorstellung der Muria erfordert die Schwangerschaft die seelische wie körperliche Konzentration auf die Treue zu einem einzigen Partner. So verstanden sind die Regeln des »modernen« Ghotul-Typs gleichsam eine empfängnisverhütende Maßnahme. Um der Wahrheit die Ehre zu geben: Die Statistiken bestätigen diese letzte Methode nicht, denn »Unfälle« kommen bei beiden Ghotul-Typen mit gleicher Häufigkeit vor.

Liebe für alle

Nun darf man sich nicht vorstellen, die jungen Leute gäben sich jede Nacht neuen Orgien hin oder agierten, wie einige Pfarrer es ausmalten, »wie eine Ziegenherde«. Auf solcherlei Vorhaltungen von Missionaren pflegen die jungen Muria, anstatt errötend den Kopf zu senken, einfach zu antworten: »Wir wechseln unsere Partner, weil wir wollen, daß alle glücklich sind. Wenn ein Mädchen und ein Junge wie Eheleute ständig zusammen wären, gäbe es einige, die glücklicher wären als andere, die besten Jungen und Mädchen wären Eigentum von einigen wenigen, anstatt dem Ghotul zu gehören, und der Rest wäre unglücklich. Jungen und Mädchen lieben sich, wie Brüder ihre Schwestern, Eltern ihre Kinder oder Ehemänner ihre Frauen lieben.«

Wie in allen Gemeinschaftshäusern ist das Leben im Ghotul strikt geregelt. Es geht außerordentlich anständig zu, was jede Art von unsittlichen Auswüchsen ausschließt. Dieses »Jugendhaus«, wie Verrier Elwin es nennt, hat selten mehr als etwa zwanzig Mitglieder. Fast alle sind eng miteinander verwandt oder stammen aus demselben Clan und kennen sich von frühester Jugend an. Was das Verbot anbetrifft, mehr als drei Nächte mit demselben Partner zu verbringen, so wird nach einem von den Älteren organisierten Rotationsprinzip verfahren, bei dem gewöhnlich keiner der Beteiligten seinen Partner frei wählen kann, sondern diesen nach entsprechender Absprache zwischen sirda und belosa zugewiesen bekommt. Man darf aber nicht meinen, dieser Zwang unterdrücke jede Spontaneität oder nähme den Jugendlichen die Freude am Zusammensein.

Geräusche im Bauch des Elefanten

Erst abends gibt es »Geräusche im Bauch des Elefanten«, wie ein Muria-Sprichwort lautet, was besagt, daß der Ghotul in erster Linie eine der Nacht dienende Einrichtung ist. Tagsüber ist diese Stätte, außer bei Festen, gewöhnlich verlassen. Manchmal ist eine matiari zu sehen, die ausfegt oder den Boden der Gebäude zu rituellen Reinigungszwecken mit in Wasser aufgelösten Kuhfladen säubert. Erst am späten Nachmittag, nach dem Abendessen bei den Eltern, kommen die chelik mit ihren Schlafmatten unterm Arm und manche mit einer Trommel. Die jüngeren Knaben müssen ihre tägliche Tributleistung, ein oder zwei Stück Holz, auf dem außerhalb der Umfriedung gelagerten Stapel deponieren. Die älteren rücken um das Feuer und beginnen zu erzählen, was sich tagsüber zugetragen hat; man raucht Pfeife, spielt Flöte oder massiert sich gegenseitig die Beine. Die matiari treffen sich in einem eigenen Haus oder in einer für sie reservierten Ecke des Ghotul und gehen, sobald sie vollzählig sind, zu den Jungen ans Feuer hinüber. Man tauscht Geschichten und Anzüglichkeiten aus, die Jüngeren spielen zusammen, andere tanzen zu den Klängen von Trommel und Flöte. Gegen zehn Uhr abends beginnt der rituelle Teil. Neulinge verneigen sich vor den Älteren, man verteilt Tabak und aus Blättern gefertigte Pfeifen; sind Strafen zu zahlen, so geschieht das jetzt, in Form von Tauschartikeln wie Alkohol und Tabak, die man zuvor den Eltern stibitzt hat. Die belosa ruft die Mädchen zusammen und weist ihnen jeweils einen Jungen zu, um den sie sich zu kümmern haben.

Die Wonnen des Kämmens

Damit beginnt die Frisier- und Massagesitzung. Wenn ein Junge, ermattet von der Arbeit des Tages, in einer Ecke eingeschlafen ist, weckt ihn die matiari, läßt ihn sich aufsetzen, kniet sich hinter ihn, um ihn zu halten, und beginnt, ihm die Haare zu kämmen. Diese Frisiersitzung spielt in der Kunst der Verführung eine wichtige Rolle. Mit dem Kamm, den der Junge dem Mädchen schenkt, gibt er durch die Farbe und die Kunstfertigkeit, mit der er gemacht ist, zu verstehen, in welchem Maße er sich für sie interessiert, und wenn das Mädchen sich diesen Kamm dann tatsächlich ins Haar steckt, weiß der Junge, woran er ist. Auch die Art des Kämmens bedeutet ein »Zeichen«, wobei die heftigen Schläge, die die matiari ihrem chelik auf den Kopf versetzt, allerdings kein Kriterium sind, denn mit dieser »pitis pitis kiyana« genannten Technik will sie ihm nicht wehtun, sondern nur die Läuse töten und die von diesen herrührenden Schorfstellen lösen. Und überdies kann derselbe Kamm, über das Rückgrat und den Arm gestrichen, durchaus wohlige Schauer hervorrufen.

Nach diesem ersten Kontakt beginnt die Massage. Zunächst werden Schultern und Beine mit den öligen Rückständen des mahua- oder karengi-Samens gesalbt. Die anfänglich energischen Bewegungen werden sanfter und in manchen Fällen ausgesprochen intim. Wie es unter Jungen üblich ist, beobachten die Burschen einander natürlich und feuern sich gegenseitig an, etwa im Stil von: »Faß ihr an die Brüste!« oder: »Hat die volle Brüste!« Ist die Massage beendet, weiß jeder, wie die Fortsetzung des Abends aussieht. Die matiari legt dem chelik die Hände auf den Kopf und sagt zu ihm: »johar«. Die Massage wird meistens an der Stelle vorgenommen, wo die Paare auch schlafen. Sirda und belosa achten darauf, daß alle, die Großen wie die Kleinen, Seite an Seite schlafen; manchmal liegt ein kleiner Junge neben einem älteren Mädchen oder ein älterer Junge neben einem kleinen Mädchen. So bemuttern oder »bevatern« sie sich gegenseitig, während manche von ihnen aus der lauen Nacht eine heiße machen ...

Verführungsspiele

Seinem ureigenen Wesen nach soll das Leben im Ghotul »wie die Poesie sinnlich und leidenschaftlich« sein, soll »durch Begeisterung und eine schöne sexuelle Vitalität vor der Degeneration bewahren«.

Tatsächlich scheint im Leben des Ghotul eine, wie wir

heute sagen würden, »degenerierte Libido« wenig ausgeprägt zu sein, besonders im »modernen« Typ dieses Gemeinschaftshauses, der vornehmlich aus Interesse an der Schaffung einer sozialen Einheit und zur Vermeidung ausschließlicher Liebschaften begründet wurde. Jugendliche aber besitzen eine besondere Begabung dafür, den Sinn von Institutionen zu verdrehen, zumal von einer ihnen speziell zugedachten; und so bringen sie ihre eigenen Vorstellungen ein, nicht ohne im Ghotul selbst eine Quelle der Inspiration zu sehen. Und die internen Regelungen sind, wie jede von Erwachsenen diktierte Regelung, bekanntlich dazu da, umgangen zu werden.

Die Ausstattung des Ghotul mit seinen kleinen Hütten, mit einigen Bäumen, dem Feuer, den Flöten, den Trommeln der Jungen und den Glöckchen der Mädchen wirkt schon für sich allein als starke romantische Anregung. Der gesamte Ablauf des Abends dient letztlich der Vorbereitung sexueller Aktivitäten, um es mit den Worten der Psychologen zu sagen, »der Schaffung sensorieller Stimuli, welche allmählich den physiologischen Zustand der Tumeszenz mit seinen psychischen Begleiterscheinungen wie Liebe und Begierde bewirken, die für den Paarungsakt mehr oder weniger erforderlich sind« (sic!).

Überlassen wir die Definitionen den Psychologen und wenden wir uns wieder den jungen Muria zu.

Die Frisier- und Massagesitzung erweckt, wie wir sahen, zunächst die für Berührungsreize besonders empfänglichen Sinne. Der Kuß als Mittel sinnlicher Erregung taucht im Ghotul höchstens als vorübergehende Modeerscheinung auf, er ist in Indien generell wenig üblich, denn der Speichel gilt als unrein. Die Jungen küssen das Gesicht und die Brüste ihrer Partnerin einer Nacht, niemals aber den Mund; was die Fellatio anbelangt, so schockiert sie zwar niemanden, scheint aber innerhalb des Ghotul kaum praktiziert zu werden. Als besonders erregend empfindet man Gerüche; so ist ein Mädchen, dessen Haare nach Holzfeuer riechen, »erregend«. Stall-geruch wird mit Gesundheit und Sauberkeit in Verbin-dung gebracht. »Köstlich ist«, nach Meinung der chelik, »der von der Frische des Waldes oder den freien Hügeln stammende Duft, noch köstlicher jedoch ist der Geruch nach Schweiß, nach Öl, nach feuchter Erde, nach einer Spur Urin, das ganze vermischt mit dem bittersüßen Ge-schmack des Rauchs.«

Die Reize der jungen Mädchen

Der erotische Reiz der jungen Mädchen liegt in der Art, ihre Kleidung zu tragen, in der Art ihres Schmucks und in der Form ihrer Schultern, denn, so sagen die chelik, »die Schönheit eines Mädchens besteht in seinen Brüsten, aber diese Brüste bleiben nicht schön, nur die Schultern, die enttäuschen uns nie.« Die Mädchen ihrerseits finden einen Mann nicht wegen der Regelmäßigkeit seiner Ge-sichtszüge oder seines schönen Teints verführerisch, son-dern wegen seiner Lebhaftigkeit und seiner Kraft. »Sein Gesicht kann noch so schön sein«, sagen die matiari, »es geht darum, daß er gut arbeitet. Von einem Müßiggänger wendet man den Blick ab.«

Insgesamt gesehen spielt Schmuck eine wichtige Rolle: »Die Nase soll so sein, wie sie ist, die Augen sollen so sein, wie sie sind, der Mund soll so sein, wie er ist; Gott hat sie gemacht, und sie sind eben so, wie sie sind. Wir aber sind es, die den Schmuck herstellen, und dank dieses Schmucks kann ein chelik sich so elegant machen, wie er möchte.« Und ein Mann wird um so mehr Frauen haben, je weniger Instrumente er auf dem Bazar kauft, sondern selbst anfertigt: »Ein chelik, der eine Holztrommel schla-gen kann, weiß, wie man das Herz eines verliebten Mäd-chens zum Schlagen bringt.«

Wie der Liebesakt eingeleitet wird

Eine sehr wichtige Rolle bei der Vorbereitung zum Liebesakt spielt der Tanz. Ein Muria-Sprichwort lautet: »Wenn man damit beginnt, Rela zu singen, wird es damit enden, daß man ein Verlangen befriedigt.« Chelik und matiari tanzen füreinander. In einem dieser Tänze simulieren die vornübergebeugten Mädchen, in der Hand einen den Penis darstellenden Stock, mit ruckartigen Bewegungen ihres Hinterteils den Sexualakt. Und die Lieder, die sie dazu singen, sind nicht weniger aufreizend:

> Kleine, kleine Haare des Krebses
> Ganz langer Dorn
> Wohin ist er gegangen
> Der Radscha von Nandpurihar?

Chelik und matiari verständigen sich meistens während einer Massage. Das junge Mädchen, das einen unerfahrenen Jungen unterweist, läßt ihn ihre Brüste liebkosen und sie in seine Arme nehmen. Dann spreizt sie ihre Beine und bettet den Jungen auf ihre Brüste. Sie hilft ihm, die Kleidung abzustreifen, und sie ist es auch, die den Penis einführt. Wenn der Junge beim erstenmal nicht weiß, was er machen soll, sagt sie nichts. Am nächsten Morgen erklärt sie: »Gestern abend hast du mich nur umschlungen, und nichts war so, wie es sein soll. Du hast mich nicht befriedigt.« Und der Junge wird antworten: »Heute bin ich wirklich bereit, ich weiß jetzt, was ich zu machen habe.«

Eine Pflicht für den Mann, ein Recht für die Frau

Der »normale« Geschlechtsakt im Ghotul müßte so vor sich gehen, wie ihn hier ein alter Muria erzählt: »Sie legen sich zusammen auf eine Matte. Er hat seine Hand auf ihren Brüsten, aber das will nichts heißen. Wenn alle schlafen, macht er das Zeichen. Ich kann nicht sagen, welches dieses Zeichen ist, aber wir kennen es alle. Sie sagt: ›Laß mich‹, aber er weiß, daß sie eigentlich ja sagen will. Er richtet sich auf und spreizt ihre Beine auseinander. Sie löst sofort ihre Kleidung. Wenn er über ihr ist, führt sie mit der Hand sein Organ ein. Sie sagt nichts, er schweigt ebenfalls. Sie sind vollkommen still. Er muß sich anstrengen; wenn man nicht schwitzt, wenn das Feuer einen verläßt, ist man nicht befriedigt. Sie sagt: ›Stoß mich, stoß mich.‹ Sie wird ihn nicht von sich lassen, bevor sie befriedigt ist. Schließlich dringt das Wort ›hai‹ über die Lippen. Der Rausch ist vorbei. Wenn es ihr aus den Ohren kommt, ist ihr Verlangen gestillt.«

Die Oberhäupter des Ghotul intervenieren nur selten in Angelegenheiten der Jugendlichen. Ihre Rolle ist es vor allem, darauf zu achten, daß diese eine angemessene sexuelle Unterweisung und Erziehung bekommen. »Gleich dem jungen Ochsen, den man an den Pflug gewöhnt, muß man einen Knaben erziehen.« Sexualkontakte mit einem Mädchen, das noch keine Menstruation hatte, sind im Ghotul verpönt. »Wahres Glück stellt sich nur ein, wenn beide schon entwickelt sind. Die kleinen Jungen machen es zwar, aber ohne den Wasserfall ist die Lust nur gering; das ist, als äße man eine unreife Frucht: Sie besitzt überhaupt keine Süße. Das ist wie Reis ohne Salz.« Und noch bildhafter ist folgende Überlegung eines chelik: »Im Feld eines nicht geschlechtsreifen Mädchens soll man nicht hacken, weil das den pulu (Hackstock) beschädigen kann.«

Das Mädchen selbst löst die seine Scham bedeckende Kleidung, und ein Sprichwort bekräftigt: Die Klitoris lächelt, wenn sie den Penis kommen sieht. Die Frau wird als unersättliches Geschöpf betrachtet: »Die Frau ist die Erde, der Mann kann sie nicht pflügen.« Bei den Ureinwohnern Indiens ist Sexualverkehr für den Mann eine Pflicht, für die Frau ein Recht, das man ihr angeblich zum

Ausgleich für die Beschwerden der Menstruation und die Schmerzen des Gebärens gewährt hat.

Vagina dentata gegen Penis

Für Begierde und Wollust haben die Muria ebensowenig spezielle Bezeichnungen wie für die Liebe, da sexuelle Anspielungen immer sehr direkt erfolgen. So begrenzt ihre anatomische Kenntnis der Geschlechtsorgane zu sein scheint, so reich und vollständig ist dagegen ihre sexuelle Mythologie. Sie sehen männliche wie weibliche Sexualorgane als unabhängige, ein Eigenleben führende Wesen an, und die adivasi verfügen über einen umfangreichen und humorvollen Legendenschatz. Einigen der berühmtesten Legenden, sie handeln von der Vagina dentata (»bezahnte Vagina«) und vom Ursprung des Penis, mangelt es nicht an Würze:

»Vor langer Zeit besaßen die Vaginen die Fähigkeit, die Körper ihrer Besitzerinnen, während diese schliefen, zu verlassen, und sich auf den Feldern draußen zu ernähren. Sie hatten nämlich Zähne, mit denen sie die Weiden abgrasen konnten, und so blieben sie die ganze Nacht über fort und kehrten erst zurück, wenn sie im Morgengrauen satt waren. Schließlich fragten die Dorfbewohner sich, wer des Nachts ihre Felder abfressen mochte. Sie stellten Fallen auf und warteten ab. Als die Nacht hereingebrochen war, gingen die Vaginen wieder auf ihre Weide und wurden gefangen. Am nächsten Morgen brauchten die Dorfbewohner sie nur noch in einem riesigen Korb einzusammeln. Sie schlossen sie in einer Geheimkammer ein und gingen zum Radscha, um ihm die Sache vorzutragen. Dieser verurteilte die Vaginen zum Tod durch Erhängen.

Der Urteilsspruch erfüllte die Dorfbewohner mit großem Schrecken; sie fragten sich, wie sie künftig mit ihren Frauen zusammenleben sollten, wenn deren Geschlechtsorgane beseitigt waren. So beschlossen sie, zum

Radscha zurückzugehen, ihn um Gnade zu bitten und sich zu verpflichten, die Bauern, deren Felder verwüstet worden waren, zu entschädigen. Diese Gnade wurde ihnen gewährt, doch fügte der Radscha hinzu, den Vaginen seien die Zähne zu entfernen, und er verspreche demjenigen, der diese Arbeit besorge, eine Belohnung. Niemand wußte, wie solches zu bewerkstelligen sei, bis schließlich ein einäugiger Polizist, der ein aus seinem Penis hervorgegangenes Messer besaß, erklärte, sich der Sache anzunehmen. Er machte sich unverzüglich an die Arbeit, entfernte alle Zähne, nahm einen Hammer und Nägel und nagelte jede Vagina wieder an ihren Platz. So entstand die Klitoris. Was die Vaginen anbelangt, so verfluchten sie den Mann, weil er sie unlösbar an den Körper geheftet hatte, und sie verwandelten ihn in ein Schwein; die Folgen dieser Verwünschung sind noch heute zu sehen, da das Geschlechtsteil des Schweines die Form eines Messers hat.«

Über den Ursprung des Penis erzählen die Muria folgendes: »Früher war er so lang, daß ein Mann, wenn er das Haus verließ, ihn um die Taille schlingen und feststecken mußte. Eines Tages streckte ein liegender Mann seinen Penis zum Fenster hinaus, durchbohrte die Wand eines einhundert Meter entfernten Hauses, durchdrang die darin befindliche Frau, kam zu ihrem Mund wieder heraus, tauchte sein Ende in einen Topf, verschlang die ganze Suppe und tötete, als er sich zurückzog, die Frau. Als die anderen Frauen das hörten, stürzten sie sich auf diesen schamlosen gefährlichen Nachbarn, um ihm das Glied abzuschneiden. Das einzige, was er noch machen konnte, war, von diesem soviel wie möglich zu greifen. Den Rest schnitten die Frauen ab, und darum hat ein Penis heute nur noch die Länge einer Hand.«

Die Originalität des Ghotul besteht darin, daß es sich um ein zu erzieherischen Zwecken errichtetes, der Dorfjugend vorbehaltenes Schlafhaus für Angehörige beiderlei Geschlechts handelt; doch gibt es Schlafhäuser, die einem vergleichbaren Zweck dienen und ähnlich konzipiert sind, nicht nur in Indien und in zur ozeanisch-asiatischen Kultur gehörigen Gemeinschaften, sondern auch bei einem Großteil traditioneller Gesellschaften auf der ganzen Welt, wobei hier nicht die Rede ist von Schlafhäusern des Typs »Kaserne«, den man vornehmlich in der westlichen Welt findet. Gewöhnlich spricht man von »Männerhäusern« und meint damit Stätten, die für Frauen und Nichtinitiierte tabu sind. Sie bilden häufig das soziale, politische und religiöse Zentrum des öffentlichen Lebens von Männern solcher Gemeinschaften.

Ob es sich um den kwod oder den ravi Neuguineas handelt, in dem die Männer ihre Mahlzeiten einnehmen, ihre Zeit verbringen und wo die Jugendlichen schlafen, oder um den darimu kiwai im Gebiet des Fly River (ebenfalls Neuguinea), wo die jungen Menschen Initiationsriten und Einweisungszeremonien unterworfen werden, wo man sie in den Totenkult und in die Geheimnisse der Landwirtschaft einweiht — all diesen großen, reservierten Häusern ist gemeinsam, daß von ihnen magische Kräfte ausgehen, die die Männer des Stamms oder Clans im Kampf oder auf der Pirsch begleiten.

Die durch Herman Melvilles Roman ›Taipi‹ berühmt gewordenen, »ti« genannten Schlafhäuser des Marquesas-Archipels, die bai der Palau-Inseln, die sopo der Batak-Stämme auf Sumatra, die loho in der Zentralregion von Celebes, die romaluli auf der Insel Flores, die umalulik auf Timor, palangkan auf Formosa (Taiwan), die olag, »Mädchenhäuser«, und pahajunan, »Männerhäuser«, bei den Igoroten der Insel Luzon — sie alle gehören auf die lange Liste der Dorfschlafhäuser, und man müßte ihnen noch die Schlafhäuser Amerikas, Afrikas und, vor gar nicht allzu langer Zeit, Europas hinzufügen.

10. Die Kunst des Schlafzimmers

> Im Westen ging gerade die Sonne unter,
> und die Dunkelheit füllte das Zimmer
> mit ihren Schatten. Draußen wehte ein
> frischer Wind. Es fiel Schnee, und die
> Flocken tanzten hernieder. Aber das
> Gemach war ruhig und abgeschirmt, und
> man vernahm nicht den geringsten Laut.
> Sie hatte das Bett hergerichtet, das mit
> den erlesensten Luxusgegenständen verse-
> hen war, darunter ein bronzenes Räucher-
> faß zum Parfümieren der Decken. Sie ließ
> die Bettvorhänge bis zum Fußboden her-
> unter. Dort häuften sich Matratzen und
> Decken, übersät von spitzzipfligen klei-
> nen Kopfkissen. Sie zog ihr Kleid aus,
> streifte das Untergewand ab und enthüllte
> so ihren schneeweißen Körper von feinem
> Bau und zarter Haut.
> Ssu-ma Hsiang-ju (gestorben 117 v. Chr.):
> Über eine wunderschöne Frau

Im Weltverständnis der Taoisten ist das Universum ein von Menschen bewohntes Haus, in dem der Himmel das Dach und die Erde den Fußboden bildet. Unter diesem Dach wohnen, auf die einzelnen Räume verteilt, die verschiedenen Völker, die sich um einen organisatorischen Mittelpunkt scharen: um das chinesische Volk. Diese allumfassende menschliche Gemeinschaft nennt sich »Ta chia«, die »Große Familie«, und agiert als Lebens- oder doch wenigstens Interessengemeinschaft, die aus ein und demselben Urahn hervorgegangen ist. Dieses Urwesen, weit über einem Familienoberhaupt stehend, sieht mit den durch den Tod, der ihm die Erleuchtung brachte, weit geöffneten Augen alles, was sich in der Tiefe des Hauses abspielt, und wacht von seinen lichterfüllten Sphären aus über Vermehrung und Wohlergehen der Seinen. Als einzige Gegenleistung für sein segensreiches Wirken verlangt es von allen regelmäßige Zeichen der

Ehrerbietung, und über seinen im Zentrum des Hauses
errichteten Altar, von dem als geistige Wirklichkeit spür-
bare Kräfte ausgehen, empfindet es Farben, Gerüche, Ge-
schmackseindrücke, Laute, Äußerungen der Liebe und
Verehrung, kurz alles, was sein himmlisches Dasein mit
Leben erfüllt.

Die ideale Stätte

Das chinesische wie auch das vietnamesische oder japanische Haus, gleichermaßen Wohnung wie Tempelstätte,
beherbergt die lebende Familie, aber auch — um nicht zu
sagen: vornehmlich — die Ahnentafeln und, in allen Win-
keln, irgendwelche Darstellungen von Hausgöttern.

Ob Stadt- oder Landbewohner, ob arm oder reich, der
eigenen Wohnstatt scheint der Chinese von jeher eine
herausragende Bedeutung beigemessen zu haben. Um
diese Wohnstatt und die Vorstellung von ihr herum ist die
private Welt organisiert, und umkehrt steht diese Bleibe
in einer unmittelbaren Abhängigkeitsbeziehung zu ihrem
Umfeld. Um einen günstigen Standort für das zukünftige
Haus zu bestimmen, bedient man sich der Punktierkunst
eines Geomantikers, feng-shui hsiensheng. Die chinesische Geomantie hat zum Ziel, das unsichtbare Kraftfeld
einer Örtlichkeit, ti-li, zu erkunden, sowie den Einfluß,
den die natürlichen Elemente — feng-shui, »der Wind
und das Wasser« — auf diese Stelle ausüben. Die günstigen oder unheilbringenden Faktoren einer Örtlichkeit
ermittelt man aus der Beschaffenheit des Geländes, aus
den bildhaften Vorstellungen, die die Landschaft hervor-
ruft, und der Übereinstimmung, die zwischen dieser und
bestimmten glückbringenden Planeten bestehen mag,
denn sie kreisen an einem Himmel, der alle Vorgänge auf
der Erde mitbestimmt. So ist es die alle in der Landschaft
versteckten Kraftquellen aufdeckende Geomantie, welche die zur wirksamen Sicherung gegen verborgene oder

unerwartete Gefahren notwendigen Arbeiten vorgibt: Erdaufschüttungen, Wandkonstruktionen, Türme, Kanalisation und so weiter.

Die Punktierkunst, deren man sich noch bis in die allerjüngste Zeit bediente, um den Standort für eine Stadt, einen Palast oder auch nur ein einfaches Haus zu bestimmen, legt mit Hilfe eines geomantischen Zirkels, le-pan, und unter Deutung verschiedener Zahlen und Zeichen, die miteinander verglichen oder einander gegenübergestellt werden, die Stelle fest, wo Yin und Yang miteinander in Einklang sind. Yin steht im Kosmos für das weibliche Prinzip, die Erde, und wird mit kaltem, trübem, regnerischem Wetter in Verbindung gebracht; es wird auf die Gestaltung der Innenausstattung, nei, angewandt und kennzeichnet zum Beispiel das schattige, kühle Versteck, wo man den Sommer über das Eis aufbewahrt. Yang, das männliche, dem Himmel entsprechende Prinzip, wird mit Sonnenlicht und Wärme verbunden und gilt ebenso für die ersten Frühlingstage mit ihren wärmenden Sonnenstrahlen wie für den zehnten Monat des Jahres, kurz bevor man sich in den Winter zurückzieht. Als einander bedingende, für das Gleichgewicht zwischen Himmel und Erde unentbehrliche Kräftepole machen sie zugleich die greifbaren gegensätzlichen Aspekte von Raum und Zeit deutlich. Yin nennt man die schattigen Nordhänge des Gebirges (südlich des Flusses), Yang die sonnigen Flanken nach Süden (nördlich des Flusses). Der ideale Standort befindet sich da, wo die beiden einander entgegengerichteten Luftströme, die die Erde umkreisen — ch'ing hung, der grüne Drachen (gutartig), von Osten und pai hu, der weiße Tiger (bösartig), von Westen —, einander ausgleichen oder so dicht wie möglich an das Maul und den Rumpf des Drachens herankommen.

Ist die Yin-Yang-Untersuchung abgeschlossen, die »gute Lage« des Hauses bestimmt und der zehnte Monat des Jahres gekommen — dies ist der Yang-Monat, so will es schon das klassische Ritualbuch ›Shih ching‹, ein Kompendium der chinesischen Verhaltensregeln –, dann kann mit dem Bau begonnen werden. Allerdings wird er nicht vonstatten gehen ohne die entsprechende Grundsteinlegung, bei der man den ersten Stein in den Boden senkt, den T'ai shan shih kan tang (»der Stein des T'ai shan, der es wagt, Gefahren zu begegnen«), der den Auftrag hat, böse Winde fernzuhalten; auch wird man erst noch den für die Zimmermannsarbeiten zuständigen Schutzgeist Lu Pan Shi fu durch bestimmte Sühne- und Trankopfer günstig stimmen. In den ersten Frühlingstagen des neuen Jahres muß dann die Wohnstatt fertiggestellt und eingeweiht werden.

Ein Dach auf Beinen

Daß man da, wo die chinesische Zivilisation entstand, in den baumlosen Ebenen mit ihren Lößböden, ausgerechnet Holz zum Baumaterial erkor, paßt durchaus zum widersprüchlichen Charakter dieses Landes. Das große Handbuch der Architektur aus dem 12. Jahrhundert, das ›Ying-ts'ao fa-she‹, war denn auch im wesentlichen ein Traktat über die Holzbauweise, und klassische Vorlage für den Entwurf eines größeren Hauses war das »große Bauwerk aus Erde und Holz«. Obwohl China in Hülle und Fülle über natürlichen Baustein verfügt und die komplementären Vorkommen von Kalkstein und einfach zu fördernder Kohle im Jangtse-Gebiet und in Südchina damals wie heute die Herstellung von Kalk und Zement nahelegen und obwohl dieses Land auch in anderen Regionen noch große Vorkommen an Granit, Schiefer, Sandstein, Ton und wiederum Kohle besitzt, um diesen zu brennen, und somit alle Möglichkeiten für »massive« Bauausführungen gegeben sind, hat diese Kultur, abgesehen von örtlichen Ausnahmen, wo Backsteine Verwendung finden, stets pflanzlichen Baustoffen den

Vorzug gegeben, die wegen der landschaftlichen Gegebenheiten kaum beschafft werden können.

Die aus Balkenwerk konstruierten Häuser des Fernen Ostens — denn von Macao bis Hokkaido weisen die Bauernhäuser alle dieselben Grundzüge auf — sind eigentlich nichts anderes als Dächer auf Säulen. Dabei dienen die aus Brettern, Bambusgeflecht, Strohlehm, Ton, Stampferde oder Backsteinen bestehenden Außenwände nur noch dazu, das Haus zu umfrieden. Die außerhalb dieser Wände stehenden Tragsäulen ruhen auf Steinsockeln, um das Aufsteigen von Feuchtigkeit zu verhindern; das Gebälk ist stets nach den gleichen Verbundprinzipien errichtet, bei dem es weder diagonale Verstrebungen noch solche über Kreuz gibt: Es besteht aus Pfosten, horizontalen Quer- und Längsbalken, Firstsäulen und schrägen Bindersparren, die die Dachneigung bestimmen. Das ohne Nägel, Schrauben oder Bolzen konstruierte, vielmehr nur durch ineinandergreifende Kerben und Zapfen zusammengehaltene Balkenwerk besitzt den immensen Vorteil, leicht demontierbar zu sein. Das System erlaubte es also beispielsweise dem Eigentümer, sein Haus ohne das dazugehörige Grundstück zu verkaufen, oder auch, es in unruhigen Zeiten oder bei einer feindlichen Invasion in aller Eile abzureißen und die Balken vorsorglich in einem Teich unter Wasser zu lagern, um der Gefahr von Diebstählen — denn Holz war rar — und vor allem von Bränden zu entgehen.

Das »unvernünftige« Balkengerüst

Sieht man vom praktischen Nutzen der leichten Montage einmal ab, dann sind solche Holzgerüste in ihrer Struktur eigentlich »unvernünftig«, weil die Horizontalbalken, anstatt eine in Längsrichtung wirkende Kraft auszuüben, den vertikalen Druck einer oft in der Mitte aufgesetzten Firstsäule aushalten und daher einen entsprechend großen Durchmesser haben müssen. Hinsichtlich dieser Eigenart der chinesischen Balkenkonstruktion geht Pierre Gourou von folgender Hypothese aus: Man hat offenbar die bei der Errichtung eines Bambusgerüstes geltenden Erfordernisse auf die Holzbauweise übertragen, denn Bambusstäbe sind schwer miteinander zu verbinden und eignen sich daher schlecht für diagonale oder Über-Kreuz-Verstrebungen. Jacques Pezeu-Massabuau bestätigt diese These zur Begründung der irrationalen Bauweise des im Fernen Osten verbreiteten Haustyps und ergänzt: »Wenn ein Haus sich über das Materialangebot der Natur hinwegsetzt und dann noch seine Elemente nach oftmals ungeeigneten Methoden kombiniert, dann verwehrt es seinen Bewohnern zuweilen sogar den erforderlichen Schutz, und unzählige Beispiele belegen die mangelhafte Anpassung an teilweise äußerst aggressive Umweltbedingungen. Das über keine schrägen Komponenten verfügende koreanische Haus hält nur schwer den auf dem Dachstuhl lastenden Schneemassen stand, und ebenso müßte man mit dem Mythos vom ›leichten‹ japanischen Haus aufräumen, das seinen Bewohnern bei einem Erdbeben ohne weiteres auf den Kopf fallen dürfe. Mit seinem im Gegenteil sehr massiven Überbau, der auf einem schwachen, einfach auf dem Boden stehenden Gerippe ohne Kreuzbalken ruht, deformiert es sich rasch und stürzt in sich zusammen, wenn es nicht vorher schon ein Opfer der Flammen wurde.«

Beschützte Anwesen

Betrachtet man mit unverstelltem Blick das Dach von unten, dann verliert sich das Auge in den Fluchtlinien des Gebälks, erkennt dessen maßvolle Schönheit und verweilt, in den stattlichsten Häusern jedenfalls, bei den herrlich geschnitzten und verzierten Firstsäulen und Dachsparren. Eine Mauer schirmt das Anwesen von der

Außenwelt ab, macht es unsichtbar; eine Vielfalt von Vorsichtsmaßnahmen soll die Gefahr unheilvoller Einflüsse bannen. Um in das umfriedete Grundstück zu gelangen, muß man im Zickzack angeordnete Pforten – die eine nach Osten, die andere nach Süden gerichtet – passieren und dann um den yin p'ei, die »schattenspendende Mauer«, laufen, die als letzter Schutzschild die Privatsphäre vom Besucher abschirmt. Dieses System der versetzten Wegführung stellt ein eher magisches als reales Verteidigungskonzept dar, denn die Chinesen glauben, daß böse Kräfte sich stets nur in gerader Linie ihrem Opfer nähern. Sollte das nicht genügen, dann verstärken schreckenerregende steinerne Hunde und dumpf klingende Viehglocken den Verteidigungsgürtel, und mitunter, wenn die Ecke eines Nachbarhauses die eigene Fassade »bedroht«, installiert man magische Spiegel, um die Geister zu vertreiben.

Rund um den Himmelsbrunnen

Der Grundtyp des dörflichen Hauses besteht aus einem Raum, der drei hintereinanderliegende Zimmer umfaßt und an der Rückseite gewöhnlich zum Gemüsegarten, zur Dunggrube und zum Schweinestall führt. Hat man den Vorraum durchschritten, dann betritt man im Mittelpunkt des Hauses das auch noch im Grundriß großer Stadthäuser erhalten gebliebene symbolische Zentrum, eine Art Rest oder auch eine Nachempfindung der alten Tempel- und Palastarchitektur: Die Küche befindet sich hier und ein kleiner Innenhof mit einer Zisterne, t'ien-ching, dem »Himmelsbrunnen«. Im hinteren Teil des Gebäudes trifft man auf das oder die Schlafzimmer, die nur durch dünne Trennwände abgetrennt sind und wie die anderen Räume des Hauses keine Zwischendecke haben.

Der Bauer schläft in der Südwestecke, wo das Saatgut aufbewahrt wird, auf einer Lage Stroh oder loser Binsen, wobei ein recht harter Erdklumpen als Kopfunterlage dient, oder auf übereinandergelegten, manchmal verzierten Binsenmatten. Die wohlhabendere Landbevölkerung besitzt Kopfstützen aus Horn.

In die chinesischen Häuser fiel kaum Tageslicht; die wenigen und kleinen Fenster auf der Südseite waren mitunter einfach nur runde Löcher, bestehend aus dem Hals eines zerbrochenen Tonkrugs und mit einem Stück Stoff verhängt, oder aber in die Mauer gebrochene, mit Holzsprossen bewehrte und im Winter mit Papier verschlossene Öffnungen ohne Scheiben oder Fensterläden. Doch wenn es schnell gehen mußte, weil man sehen wollte, was außerhalb der eigenen Mauer vor sich ging, wegen des eiskalten Windes jedoch nicht die Tür öffnen wollte, dann durchbohrte man das Papier einfach mit dem nassen Finger …

Das fensterlose Schlafzimmer, kalt im Winter und schlecht gelüftet im Sommer, düster und von auf dem gestampften Lehmboden stehenden Säulen verstellt, bietet nur wenig Komfort. Aber auch hier darf man sich, ähnlich wie bei der Betrachtung des Balkenwerks, nicht täuschen: Die erwähnten Kriterien sind weniger ein Zeichen von Armut als einfach gewohnte Lebensumstände, und die normalen Schlafbedingungen ändern sich — von geblümten Seidenbettdecken und Truhen aus Edelhölzern abgesehen — auch mit wachsendem Wohlstand nicht. Das Äußere der chinesischen Häuser hingegen unterscheidet sich von Region zu Region außerordentlich. Im Norden des Landes ruhen die Lehmziegel- oder Stampflehmmauern auf Backsteinfundamenten, deren Schilfauflage das Aufsteigen von Bodenfeuchtigkeit verhindern soll. Aber die in den Mauern enthaltenen Mineralsalze ziehen das stark alkalische Wasser dennoch an, und so sind die Wände denn auch häufig ruiniert, nicht jedoch die Strohdächer, da diese unabhängig von den Mauern gestützt sind.

Der ›Shih ching‹-Leitfaden belehrt uns über die Art

dieser Dächer. Sie waren so leicht, daß ein Spatz ein Loch hindurchpicken konnte, und Kletterpflanzen, vor allem die Koloquinten (ein Kürbisgewächs), drohten solche Dächer einzudrücken.

Im Zentrum des Landes und im Süden sind die Häuser solider gebaut und besitzen Backsteinmauern und — auch hier unabhängig voneinander — Ziegeldächer. In der Provinz Honan und im Land der »gelben Erde«, in Schensi, gibt es die meisten Höhlenbewohner der Welt. Die in leichter Arbeit mit der Hacke in die Berge getriebenen Stollen und Erdwohnungen haben den Vorteil, nicht feucht, im Winter wenig kalt und im Sommer angenehm kühl zu sein. Am Nordrand des Tsinlingschan und in der Nähe des Gebirgssockels von Schansi, einem tektonisch unruhigen Gebiet, kommt es sehr häufig zu heftigen Erdstößen. Aber diese Erschütterungen, die manchmal die Höhlenbewohner mitten im Schlaf überraschen und verschütten, haben jene bisher nicht aus den Millionen von Höhlenwohnungen, die es noch immer in dieser Region gibt, vertreiben können.

Der k'ang

Was die Wärmeversorgung anbelangt, so verfügen die Bauernhäuser nördlich der Provinz Kiangsu über ein recht wirksames Heizsystem: den k'ang. Er ähnelt dem koreanischen ondol, der die Wärme des Küchenherds durch im Fußboden verlegte Rauchabzugsrohre dem Hauptraum zuführt. Der von der Warmluft der angrenzenden Küche aus erwärmte k'ang ist eigentlich eine Art Ofenbank aus ungebrannten Ziegeln, die zugleich auch als Bett, Empfangs- und Arbeitsraum dient. »Der k'ang ist eine Mutter«, sagen die Bäuerinnen des Nordens, die froh sind, durch ihn der beißenden Kälte entgehen zu können.

Die Heizmethode ist darauf angelegt, den Brennstoff

294

zu sparen, der in großen Teilen Chinas nur aus Stroh besteht, doch hat der k'ang den Nachteil einer kurzen Lebenszeit; nach drei oder vier Jahren sind die luftgetrockneten Ziegel rissig und lassen den Rauch durch. Der Ofen muß abgerissen werden, und das kurzlebige Material, das in den strengen Wintern des Nordens so hervorragende Dienste leistete, zerkleinert man zu Pulver und bestreut die Felder damit – der rußgesättigte Lehm mit seinem hohen Kali-, Phosphor- und Stickstoffgehalt ergibt ein ausgezeichnetes Düngemittel.

Im Süden Chinas sind auf dem Land Hand- und Fußwärmer weit verbreitet: ein Bambusgestell mit einem die Glut bergenden Tongefäß oder auch beheizte Sitze – mit Ton ausgekleidete Holzzylinder, in die man ein offenes Kohlenbecken stellt. Diese wärmespendenden Sitzgelegenheiten sind vor allem für die alten Frauen bestimmt, denen die immerwährende Aufgabe zuteil wird, die vor dem Haus trocknenden Gemüse vor der Gefräßigkeit von Schweinen, Hunden und dem Federvieh zu bewahren.

Doch das Kernstück des Hauses bleibt der k'ang, den die Bauern mal als Werkbank, mal als Tisch benutzen und auf dem sie in der »toten« Jahreszeit einen Großteil des Tages verbringen. Am Abend wird das Bettzeug – Matten, Matratzen und Decken – auf ihm ausgelegt, und die wohlige Wärme, die von diesem Podest aufsteigt, wiegt die Hausgemeinschaft in ihre Träume.

Die Familie

Zu Beginn des 20. Jahrhunderts unterschied man in China drei Typen von Familien. Die »Großfamilie« fand sich vor allem in Kreisen der Landbevölkerung bei mehr oder weniger wohlhabenden Grundbesitzern, weniger hingegen bei armen Bauern und Landarbeitern. Wenn die ältesten Söhne die Heimat verlassen hatten und nur ein für den Unterhalt der betagten Eltern verantwortlicher, jüngerer Bruder zurückgeblieben war, bestand die Großfamilie häufig nur noch in ihrer elementaren Form, der »Stammfamilie«, weiter, die nicht mehr als zwei Haushalte umfaßte und der die Sicherung des Fortbestandes der Generationen durch Erhaltung der väterlichen Linie zukam. Diese Familienform war, unabhängig von der wirtschaftlichen Lage, der bei der Landbevölkerung am meisten verbreitete Familientyp. Das genaue Gegenteil dieser idealen Familie bildete das in China insgesamt am häufigsten anzutreffende Modell, »die Kernfamilie«, der nur das Ehepaar mit seinen unverheirateten Kindern und unter Umständen noch ledige Brüder und Schwestern angehörten.

Hier kamen die familiären Bindungen im Verhältnis zwischen Mann und Frau, Eltern und Kindern, Älteren und Jüngeren zum Ausdruck, während in der Stammfamilie noch die Beziehungen zwischen Schwiegereltern und Schwiegertochter beziehungsweise Schwiegersohn hinzukamen. In der Großfamilie wurden diese Familienbeziehungen dann noch komplexer.

Eine wechselseitig sehr konventionelle Haltung beherrschte das Familienleben, und das Verhältnis zwischen Mann und Frau war in erster Linie durch große Zurückhaltung gekennzeichnet; es wäre unschicklich gewesen, Gefühle oder womöglich Verliebtheit zu zeigen. Da der Ehemann sich dem in der Großfamilie geltenden Verhaltenskodex kaum entziehen konnte, mußte er als gehorsamer Sohn und guter Bruder, und dies waren Grundtugenden, ständig zeigen, daß er seiner eigenen Familie mehr Ehrerbietung entgegenbrachte als der seiner Frau. Die Harmonie der Familie war ganz und gar auf das gute Einvernehmen der Frau mit ihren Schwiegereltern gegründet. Hatte der Sohn sich also seiner Frau gegenüber reserviert zu verhalten, so durfte auch diese etwaige Liebesgefühle ihrem Mann gegenüber außer in der Bettnische nicht zeigen.

Von vornherein als Tauschobjekt bei einer künftigen Eheschließung angesehen, erhielt die junge Chinesin auch keine Ausbildung, die der ihrer Brüder gleichgekommen wäre. Schon mit sieben Jahren wird sie in die Frauengemächer verbannt, wird sie in den Tugenden der Sanftmut und Unterordnung unterwiesen; in wohlhabenden Familien wurden ihr die Füße eingebunden. Ihre gesamte Erziehung war darauf ausgerichtet, sie nur auf den einen entscheidenden Schritt ihres Lebens vorzubereiten, auf das Verlassen des Elternhauses und ihren Eintritt in die Familie des Ehemanns; alles zielte darauf ab, eine fügsame Schwiegertochter aus ihr zu machen.

Heiratsbräuche

Ebenso wie Standortwahl und Bau des Hauses wurde im traditionellen China die überstarke soziale Determiniertheit der Ehe durch ein langes und kompliziertes Zeremoniell versinnbildlicht. Allerdings kann die Berufung auf schicksalhafte Deutungen und bedeutungsschwere Details nicht über die tatsächliche Willkür bei diesen Eheschließungen hinwegtäuschen.

Familien, die sich die Ausgaben für eine traditionelle Heirat nicht leisten konnten, kauften ein kleines Mädchen, das sie aufzogen und im heiratsfähigen Alter mit ihrem Sohn vermählten. Es kam auch vor, daß eine Familie keinen männlichen Nachfolger hatte; in diesem Fall griff man auf die Lösung des »Schwiegersohn-Ehemanns« zurück: Man kaufte einen Knaben, den man entweder in der eigenen Verwandtschaft oder in einer nicht verwandten, armen Familie fand, und verfuhr mit ihm nach den gleichen Regeln wie bei der Beschaffung einer Schwiegertochter.

Was die traditionelle Eheschließung anbelangt, so konnten die langwierigen Verhandlungen zwischen den beteiligten Familien beginnen, sobald die Mutter eines

Sohnes im heiratsfähigen Alter sich über die »acht zykli-
schen Zeichen« — analog unseren Tierkreiszeichen — der
in Frage kommenden Kandidatin(nen) informiert hatte
und die Horoskope der jungen Leute hatte vergleichen
lassen. War die geschäftliche Seite schließlich geregelt,
wurde das junge Mädchen von einem Onkel, ihren Brü-
dern oder nahen Vettern und einem lärmenden Gefolge
in der Brautsänfte an die Haustür des Ehemanns geleitet.
Mit einem roten Satinschleier verhüllt, der verhindern
sollte, daß sie den Weg wiedererkannte, gelangte sie in
das Innere der Räumlichkeiten, wobei sie als Zeichen des
Friedens noch einen Apfel empfing und einen Sattel bestieg. Das junge Paar trat, bevor es sich in das Brautgemach begab, vor den Ahnenaltar, manchmal auch vor
den Küchengeist, um kundzutun, daß eine Frau in aller
Form in das Haus aufgenommen worden und künftig
eine der Ihren sei. Während die Eltern des jungen Mannes
auf Stühlen vor dem Altar Platz nahmen, bot eine Dienerin des Hauses ihnen im Namen der Braut süßen Tee mit
Datteln und Kürbis an, was sie dieser Eheschließung ge-
neigt machen sollte.

Das Brautgemach

Endlich im Brautgemach angekommen, nahm die Braut
auf einem Holzbett Platz; der Mann setzte sich auf das ge-
mauerte Bett und lüftete ihren Schleier. Es war der große
Augenblick, in dem sie einander zum erstenmal erblick-
ten. Sie nahmen einen von der Braut mitgebrachten Im-
biß ein, und dann fand im ganzen Haus, wo sich die
gesamte Verwandtschaft eingefunden hatte, eine langwie-
rige Vorstellungs- und Ehrerbietungszeremonie statt.
Vielleicht war es gut, wenn sie sich in diesem Moment einer kleinen Geschichte erinnerten, die ihr zukünftiges
Zusammenleben betraf, zum Beispiel der folgenden:
»Das Herz ist ein Haus mit zwei Schlafkammern. In

der einen wohnt das Leid und in der anderen die Freude. Man darf nicht zu laut lachen, sonst weckt man das Leid in der Kammer daneben.

Und die Freude? Wird sie wach, wenn das Leid laut ist?

Nein, die Freude ist schwerhörig, sie hört das Leid von der Kammer daneben nicht …«

In ihr Gemach zurückgekehrt, setzten die Eheleute sich Seite an Seite auf den k'ang und sahen sich, nachdem sie ihre Festkleidung abgelegt hatten, nun den Blicken von Gästen und Nachbarn ausgeliefert, die ebenfalls gekommen waren, das unbekannte junge Mädchen in Augenschein zu nehmen. Das junge Paar wurde zur Zielscheibe von Anspielungen und Anzüglichkeiten, die nichts ausließen und die man, still und würdevoll, über sich ergehen lassen mußte. Nebenan, im großen Raum, fand unterdessen das Festessen statt, bei dem Männer und Frauen getrennt speisten und das manchmal schon zwei Tage vor der eigentlichen Zeremonie begonnen hatte. In der Dämmerung zündete man als Symbole des Wohlstands lung feng an, die Kerzen des Drachens und des Phoenix'; und spät in der Nacht, wenn die Besucher das Brautgemach verlassen hatten, brachte man den allein zurückgebliebenen Brautleuten Gemüse und eine Flasche Reiswein, den »Wein der Eintracht«, mit dem sie als Abschluß der öffentlichen Zeremonie Trinksprüche aufeinander ausbrachten: Sie waren Mann und Frau, und die Hochzeitsnacht konnte beginnen.

Das Bett, ein Raum für sich

Das Bett war für sich allein schon wie ein kleines Zimmer. Ein Fragment einer Bildrolle des ›Ku k'ai-ch'ih‹ vermittelt uns eine Vorstellung vom Aussehen eines Bettgestells um das Jahr 400 unserer Zeitrechnung: ein käfigähnliches, unten aus massivem Holz, oben aus

Flechtwerk bestehendes Gebilde. Das gesamte Bettgestell, ein mit einer dicken Matte bedecktes Podest aus lackiertem Holz, schloß mit einem großen Wandschirm von etwa einem Meter Höhe ab, der auf der Vorderseite des Betts offen war. Eine die gesamte Länge einnehmende, große schmale Bank diente dazu, im Sitzen Kleider und Schuhe abzulegen, bevor man ins Bett stieg. Vom Betthimmel senkten sich von allen vier Seiten Vorhänge herab, die am unteren Rand von vierfüßigen, auf dem Holzfußboden stehenden Räucherbecken abgeschlossen wurden. Sie hatten die Form von Fabeltieren – halb Löwe, halb Drachen –, die durch ihr bedrohliches Aussehen böse Winde verjagen sollten; vor allem aber sollte das Räucherwerk die Kleider der an ihnen Vorübergehenden parfümieren und reinigen. Das Bett war viel mehr als eine Schlafstelle, es war ein kleiner Raum für sich; vier hölzerne, mit Vorhangstoff bezogene Gitterpfosten begrenzten ihn, und darin befanden sich noch eine Kleiderablage, ein Regal mit Spiegel sowie verschiedene Toilettengegenstände. Baldachin und Wandbehang waren gewöhnlich mit dem Motiv blühender Pflaumenzweige bestickt: Schließlich war der Pflaumenbaum ein Sinnbild für sexuelle Freuden und auch für die jungen Frauen. Später sollte man, wie van Gulik vermerkt, mit »mei-tu«, »Gift des Pflaumenbaums«, die Geschlechtskrankheiten bezeichnen.

Vor allem ist der Pflaumenbaum aber ein Symbol der Fruchtbarkeit und der schöpferischen Macht, wegen seiner knorrigen Äste, die im Frühjahr, obwohl sie wie ausgetrocknet erscheinen, kleine, blühende Zweige hervorbringen, welche an die sich nach dem Winter erneuernde Lebenskraft erinnern.

Zum Schlafkomfort trugen etliche Gebrauchsgegenstände bei, so die »Bambus-Ehefrau«, ch'u-fu-jen, ein zylindrisches Bambusgestell von etwa einem Meter Länge, das man in heißen Sommernächten zwischen die Beine legte, um nicht gar so sehr zu schwitzen. Diese »Bambus-

Ehefrau« wurde durch chinesische Emigranten nach Indonesien und in das restliche Südostasien exportiert, wo sie sich alsbald in das »dutchwife«, die »holländische Ehefrau«, verwandelte. Die »alte, warme Frau«, t'ang-p'o-tze, hatte einen anderen Verwendungszweck: Mit heißem Wasser gefüllt, diente diese kupferne Wärmflasche im Winter dazu, das Bett vorzuwärmen, während ihre kleineren Schwestern, die »alten Frauen für die Füße«, chūeh p'o-tze, für die Erwärmung der Füße zuständig waren. Die »gehörnten Kopfkissen« hingegen, chūeh-ch'en, Kopfkissen in Halbmondform, deren Enden in spitzen Hörnchen ausliefen, dienten vorwiegend als Zierat. Die länglichen, harten Kopfstützen waren meistens aus lackiertem Bambus, kunstvoll verziert und im Querschnitt rund oder quadratisch.

Von der Bodenmatte zum Stuhl

Unter der Herrschaft der Sung-Dynastie (960–1279) erfuhr die chinesische Inneneinrichtung erhebliche Veränderungen. Während zur Zeit der Tang-Dynastie (618 bis 907) die bürgerliche Wohnung aus offenen, kleinen, von beweglichen Trennwänden abgeteilten Räumen bestanden hatte, wurde das Haus der Sung-Zeit durch feste Mauern in selbständige Räume unterteilt. Da sich dadurch die Wandfläche vergrößerte, wurde der eingehängte Rollvorhang zu einem wichtigen Stilelement der Innenausstattung. Der bis dahin übliche Stampflehmboden war nun mit Platten belegt und im Winter mit Teppichen bedeckt. Vor Betreten des Hauses zog man nicht länger die Schuhe aus, man pflegte auch nicht mehr auf dem Boden zu sitzen; ferner kamen hohe Tische und mit Schnitzwerk verzierte Stühle auf.

Der seit der Tang-Epoche belegte Übergang von niedrigen zu hohen Stellwänden, von der Truhe zum Schrank bestätigt die sich generell durchsetzende veränderte Lebensweise. Das erste am Hof eingeführte erhöhte Sitzmöbel, ein Faltsitz, »hu shuang«, »Barbarensitz«, genannt, scheint auf die Regierungszeit von Ling-di (168 bis 188) zurückzugehen, den Monarchen, dessen Vorliebe für die Mode der Barbaren von konfuzianischen Historikern später kritisiert worden ist. Dieser Faltsessel, auf dem man auf westliche Art beim Sitzen die Beine herabhängen ließ, verbreitete sich zunächst auf der Jagd, auf Reisen und überhaupt bei inoffiziellen Anlässen außerhalb des Hauses überall dort, wo es unbequem war, seine Bettstelle mitzunehmen. Diese aber blieb, wie der kaiserliche Thron, ein Ehren- und Prestigemöbel.

Mit der im 7. Jahrhundert aufgekommenen Bezeichnung »jao shuang«, »gekreuzter Sitz«, wird nicht die schon halb in Vergessenheit geratene Herkunft des Barbarensitzes, sondern dessen Form angesprochen. Effektiv setzt sich dieses seit nunmehr vier Jahrhunderten gebräuchliche Möbel nun im Haus wie im Freien durch. Etwa um die gleiche Zeit werden auch Stuhl und Schemel mit festem Rahmen ein spezifisch chinesisches Möbelstück. Es ist bekannt, daß der Kaiser Muzong im Jahr 823 eine Audienz auf einem »großen, herzförmigen kaiserlichen Sitz« gab, ein wichtiges Detail, weil es verrät, daß als kaiserlicher Thron inzwischen nicht mehr eine Bettstelle, sondern ein Sitzmöbel dient. Die Verzierungen zweier 1959 und 1960 freigelegter Gräber aus der Tang-Zeit zeigen zum einen eine in abendländischer Manier sitzende Figur und zum anderen, als Hochrelief in Stein ausgeführt und auf die Zeit zwischen 831 und 858 datiert, Stühle und Tische, was um so interessanter ist, als die dort Bestatteten keine ranghohen Persönlichkeiten waren. Das bestätigt, daß der vermutlich bis ins 8. Jahrhundert hinein der Oberschicht reservierte Stuhl mit dem 9. Jahrhundert zu einem Möbel auch der Mittelklasse wurde, das in sein Ahnenleben mitzunehmen man als durchaus angemessen empfand.

Die sich vereinheitlichenden neuen Möbel wurden

vom 10. Jahrhundert an vielgestaltiger, um dann zu einer Blütezeit der Formen im 11. und 12. Jahrhundert zu führen, einer Epoche, in der das später typische chinesische Mobiliar bereits vollständig vertreten ist. Zu Beginn des 12. Jahrhunderts wird dem Faltstuhl eine abgerundete Rückenlehne hinzugefügt. Dieser Faltstuhl mit seiner in Armstützen auslaufenden, hufeisenförmigen Rückenlehne stellt, zusammen mit dem Stuhl mit geneigter Rückenlehne, wohl den bedeutendsten Beitrag Chinas zur Entwicklung des Sitzmöbels dar. Dennoch wurde die Matte nie völlig aufgegeben; in ihrer Funktion als Ehrenplatz durch den Stuhl verdrängt, lebte sie in archaisch angehauchter, zugleich verfeinerter Gestaltung als Ruheliege und Entspannungsbett fort, von gebildeten Kreisen der größeren Intimität wegen gern in Mußestunden im Garten wie im Haus benutzt.

Die höchste Wonne

Der Sexualakt wird in China in einem einzigen Wort, »ch'in«, zusammengefaßt, was wörtlich »intim sein« heißt. Seine erquickende Wirkung wird mit »ting-mo«, »die Adern beruhigen«, oder »ting-ch'ing«, »die Leidenschaft stillen«, bezeichnet und von den Chinesen als Regulativ des Blutkreislaufs und als Entspannung für das Nervensystem angesehen. Und so war es keineswegs erstaunlich, daß man zu jener Zeit eifrig Gebrauch von illustrierten Handbüchern machte, wahren Führern in Sachen Sexualität, die bar jeder Frivolität den Hausherrn in der Kunst unterwiesen, ein langes, glückliches Leben zu führen, indem er zu seinen Frauen harmonische sexuelle Beziehungen unterhielt und aus diesen eine gesunde Nachkommenschaft hervorgehen ließ.

›Der poetische Essay über die höchste Wonne der sexuellen Vereinigung des Yin und des Yang und des Himmels und der Erde‹ von Po Hsing-chien (gestorben 826), einem Poeten aus der Tang-Epoche, bringt in verschwenderischer Fülle Einzelheiten über die kosmische Bedeutung des Sexualaktes, jene »höchste Freude des Mannes im Vergleich zu Amt und Würden auf dieser Welt, welche nur Verdruß bringen«. In diesem Werk läßt der Autor, entschlossen, wirklich alles über die Freuden des Geschlechtslebens zu sagen, nicht ein einziges Detail aus und kündigt vorsorglich an, daß, »wenn sich einige obszöne Passagen darin befinden, diese unumgänglich waren, um die Wonnen der sexuellen Vereinigung wahrheitsgetreu ausmalen zu können«.

Am Abend eines strahlenden Frühlingstages beschreibt, unter roten Kerzen sitzend, Po Hsing-chien, wie er es im vierten Kapitel angekündigt hat, ohne Umschweife und als Lektion für zukünftige Generationen die Hochzeitsnacht. »Der Bräutigam holt seinen Roten Vogel heraus und bindet die langen roten Hosen der Braut auf. Er hebt ihre leuchtend weißen Beine hoch und betastet ihr jadegleiches Gesäß. Die Frau ergreift mit einer Hand den Jadestamm und hat ihre helle Freude daran. Der Mann saugt die Zunge der Frau ein, und ihre Sinne verwirren sich. Dann benetzt er ihr mit seinem Speichel die ganze Scham, die sie ihm freudig zu pflügen gibt. Das ›Decken‹ erzwingt er, bevor sie sich dessen überhaupt bewußt wird: Mit einem kraftvoll geführten Stoß taucht er sein Glied ein, und bald quillt überreichlich Samen aus seinem offenmundigen ›Kind‹. Woraufhin sie sich ihre Teile mit den Sechs Binden abwischen, die in einem Korb liegen. Künftig sind sie ein Ehepaar. Was man die Vereinigung von Yin und Yang nennt, wird nunmehr ununterbrochen fortbestehen.«

Nun, da das männliche Prinzip vom weiblichen Prinzip überwunden wurde, hat der stumme Kampf zwischen den widerstreitenden Gefühlen der Familienehre und des sexuellen Stolzes ein Ende; die Ehe als neue Lebensform ist besiegelt.

Ansonsten war nach der herrschenden Sitte jeder körperliche Kontakt zwischen Mann und Frau strikt auf das Ehebett beschränkt. Sobald sie sich erhoben hatten, mußten sie jeden direkten oder indirekten Kontakt vermeiden, darauf bedacht sein, sich weder mit den Händen zu berühren, wenn sie einander etwas reichten, noch aus derselben Tasse zu trinken oder vom selben Teller zu essen. Und was die Intimität des Ehebetts anbelangt, so wurde die Liebe zwar wie eine Kunst betrieben, doch durften Mann und Frau sich nicht mit dem Namen anreden, eine Regel, die nicht nur für den Mann und dessen Hauptfrau, sondern auch für seine Nebenfrauen und Konkubinen galt.

Die Herrscherin des Frauengemachs

In der vornehmen Familie redet die Frau ihren Mann mit »Herr« an, doch auch wenn ihre Rolle verlangt, fügsam und in den häuslichen Pflichten geschickt zu sein, so ist sie doch vor allem »Herrscherin« über das Frauengemach. Ihre Macht hängt vom Ansehen ihres Elternhauses ab, aber auch von der Autorität, die sie sich gegenüber dem Gatten und den Söhnen durch die kluge Lenkung von deren Sexualleben anzueignen versteht. Oftmals bedeutend jünger als ihr Ehemann und als Frau und Schwiegertochter eine wahrhafte Dienerin, gebietet sie im Haus, sobald sie Witwe geworden ist. Dennoch erringt und vermehrt die Frau ihr Ansehen und ihre Macht nur von den Frauengemächern aus, wo sie ein zurückgezogenes Leben führt. Abgeschirmt von der Außenwelt und von Eunuchen aufmerksam bewacht, bleibt der den Frauen vorbehaltene häusliche Bereich für die Männer unantastbar. Auch der ›Li-ki‹ hält fest, daß kein Mann in das Frauengemach eindringen darf — jedenfalls nicht in Männerkleidung, denn es ist vorgekommen, daß verkleidete Verehrer empfangen wurden. Es ist klar, daß an einem so wohlbehüteten, streng abgeschlossenen Ort

Intrigen gesponnen und Verschwörungen angezettelt wurden.

Stets achtete die auf ihren Ruf bedachte Ehefrau darauf, das Haus nur unter der Obhut und in Begleitung einer Anstandsdame zu verlassen, die darüber wachte, daß die Beschützte, die linke Wegseite einhaltend – Männer gingen rechts –, mit keinem Mann in Berührung kam; am Abend achtete sie darauf, sich mit einer Lampe anzuleuchten. Kurz gesagt, es ging darum, sich an die Regeln der Etikette zu halten oder, anders ausgedrückt, das Gesicht zu wahren; alles andere war allein ihre Sache.

Marcel Granet erzählt die Geschichte von der Prinzessin Nan-tseu, die bei den Bauern als »Sau« verschrien war, weil sie mit ihrem Bruder schlief, den ihr Mann, um ihr Freude zu bereiten, an seinen Hof geholt hatte. Jene Prinzessin wünschte Konfuzius zu begegnen, der, ungeachtet des schlechten Rufes dieser Frau, keinen Anlaß zur Unzufriedenheit hatte: Nan-tseu empfing ihn, der Sitte entsprechend, hinter einer Wandbespannung versteckt und erwiderte seinen rituellen Kniefall mit einem zweimaligen Grußritus, wie aus dem zu vernehmenden Klang der Jade-Armreifen und -Ohrgehänge zu schließen war. Nie sah Konfuzius einen Grund, sich dieser Begegnung zu schämen, denn die Prinzessin hatte »Tugend, sittsame Bescheidenheit und achtenswerten Anstand« bewiesen.

Welche Emotionen Schönheit und Sexualität hervorzurufen vermögen, wird deutlich in der liebevollen Hinwendung dieser Zivilisation zum Pflanzenreich, denn die Männer entbieten der Frau gleichsam die Huldigung eines Gärtners. Im ›Shih ching‹ wird das Porträt einer Dame des Hochadels der damaligen Zeit entworfen: »Als Tchouang-kiang erscheint, mit ihren Fingern so zart wie junge Triebe, ihrer Haut so weiß wie Schminke, ihrem Hals, schlank wie ein Wurm, den kürbiskerngleichen Zähnen, ihrer breiten, an eine Zikade erinnernden Stirn, ihren den Fühlern einer Seidenraupe gleichenden Augenbrauen, fordert der Dichter die Anwesenden laut auf, sich ganz schnell zurückzuziehen und durch ihre Gegenwart nicht den glücklichen Herrn zu belästigen, dem diese schöne Frau mit der imponierenden Figur gehört.«

Die Vorgänge im Schlafzimmer

»Die Kunst des Schlafzimmers« oder »die Vorgänge im Schlafzimmer«, die die »Summe aller menschlichen Leidenschaften« darstellen, enthalten den Weg zur Vollkommenheit (Tao). Daher haben die »Göttlichen Herrscher der Frühzeit« »Regeln für die körperlichen Freuden aufgestellt, um die inneren Leidenschaften zu lenken, und für den körperlichen Umgang detaillierte Bestimmungen entworfen. Ein altes Dokument erklärt: ›Die Alten haben das sexuelle Vergnügen geschaffen, um auf diesem Weg alle menschlichen Angelegenheiten zu ordnen.‹ Wer sein Geschlechtsleben geregelt hat, der ist mit sich zufrieden und wird ein hohes Alter erreichen. Wer aber im Gegenteil die erwähnten Regeln mißachtet und sein Vergnügen verschmäht, der wird krank werden und an seinem Leben selbst Schaden nehmen.«

Diese Anmerkung des Herausgebers der ›Dynastischen Geschichte der frühen Han-Dynastie‹ offenbart die Beflissenheit der Chinesen, und im besonderen der Familienoberhäupter, ihre Beziehungen zu den Frauen des Hauses gemäß den in den ›Sex-Handbüchern‹ erteilten Belehrungen zu gestalten. Solche Werke gibt es in China schon seit mehr als zweitausend Jahren. Nach Robert van Gulik wurden sie bis zum 13. Jahrhundert unserer Zeitrechnung sehr genau durchgearbeitet, das heißt während der »Periode, in der die Trennung der Geschlechter noch nichts Zwanghaftes hatte und als man sich sowohl mündlich wie schriftlich frei über sexuelle Beziehungen äußerte«, wie der Autor des Werkes ›Das Sexualleben im alten China‹ versichert. In der Folge sorgte der konfuzianische Puritanismus dafür, daß die Verbreitung solcher Literatur eingeschränkt wurde; und nachdem 1644 die Tsing-Dynastie an die Macht gekommen war, halfen verschiedene politische und emotionale Momente mit, die »sexuelle Geheimniskrämerei« entstehen zu lassen, die die Chinesen fortan nicht mehr loslassen sollte.

Die Taoisten hatten anerkannt, daß die Frau sexuell leistungsfähiger ist als der Mann, »so wie das Wasser es fertigbringt, stärker als das Feuer zu sein«; sie bedienten sich erotischer Verzögerungstechniken, um Yin und Yang in Einklang zu bringen und der »fünf himmlischen Wonnen« teilhaftig zu werden. Ein Man, der seine Kraftreserven verzettelte, lief Gefahr, vorzeitig zu sterben. Sobald die Sinne auf dasselbe gerichtet und der »Pfeiler des himmlischen Drachens« ebenso wie die »aufgeblühte Pfingstrose« wunderbar erregt sind, wird der Gatte, wenn er einem Rhythmus häufiger werdender Bewegungen (3-5-7-9) folgt, seine Begierde gut unter Kontrolle halten, während er die Frau deutlich aus der Ruhe bringt …

»Dann schlüpfen sie wieder in ihre Hosen, öffnen die geblümten Truhen und legen neue Kleider an. Sie ergreift ihren kostbaren Spiegel, legt neue Schminke auf, streift die Hausschuhe über und gleitet von dem mit silbernen Einlegearbeiten verzierten Bett. Zärtlich lächelnd liebkost sie ihren Gatten mit noch immer leicht bebender Hand. Die soeben hier erlebten Freuden werden sie nie, nicht bis an das Ende ihrer Tage vergessen.«

Die »dreißig Stellungen«

Aus einer eingehenden Untersuchung des großen Lehrmeisters Tong-hsuan geht hervor, daß die geschlechtliche Vereinigung prinzipiell nur in dreißig verschiedenen Stellungen erfolgen kann, darunter vier Grundformen: die enge Vereinigung, die feste Verbindung, die entblößten Schlitze und das Horn des Einhorns; wir überlassen es dem Leser, die tiefere Bedeutung dieser Bezeichnungen auszumachen. Was die anderen Stellungen — vielseitige Varianten unserer möglichen Positionen als Zweibeiner — anbelangt, so umgibt ein Hauch von Mystik und Poesie die heraufbeschworenen Bilder: »das Abspulen der Seide; der sich windende Drache; der vieräugige Fisch; das Schwalbenpaar; die Eisvogelhochzeit; die Mandarin-Enten; die flatternden Schmetterlinge; die umgekehrt fliegenden Enten; die Kiefer mit den niedrigen Zweigen; Bambusstäbe am Altar, wo ›der kräftige Specht so fest gegen die zinnoberrote Spalte drückt, daß er schließlich über die Yang-Terrasse Einlaß gewinnt‹; der Tanz der beiden weiblichen Phönixe; der Flug der Möwen; der Luftsprung der Wildpferde; das ungeduldig stampfende Pferd; der springende weiße Tiger; die am Baum klebende braune Zikade; das Großfußhuhn oder der Dschungelvogel; Affen im dritten Mond des Frühlings; Hetzhunde am neunten Tage des Herbstes; Katze und Maus im selben Loch ...«

Bandagierte Füße

Bei einer Betrachtung über die chinesische Erotik dürfen die allgegenwärtigen weißen Stellen nicht unerwähnt bleiben, die neben den ansonsten nackt und bis in die letzten Details dargestellten Akteuren auf erotischen Abbildungen zum Vorschein kommen: die Tierhufen ähnlichen, eingebundenen Füße der Frauen. Alles ist gesagt und alles geschrieben worden über die Leiden der Chinesinnen, über den Fuß- und Schuhfetischismus und die Art und Weise, daraus einen »Höhepunkt« zu machen. Eine Klarstellung hinsichtlich dieser Kunst, um nicht zu sagen Mode, scheint mir indessen angebracht. Die Frage ist, warum man den kleinen Mädchen in China in bestimmten Epochen derart grausame Qualen auferlegte. Das Wickeln der Füße geschieht in der Weise, daß man die große Zehe abkrümmt und die vier anderen Zehen unter die Fußsohle bindet. Der Druck der Bandagen wird allmählich immer mehr verstärkt, bis zwischen Fußwurzel und Mittelfuß ein spitzer Winkel entstanden und aus dem Fuß in der Verlängerung der Fessel eine Art Stumpf geworden ist, den man in einen winzigen Schuh zwängt. Der krankhaft vergrößerte Fußknöchel wird unter Gamaschen versteckt, deren Stil sich im Lauf der Jahrhunderte und mit den Modeströmungen erheblich wandelte. Gamaschen und Schuhe sind die einzigen Kleidungsstücke, die eine ansonsten nackte Frau stets anbehält — was westlichen Autoren ein Geheimnis schien, das zu entschleiern sie sich alle Mühe gegeben haben. So stellten sie zwischen den gewickelten Füßen und den intimen Körperstellen der Frau einen Bezug her, indem sie behaupteten, der den Frauen durch diese Verkrüppelung aufgezwungene Gang führe, abgesehen von der erotischen Vorstellung eines »verletzten Tiers, das nicht fliehen kann«, zu einer auffällig starken Ausbildung des Venushügels und der Entwicklung besonders lebhafter Vaginalreflexe — phantastische Hypothesen, die sich wissenschaftlich natürlich nicht belegen lassen. Andere wiederum vertraten die Auffassung, die Konfuzianer hätten diesen Brauch gefördert, weil er die Frauen in ihrer Bewegungsfähigkeit einschränke und sie daran hindere, sich vom Haus zu entfernen, und weil er somit die weibliche Unterwürfigkeit noch verstärken helfe.

Der Brauch, die Füße einzubinden, soll angeblich auf den Kaiser Li Yü (937–978), den zweiten Herrscher der südlichen Tang-Dynastie, zurückgehen, einen zwar anscheinend recht mittelmäßigen Politiker, doch hervorragenden Liebesdichter. Die Chroniken der Sung-Dynastie, unter der Li Yü als Kaiser gestürzt und gefangengesetzt worden war, und der Yüan-Dynastie erwähnen das Einbinden der Füße bereits als eine offenbar etablierte und weitverbreiteten Sitte. Die Bilder aus der vor der Li-Yü-Zeit liegenden Tang-Epoche hingegen lassen, sowenig wie die der davor liegenden Zeit, keinerlei Hinweise auf eine solche Praxis erkennen. Der Ursprung dieses Brauchs soll auf Li Yü und eine seiner Lieblingsfrauen, Yao Niang, zurückgehen, für die er eine große, über zwei Meter hohe künstliche Lotosblume hatte konstruieren lassen. Damit die äußeren Enden ihrer Füße den Spitzen einer Mondsichel ähnelten, gebot er ihr, sie mit Stoffbändern zusammenzuzwängen und ihm dann auf der Lotosblume einen seiner Lieblingstänze vorzutanzen. Diese tänzelnden »Schritte«, eine Revolution in der Tanzkunst, riefen allgemein ein solches Entzücken hervor, daß alle Damen Yao Niang imitierten.

Man weiß nicht, ob diese Mode tatsächlich auf Yao Niang zurückgeht, doch ist nach allen literarischen und archäologischen Zeugnissen deren Entstehung in den etwa fünfzig Jahren anzusiedeln, die die Tang-Dynastie von der Sung-Dynastie trennen. Und erst mit der Gründung der Volksrepublik im Jahr 1949 konnte dieser Brauch abgeschafft werden.

Dennoch bleibt die Frage, warum die Füße der Frauen im Sexualleben der Chinesen eine so große Rolle gespielt haben und warum seit mehr als eintausend Jahren winzige, spitze Füße auf der Liste weiblicher Schönheitsattribute als unerläßlich galten, ja zum Symbol der Weiblichkeit überhaupt wurden, zum Inbegriff ihres Sex-Appeals schlechthin und erregender noch als ihre doch in allen Details beschriebenen und gemalten Geschlechtsteile. Alles, was Künstler von dieser Quelle weiblicher Reize je enthüllten, war die Darstellung einer Frau, die begann, ihre Bänder am Fuß auf- oder abzurollen. Von da reichte das Tabu bis hin zum normalen Fuß der Frauen, die bei Darstellungen des Sexualaktes immer Strümpfe und Schuhe anbehielten. Von der Ming-Epoche (1368–1644) an begann das traditionelle Vorspiel immer mit zärtlichen Berührungen der Füße der Frau, die die wichtigsten erogenen Zonen darstellten.

Was die gesundheitsschädigenden Folgen dieses

Brauchs anbelangt, so scheinen sie trotz einer langen Zeit der Leiden — zweifellos schmerzhafter, aber ebenso absurd wie die Gewohnheit der Frauen des Abendlands, ihre Taille grausam einzuschnüren — wohl als zweitrangig angesehen worden zu sein, wenn man der Empörung der Mandschu-Frauen nach dem 1664 erfolgten Verbot, sich die Füße nach dem Vorbild der Chinesinnen einzubinden, Glauben schenken darf. Die Wahrung der Tradition, die Erfordernisse der Mode und der Verführung waren, selbst um den Preis körperlicher Schmerzen, wichtiger als alles andere!

Von der Geburt bis zum Tod

In vornehmen Familien ist eine Schwangerschaft kein Ereignis, das die Eheleute einander näherbringt; es entfremdet sie eher, denn sobald der Embryo voll ausgebildet ist, drei Monate vor der Geburt, trennen sich Mann und Frau, bis das Kind drei Monate nach der Geburt seinem Vater präsentiert werden kann; die Vaterschaft als solche bewirkt noch keinerlei Bindung an das Kind. Der Vater, der der Geburt nicht beiwohnt, nimmt dennoch Anteil an den Leiden der Mutter, indem er sich über ihren Zustand Bericht erstatten läßt, vor der Geburt einige Fastentage einlegt und sich bei der Entbindung an der Tür zu ihrem Gemach durch den Musikmeister und den Küchenchef repräsentieren läßt. Diese haben die Aufgabe, die junge Mutter zu überwachen, da sie hinsichtlich der Nahrung, die sie zu sich nimmt, und der Melodien, die sie sich vorspielen läßt, einige Tabus zu beachten hat. Diese beiden Männer sind es auch, welche die ersten Gesten des Neugeborenen beobachten, vor allem der Musiker, der mit Hilfe einer Art Stimmgabel die Tonart bestimmt, in der das Kind seinen ersten Schrei ausstößt. Die ganze Familie liegt gewissermaßen auf der Lauer, denn die Stimme des Kindes spielt für seine Zukunft eine große Rolle. Wie es heißt, hatte im Jahr 604 v. Chr. ein gewisser Tz'u-wen einen Sohn, dessen Stimme der eines Wolfs ähnelte; sein älterer Bruder forderte daraufhin, daß dieses Kind getötet werde. Andererseits konnte die Stimme ein unter einem schlechten Zeichen geborenes und verlassenes Kind auch retten: Wenn es in der richtigen Weise schrie, nahm es die Menschen, die es von weitem hörten, für sich ein, und dann ging die Mutter zurück, um das Kind zu holen, und gab ihm einen Namen. Das war auch, heißt es, das Los von Hou-chi, dem Vorfahren der Tschou-Könige gewesen.

Aber selbst wenn ein in diesem Sinne ganz normales Kind zur Welt gekommen war, mußte es die ersten drei Tage ohne Nahrung und auf dem Boden liegend zubringen; in diesem »kraftlosen Lebensgeist« konnte das Leben sich nur im Kontakt mit der Mutter Erde durchsetzen.

Nach chinesischer Vorstellung besitzen Neugeborene zunächst nur eine Seele unteren Rangs, p'o, die Seele des Blutes: Noch ist es »nackt, rot und ohne Haare« — das Rot charakterisiert sowohl Neugeborene als auch Lebewesen ohne Haarkleid. Im ›Shih ching‹ wird genau erläutert, in welcher Weise Kinder mit ihrem Vater und ihrer Mutter verbunden sind: durch die Haare beziehungsweise durch den Bauch; körperlich hat das Haar teil an der Natur des Atems, ch'i genannt, einer solchen Seele unteren Rangs, die sich durch das Schreien des Neugeborenen äußert und somit seine Lebenskraft unter Beweis stellt.

Dann erfolgte, sofern es sich um einen Knaben handelte, der erste Akt der Verleihung der Erbfähigkeit. Dazu legte man den Neugeborenen auf das väterliche Bett und verschoß als Symbol der Männlichkeit Pfeile in jede Richtung, um die Besudelung durch den Geburtsvorgang in alle Winde zu zerstreuen. In den Besitz einer höheren Seele, hun genannt, kann das Kind jedoch erst gelangen, wenn es in der Lage ist zu lachen. Der dem lächelnden Vater dargebotene Säugling lernt von ihm auch das Lachen und erhält seinen persönlichen Namen, ming, ein Ritus der »zweiten Geburt«, durch die das Kind nun mit der höheren Seele, mit dem Schicksal und mit dem Leben selbst identisch wird. Doch stellt sich zwischen Vater und Sohn niemals eine wirkliche Intimität ein; sie sind einander wie Freunde verbunden. Bis zum Alter von sieben Jahren wird der Sohn im Frauentrakt bleiben, nur den ältesten Sohn bringt man dem Vater alle zehn Tage, damit dieser durch die Geste des erneuten Handauflegens das Verwandtschaftsverhältnis rituell dokumentiere ...

Drei Quadratmeter

Und wie sieht das Schlafzimmer in einem durch die Revolution und die 1949 erfolgte Gründung der Volksrepublik strukturell veränderten China des 20. Jahrhunderts aus?

Berichten von Reisenden oder im Land Ansässigen zufolge muß man, da sich nur zehn Prozent des Wohnraums in Privatbesitz befinden, zwangsläufig beim zuständigen staatlichen Wohnungsamt die Zuteilung einer Stadtwohnung beantragen. Dabei ist allerdings die zur Zeit bewohnte Fläche gleich mit anzugeben, und wenn man pro Person bereits über mehr als drei Quadratmeter verfügt — der dem Stadtbewohner zugestandene Anspruch —, so ist jede Bewerbung von vornherein zwecklos. Bleibt als Ausweg vielleicht ein an eine Straßenlaterne angehefteter kleiner Zettel von der Art: »Tausche Zweizimmerwohnung von 11,8 Quadratmetern, Andingmen-Straße 125, gegen Wohnung bei Qianmen nahe der Omnibuslinie 71«.

Fox Butterfield, die als Korrespondentin der ›New York Times‹ in den achtziger Jahren in Peking gelebt hat, berichtet von ihrer chinesischen Dolmetscherin, daß diese, seit drei Jahren verheiratet, weiterhin bei den Eltern und dem Bruder ihres Mannes in einem alten, ebenerdig auf den Hof führende Haus mit drei Zimmern lebte, von denen sie eines mit ihrem Mann selbst erstellt hatte, »gerade eben groß genug, um das Bett und eine geräumige Kommode aufzunehmen«, wobei Küche und Toiletten mit den Nachbarn geteilt wurden. Nach Berichten der Presseagentur Hsin Hua haben fünfunddreißig Prozent der Stadtbevölkerung »Wohnungsprobleme« und fünf bis sechs Prozent verfügen über keine angemessene Unterkunft. Als Beispiel nennt Butterfield den Fall eines Lehrers von fünfundvierzig Jahren, der, da seine Wohnung während der Kulturrevolution beschlagnahmt worden war, in seinem Klassenzimmer auf einem Pult schlief.

Mit Recht verweist die kommunistische Regierung darauf, daß es ihr gelungen ist, durch niedrige Mieten Wohnraum für jedermann erschwinglich zu machen; sie vergißt allerdings hinzuzufügen, daß der Wohnungsbau mit der Bevölkerungsentwicklung nicht Schritt gehalten hat, und zwar einfach deshalb, weil dermaßen niedrige Mieten dem Staat als Bauherrn nichts einbringen und Verwaltungsbauten und Schwerindustrie daher Priorität erhalten. Seit 1979 sind die Nachfolger Maos bemüht, diesen grundlegenden Fehler zu korrigieren, und haben den Bau von fast einhundert Millionen Quadratmetern Wohnfläche in die Wege geleitet, was einem Sechstel dessen entspricht, was seit 1949 gebaut worden war.

Gegen bourgeoisen Luxus

Auch eine zugewiesene Wohnung steht zunächst einmal nur auf dem Papier; das bedeutet noch nicht, daß man sofort einziehen kann. So wurde beispielsweise ein für Kader und Dozenten der Akademie der Wissenschaften sowie für freiwillig in die Volksrepublik zurückgekehrte Auslandschinesen errichtetes sogenanntes »Luxuswohnhaus« erst ein Jahr nach der geplanten Fertigstellung übergeben. Ursache war ein Streik der Bauarbeiter, die

die Innenausstattung dieser Wohnungen mit ihren Granitböden, mit den Tapeten und dem Kathedralglas zwischen Wohnraum und Eßecke zu bourgeois gefunden hatten.

Was die Möbel anbelangt, so benötigt man zur Anschaffung der Grundausstattung, die aus einem Bett, einer Kommode und einem — häufig zusammenklappbaren — Tisch besteht, aufgrund der extremen Holzknappheit einen meist nur an junge Ehepaare ausgegebenen Bezugsschein. Dieser muß zusammen mit dem Trauschein dem auf der Rückseite vermerkten Möbellieferanten vorgelegt werden, was indessen, der ›Volkszeitung‹ nach zu urteilen, Wartezeiten von sechs Monaten bisher nicht ausschließt.

Für das Jahr 1957 sah der Plan vier Millionen Kubikmeter Bauholz zur Produktion von vierzig Millionen Möbelstücken für sechshundert Millionen Einwohner vor. 1979 waren für inzwischen fast eine Milliarde Chinesen nur noch zwei Millionen Kubikmeter Bauholz vorgesehen, mit denen zwanzig Millionen Stück Möbel gefertigt wurden, was einem Produktionsrückgang von fünfzig Prozent in zwei Jahrzehnten entspricht. Wer nicht zu den Jungvermählten gehörte und dennoch mit Beziehungen, Erfindungsgabe und etwas Glück die Bezugsadresse eines Geschäftes sowie die behördliche Genehmigung erhalten hatte, vor diesem Schlange zu stehen, mußte sich mit Geduld wappnen und sich am Liefertag um sechs Uhr morgens an Ort und Stelle einfinden, wollte er nicht wenig später vor den geschlossenen Türen eines leeren Ladens stehen. Vielleicht ist dies die Erklärung für die häufigen und ohrenbetäubenden Hammerschläge aus Nachbarwohnungen, denn es ist nicht ungewöhnlich, sich aus hier und dort zusammengesuchten Brettern und Sprungfedern selbst ein Bett zurechtzuzimmern, wenn man den Wunsch verspürt, seine Matte gegen ein etwas bürgerlicheres Möbel zu vertauschen.

Die infolge der Ölknappheit notwendigen Energiesparmaßnahmen sowie die Tatsache, daß für den traditionellen k'ang aus Sicherheitsgründen in den Wohnblökken kein Platz mehr ist, tragen nicht eben zum ohnehin bescheidenen Komfort bei. Der Warmwasserverbrauch ist für jeden Bewohner gemäß seiner Geschlechtszugehörigkeit genau nach Plan festgesetzt, und geheizt werden darf, unabhängig vom gerade herrschenden Wetter, erst ab dem 15. November. Zu dieser Zeit aber liegen die Temperaturen in Peking häufig schon unter null Grad.

Doch steht es uns, der besitzenden Klasse des Westens, gewiß nicht zu, über die Lebensqualität eines Volkes von 1,2 Milliarden Menschen und auch nicht über dessen pao-hsiao-System zu urteilen, was wörtlich »etwas über das Spesenkonto verbuchen« heißt und »sich durchlavieren« bedeutet. Da dieses Buch die Geschichte der ruhenden Menschheit zum Thema hat, soll jedoch nicht unerwähnt bleiben, daß 1949 mit dem hsiu-hsi wohl eine der wichtigsten, zufriedenstellendsten Neuerungen des chinesischen Lebens eingeführt wurde, die mit folgenden Worten im Artikel 49 der Verfassung verankert ist: »Alle Werktätigen haben ein Anrecht auf hsiu-hsi.« Diese für die Stadtbewohner eingeführte Mittagsruhe, im Winter auf zwei und im Sommer auf drei Stunden angesetzt, wird von den Arbeitern, die sie als eine der großen sozialistischen Errungenschaften der Industriegesellschaft feiern, noch immer begeistert aufgenommen. Und während die Arbeiter direkt am Arbeitsplatz, im Schatten eines Baums oder in der Hitze einer Werkzeugmaschine, schlafen, ruhen viele Büroangestellte, sofern sie nicht wie in der Redaktion der ›Volkszeitung‹ ihr Büro mit einem von daheim mitgebrachten Bett ausstatten, mit einem shafa (aus dem arabischen »soffah«, eines der seltenen Wörter, die die Chinesen aus einer fremden Sprache übernommen haben).

Die Sexualität im Feindbild

Leider liegen keine Zeugenaussagen darüber vor, ob in den heißesten Sommerstunden der hsiu-hsi auf sinnliche Weise abläuft oder nicht … Hingegen weiß man, daß während der zehn Jahre, die die Kulturrevolution gedauert hat, Liebe als eine »sinnliche, unnütze, dekadente und bourgeoise« Erscheinung angegriffen und aus der öffentlichen Diskussion verbannt worden war; eine Haltung, die sich derzeit zu ändern scheint, jedenfalls nach dem, was Journalisten über die »kleinen gelben Bücher« berichten, pornographische Druckerzeugnisse, die heimlich weitergegeben werden, und über die halb tolerierte Neuauflage eines erotischen Klassikers.

Die ›Kunst des Schlafzimmers‹ hatte unter dem fast ein Vierteljahrhundert dauernden bewaffneten Kampf zwischen Kuomintang und Kommunisten erheblich zu leiden. Schon bei ihren ersten Versuchen, die Bauern zu mobilisieren, wurden die »Kollektivisten« beschuldigt, nicht nur die Kollektivierung des Grundbesitzes, sondern auch die der Frauen zu betreiben, und als Mao Tsetung den ersten »Sowjet« in Kiangsi gegründet hatte, behauptete eine Zeitschrift in Nanking, sie habe eindeutige Beweise für die Kollektivierung der Frauen durch die »roten Banditen«. Mit ihrer Propaganda wollten die Kuomintang unter Tschiang Kai-schek die Chinesen glauben machen, die Kommunisten hätten die Libertinage eingeführt, da sie sogar die Wörter »Gatte« und »Gattin« aus ihrem Sprachschatz gestrichen hätten und statt dessen von dem oder der »Liebenden«, aijen, zur Bezeichnung des Ehepaares sprachen. Auch verbreitete man Gerüchte, denen zufolge Mao in jedem Dorf, durch das er komme, eine Jungfrau anfordere. Tausende von Flugblättern, die aus den Flugzeugen der weißen Armee abgeworfen wurden, warnten die Bevölkerung vor dem sexuellen Chaos, das die Ideologie und die Truppen der Kommunisten hervorrufen würden. Die gutgläubige Bevölkerung zog es beim Herannahen der »roten« Truppen oft vor, ihre Dörfer zu verlassen, was zum Teil auch die Probleme erklärt, mit denen die Rote Armee zu kämpfen hatte, da sie häufig tagelang marschierte, ohne auch nur einer Menschenseele zu begegnen.

Parallel zur großen Militäroffensive des Fünften Einkreisungsfeldzugs, der den Sowjet von Kiangsi zum Aufgeben zwang — und den für die Kommunisten schließlich siegreichen Langen Marsch auslöste —, leitete Tschiang Kai-schek die »Bewegung des neuen Lebens« ein, in der die traditionellen Werte des Konfuzianismus verherrlicht wurden und die als einer der Hauptgründe für den Erfolg dieses letzten Feldzugs gelten darf.

Mao und die Frauen

Viermal verheiratet, davon einmal in nicht vollzogener, von seinem Vater arrangierter Ehe mit einer Frau, die sechs Jahre älter war als der dreizehnjährige Mao, heiratet dieser in zweiter Ehe Yang Kai-hui, die Tochter seines Lieblingslehrers. Diese sehr schnell eingegangene, auf gegenseitiger intellektueller Anziehung basierende Bindung führte rasch zu einer Schwangerschaft. Nach offizieller Lesart war Yang die Lieblingsfrau des Großen Vorsitzenden, wurde jedoch, so hieß es, von den Kuomintang gefangengenommen und enthauptet. In Wirklichkeit lebte Mao damals bereits mit Ho Dse-dschen zusammen, die ihn auf dem Langen Marsch begleitete und, schwer verwundet, in einer Sänfte transportiert werden mußte. Dann richtete der Große Steuermann seine Aufmerksamkeit auf eine junge, hübsche Schauspielerin aus Schanghai, die sich auf abenteuerlichen Wegen bis nach Yan'an durchgeschlagen hatte. Mao schickte Ho Dse-dschen zum Auskurieren in die Sowjetunion; nach ihrer Rückkehr im Jahr 1939 lebte sie bis zu ihrem kürzlich erfolgten Tod in einer psychiatrischen Klinik. Mao heiratete die Schauspielerin, die den Namen Tschiang Tsching annahm, heute bekannt als Mao-Witwe, deren außerordentliches Talent man beim Prozeß gegen die sogenannte »Viererbande« bewundern konnte, zu der sie gehörte.

Zwar ist das Liebesleben Maos nicht repräsentativ für ganz China, doch erklärt es gewisse Charakteristika der heutigen chinesischen Ehegesetzgebung, ganz ähnlich wie der französische Code civil von Napoleons Bedürfnis, sich scheiden zu lassen, beeinflußt war. Mao war ein Kind der Lichterrevolution, der Bewegung des 4. Mai 1919, aus heutiger Sicht vergleichbar einem Anhänger der 68er Studentenbewegung; und so verschlang er die Schriften der ›Xin Qingnian‹, der ›Neuen Jugend‹, einer bilderstürmenden, prowestlichen Zeitschrift mit marxistischem Gedankengut, die von Chen Duxiu geleitet wurde, dem großen Ideologen der Kommunistischen Partei Chinas und Meister Maos, bevor er dessen erklärter Feind wurde. Eines der großen Themen des ›Xin Qingnian‹ war das »Frauenproblem«, worunter ein ganzes Bündel von Fragen behandelt wurde, die an den Fundamenten der konfuzianischen, patriarchalischen chinesischen Gesellschaft rüttelten. Mao bekannte sich öffentlich zu einer Ablehnung der Sexualität, wobei seine Haltung von seinem heftigen Haß auf »arrangierte Ehen« herrührte. Seiner Meinung nach war die körperliche Vereinigung, anstatt in die angestrebte Harmonie von Yin und Yang zu münden, zu einem abscheulichen Akt geworden, welcher die Frau erniedrigte und den Mann entfremdete. Mao wurde zum lyrischen Verteidiger der Rechte der Frau: In einem ›Die große Vereinigung der Volksmassen‹ überschriebenen Zeitungsartikel von Anfang August 1919, in dem er das Frauenproblem unter den doppelten Vorzeichen des Geschlechterkrieges und des Krieges des einzelnen gegen die Gesellschaft abhandelte, rief er die Frauen zum Zusammenschluß gegen die männliche Hegemonie auf und griff unterschiedslos alle Männer an, während er selbst sich dem Lager der Frauen zurechnete: »Die ehrlosen Männer, die bösartigen Männer machen uns zum Spielzeug und zwingen uns, uns endlos zu ihren Gunsten zu prostituieren. Die Männer, diese Teufel, die die Freiheit der Liebe vernichten ... Überall sind der tugendhaften Frau geweihte Tempel errichtet, doch wo sind die Pagoden zu Ehren keuscher Männer? ... Den ganzen Tag sprechen die Männer von ›verdienstvollen Müttern und treuen Ehefrauen‹. Was anders kann das heißen, als daß man uns lehrt, uns ewig ein und demselben Mann zu prostituieren?«

Einige Monate später, anläßlich eines tragischen, im traditionellen China allerdings ziemlich häufigen Ereignisses — des Selbstmords von Fräulein Dschao am 14. November 1919, die gezwungen werden sollte, einen Mann zu heiraten, den sie nicht liebte — wiederholte Mao unmißverständlich die Forderung nach Freiheit der Liebe im Rahmen der Gleichheit der Geschlechter und veröffentlichte zwischen dem 16. und dem 30. November 1919 im ›Da Gong Bao‹, einer Zeitung in Schanghai, nicht weniger als neun Beiträge zu diesem Thema. In diesen leidenschaftlichen und provozierenden Artikeln verurteilte er den Selbstmord, die Doktrin der arrangierten Heiraten, den Aberglauben insgesamt, die »menschenfressenden mittelalterlichen Gebräuche« und die »Gesellschaft der zehntausend Worte«.

Es sollte bis 1927, seiner Rückkehr in die Provinz Hunan, dauern, bis er einerseits erkannte, daß der Bauernschaft bei der Revolution eine tragende Rolle zukam, und andererseits, daß die Sexualität eine kosmische Kraft war, ein revolutionäres Potential, das man für die Sache der sozialen Revolution einsetzen konnte. So schreibt er in seinem Untersuchungsbericht über die Bauernbewegung in der Provinz Hunan: »In sexueller Hinsicht verfügen die armen Bäuerinnen über nicht wenig Freiheit. Dreiecksbeziehungen und Promiskuität sind unter den armen Bauern beinahe das übliche.« Er gibt zu verstehen, daß diese sexuelle Freiheit der in den wirtschaftlichen und

politischen Kampf eingebundenen Bauern die feudalisti-
sche Ideologie samt ihren patriarchalischen Einrichtun-
gen aus den Angeln heben könnte, und er ruft die Bauern
auf, die den Frauen, die ihren Gatten in den Tod folgen,
geweihten Tempel und die Ehrenbögen zum Lob tugend-
hafter Ehefrauen und pietätvoller Witwen niederzurei-
ßen.

Jedem eine Frau

Erst zu Beginn der dreißiger Jahre, im in Kiangsi gegrün-
deten Sowjet, befreite sich Mao von seiner leidenschaftlichen Vision der Sexualität und der Rolle der Frauen, um
sie theoretischer zu fassen: Indem er die sexuelle Frage in
den Kontext des Klassenkampfes zurückführte, ging er
vom Kampf für die Gleichheit der Geschlechter zum
Kampf für die Gleichheit vor der Sexualität als sozialem
Anspruch über. In dem erwähnten Untersuchungsbericht über die Bauernbewegung faßte er die sexuelle Lage
in Kiangsi in einigen trockenen, aber aufschlußreichen
Zahlen zusammen: Einhundert Prozent der Grundbesitzer und reichen Bauern haben eine Frau, und manche haben sogar Konkubinen; neunzig Prozent der mittelgro-
ßen Bauern haben eine Frau sowie siebzig Prozent der
Handwerker und armen Bauern, doch nur zehn Prozent
des Lumpenproletariats und ein Prozent der Landarbeiter.
   Der auf Betreiben Maos im August 1930 vom Kiangsi-
Sowjet veröffentlichte Erlaß über die Ehe könnte in seinem naiven Tenor fast lachen machen, wenn er nicht effektiv eines der vordringlichsten Probleme von Millionen
Menschen angesprochen hätte, die bisher kein normales
Sexualleben führen konnten. »Frauenlose Männer sollen
sich die Freiheit nehmen, so schnell wie möglich eine
Frau zu suchen, und die männerlosen Frauen sollen sich
die Freiheit nehmen, so schnell wie möglich einen Mann

zu suchen.« Die auf diesem »Experimentierfeld« des Sowjets von Kiangsi damals im Agrarsektor gemachte Erfahrung sowie eine den veränderten Beziehungen zwischen Mann und Frau gerecht werdende neue Institution waren die Grundpfeiler, auf denen die chinesischen Kommunisten ihre neue Gesellschaft errichten wollten.

Mao war so stolz auf »seine« Reform, daß er in dem Bericht, den er dem Zweiten Nationalkongreß der Räte 1939 vorlegte, erklärte, das von den chinesischen Sowjets eingeführte Ehesystem entspreche der menschlichen Natur und bedeute einen der großen Siege in der Geschichte der Menschheit.

Verzichten lernen

Zwar wurde die Kampagne yu lao kung, yu laopo (sich frei einen Mann, sich frei eine Frau beschaffen) von Bauern getragen, die soeben — häufig auf konfuse Weise — von einem Recht Gebrauch gemacht hatten, das sie nie zuvor kennengelernt hatten, doch hielt das, bei aller Forderung nach größerer sexueller Freiheit für die Massen, Mao nicht davon ab, Enthaltsamkeit in den Schlafzimmern für den Fall zu fordern, daß das Sexualleben der Sache der Revolution zu schaden drohte. In seiner Rede anläßlich des Zweiten Nationalkongresses der Räte erklärte Mao am 27. Januar 1934: »Im Interesse unseres Landes und unserer Klasse sollte das Mindestheiratsalter für Männer zwanzig und für Frauen achtzehn Jahre betragen. Man muß wissen, daß eine verfrühte Heirat äußerst schädlich ist. Genossen, ein wenig Geduld! In der Vergangenheit konnten gewisse Arbeiter und arme Bauern sich unter der Herrschaft der Grundbesitzer und der Bourgeoisie nicht einmal mit fünfundvierzig Jahren verheiraten. Warum also sollte man jetzt nicht einmal ein oder zwei Jahre warten können?«

Diese Entscheidung wurde sowohl von einer großen

Anzahl kommunistischer Kader angegriffen, die eine Herabsetzung des Heiratsalters forderten, als auch von den Bauern selbst. Deren Einstellung war konservativer, als Mao glaubte, und sie hatten Angst, daß die jungen Mädchen bei einer freieren Erziehung von ihren häuslichen Pflichten abgelenkt würden und in Konflikt mit ihren Schwiegereltern geraten oder später gar die Scheidung fordern könnten. Die Kommunistische Partei Chinas mußte verstärkt die Idee propagieren, daß die Ehre gewahrt und die weiblichen Kader auch »verdienstvolle Mütter, treue Ehefrauen und ihre Eltern liebende Töchter« seien, und gleichzeitig wurden die Scheidungsmöglichkeiten eingeschränkt. Dieser Rückschritt ergab sich zwangsläufig aus den strategischen Erfordernissen und gesellschaftlichen Gegebenheiten des Augenblicks sowie aus der unübersehbaren Feststellung, daß die Bevölkerungszunahme katastrophal zu werden begann.

Geburtenbeschränkung um jeden Preis

Hatte die erste Volkszählung des Jahres 2 n. Chr. 59,6 Millionen und die des Jahres 1840 vierhundertzwölf Millionen Chinesen ergeben, so waren es 1949 zwar erst fünfhundertvierzig Millionen, aber bis zum Jahr 2000 rechnet man in der Volksrepublik China mit 1,2 Milliarden Menschen, eine Einwohnerzahl, die man gern allmählich auf siebenhundert Millionen reduziert sähe, allein schon, um Einschränkungen aller Art beenden zu können. Eine umfassende Geburtenkontrolle ist heute die vorrangigste Sorge der Politik in China.

So schreibt die ›Volkszeitung von Quingdao‹, einer südöstlich von Peking gelegenen Hafenstadt: »Das Problem liegt darin, daß einige Genossen nicht verstehen, wie schwierig und langwierig die Politik der Geburtenbeschränkung ist. Sie glauben, man könne, da in der Wirtschaftsentwicklung große Fortschritte erzielt wurden, ruhig einige Kinder mehr haben. Vor allem nach der Genehmigung eines zweiten Kindes für Eltern eines Einzelkindes auf dem Land haben die Kader in ihrem Druck nachgelassen.« Die gleiche Tageszeitung meldet im September 1986, daß die Provinz Schensi anerkennt, »teilweise die Kontrolle über die Bevölkerung« in achtundzwanzig Landkreisen verloren zu haben. Die Einzelkindregelung war tatsächlich 1985 gelockert worden, um der spürbaren Opposition der Bauernschaft Rechnung zu tragen, vor allem, wenn dieses eine Kind ein Mädchen war, denn die Tötung weiblicher Babys war in entlegenen Gebieten noch immer nicht völlig unterbunden.

Das Gesetz legte das Heiratsalter für die weibliche Stadtbevölkerung auf mindestens fünfundzwanzig Jahre, das für die Männer auf achtundzwanzig Jahre fest, eine hohe Untergrenze, die die Geburtenrate mindern und die Wohnungsnot lindern helfen sollte; doch das blieb Theorie, und das Problem der Sexualität war damit nicht gelöst. Manche der jungen Leute, die das gesetzlich festgelegte Heiratsalter abwarten, schlafen inzwischen zusammen in der Wohnung der Eltern, ein »ch'u li« genanntes Arrangement, was soviel wie »Hilfe« oder »Unterbringung« heißt. Das erklärt auch, warum bei allem offiziellen Druck doch immer wieder junge Chinesinnen vor der Heirat schwanger werden. Dabei wachen »Straßenkomitees« über die Einhaltung der Gesetze bis in die Schlafzimmer hinein. Aufgabe dieses Komitees ist es, die Bevölkerung zu Hause zu überwachen, wobei man nicht gerade sehr diskret vorzugehen scheint. Da es theoretisch das Volk selbst ist, daß diese Komitees ernennt, besitzen sie im konkreten Fall mehr Macht als die örtliche Polizei. Daher kann jede Wohnung auch ohne Haussuchungsbefehl zu jeder Tages- und Nachtzeit unter dem Vorwand, den Trauschein einsehen zu müssen, durchsucht werden. Aus Gründen der Geburtenkontrolle verfolgt eine Vertreterin des Ortskomitees den Menstruationszyklus der Frauen eines Straßenzuges, und wenn eine von ihnen schwanger wird, ohne dazu berechtigt zu sein, fordert man sie zur Abtreibung auf. Ehepaare, die auf ein zweites Kind verzichten, erhalten bis zum vierzehnten Lebensjahr ihres Einzelkindes pro Elternteil eine Gratifikation von fünf Yuan, das sind acht Prozent des städtischen Durchschnittslohnes. Sie werden für ihr Kind eine gute Schule auswählen dürfen, und außerdem wird der Familie noch eine normalerweise für vier Personen vorgesehene Wohnung zugestanden. Nach den Zielen des Fünfjahresplanes sollte der statistische Durchschnitt der Kinderzahl pro Familie bis 1990 von 2,2 auf 1,5 fallen, aber trotz des erwähnten Kontrollsystems und der Anreize zur freiwilligen Geburtenbeschränkung scheint China gegenwärtig wieder einen Babyboom zu haben, was Experten hauptsächlich mit dem derzeit herrschenden relativen Wohlstand erklären.

Küssen nein, Sex ja

Während Ehe- und Liebespaare auf dem Land noch relativ gute Ausweichmöglichkeiten haben, sind in der Stadt die allgegenwärtige Prüderie und der gravierende Mangel an Privatsphäre die Ursache dafür, daß junge Menschen die Abgeschiedenheit der Parkanlagen suchen. Für viele Chinesen ist das Küssen einer jungen Frau gleichbedeutend mit einem Heiratsantrag oder zumindest mit der Bereitschaft dazu, denn der Kuß gilt nicht nur als unmoralisch, sondern auch als unhygienisch, was die ›Arbeiterzeitung‹ zu dem Aufruf veranlaßte: »Erwachsene und Kinder, wir alle müssen die Gewohnheit des Küssens ablegen.«

Ansonsten sind die Chinesen niemals durch den westlichen Begriff der Sünde gehemmt gewesen. Die Sexualität ist für sie ein natürliches Bedürfnis, nicht anders als essen, schlafen oder Stuhlgang haben, ein Bedürfnis, dem man, wie es der konfuzianische Philosoph Menzius ausdrückt, »am geeigneten Ort und zur geeigneten Stunde nachgeben« muß. Der in Hongkong oder Taiwan gebräuchliche Ausdruck »Liebe machen« für den Sexualakt wird in der Volksrepublik als Grobheit empfunden. Die kommunistische Presse benützt dafür Umschreibungen wie »nicht korrekte« beziehungsweise »unanständige Beziehungen zwischen Mann und Frau« — was im Jargon der Stadtbewohner aber ganz anders klingt, denn sie verwenden ein eindeutiges Schriftzeichen, das aus dem Zeichen für »eindringen« und dem Zeichen für »Fleisch« zusammengesetzt ist ...

Die gute Ehe

Doch die Bedürfnisse der kommunistischen Gesellschaft haben Vorrang vor so kleinlichen und bourgeoisen Bestrebungen wie der Suche nach gewöhnlicher individueller Liebe; ein starrer Puritanismus zur Kontrolle der Gesellschaft ist die Regel. Tatsächlich sind Gefühle durch sehr »antirevolutionäre« Vorstellungen ersetzt worden: Zu den Voraussetzungen für eine gute Ehe gehört im städtischen Milieu derzeit, daß der Ehemann die Möbel liefert, daß er seine Eltern außer Reichweite hält und die drei Dinge schenkt, »die dazugehören«, nämlich eine Armbanduhr, eine Nähmaschine und ein Fahrrad. Als weitere Bedingungen gelten, »zu allen vier Jahreszeiten gute Stoffe zu tragen«, also ordentlich angezogen zu sein, »die fünf Extremitäten in guter Form zu haben«, worunter ein guter Gesundheitszustand und ein angenehmes Äußeres zu verstehen sind, keine arme Verwandtschaft unterhalten zu müssen, siebzig Yuan im Monat zu verdienen — was weit über dem Durchschnitt liegt —, »in den acht Umgangsformen wendig«, also gefällig und geschickt zu sein, den Alkohol zu meiden und schließlich noch: seiner Frau in allem und jedem zu gehorchen!

11. Die Gebote des tatami

Zu Füßen die Matte aus federnden Holz:
Bambus, elastisch, füllig, frisch noch unter dem Tritt und sich in kleinen Wellen
zwischen die hastigen Schlurfschritte der
hiesigen Menschen legend. Alles dämpfen
diese hellgelben Matten mit dem schwarzen Rand. Und man geht mit einem ganz
neuen Gefühl darüber und betritt diese
von geschmeidigen Bändern durchzoge-
nen Holzdielen, eng aneinanderliegend
und dabei frei wie Rohrblätter und
schwingend und wispernd wie diese,
wenn sie sich beim Spiel der Zehen unter
kleinen Schreien biegen ... Ein Poet hier
hat dieses Säuseln mit dem Schlagen der
Nachtigall verglichen ...

Victor Segalen:
Le culte du bois, in: Briques et Tuiles

Für fast alle Japaner bestimmt der Rahmen des traditionellen Hauses Gebärdensprache und Willensäußerungen
seiner Bewohner, und die Konstruktionsmerkmale des
Baus lenken mit leiser Strenge Verhaltensweisen und Einstellungen jedes einzelnen.

Die wichtigsten Elemente des japanischen Hausbaus
gleichen denen der Errichtung des chinesischen Hauses:
Nach den Methoden der Geomantie wird die Standort-
und Lagebestimmung vorgenommen, und zwar unter besonderer Berücksichtigung des Daches, yane, was im Japanischen soviel wie »die Wurzel des Hauses« bedeutet;
der Bau wird in Holz ausgeführt, und kurze Grundpfähle
bilden das tragende Fundament. Zwar gibt es Unterschiede zwischen Bauern- und Stadthäusern, wobei die ersteren eine größere Typenvielfalt aufweisen, doch setzt
man, sei es auf Hokkaido, auf Kyushu oder in der Gegend von Tokio, den Fuß über die Schwelle eines dieser
Häuser, so steht man unweigerlich auf gestampftem Boden, dem doma, und der Blick verliert sich im sichtbaren

Balkenwerk des Dachvorsprungs. Durch einen zwanzig bis fünfzig Zentimeter über dem Boden liegenden, mit dunkel schimmerndem Holz verschalten Flur, die itamama, betritt man nach dem Zurückschieben einer dünnen Trennwand den überdeckten Teil des Hauses, den mit hellen, »tatami« genannten Matten ausgelegten Empfangsraum, der nachts als Schlafraum dient und sich über Eck zu einem schmalen, kompliziert angelegten, üppig grünen Garten hin öffnet.

Der tatami

Die »tatami« genannte Bodenplatte ist das Symbol des japanischen Hauses; sie besteht aus Reishalmen, die mindestens ein Jahr alt und zu zwei Zentimeter dicken Bündeln zusammengefügt sind; man bildet daraus einzelne, von Hanffäden durchwirkte Lagen, die, in jeweils entgegengesetzter Halmrichtung übereinandergeschichtet, eine sechs Zentimeter dicke, einhundertachtzig auf neunzig Zentimeter große Matte ergeben. Die Längsseiten sind mit einer schmalen, mehr oder weniger kostbaren Stoffleiste von gewöhnlich dunkler Farbe eingefaßt. Auf diese kompakte Unterlage wird eine feine, feste, glänzende Binsenmatte gebreitet. Wenn man den Bildrollen mit alten japanischen Motiven glauben darf, war diese dünne Matte der ursprüngliche tatami (das Verb »tatamu« bedeutet soviel wie »falten«) und deutet damit auf eine leicht rollbare, flexiblere Matte hin als die heutzutage den Boden bedeckende massive Unterlage. Früher benutzten die Japaner, um zu arbeiten oder auch einfach, um sich zu setzen, entweder Strohbündel, Flechtpolster aus gedrehten Strohseilen oder grobe (muschiro) beziehungsweise feine (goza) Reisstrohmatten. Alle diese Elemente besitzen einen entscheidenden gemeinsamen Vorteil: Man kann sie zusammenlegen und transportieren. Es wäre interessant zu wissen, wie die früheren tatami zu den schwer beweglichen Mattenkolossen von heute werden konnten.

Schon zur Zeit des Shogunats von Kamakura (1192 bis 1333) kennt man Matten, die aus mehreren aufeinandergeschichteten Lagen Reisstroh zusammengenäht sind und deren rechteckiges Standardmaß einer Fläche entspricht, die zwei Personen Platz zum Sitzen oder einer Platz zum Liegen bietet. In Anbetracht der allgemeinen Einführung des tatami als festem Fußbodenbelag spielt die einheitliche Fläche von einhundertachtzig auf neunzig Zentimetern eine außerordentlich wichtige Rolle als Grundmaß bei der Wohnflächenberechnung. Länge und Breite der einzelnen Räume werden, noch bevor diese unter ein und demselben Dach integriert sind, nach der Anzahl der auszulegenden Matten bestimmt; jede Matte stellt eine unmittelbar ins Auge springende Flächenmaßeinheit dar. Aber erst in der Muromachi-Zeit (1338 bis 1573) beginnt man wirklich, bestimmte Räume von Wand zu Wand auszulegen, und es sollte bis gegen Ende der Shoin-Stilepoche dauern, bis der tatami zum charakteristischen Gestaltungselement des japanischen Hauses wurde.

Der Normenstreit

Einförmig und standardisiert erscheint die japanische Wohnkultur nur in den Augen des Ausländers. Denn in Wirklichkeit ist die Innenanordnung äußerst vielgestaltig, eine Tatsache, die weniger mit den schon erwähnten einzigartigen landschaftlichen Gegebenheiten als vielmehr mit einer im wesentlichen auf Klassenunterschieden beruhenden Reglementierung zusammenhängt. Die Standardisierung der Bauformen geht auf die Feudalzeit zurück und erklärt sich in erster Linie aus dem Bedürfnis der einzelnen Familien, ihren dem gesellschaftlichen Rang und den Einkünften aus dem Reisgeschäft zu verdankenden Wohlstand sichtbar zum Ausdruck zu bringen: durch die Größe der Wohnfläche natürlich und durch allerlei Konstruktionsdetails, angefangen bei der Länge der Balken über die äußere Verzierung bis zu den Randeinfassungen der tatami.

So erklärt Jacques Pezeu-Massabuau in seiner Studie über das japanische Haus, man habe nur ein Stadtviertel in Edo durchwandern müssen, um aus den streng genormten Eingangstüren, der Architektur und den Grundstücksgrößen genau auf den Reichtum der jeweiligen Eigentümer schließen zu können. Die diesbezüglichen Vorschriften, die in den von der Regierung seit Beginn des 18. Jahrhunderts veröffentlichten Gesetzessammlungen enthalten waren, richten sich an alle Gesellschaftsklassen: den Hofadel, den daimyo, Lehnsherren niederen Ranges, die Bauern und die Kaufleute. Nicht nur den Hausbau regelten damals die Gesetze, sondern auch die Kleidung, die als noch deutlicheres Merkmal der Klassenzugehörigkeit galt und deren Stoffart, Schnitt, Schleifen und Falten je nach Rang, Geschlecht und Alter vorgeschrieben waren.

Der Versuch, die Baumaße landesweit zu vereinheitlichen, stieß daher logischerweise auf den Widerstand der Feudalherren, aber auch für die Zimmerleute bedeutete die Verwendung des tatami als neue Maßeinheit eine beträchtliche Umstellung, denn bisher waren sie bei ihrer Planung gewohnt, sich an bestimmte Pfostenabstände zu halten; und schließlich gab es rein kommerzielle Probleme, weil die Erzeugung der tatami regional auf den Westen des Reiches begrenzt war. Mit dem Aufstieg des Bürgertums, das sich größere Häuser bauen ließ und die Residenzen der Adligen übernahm, die aufs Land zogen, folgte im 18. Jahrhundert die Bauweise in zunehmendem Maße aristokratischen Vorbildern, zunächst bei den normalen Stadthäusern, dann aber auch auf dem Land. Dieses einem allgemeinen Wunsch nach sozialem Aufstieg entspringende allmähliche Vordringen großer Profanbauten bis aufs Land hinaus führte zwangsläufig zu nachteiligen Veränderungen nicht nur im äußeren Erscheinungsbild und bei der Innenausstattung des traditionellen Hauses, sondern auch hinsichtlich der Lebensweise der Bewohner selbst.

Von allen Elementen des japanischen Wohnstils ist der tatami das jüngste; abgesehen von lokalen Einschränkungen wie etwa dem von einem Adligen aus Fukushima für die Gemeinde Soma erlassenen Verbot, die Unterlage mit der üblichen feinen Binsenmatte abzudecken, setzte sich der tatami allgemein im 18. Jahrhundert durch. Lediglich in den Häusern der weniger Begüterten, und das gilt bis zum heutigen Tag, bleibt der in einem stillen Winkel verwahrte tatami etwas Besonderes und wird nur zu besonderen Anlässen, also zum Neujahrsfest oder anläßlich von Beerdigungen, hervorgeholt.

Nachteile des tatami

Das aus der aufgezeigten gesellschaftlichen Entwicklung heraus entstandene Anrecht aller auf den tatami ist in der Praxis für den japanischen Wohnkomfort mit einem nicht zu unterschätzenden Nachteil verbunden. Der auf den sorgfältig verlegten Holzfußboden gebreitete tatami besitzt nämlich ein bemerkenswertes Isolationsvermögen und verhindert den in den heißen, feuchten Sommern so erwünschten Kühleffekt, der normalerweise durch die unter dem erhöhten Boden zirkulierende Luft zustande kommt. Das Erstaunliche dabei ist, daß die theoretische Vorstellung, die der Japaner von seinem Wohnkomfort hat, sowie die ganze Gestaltung des Hauses gerade darauf angelegt sind, der stickig heißen Sommerluft zu entgehen. Der tatami indessen, von Natur aus schon warm und feucht in dieser Jahreszeit, speichert infolge seiner weichen Fülligkeit noch mehr Wärme; was die Zimmerdecke anbelangt, so reicht die über ihr erfolgende horizontale Luftbewegung zwar aus, um die vom Dach kommende Hitze abzufangen, sobald jedoch die Sonne untergeht und die Luft zum Stillstand kommt, leitet die Decke die im Dachraum gespeicherte Wärmeenergie nach unten ab. Alle, die einmal einen Sommer in Japan erlebt haben, erzählen davon, wie sie nachts die Berührung mit einer kühleren Stelle an der Wand oder auf dem Boden gesucht und dem leisesten Luftzug aufgelauert haben, denn auch die niedrigen Decken vermitteln ein leicht beklemmendes Gefühl. Trotzdem sind die Häuser so konzipiert, daß man so gut es geht mit der Hitze und vor allem der Luftfeuchtigkeit fertig wird, unter der die Japaner offenbar am meisten leiden; vor allem sind es die optimalen Belüftungsbedingungen, die »unter Ausnutzung hoher Luftgeschwindigkeiten für Wohlbehagen sorgen«. Jacques Pezeu-Massabuau macht auch auf den großen Vorteil der leichten Wände aufmerksam, die, wenn sie vor direkter Sonneneinstrahlung geschützt sind, nur wenig Wärme aufnehmen, während schweres Mauerwerk, selbst wenn es weite Öffnungen hat, sich als verheerender Wärmespeicher erweist. Beim japanischen System der Schiebewände genügt in der Tat ein einziger Griff, um die Luft zirkulieren und in den Räumen die gleiche Temperatur wie draußen entstehen zu lassen.

Gleichwohl ist es unerläßlich, daß der Architekt schon bei der Planung die wohltuende Wirkung des Windes bestmöglich zu nutzen versteht, indem er die Hauptfassade zur vorherrschenden Windrichtung hin orientiert, die Wohnebene auf das höchstmögliche Niveau anhebt und für die zirkulierende Luft die Austrittsöffnungen richtig bemißt, die eineinhalbmal so groß wie die Einlaßöffnungen sein sollten. Offensichtlich folgt die Planung japanischer Häuser aber noch anderen, von Umgebungseinflüssen und Richtungsvorteilen unabhängigen Gesetzen, denn die Hauptfront weist stets nach Süden. Glücklicherweise sind im Sommer die Ost- und die Westwand der Sonne am meisten ausgesetzt, während die Südfassade infolge des hohen Sonnenstandes am Mittag und dank des beschattenden Verandadaches kaum mehr als die Nordseite bestrahlt wird. Was dem gewünschten Kühleffekt am meisten entgegenwirkt, sind die Dachfläche und die Wärmerückstrahlung vom Boden; diese spürt man ganz deutlich, wenn man sich im Umkreis von weniger als zwei Metern von der Veranda aufhält, vor der das traditionelle Arrangement aus Sand und Steinen die Hitze speichert. Was die Grundpfosten anbetrifft, so verhindern diese zwar, daß sich die Feuchtigkeit unter dem Fußboden festsetzt und daß die Balken faulen, aber im ganzen ist der Pfahlunterbau zu niedrig, um einen wirklich entscheidenden Einfluß auf die ökologischen Bedingungen unter dem Haus auszuüben, und zu diesem begrenzten Effekt kommt dann noch die schon erwähnte Isolierung durch die tatami.

So erklärt es sich, daß das japanische Haus, ungeachtet seines »tropischen« Aussehens, zwar vor Regen und Innenfäule schützt, seinen Bewohnern im Sommer aber kein besonders angenehmes Ambiente bietet.

Kühlhäuser

So wie die Hitze den Japanern ernsthafte Probleme bereitet, so wahrhaft bewundernswert scheint ihre Widerstandsfähigkeit im Winter zu sein, was ihre wenig überzeugenden Maßnahmen gegen die Kälte erklärt. Auf der Ostseite der Häuser spielt in der kalten Jahreszeit die Veranda eine wichtige Rolle für den Wärmehaushalt: Ist sie verglast, so erweist sie sich in den trockenen, sonnigen Wintern tagsüber als Wärmespeicher; ist sie hingegen mit dem durchscheinenden traditionellen shogi verkleidet, das keine Leitfähigkeit besitzt, dann bewährt sie sich nachts, weil sie die Innenwärme besser dämmt, als das bei Glasscheiben der Fall wäre. Die verschiedenen Heizsysteme mögen jeweils für sich zwar nützlich sein, doch ist ihr Einsatz durch die Holzbauweise gewissen Beschränkungen unterworfen. Will man sich wärmen, ist man gezwungen, ziemlich bewegungslos an den Heizquellen sitzen zu bleiben: Das »hibachi« genannte, offene Kohlenbecken wärmt nur die Hände, die »kotatsu« genannte, in den Boden eingelassene Feuerstelle nur die Füße. Tatsächlich findet jeder, der sich von diesen Quellen unmittelbarer Strahlungswärme entfernt, augenblicklich Temperaturbedingungen vor, die nicht viel anders sind als die außerhalb des Hauses. Von den sibirisch kalten Küsten Hokkaidos bis in die fast tropischen Breiten Okinawas entspricht in Japan die Innentemperatur der Häuser praktisch das ganze Jahr über dem Außenklima. Auch hat man nicht auf Vorbilder wie etwa den koreanischen ondol oder den chinesischen k'ang zurückgegriffen, um die ausgeprägten jahreszeitlichen Temperaturschwankungen dieses Landes auszugleichen.

Während in der schwülen Jahreszeit die Hauptsorge der ordentlichen Belüftung der Räume gilt, wird die im Sommer so nützliche »kühle Brise« im Winter zum Problem. Glücklicherweise wechselt die vorherrschende Windrichtung im Lauf des Jahres: Die im Sommer in Tokio von Süden und in Osaka von Westen kommende Luftströmung weicht im Winter in beiden Städten einem typischen Nordwind. Deshalb findet man in Japan die nördlichen Hauswände oft sorgfältig abgedichtet, denn die eisigen Winde aus dieser Richtung wehen nicht nur in den nördlichen, sondern auch in den südlichen Regionen. Gewöhnlich dienen die ganz an der Nordseite liegenden »Hinterzimmer« als Schlafgemächer, wobei die Nordwand häufig durch Schrankwände abgeschottet ist oder sogar aus einer massiven Mauer besteht.

Unabhängig von den besonderen technischen Maßnahmen zur Isolierung schützen sich die Hausbewohner verständlicherweise dadurch vor der Kälte, daß sie viel Unterwäsche der verschiedensten Art unter dem Kimono tragen. Was die relativ leicht beschuhten Füße anbetrifft, so hält man sie dadurch warm, daß man sie in sitzender Stellung dicht an den Körper zieht.

Jaques Pezeu-Massabuau geht im besonderen auf die außerordentlich ungleichen Bedingungen ein, unter denen Männer und Frauen in der herkömmlichen japanischen Familie das winterliche Unbehagen ertragen. Während der Mann tagsüber, ob auf dem Land oder in der Stadt, gewöhnlich außerhalb des Hauses arbeitet und abends, wenn er nach Hause kommt, sein Bad nimmt und sich dann vor dem Schlafengehen an das Kohlenbecken und den kotatsu hockt, verbringt die Frau fast den ganzen Tag im Haus, und zwar in dem »oku« genannten hinteren Teil, weshalb die verheiratete Frau auch »okusan« heißt; überwiegend hält sie sich dabei in der gewöhnlich nach der Nord- oder Nordostseite hin orientierten Küche, also dem im Winter kältesten Raum des Hauses auf.

Ungeachtet des scheinbaren Gleichmuts, mit dem die Bewohner ihre winterlichen Wohnverhältnisse hinnehmen, sind die widrigen Bedingungen im japanischen Wohnhaus objektiv nicht zu übersehen: Kalte Raumluft bei gleichzeitig starken offenen Feuern mit wenig Strahlungswärme bedeuten erhöhte Brandgefahr und die Entwicklung giftiger Gase (Kohlenmonoxyd) in ungesunden Räumen, die man bestmöglich abdichten muß. Das in Zahlen meßbare Resultat dieser Verhältnisse schlägt sich in der Statistik der winterlichen Todesfälle nieder: Neununddreißig Prozent der Menschen sterben in Japan in der Zeit zwischen dem 1. Dezember und dem 31. März; das ist mehr als in vergleichbaren anderen Ländern. Die überproportionale Sterblichkeit während der Kältezeit bestärkt die Kritik an diesem mangelhaften Wohnkomfort, die heute nicht nur von Außenstehenden, sondern zunehmend auch von den Betroffenen selbst vorgebracht wird.

Das Bad

Gegen fünf Uhr nachmittags treffen die Familienmitglieder wieder zu Hause ein, und der Hausherr nimmt als erstes ein Bad. Dieses Bad hat indessen kaum etwas mit dem Vorgang zu tun, der bei uns der Reinigung dient. Mit seiner hitzespendenden, entspannenden und erholsamen Wirkung kommt dem furo im Winter eine überragende Bedeutung zu: Er läßt den Körper Wärmeenergie speichern und versetzt damit, wie nach einer finnischen Sauna, den Benutzer in die Lage, für zwei bis drei Stunden praktisch kälteunempfindlich zu bleiben, die Zeit also, die über dem Essen und einem Plauderstündchen vergeht, ehe man sich schlafen legt.

Die japanische Sitte, das Bad kochendheiß zu nehmen und damit eher die eigene Haut als die Räume des Hauses zu heizen, ergab sich möglicherweise aus der Existenz der heißen Quellen, die infolge vulkanischer Aktivität in Japan immer noch sehr zahlreich sind. Das gilt vor allem für den südlichen Teil von Honshu, wo sich diese Bäder zuerst verbreiteten, und das ursprünglich ein Dampfbad bezeichnende Wort »furo« scheint diese Hypothese zu bestätigen. Früher trug man ein ausschließlich diesem Bad vorbehaltenes Kleidungsstück aus Leinen, eine Sitte, die sich in der Meiji-Zeit verlor, als individuelle Badestuben und die private Nutzung der Quellen allgemein Verbreitung fanden. Heute besitzt jedes Haus seinen eigenen furo, manchmal im doma, manchmal, wegen der Feuergefahr, in einer separaten Badehütte.

Bauchnabelbäder

Das eigentliche Reinigungsbad wird in einem anderen Raum, dem von einem Fenster in der Oberwand erhellten nagashi, vorgenommen, einer Vertiefung in der Küche, deren Boden mit einem Lattenrost aus Bambus aus-

337

gelegt ist. Daneben steht ein Krug oder ein Holzbottich mit warmem Wasser, das mit einer Holzkelle herausgeschöpft wird. Der minimale Wasserverbrauch und die auf das Unumgängliche beschränkte Toilette (»die Geschlechtsteile benetzen«, wie es die Frauen von Kimuroshi beschreiben) oder heso-buro, das »Bauchnabelbad«, wie es im Kansai üblich ist, sind durch die Wasser- und Brennstoffknappheit in zahlreichen Dörfern sowohl der Gebirgsgegenden als auch der Küste bedingt; diesem Mangel begegnen die Bewohner dadurch, daß sie den Körper zu Reinigungszwecken mehr besprühen als in Wasser tauchen, eine in Japan noch heute weitverbreitete Gewohnheit.

Die Gebote des tatami

Ist der Körper vom kochendheißen Bad erhitzt, legt man seinen yukata an, einen Bademantel, und, sobald man sich trocken fühlt, den nemaki, ein »Nachthemd«, über das der Japaner in Zeiten klirrender Kälte den tanzen zieht, eine Art wattierten Morgenrock. Der rechte Gebrauch des tatami erfordert eine vorbereitende Leibeserziehung und das konsequente Erlernen einer genau festgelegten Gestik. Die mit dem Buddhismus aus China über Korea nach Japan gekommene Sitte, auf Knien und Fersen hockend zu sitzen, ist anscheinend unter den West-Tschou (10. bis 8. Jahrhundert v. Chr.) in allen Einzelheiten festgelegt und ritualisiert worden; jene machten aus dieser Haltung die einzig korrekte, schickliche, kultivierte Sitzhaltung, während das Kauern oder auch die Sitte, mit ausgestreckten Beinen dazusitzen, dem niederen Volk und den Nicht-Asiaten überlassen blieb. Zwar setzte sich diese Sitzweise schon vor der allgemeinen Verbreitung des tatami durch, doch ganz bestimmte, dadurch bedingte Gesten haben sich wohl erst mit dem tatami im ganzen Land verbreiten und behaupten können.

Die Disziplin des richtigen Sitzens enthält unübersehbar ästhetische Elemente, wie sie auch in der für das no- und das kabuki-Theater erforderlichen Haltung zum Ausdruck kommen: Sie verlangt von der auf ihren Fersen sitzenden Person, daß sie ihren Blick in einer Höhe von etwa einem Meter über den Boden gerichtet hält, was zu einer besonderen Art der Wahrnehmung der Außenwelt führt.

Das Haus als geistiger Führer

Das japanische Haus zeigt eine ganz bestimmte Vorstellung von Raum auf, die definiert ist durch den Platz, den der Körper darin einnimmt, und durch die Zwänge, die ihm auferlegt werden. Die regelrechte Anerziehung sich wiederholender, dem streng geregelten Tagesablauf unterworfener Gesten offenbart dem Beobachter, in welchem Ausmaß Körper und beschützendes Haus hier einander entsprechen. Als wahre Schule der Selbstbeherrschung läßt die japanische Art zu wohnen offenkundig die einzelne Person insoweit in den Hintergrund treten und in der Gruppe aufgehen, als man die Überlegenheit des Geistes über den Körper anerkennt. Das wird deutlich an der Bedeutung, die man den Körpertechniken beimißt, und an der Überzeugung, dieser Körper könne bis an die äußerste Grenze der Erschöpfung getrieben werden, ohne daß das Individuum ernsthaft Schaden nehme. Als unsichtbares, aber gestrenges Leitbild individueller wie kollektiver Verhaltensweisen vermittelt das Haus auch ein Gefühl für die Beziehungen zwischen Kunst und Technik und eine bestimmte Auffassung von Zeit und Raum, die in der Geisteshaltung seiner Bewohner eine eminent wichtige Rolle spielt.

Die Privatsphäre existiert nicht

Nachts werden die beweglichen Holzläden vor die offenen Partien des Hauses gezogen und die auf die Straße führenden Hausöffnungen verschlossen. Dazu bedient man sich entweder sehr feiner, horizontal verstrebter (koshi) oder vertikal beziehungsweise fächerförmig angeordneter Bambuslattungen (inuyari); auch der Winkel zwischen Straßenoberfläche und Hauswand wird abgedeckt, um den unteren Teil des Hauses vor Tieren zu schützen (»inuyari« ist von »inu«, Hund, abgeleitet). Hinzu kommt das an Besessenheit grenzende Bedürfnis, indiskreten Blicken zu entgehen. Dieses absolut legitime Anliegen, die Intimität des Hauses und seiner Bewohner zu wahren, steht in seltsamem Widerspruch zur in erster Linie »offenen« Konzeption der Raumaufteilung. Im Innenbereich des Hauses sind die einzigen Grenzlinien letztlich symbolischer Art; es sind von den Verpflichtungen innerhalb der Gemeinschaft vorgegebene Grenzen, die der einzelne nicht umgehen kann und die vielleicht auch eine Erklärung dafür sind, warum in Japan so wenig zwischen dem »Inneren« des Hauses und dem »Draußen« unterschieden wird. In einem Hauskimono, in Socken, vielleicht sogar in Unterkleidung auf der Straße herumzulaufen hat nichts Anstößiges an sich. Und eine Privatsphäre gibt es praktisch nicht, ganz abgesehen davon, daß man im Inneren des Hauses keine festen Türen geschweige denn Schlösser kennt. Das unterstreicht, in welchem Maße jeder einzelne stets der Gruppe zur Verfügung stehen muß. Die Spontaneität, mit der die Japaner einem Besucher anbieten, über Nacht zu bleiben, ohne daß das etwas Besonderes bedeutete oder gar irgendwelche Umstände mit sich brächte, verstärkt noch diese Vorstellung vom organischen Charakter der Gruppe; ihr Selbstverständnis beruht auf sehr starken, sehr tiefgreifenden wechselseitigen Verpflichtungen, einem Erbe der Feudalzeit.

Schlafräume im Baukastensystem

Die Schlafgewohnheiten und ihre Begleitumstände unterscheiden sich selbst im modernen Japan deutlich von den unsrigen. Dank des sehr begrenzten Mobiliars kann die Unterteilung der Räume ohne Schwierigkeiten verändert werden: leichte, niedrige Tischchen, Sitzkissen, verschiebbare Trennwände aus Papier und Einbauschränke an den festen Außenwänden, in denen man alles unterbringt, was nicht gerade gebraucht wird. Ein Schlafzimmer als solches entsteht folglich mit Hilfe etlicher verschiebbarer Trennwände, und auch nur nachts, wenn man seine futon auf den tatami ausbreitet. Während es früher einen Ehrenschlafplatz gab, den tokonoma, eine kleine, Freunden vorbehaltene Erhöhung (die einst für den daimyo, den Lehnsherrn, reserviert war), so bieten sich heute praktisch alle tatami als Schlafplätze an. Das einzige, was in den »Prunkhäusern« heute noch an die Feudalzeit erinnert, sind jene kleinen Schränkchen, die einstmals für die Köpfe der vom daimyo besiegten Feinde bestimmt waren ... Auf die futon, die seit dem späten Mittelalter mit aus China importierter Baumwolle gefüllten Betten, geht offenbar die Einführung der Schränke zurück, in denen die futon tagsüber aufbewahrt werden; zu diesem unerläßlichen Bettzeug gehört im weitesten Sinne ebenso die dünne Matratze, auf der man seit einigen Jahren ein großes Badetuch ausbreitet, wie das Deckbett. Dieses steckt in einem Überzug, auf dessen Oberseite ein Teil des kostbaren Deckbetts durch einen freigelassenen quadratischen Ausschnitt sichtbar wird. Für den stets in Nordrichtung gebetteten Kopf gibt es heutzutage auch schon Kopfkissen, doch pflegte man sich traditionsgemäß einer Nackenstütze zu bedienen; dies war ein sehr kleiner, schlichter Zylinder aus Flechtwerk, Roßhaar oder sonstigem Füllhaar. Die Frauen benutzten häufig auch eine Art Dreifuß aus Holz oder Porzellan, der, wie in den Gesellschaften der Antike, verhindern sollte, daß kunstvolle Haartrachten jeden Abend gelöst und jeden Morgen aufs neue arrangiert werden mußten.

Ausgestreckt auf einem tatami zu schlafen sei, so versichern Besucher, ein unfehlbares Mittel gegen Rückenschmerzen. Man schläft übrigens niemals im völlig Dunkeln. Bis zur Meiji-Epoche (1868-1912) waren für die ärmere Bevölkerung die einzigen Lichtquellen des Hauses die offene Feuerstelle, ein Kienspan oder Kerzen aus Harz, für die Aristokratie mehr oder weniger penetrante Gerüche verströmende Fischtran- und, vom 18. Jahrhundert an, Rapsöllampen. Mit der Einführung der Elektrizität in den Jahren vor dem Ersten Weltkrieg und dem damit einsetzenden Gebrauch kleiner individueller Nachtlichter kam es durch die nunmehr gegebene Möglichkeit, sich zum Schlafen auf mehrere Räume des Hauses zu verteilen, zu einer radikalen Änderung der Schlaf- und damit auch der Denkgewohnheiten der Japaner.

Der Nachtigallen-Fußboden

Die Nacht ist für die Japaner eine gefährliche Zeit; man fürchtet nicht nur Geister und Gespenster, sondern auch plötzlich auftauchende Feinde, und deshalb schliefen die Samurai- oder hatamoto-Krieger stets mit einem neben dem futon bereitgelegten Säbel. Zu wahren Meistern entwickelten sich die Zimmerleute, wenn es darum ging, »singende Fußböden« anzufertigen, die das Risiko nächtlicher Überfälle oder unliebsamer Besuche vermindern sollten. Ein ausgeklügeltes Alarmsystem, das sich nur Begüterte leisten konnten, stellte der »Nachtigallen-Fußboden« dar, ein wahres Kunstwerk, das unter den Schritten melodisch leise zu knarren begann und dem Schläfer Auskunft gab über die Art seines nächtlichen Besuchers, wenn er ihn nicht erkennen konnte.

Die Papierwände hingegen sollten nur einen Sichtschutz bieten, Stille war in den Räumen weder gesucht noch überhaupt erwünscht. Durch die Art ihrer Wohnungen von Kindheit an daran gewöhnt, von allerhand Außen- und Innengeräuschen umgeben zu sein, ohne dies als Störung zu empfinden, horcht man nicht einmal mehr auf; jeder kennt eines jeden Worte und Gesten, was bei einer gewissen gegenseitigen Kontrolle und gegenseitiger Rücksichtnahme entscheidend zu einem harmonischen Familienleben beiträgt. Diese Durchlässigkeit gilt indessen nicht nur für Geräusche; sie macht sich ziemlich grausam auch bei Gerüchen bemerkbar, denen man nicht entgehen kann … trotz der relativen Entfernung der Aborte, die aus kultischen wie landwirtschaftlichen Gründen halb-sakrale, mehr dem Bewahren als dem Abführen dienende Stätten sind …

Die Kunst der Erotik und erotische Kunst

Die japanische Erotik, noch heute im ganzen Volk lebendig, ist untrennbar mit einem Mythos verbunden, der in der Schöpfungslegende wurzelt: Die erste Insel bildete sich aus dem Spritzer einer in den Urschlamm gestoßenen Lanze. Nun stiegen Izanagi und Izanami mit Hilfe dieses Riesenpenis, der in den Leib der Welt gerammt war, auf die Erde nieder, schlugen jeder eine andere Richtung ein, vergnügten sich, bis sie sich wieder trafen und zunächst einmal andere Inseln zeugten. Als Izanami aber nach etlichen Schwangerschaften von der Gottheit des Feuers entband, mußte sie sterben, weil dieses letzte Kind ihr das Geschlechtsorgan verbrannte. »Das Reich der Sinne« und die westliche Rezeption der »heißen« japanischen Graphiken, die für ihren raffinierten Pinselstrich und den Realismus, mit dem die intime Anatomie und Physiologie ihrer Darsteller abgebildet wird, berühmt sind, stehen in auffälligem Gegensatz zum ansonsten so gesitteten japanischen Alltagsleben. Liebe oder die erkennbaren Äußerungen von Liebesempfindungen waren schon immer sehr schlecht angesehen und aus den ehelichen Beziehungen verbannt. Unzählige Verhaltensregeln trennen traditionsgemäß Mann und Frau: Es ist dem Ehepaar verboten, sich nebeneinander zu setzen, es wäre peinlich, Gefühle in der Öffentlichkeit oder vor anderen Familienmitgliedern zu zeigen, und so weiter. Die Kunst, zu gefallen und geliebt zu werden, wurde seit der Edo-Zeit (1600–1867) von den Geishas ausgeübt, deren Berufung aber eher darin lag, die Männer zu unterhalten, als ihre sexuellen Lüste zu befriedigen. Vielmehr sind es die »oirans« genannten Kurtisanen — Bewohnerinnen der »grünen Häuser« —, die zwar eine den Geishas ähnliche Ausbildung bekamen, deren Daseinszweck aber ein anderer war. Sie tauchen am häufigsten als Heldinnen in der Bettlektüre auf oder, mit Beginn des 18. Jahrhunderts, als Modelle für Künstler wie Utamaro und Hokusai. Diese Illustratoren von Werken wie ›Zwölf Stunden der grünen Häuser‹, ›Gesang des Kopfkissens‹ und ›Junge Kiefernsprossen‹ inspirierten Edmond de Goncourt zu einigen lyrischen Abhandlungen über das »geradezu entfesselte Toben der Kopulationen« und seinen ebenfalls begeisterten Freund Rosny den Jüngeren zur Entdeckung der »unzähligen Affinitäten zwischen Kunst und Eros« und vielleicht auch der »48 Positionen« aus dem »Kopfkissen von Yoshiwara«, dem Freudenviertel von Edo (dem heutigen Tokio), das der Tenno erst 1957 nach dreihundertjähriger absoluter Herrschaft der Sinne schließen ließ …

Epilog

Aufstehen und Zubettgehen, durchwachte Nächte und verschlafene Nachmittage — nichts davon konnte hier ohne weiße Flecken kartiert werden; Energiekosten des Schlafs, moderne Techniken zur Bekämpfung von Kälte oder Stechmücken, Methoden, um die Dunkelheit zu besiegen — keines dieser Themen konnte in diesem Buch abgehandelt werden. Es fehlte mir einfach an Zeit — zu viele durchschlafene Nächte —, an Geld — zu viele kostspielige Abende —, vielleicht auch an Informationen — zu viele stumme Zeugen. Aber wie dem auch sei, noch immer offenbart uns das Schlafzimmer seine Geheimnisse, schlägt sein Verbündeter, der Schlaf, uns in seinen Bann. Ich selbst habe nichts weiter getan, als die Tür einen Spaltbreit zu öffnen.

Es geschah während einer langen Reise, daß ich *ihr* begegnete. Bis ins Gebiet des Amazonas mußte ich kommen, um mich an ihre Gegenwart zu gewöhnen und ihre Dienste richtig zu würdigen. Gewiß, ich kannte sie schon, aber nie habe ich das Wort an sie zu richten gewagt, und hätte sie mich angesprochen, ich würde es nicht vernommen haben. Ich hatte ihr auch nie gestattet, mich zu begleiten. Dennoch entdeckte ich, fern von Telefonen, von Verabredungen, von Hörsälen, nach und nach ihre Qualitäten, ihr anspruchsvolles Wesen. Sie erwies sich als unersättliche Gefährtin, indem sie mich pausenlos ansporte, nichts anderes zu tun als das, was sich in einem passenden Augenblick zu tun ergab. Mit äußerster Zuvorkommenheit kümmerte sie sich noch um die kleinste Angelegenheit und lehrte mich zu verstehen, daß ich niemals richtig leben und glücklich werden könnte, wenn ich nicht zum Gast meiner selbst würde.

Ich erinnere mich, daß sie mich, als ich nach einer durchtanzten und durchzechten Nacht in der großen Maloka morgens träge in der Hängematte wieder zu mir kam, belustigt dabei ertappte, wie ich gerade noch den Zipfel eines Traums erhaschen wollte. Indem sie mich zärtlich, liebevoll streichelte, flößte sie mir Kraft ein. Ich liebe die Sanftheit, mit der sie mich umhüllt, und die zarte Art, meinen Schritten zu folgen, meinem Körper, meinem Kopf ...

Sie ist es, die mich nach jeder Anstrengung tröstet; wie oft hat sie mir geholfen zu widerstehen, hat sie mich gedrängt, nichts anderes zu akzeptieren als nur zu leben, nichts anderes zu sein als der Mensch, der ich bin, und mich um gar nichts sonst zu kümmern als um meinen eigenen Seelenfrieden!

Zweifellos bin ich ihr zu oft untreu geworden, aber was hat das schon zu bedeuten, seien wir großmütig; sie ist es, die mich leitet, und ich folge ihr; ich gehe immer dahin, wohin sie will. Oh, sehr weit kommen wir nur selten, ein Bett genügt uns als Transportmittel ... Du bist, und das sollst Du wissen, die einzige, über die ich mir wirklich Gedanken mache, und es geht mir nicht aus dem Kopf, daß es um Deinetwillen und nur um Deinetwillen geschieht, wenn Männer und Frauen unentwegt arbeiten und wenn ich dieses Buch geschrieben habe. Ganz recht, um Deinetwillen geschieht es, wenn wir uns befleißigen, unser Tagewerk zu vollenden. Du bist meine Leidenschaft, Du bist unsere Leidenschaft: Faulheit.

Es kostete Zeit und unmenschliche Anstrengungen, mich dazu durchzuringen, unsere Ruhestätten etwas näher zu betrachten; es brauchte auch Zeit, um dieses schlummernde Drittel der Menschheitsgeschichte aufzudecken. Warum haben wir Häuser gebaut, Ruhelager hergerichtet, das Feuer gezähmt, warum? Um uns unseren Lieblingsbräuchen zu widmen, als da sind — ungeachtet aller Moral: das Schlafen und das, was man Liebe nennt. In der Tiefe der antiken kamara, der dunklen Kammer, in der man die weißen Stellen auf der Landkarte der Erinnerungen verarbeitet, träumt sich die Menschheit selbstvergessen in die Zeit ihres tierischen Ursprungs zurück.

Literaturverzeichnis

1. Die erste Lagerstatt

Abelanet, Jean: Signes sans paroles. Paris 1986.

Arnaud, Daniel: Le Proche-Orient ancien, de l'invention de l'écriture à l'hellénisation. Paris 1970.

Die Bibel. Altes und Neues Testament. Einheitsübersetzung. Stuttgart 1980.

Danchin, F. C. und Ducatez: Mémorable Aventure de Kaar-Ohline au rouge nez. Paris 1945.

Daumas, François: La Vie dans l'Égypte ancienne. Paris 1968.

Eliade, Mircea: Histoire des croyances et des idées religieuses. Paris 1978; deutsch: Geschichte der religiösen Ideen. 3 Bände. Freiburg i. Brsg. o. J.

Erman, Adolf: Ägypten und ägyptisches Leben im Altertum. Neu bearbeitet von Hermann Ranke. Hildesheim 1977 (Neudruck der Ausgabe Tübingen 1923).

Hamy, E. T.: Notes sur le chevet des anciens Égyptiens. Paris 1883.

Lacarrière, Jacques: En cheminant avec Hérodote. Paris 1981.

Leroi-Gourhan, André: Les Chasseurs de la préhistoire. Paris 1983.

Leroi-Gourhan, André: Le Fil du temps. Paris 1983.

Maspero, Georges: Les Contes populaires de l'Égypte ancienne. Paris 1915.

Montet, Pierre: La Vie quotidienne en Égypte au temps des Ramsès. Paris 1946.

Nougier, Louis-René: Premiers Éveils de l'homme. Paris 1984.

Oppenheim, Léo: La Mésopotamie, portrait d'une civilisation. Paris 1970.

Rosny, Aîné: Romans préhistoriques. Paris 1985.

2. Die Bettkulturen

Aristophanes: Sämtliche Komödien. Zürich und Stuttgart 1968.

Bayet, Jean: Histoire politique et psychologique de la religion romaine. Paris 1969.

Carcopino, Jérôme: La Vie quotidienne à Rome à l'apogée de l'empire. Paris 1939.

Duby, G. und A. Wallon: Histoire de la France rurale des origines à 1340, Band 1. Paris 1975.

Eger, Jean-Claude: Le Sommeil et la Mort dans la Grèce antique. Paris 1966.

Etienne, Robert: La Vie quotidienne à Pompéi. Paris 1977.

Flacelière, Robert: La Vie quotidienne en Grèce au siècle de Périclès (450 à 350 av. J.-C.). Paris 1973.

Haudricourt, A. G.: Les Moteurs animés en agriculture, Esquisse de l'histoire de leur emploi à travers les âges. In: Revue de botanique appliquée et d'agriculture tropicale, Band 20. Paris 1940, S. 230 f.

Herodot: Historien. München 1983.

Le Glay: La Religion romaine. Paris 1971.

Pognon, Edmond: La Grèce, sa littérature, son génie, son histoire. Paris 1959.

Veyne, Paul: L'Homosexualité à Rome. In: Sexualités occidentales, Communications, 35. Paris 1982.

Veyne, Paul: L'Empire romain. In: Histoire de la vie privée, Band 1. Paris 1985; deutsch: Geschichte des privaten Lebens. Herausgegeben von Philippe Ariès und Georges Duby. Band 1: Vom römischen Imperium zum byzantinischen Reich. Herausgegeben von Paul Veyne. Frankfurt/Main 1989.

3. Im Schatten des Bergfrieds

Barthélemy, Dominique: Les Aménagements de l'espace privé aux XIe et XIIIe siècles. In: Histoire de la vie privée, Band 2. Paris 1985.

Bloch, Marc: La Société féodale. Paris o. J; deutsch: Die Feudalgesellschaft. Berlin 1982.

Brandenburg, A. und C. Heitz: Mérovingiens. In: Encyclopedia universalis, Band 10. Paris 1973.

Comte, Suzanne: La Vie en France au Moyen Age. Paris 1981.

Delumeau, Jean: Le Péché et la Peur, la culpabilisation en Occident. Paris 1984.

Duby, Georges: Situation de la solitude XIe-XIIe siècle. In: Histoire de la vie privée, Band 2. Paris 1985; deutsch: Geschichte des privaten Lebens. Herausgegeben von Philippe Ariès und Georges Duby. Band 2: Vom Feudalzeitalter zur Renaissance. Frankfurt/Main 1991.

Eginhardus: Vita Karoli Magni. Stuttgart 1968.

Enlart, Camille: L'Architecture civile et militaire. Paris 1904.

Fourquin: La Nuit barbare. In: G. Duby und A. Wallon: Histoire de la France rurale des origines à 1340, Band 2. Paris 1975.

Gottfried von Straßburg: Tristan und Isolde. Berlin 1977.

Hubert, Henri: Les Celtes et l'expansion celtique jusqu'à l'époque de La Tène et la civilisation celtique. Paris 1974.

Le Roy Ladurie, Emmanuel: Montaillou. Berlin 1983.

Levron, Jacques: Le Château fort et la vie au Moyen Age. Paris 1963.

Le Ménagier de Paris (14. Jahrhundert). Paris 1846.

Les Mille et Une Nuits. Paris 1960.

Pirenne, Henri: Le Char à bœufs des derniers Mérovingiens. In: Mélanges à Paul Thomas. Brügge 1930.

Platt, Colin: Atlas de l'homme médiéval. Paris 1981.

Richard, Jean: Saint Louis. Paris 1986.

Rouche, Michel: Haut Moyen Age occidental. In: Histoire de la vie privée, Band 2. Paris 1985; deutsch: Geschichte des privaten Lebens. Herausgegeben von Philippe Ariès

und Georges Duby. Band 2: Vom Feudalzeitalter zur Renaissance. Frankfurt/Main 1991.
Viollet-le-duc: Dictionnaire raisonné de l'architecture française du XIe aux XVIe siècle. 10 Bände. Paris 1868.

4. Die Epoche der Gefühle

Alberti, L. B.: I Libri della famiglia. Turin 1969.
Ariès, Philippe: L'Enfant et la vie familiale sous l'Ancien Régime. Paris 1973; deutsch: Geschichte der Kindheit. München 1978.
Ariès, Philippe: L'Homme devant la mort. Paris 1977; deutsch: Geschichte des Todes. München 1982.
Bologne, Jean-Claude: Histoire de la pudeur. Paris 1986.
Contamine, Philippe: Les Aménagements de l'espace privé, XIVe-XVe siècle. In: Histoire de la vie privée, Band 2. Paris 1985.
Delumeau, Jean: Naissance et affirmation de la Réforme. Paris 1968.
Febvre, Lucien: Le Problème de l'incroyance au XVIe siècle. Paris 1968.
Flandrin, Jean-Louis: Familles, parenté, maison, sexualité dans l'ancienne société. Paris o. J.
Flandrin, Jean-Louis: Les Amours paysannes (XVIe–XIXe). Paris 1975.
Flandrin, Jean-Louis: Le Sexe et l'Occident, évolution, attitudes et comportements. Paris 1981.
Gohin, Ferdinand: Œuvres poétiques d'Héroët. Paris 1909.
La Roncière, Charles de: La Vie privée des notables toscans au seuil de la Renaissance. In: Histoire de la vie privée. Paris 1985.
Labé, Louise: Die vierundzwanzig Sonette. Leipzig 1917.
Lefranc, Abel: Rabelais. Paris 1953.
Montaigne: Essais. Zürich 1992.
Rabelais: Œuvres complètes. Paris 1973.
Rossiaud, Jacques: Prostitution, sexualité, société dans les villes françaises au XVe siècle. In: Sexualités occidentales, Communications, 35. Paris 1982.
Vigarello, Georges: Le Propre et le Sale, l'hygiène du corps depuis le Moyen Age. Paris 1985.

5. Rund um das Schlafzimmer

Aumont, Roger: Le Style Louis XIV. Paris o. J.

Barthes, Roland: Sade, Fourier, Loyola. Paris 1977; deutsch: Sade, Fourier, Loyola. Frankfurt/Main 1986.

Benedicti, J.: La Somme des péchez et le reméde d'iceux comprenant tous les cas de conscience et de résolution des doubtes ... Paris 1601.

Bluche, François: La Vie quotidienne au temps de Louis XIV. Paris 1980.

Darmon, Pierre: Le Tribunal de l'impuissance. Paris 1979.

Du Colombier, Pierre: Le Style Henri IV-Louis XIII. Paris o. J.

Elias, Norbert: Die höfische Gesellschaft. Neuwied 1969.

Flandrin, Jean-Louis: La Vie sexuelle des gens mariés dans l'ancienne société. In: Sexualités occidentales, Communications, 35. Paris 1982.

Foucault, Michel: La Volonté de savoir. Paris 1976; deutsch: Der Wille zum Wissen. Sexualität und Wahrheit I. Frankfurt/Main 1987.

Goubert, Pierre: L'Avènement du Roi-Soleil, 1661. Paris 1967.

Guerrand, Roger-Henri: Les Lieux, histoire des commodités. Paris 1985.

Guillou, Edouard: Versailles, le palais du Roi-Soleil. Paris 1963.

La Porte, Pierre de: Mémoires contenant plusieurs particularités des règnes de Louis XIII et de Louis XIV. Paris 1939.

Laget, M. und M.-F. Morel: Entrer dans la vie, naissances et enfances dans la France traditionelle. Paris 1978.

Lambton, Lucinda: Chambers of Delight. Londen 1983.

Lorenzoni, Pietro: L'Érotisme français. Paris 1948.

Maistre, Xavier de: Voyage autour de ma chambre. Paris 1984; deutsch: Die Reise um mein Zimmer. München 1968.

Marion: Dictionnaire des institutions de la France aux XVIIe et XVIIIe siècles. Paris 1923.

Méthivier, Hubert: Le Siècle de Louis XIV. Paris 1968.

Meyer, Jean: La Vie quotidienne en France au temps de la Régence. Paris 1979.

Reinharez, C.: Bonne nuit, les petits, ou les rituels du coucher. In: Dialogue, 82.

Tarczylo, Théodore: Sexe et liberté au siècle des Lumières. Paris 1983.

Taveneaux, René: La Vie quotidienne au temps des jansénistes. Paris 1973.

6. Der Schlafzimmerkult

Andersen, Hans-Christian: Die Prinzessin auf der Erbse. In: Sämtliche Märchen. München o. J.

Bogros, Dr.: A travers le Morvan. Château-Chinon 1883.

Boileau, Abbé: Histoire des flagellants. Dossiers de Claude-Louis Combet. Paris 1986.

Bruley, Joseph: Le Morvan, cœur de la France. Paris 1966.

Burgess, Anthony: Sur le lit. Paris 1982.

Céleste, Patrick: La Chambre à coucher et l'histoire de son architecture dans les immeubles à loyer. In: Dialogue, 82.

Chastenet de Puységur, A. M. J.: Les fous, les insensés, les maniaques et les frénétiques ne seraient-ils que des somnambules désordonnés? Paris 1812.

Châtelain-Courtois, Martine: Les Mots du vin et de l'ivresse. Paris 1984.

Claverie, E. und P. Lamaison: L'Impossible Mariage, violence et parenté en Gévaudan, XVIIe, XVIIIe siècles. Paris 1982.

Corbin, Alain: Pesthauch und Blütenduft. Eine Geschichte des Geruchs. Berlin 1984.

Culioli, G. X.: La Terre des seigneurs, un siècle de la vie d'une famille corse. Paris 1986.

Dauzat, Albert: Le Village et le Paysan. Paris 1941.

David, M. und A.-M. Delrieu: Aux sources des chansons populaires. Paris 1984.

Deffontaines, Pierre: L'Homme et sa maison. Paris 1972.

Diderot, Denis: Regrests sur ma vieille robe de chambre. Paris 1951; deutsch: Gründe, meinem alten Hausrock nachzutrauern/Über die Frauen. Zwei Essays. Berlin 1992.

Doyon, Jacques: La Recluse. Paris 1984.

Dupin: Le Morvan. 1853.

Freedman, Henry: Les Fantaisies sexuelles des animaux et les nôtres. Paris 1980.

Gaignebet, Claude: Le Carnaval. Paris 1974.

Gari, Margit: Le Vinaigre et le Fiel. Paris 1983.

Guillaumin, Émile: La Vie d'un simple, mémoires d'un métayer. Paris 1935.

Haudricourt, A. G.: L'Homme et la Charrue. Paris 1955.

Haudricourt, A. G.: L'Homme, le pou et la puce. Ethnozoologie. Paris 1975.

Havard, H.: Dictionnaire de l'ameublement et de la décoration. o. A.

Hélias, Pierre-Jakez: Le Cheval d'orgueil. Paris 1975.

Herzlich, C. und J. Pierret: Malades d'hier, malades d'aujourd'hui. Paris 1984.

Huysmans, Joris K.: Gegen den Strich. Zürich 1981.

Jeanne des Anges, Schwester: Autobiographie d'une hystérique possédée. Paris 1985.

Lacroix, J. und J. Viard: L'Homme et son corps. Marseille 1985.

Le Clère: La Vie quotidienne dans les bagnes. Paris 1973.

Lhoste, Jean: Des insectes et des hommes. Paris 1979.

Loux, F. und P. Richard: Sagesses du corps. Paris 1978.

Loux, Françoise: Le Corps dans le clef des songes. Marseille 1985.

Martin-Fugier, Anne: La Place des bonnes, la domesticité féminine à Paris en 1900. Paris 1979.

Navailles, Jean-Pierre: La Famille ouvrière. Paris 1985.

Olivier, Lucie: Reconnaître les styles régionaux. Paris o. J.

Pepys, Samuel: Journal (1660-1669). Paris 1948; deutsch: Tagebuch aus dem London des 17. Jahrhunderts. Stuttgart 1981.

Pezeu-Massabuau, Jacques: La Maison, espace social. Paris 1983.

Propp, Vladimir: Les Racines historiques des contes merveilleux. Paris 1983.

Rambaud, Placide: Société rurale et urbanisation. Paris 1969.

Ségalen, Martine: Mari et femme dans la société paysanne. Paris 1980.

Thuillier, Guy: L'Imaginaire quotidien au XIXe siècle. Paris 1985.

Troyat, Henri: La Vie quotidienne au temps des derniers tsars. Paris 1959.

Van Gennep: Manuel de folklore français. Paris 1983.

Varagnac, A.: Civilisation traditionelle et genres de vie. Paris 1948.

Verdier, Yvonne: Drei Frauen. Das Leben auf dem Dorf. Stuttgart 1982.

Westphalen, de: Petit dictionnaire des traditions messines. Metz 1934.

Wright, Lawrence: Warm and Snug. The History of the Bed. Norwich 1962.

Zeldin, Théodore: Histoire des passions francaises, 1848-1945. Paris 1981.

7. Schlafzimmer heute

Adler, Alfred: La mort est le masque du roi. Paris 1982.

Boulware, Marcus: Ne ronfle plus, s'il te plaît! Nouvelles réponses à un vieux problème. Paris 1978.

Breton, André: Fata Morgana. Paris 1948.

Chouard, C. H.: Vaincre le ronflement et retrouver la forme. Paris 1986.

Consommation des ménages en 1985. INSEE, Veröffentlichung der Finanzverwaltung. 1985.

Cossery, Albert: Les Fainéants dans la vallée fertile. Paris 1964; deutsch: Die Müßiggänger im fruchtbaren Tal. o. A.

Cresswell, Robert: Les Concepts de la maison: les peuples non industriels. In: Zodiac, 7, 1960.

Deffontaines, Pierre: Enquête sur l'habitation rurale en France. SDN. 1939.

Deffontaines, Pierre: Introduction à une géographie du sommeil et de la nuit. In: Géographie générale. Paris 1966.

Deffontaines, Pierre: L'Homme et sa maison. Paris 1972.

Demangeon, A. und A. Weiler: Les Maisons des hommes. Paris 1937.

Dément, W. C. und C. Guilleminault: Les Troubles du sommeil. In: La Recherche, 42, 1974.

Guetta, Pierre: Les Français et leur lit. SOFRES. In: Dialogue, 82.

Huxley, Aldous: The Human Situation. London o. J.

Jouvet, Michel: Le Rêve. In: La Recherche, 46, 1974.

Juin, Hubert: Le Lit dans l'art. Paris 1980.

Kelen, Jacqueline: Sommeils, la matinée des autres. ORTF. 12. Juni 1982.

Leiris, Michel: Nuits sans nuit et quelques jours sans jour. Paris 1961.

Le lit en questions. CIRES. In: Maison et Jardin, November 1986.

Lits, Usines nationales de literie. Le Pré-Saint-Gervais 1918-1939.

Malaurie, Jean: Les Derniers Rois de Thulé. Paris 1976.

Manker, Ernst: Les Lapons des montagnes suédoises. Paris 1954.

Marchand und C. Felder: Les Conditions de logement des ménages dans les régions, en 1973. INSEE.

Martinson, Harry: Voyage sans but. Paris 1976.

Mathieu, Jocelyne: Essai de typologie: les lits. In: Ethnologie française, 1978.

Mauss, Marcel: Les Techniques du corps. In: Journal de psychologie, XXXII, 1936.

Merpillat, Marcel: Lits et Décors. Paris 1963.

Michaux, Henri: Façons d'endormi, façons d'éveilé. Paris 1969.

Mobilier de repos et de parade. Museum Genf. August 1965.

Neymann, Hubert: La Taxe d'habitation: un nouvel éclairage. In: Économie et Statistique, 174, 1985.

Perec, Georges: Espèces d'espaces. Paris 1974.

Perec, Georges: Un homme qui dort. Paris 1967.

Rapoport, Amos: Pour une anthropologie de la maison. Dunod 1972.

Régent, Claude: Les dauphins ne dorment que d'un œil. In: Le Monde, 5. November 1986.

Roumeguère-Eberhardt, Jacqueline: Les Masai. Paris 1985.

Thévenin, R. und P. Coze: Mœurs et Histoire des Peaux-Rouges. Paris o.J.

Victor, Paul-Émile: Boréal. Paris 1938.

8. Das Dorf im Haus

Biocca, Ettore: Yanoama. Paris 1968.

Clastres, Pierre: Chronique des Indiens Guayaki. Paris 1972.

Clastres, Pierre: Recherches d'anthropologie politique. Paris 1980.

Hildebrand, Martin von: Cosmologie et mythologie tanimuka. Diss. Universität Paris 1979.

Huxley, Francis: Aimables Sauvages. Paris 1960.

Jaulin, Robert: La Paix blanche, introduction à l'ethnocide. Paris 1970.

Jaulin, Robert: Gens du soi, gens de l'autre. Paris 1973.

Jaulin, Robert: La Décivilisation. Brüssel 1974.

Lery, Jean de: En la terre du Brésil. Paris 1957.

Lévi-Strauss, Claude: Das wilde Denken. Frankfurt/Main 1973.

Lizot, Jacques: Le Cercle des feux. Paris 1976; deutsch: Im Kreis des Feuers. Aus dem Leben der Yanomami-Indianer. Frankfurt/Main 1982.

Menget, Patrick: Temps de naître, temps d'être. In: La Fonction symbolique. Paris 1979.

Métraux, Alfred: Les Indiens de l'Amérique du Sud. Paris 1982.

Meunier, J.: Manifeste pour un minimum de poésie. 1987.

Meunier, J. und A.-M. Savarin: Le Chant du Silbaco, massacre en Amazonie. Paris 1969.

Mythes et croyances du monde entier. Paris 1985.

Nordenskiold, E.: La moustiquaire est-elle indigène en Amérique du Sud? Paris 1922.

Peal, S. E.: The Communal Barracks of Primitive Races. JASB, Band LXI. 1893.

Pinton, Solange: Les Travaux et les Jours. In: Robert Jaulin: Gens du soi, gens de l'autre. Paris 1973.

Pouillon, Jean: Manières de table, manières de lit, manières de langage. In: Revue de psychoanalyse, 6, 1972.

Rivière, P.: La couvade est un problème qui renaît. London 1974.

11. Die Gesetze des tatami

Busquet, G. und C. Delacampagne: Les Aborigènes de l'Inde. Paris 1981.

Butterfield, Fox: La Chine. Paris 1982.

Chi-hsi-hu: Mao Tsé-toung, la révolution et la question sexuelle. In: Tel Quel, 59, 1974.

Dubois, Abbé: Mœurs, institutions et cérémonies des peuples de l'Inde. Paris 1985.

Dunzhen, Liu: La Maison chinoise. Paris 1980.

Elwin, Verrier: Maison des jeunes chez les Muria. Paris 1959.

Gernet, Jacques: La Vie quotidienne en Chine à la veille de l'invasion mongole, 1250-1276. Paris 1959.

Gernet, Jacques: La Pensée chinoise. Paris 1968.

Gernet, Jacques: La Civilisation chinoise. Paris 1968.

Gourou, Pierre: La Terre et l'Homme en Extrême-Orient. Paris 1972.

Herrenschmidt, Olivier: L'Inde et le sous-continent indien. In: Ethnologie régionale. Paris 1978.

Jan, Michel: La Vie chinoise. Paris 1976.

Jin Ping Mei Cihua. Paris 1985.

Kristeva, Julia: Des Chinoises. Paris 1974.

Larre, Claude: Mao et la vieille Chine. Paris 1972.

Lemoine, Jacques: L'Asie orientale. In: Ethnologie régionale. Paris 1978.

Mao Tse-Tung: Ausgewählte Werke. 4 Bände. 1968-1969.

Pézeu-Massabuau, Jacques: La Maison japonaise. Paris 1981.

Segalen, Victor: Briques et Tuiles. Montpellier 1975.

Smedt, Marc de: L'Érotisme chinois. Paris 1984.

Snow, Edgar: Étoile rouge sur la Chine. Paris 1965.

Soulié, Bernard: L'Érotisme japonais. Paris 1984.

Van Gulik, Robert: La Vie sexuelle dans la Chine ancienne. Paris 1971.

Namenregister

Atemberaubend

Kleit-Cotta

DIE MACHT DER GERÜCHE EINE PHILOSOPHIE DER NASE
Annick Le Guérer

296 Seiten,
Linson mit Schutzumschlag,
ISBN 3-608-93154-6

Duft oder Gestank? Gerüche können verführen, Gerüche können abstoßen. Ohne daß wir uns dessen sonderlich bewußt wären, üben sie Tag für Tag mächtigen Einfluß auf uns aus. Uralte Prägungen lassen in uns die Reaktionsmuster ablaufen, die wir mit unseren tierischen Vettern gemeinsam haben, und gleichzeitig gilt ein exaltiertes Spiel mit den Düften als Ausweis höchster Kultiviertheit. Freud hat uns gelehrt, welche Bande Geruchssinn und Sexualität miteinander verbinden, und Millionen werden dafür ausgegeben, solche Zusammenhänge zu eigenen Gunsten zu manipulieren. Schließlich weiß man ja genau, was es bedeutet, wenn man jemanden nicht riechen kann…

Von der Antike bis zur Gegenwart spürt Annick Le Guérer unserem Umgang mit den Gerüchen nach, und sie findet Dämonisierungen, Diskriminierungen, Mystifizierungen, die geradeso vielfältig sind wie das Leben selbst.

Klett-Cotta

Ein afrikanisches Tagebuch.

Nigel Barley:

Traumatische Tropen

Notizen aus meiner Lehmhütte

Aus dem Englischen übersetzt von Ulrich Enderwitz
249 Seiten, 1 Karte, Breitklappenbroschur
ISBN 3-608-91146-4

Ein amüsanter, selbstironischer und absolut ehrlicher Bericht über die erste Begegnung eines akademisch ausgebildeten Ethnologen mit einer afrikanischen Wirklichkeit, die sich ganz einfach den abstrakten Regeln entzieht, welche die wissenschaftliche Literatur für die Feldforschung bereithält. Was sich wie eine köstliche Persiflage auf die Ethnologie liest, ist ihre Wirklichkeit.

Bei Klett-Cotta lieferbar:

Die Raupenplage

Von einem, der auszog, Ethnologie zu betreiben
191 Seiten, Linson mit Schutzumschlag, ISBN 3-608-93124-4
Breitklappenbroschur
ISBN 3-608-95979-3

Nigel Barley studierte moderne Sprachen und Ethnologie in Cambridge und Oxford und betrieb zwei Jahre lang Feldforschung in Kamerun. Seit 1981 arbeitet er am British Museum in London. Aus einer zweiten Reise zu den Dowayos ging sein Buch »Die Raupenplage« hervor. Über dieses Werk urteilt die Frankfurter Allgemeine Zeitung:
»Nigel Barleys Buch ist nicht nur eines der amüsantesten, sondern auch eines der ehrlichsten, das je über Feldforschung geschrieben wurde… Die witzigste Abrechnung mit der ethnologischen Euphorie der letzten Jahre.«

Klett-Cotta